外国语言文学核心概念与关键术语丛书

庄智象◎总主编

计算语言学

100核心概念与关键术语

冯志伟◎编著

清華大學出版社
北京

内 容 简 介

计算语言学是用计算机研究和处理自然语言的一门新兴的交叉学科，又叫作自然语言处理，也是人工智能皇冠上的明珠，是当代科学技术的前沿。本书收集的100条计算语言学核心概念和关键术语，涉及计算语言学通论、语音自动处理、词汇自动处理、句法自动处理、语义自动处理、统计自然语言处理、基于神经网络和深度学习的自然语言处理等内容，适合中文、外语、计算机、数学等专业的广大师生作为更新知识再学习的资料。

图书在版编目（CIP）数据

计算语言学100核心概念与关键术语 / 冯志伟编著. —北京：清华大学出版社，2024.11(2025.8重印)

（外国语言文学核心概念与关键术语丛书）

ISBN 978-7-302-62465-3

Ⅰ.①计… Ⅱ.①冯… Ⅲ.①计算语言学－研究 Ⅳ.① H087

中国版本图书馆 CIP 数据核字（2023）第013863号

策划编辑： 郝建华
责任编辑： 刘 艳
封面设计： 李伯骥
责任校对： 王凤芝
责任印制： 沈 露

出版发行： 清华大学出版社
网　址： https://www.tup.com.cn, https://www.wqxuetang.com
地　址： 北京清华大学学研大厦A座　**邮　编：** 100084
社 总 机： 010-83470000　**邮　购：** 010-62786544
投稿与读者服务： 010-62776969, c-service@tup.tsinghua.edu.cn
质量反馈： 010-62772015, zhiliang@tup.tsinghua.edu.cn
印 装 者： 三河市人民印务有限公司
经　销： 全国新华书店
开　本： 155mm×230mm　**印　张：** 31.75　**字　数：** 532千字
版　次： 2024年11月第1版　**印　次：** 2025年8月第2次印刷
定　价： 128.00元

产品编号：093075-01

总序

何谓“概念”？《现代汉语词典》（第7版）的定义是：“概念：思维的基本形式之一，反映客观事物的一般的、本质的特征。”人类在认识世界的过程中，把所感觉到的事物的共同特点提取出来，加以概括，就成为“概念”。例如，从白雪、白马、白纸等事物里提取出它们的共同特点，就得出“白”的概念。《辞海》（第7版）给出的定义是：“概念：反映对象的特有属性的思维方式。”人们通过实践，从对象的许多属性中，提取出其特有属性，进而获得“概念”。概念的形成，标志着人的认识已从感性认识上升到理性认识。概念都有内涵和外延，内涵和外延是互相联系、互相制约的。概念不是永恒不变的，而是随着社会历史和人类认识的发展而变化的。权威工具书将“概念”定义为“反映事物本质特征，从感性或实践中概括、抽象而成”。《牛津高阶英汉双解词典》（第9版）中concept的释义是：“concept: an idea or a principle that is connected with sth. abstract”（概念/观念：一个与抽象事物相关的观念或原则）；~(of sth.) the concept of social class（社会等级的概念）；concept such as ‘civilization’ and ‘government’（诸如“文明”和“政府”的概念）。”《新牛津英汉双解大词典》（第2版）对concept词条的界定是：“concept: (Philosophy) an idea or thought which corresponds to some distinct entity or class of entities, or to its essential features, or determines the application of a term (especially a predicate), and thus plays a part in the use of reason or language [思想/概念：（哲学）一种观念或思想，与某一特定的实体或一类实体或其本质特征相对应，或决定术语（尤其是谓词）的使用，从而在理性或语言的使用中发挥作用]。”权威工具书同样界定和强调概念是从事物属性中抽象出来的理念、本质、观念、思想等。

何谓“术语”?《现代汉语词典》(第7版)就该词条的解释是:“术语:某一学科中的专门用语。”《辞海》(第7版)给出的定义是:“术语:各门学科中的专门用语。”每一术语都有严格规定的意义,如政治经济学中的“商品”“商品生产”,化学中的“分子”“分子式”等。《牛津高阶英汉双解词典》(第9版)中 term 的释义是:“term: a word or phrase used as the name of sth., especially one connected with a particular type of language (词语;术语;措辞); a technical/legal/scientific, etc. term (技术、法律、科学等术语)。”terminology 的释义是:“terminology: the set of technical word or expressions used in a particular subject [(某学科的)术语,如 medical terminology 医学术语]。”《新牛津英汉双语大词典》(第2版)中 term 的释义是:“term: a word or phrase used to describe a thing or to express a concept, especially in a particular kind of language or branch of study (专门名词,名称,术语); the musical term ‘leitmotiv’ (音乐术语‘主导主题’); a term of abuse (辱骂用语;恶语)。”terminology 的解释是:“terminology: the body of terms used with a particular technical application in a subject of study, theory, profession, etc. (术语): the terminology of semiotics (符号学术语); specialized terminologies for higher education (高等教育的专门术语)。”

上述四种权威工具书对“概念”和“术语”的界定、描述和释义及给出的例证,简要阐明了其内涵要义,界定了“概念”与“术语”的范畴和区别。当然,“概念”还涉及名称、内涵、外延、分类、具体与抽象等,“术语”也涉及专业性、科学性、单义性和系统性等方面,因而其地位和功能只有在具体某一专业的整个概念系统中才能加以规定,但基本上可以清晰解释本丛书所涉及的核心概念和关键术语的内涵要义等内容。

从上述的定义界定或描述中,我们不难认识和理解,概念和术语在任何一门学科中,无论是自然科学学科还是人文社会科学学科,都扮演着重要的角色,在任何专业领域都起着至关重要的作用。它们不仅是学科知识的基石,也是专业交流的基础。概念和术语的内涵和外延是否界定清晰,描写、阐述是否充分、到位,对学科建设和专业发展关系重大。

清晰界定学科和专业的核心概念和关键术语，能更好地帮助我们构建知识体系，明确学科研究对象、研究范围和研究方法，为学科建设和发展提供理论支撑；在专业发展、学术研究、学术规范、学术交流与合作中，为构建共同语言和话语标准、规范和体系，顺畅高效开展各类学术交流活动发挥积极的重要作用。无论是外国语言研究、外国文学研究、翻译研究还是比较文学与跨文化研究、国别与区域研究，厘清、界定核心概念和关键术语有利且有益于更好地推进学科建设、专业发展、学术研究、人才培养、学术交流和国际合作，对于研究生的培养、学术（位）论文的写作和发表而言尤其必要和重要。有鉴于此，我们策划、组织编写了"外国语言文学 100 核心概念与关键术语丛书"。

本丛书聚焦外国语言学、文学、翻译、比较文学与跨文化、国别与区域研究等领域的重点和要点，筛选出各领域最具代表性的 100 核心概念与关键术语，其中核心概念 30 个，关键术语 70 个，并予以阐释和撰写，以专业、权威又通俗易懂的语言呈现各领域的脉络和核心要义，帮助读者提纲挈领式地抓住学习重点和要点。读懂、读通 100 核心概念与关键术语便能抓住和基本掌握各领域的核心要义，并为深度学习打下扎实基础。

本丛书的核心概念与关键术语词目按汉语拼音编排，用汉语行文。核心概念 30 个，每个核心概念的篇幅 2 000—5 000 字，包括"导语""定义"（含义）、"功能""方法""讨论""参考文献"等，既充分发挥导学、概览作用，又能为学习者的深度学习提供指向性的学习路径。关键术语 70 个，以学习、了解和阐释该学科要义最不可或缺的术语作为选录标准，每条术语篇幅约 500 字，为学习者提供最清晰的术语释义，为学习者阅读和理解相关文献奠定基础。为方便查阅，书后还提供核心概念与关键术语的附录，采用英—汉、汉—英对照的方式，按英语字母顺序或汉语拼音顺序排列。本丛书的读者对象是外国语言文学和相关专业的本科生、研究生、教师和研究人员及对该学科和专业感兴趣的其他人员。

本丛书的策划、组织和编写得到了全国外语界相关领域的专家、学者的大力支持和热情帮助。他们或自己撰稿，或带领团队创作，或帮助推荐、遴选作者，保证了丛书的时代性、科学性、系统性和权威性。不少作者为本丛书的出版牺牲了很多个人时间，放弃了休闲娱乐，付出了诸多辛劳。清华大学出版社的领导对本丛书的出版给予了极大的支持，外语分社的领导为丛书的策划、组稿、编审校工作等作出了积极的努力并做了大量的默默无闻的工作。上海时代教育出版研究中心为本丛书的研发、调研、组织和协调做了许多工作。在此向他们一并表示衷心的感谢和深深的敬意！

囿于水平和时间，本丛书难免存在疏漏和差错，敬请各位读者批评、指正，以期不断完善。

庄智象

2024 年 4 月

前言

计算语言学（computational linguistics）是用计算机研究和处理自然语言的一门新兴的交叉学科，又叫作自然语言处理（natural language processing）。

由于自然语言处理的研究对象是自然语言，因此，语言学家把它归为语言学的一个分支；由于自然语言处理采用先进的计算机科学技术来研究和处理自然语言，因此，计算机科学家把它归为计算机科学的一个分支；由于自然语言处理要研究自然语言的形式结构和自然语言处理的算法，因此，数学家把它归为应用数学的一个分支。这种情况说明，计算语言学不是一门单纯的学科，而是交叉学科，具有明显的跨学科特点。计算语言学的教学和研究有助于推进当前新文科的建设。

本书属于外国语言文学核心概念与关键术语系列中的一本，通过100 条核心概念和关键术语来展示计算语言学的脉络和基本术语体系，便于读者携带和查询，独具特色。

本书收集的 100 条计算语言学核心概念和关键术语，涉及计算语言学通论、语音自动处理、词汇自动处理、句法自动处理、语义自动处理、统计自然语言处理、基于神经网络和深度学习的自然语言处理等内容，适合语言学专业和计算机专业的师生，他们可以使用本书来更新知识，把语言学知识与计算机知识紧密地结合起来。

本书共收入计算语言学中最能代表学科本质的核心概念 30 条、最不可或缺的关键术语 70 条，共计 100 条。根据系列图书的要求，本书全部术语条目均按中文术语的音序排列，并有英汉术语对照和汉英术语对照。

冯志伟
中国中文信息学会会士
中国人工智能学会理事
奥地利维斯特奖获得者
香港圣弗兰西斯科技人文奖获得者
中国计算机学会 NLPCC 杰出贡献奖获得者
2024 年 10 月

目录

核心概念篇 1
词汇功能语法 2
词网 13
词向量 22
递归转移网络 32
多叉多标记树模型（MMT 模型） 43
概率上下文无关语法 55
功能合一语法 66
机器翻译 75
N 元语法模型 85
乔姆斯基层级 91
人工神经网络 100
上下文无关语法（短语结构语法） 107
树邻接语法 119
数理语言学 130
线图剖析法 136
依存语法 144
伊尔利算法 158
意义 ↔ 文本模型 169
优选语义学 175
有限状态转移网络 185

语言符号的熵……196
语言形式模型……204
预训练语言模型……209
知识本体……223
知识图谱……232
自动词义排歧……244
自动语音合成……254
自动语音识别……262
自然语言处理（计算语言学）……270
最小编辑距离……277

关键术语篇……285

成分结构树……286
词汇歧义……289
词汇增长模型……292
词间关系……296
词类歧义……299
词例还原……302
词目还原……304
词性标注集……305
词语法……307
错拼检查更正……310
CKY 算法……313
定子句语法……316
范畴语法……318
复杂特征……321
概率配价模型……326

概念依存理论......329
感知机......332
广义短语结构语法......335
汉语拼音音节歧义指数......339
合一运算......340
花园幽径句......343
计量语言学......344
计算术语学......347
结构歧义......350
卷积神经网络......354
框架网络......357
扩充转移网络......361
链语法......364
良构子串表......367
蒙塔鸠语法......373
命名实体识别......375
PATR 语法......378
配价语法......381
齐普夫定律......385
前馈神经网络......390
上下文有关语法......392
深度学习......396
生词增幅递减律......398
声源滤波器模型......402
书面汉语自动切词......404
术语形成经济律......405
数据平滑......407
特征表示......408

谓词论元结构……411
文本数据挖掘……414
沃古瓦三角形……416
协同语言学……418
信息自动抽取……421
信息自动检索……424
循环神经网络……426
有限状态语法……431
语言符号的递归性……434
语义互联网……437
语义网络理论……441
语义语法……446
噪声信道模型……448
知网……450
智能会话代理……454
中文信息处理……455
中心语驱动短语结构语法……458
自动词性标注……462
自动句法分析（计算句法学）……463
自动形态分析（计算形态学）……466
自动语义分析（计算语义学）……468
自动语用处理（计算语用学）……470
字符译音……472
字母转写……474
最大熵模型……477
左角剖析法……479
左结合语法……484

附录 489

英—汉术语对照 489

汉—英术语对照 491

核心概念篇

词汇功能语法

LEXICAL FUNCTIONAL GRAMMAR

词汇功能语法是 R. M. Kaplan 和 J. Bresnan 于 1982 年提出的一种形式语法（Kaplan & Bresnan，1982）。

1. 词汇功能语法的理论构架

词汇功能语法的理论构架可表示如图 1：

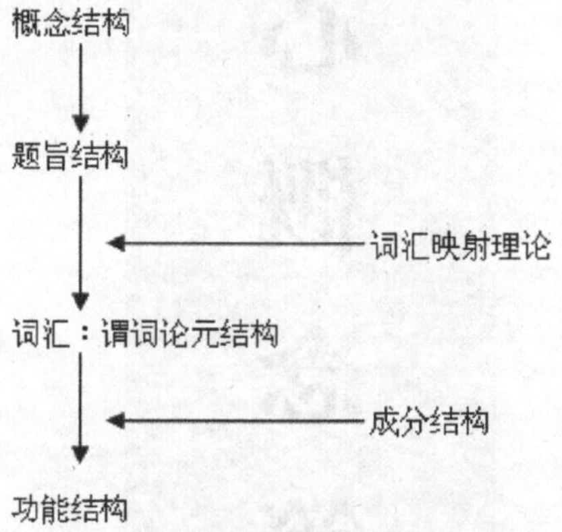

图 1　词汇功能语法的理论构架

概念结构是不同概念在逻辑上的关系，它的表达方式与语言学无关；题旨结构由不同的题旨角色构成，它的表达方式与语言学有关。题旨结构是语言经过筛选之后保存下来的概念结构的骨架，与抽象的句法结构相对应，是赋予每个论元不同语义角色的依据。词汇映射理论用于解释题旨结构与词汇项目的对应关系。题旨结构经过词汇映射得到完整的词汇之后，便进入了句法的范围。

词汇功能语法主要由词库、句法和语义解释三部分组成。表示语义的谓词论元结构首先在词库里通过词汇编码而分配到一个语法功能。这种语义与语法功能之间的联系在词库里是可以通过词汇规则进行转换的。当一个词条最后取得正确的语法功能编码以后，它就可以和其他表示语法意义的词条一起构成词汇输入进入句法部分。

句子在句法部分有两个表达层次：成分结构（constituent structure，简称 c-structure）和功能结构（functional structure，简称 f-structure）。

成分结构是语言的外部结构。它表示句子成分的先后次序，是由一组短语结构规则映射而成的树形结构。语法功能通过句法编码进入短语结构规则，然后进入树形结构的相应位置。这一层次代表句子的句法排列和语音表达。

功能结构是语言的内部结构。它表述各语言成分之间的关系，代表句子的语义。一般说来，不同语言的内部结构的表达方式大体上是一致的，因而功能结构具有普遍性；而不同语言的外部结构却有着很大的不同，因而成分结构具有差异性。

功能结构和成分结构是两个具有不同形式的独立体系，词汇功能语法把它们明确区别开来分别进行描述，然后又把它们合在一起，使人们对语言的结构获得一个总体的印象。成分结构可以通过功能描述向功能结构转换。功能描述由一组等式构成，可以很容易地进行计算机编码。成分结构描述了语言的表层结构，成分结构中的单词承载了大多数语法信息。功能等式规定了这些语法信息的组合方法，经过有穷步骤的运算之后，便得到了功能结构。为了确保功能结构的正确性，还要对功能结构的合格性进行判别，为此，词汇功能语法还规定了“合格性条件”（well-formedness condition）。

R. M. Kaplan 和 J. Bresnan 证明，在词汇功能语法中，由成分结构到功能结构的运算在数学上是有定解的（decidable），而且所有的运算都只需要“合一”（unification）这种简单的运算方式。合一就是当信息相冲突时，运算失败；当信息不冲突时，运算成功。合一运算是数理逻辑中“并”运算的一种适于自然语言处理的特殊形式。

词汇功能语法可以更加具体地表示为如图 2 的模式：

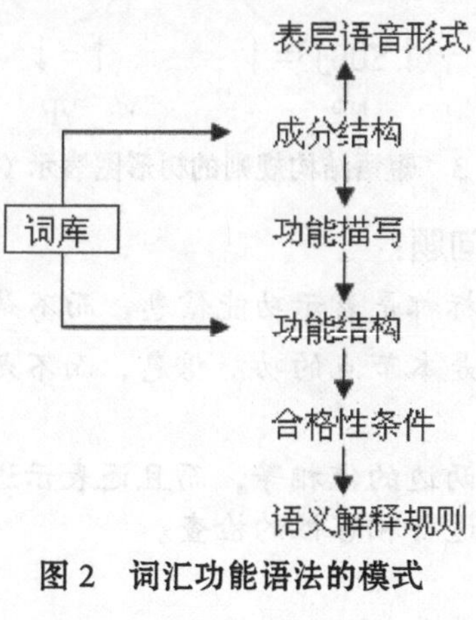

图 2　词汇功能语法的模式

ᛒ 2. 成分结构

成分结构是词汇功能语法中句法描写的一个层面。它是由上下文无关的短语结构语法来表示的，它的形式是一般意义上的短语结构树。树形图上的节点带有句子中的词或短语预示的功能信息。这些信息由语法规则右部的符号所带的“功能等式”来表示。

例如，短语结构规则

S → NP VP
(↑SUBJ)=↓ ↑=↓

采用了向上单箭标“↑”和向下单箭标“↓”来表示范畴的支配关系。向上单箭标“↑”表示直接支配成分，向下单箭标“↓”表示被支配成分。这些箭标可以用在功能等式中，等式左边为限定成分，等式右边为限定值。例如，“(↑SUBJ)=↓”读为“直接支配成分的主语等于被直接支配成分的语法功能”，“↑=↓”读为“直接支配成分的语法功能等于被直接支配成分的语法功能”。上面的短语结构规则表示句子S由NP和VP组成，VP前的NP是句子的主语。NP的下方“(↑SUBJ)=↓”是它的功能等式，表示这个NP继承了它的父节点S的主语(SUBJ)特征，“(↑SUBJ)”表示NP的全部功能信息就是支配它的S的主语功能信息，“↓”表示该符号本身（即被S直接支配的成分NP）。VP下方的功能等式“↑=↓”表示VP所带的全部功能信息就是支配它的父节点S的功能信息。

这个短语结构规则也可以用树形图表示如图3：

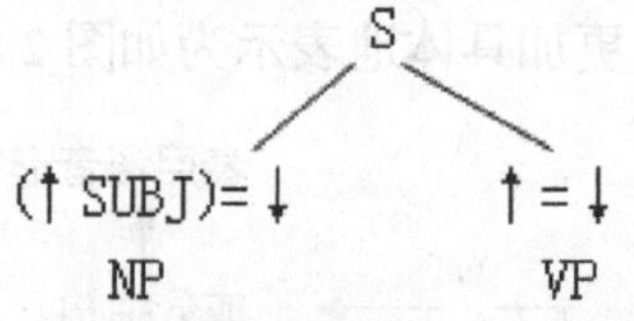

图3 短语结构规则的树形图表示（1）

这里要注意三个问题：

- 上箭标和下箭标都是表示功能信息，而不是表示节点；
- 下箭标表示的是本节点的功能信息，而不是本节点之下的子节点的功能信息；
- 等号不仅表示两边的值相等，而且还表示进行合一运算，也就是说，运算前要进行相容性的检查。

又如，短语结构规则

NP → (DET) N
(↑=↓) ↑=↓

表示 NP 由限定词 DET 和名词 N 组成，限定词是可选的成分，N 继承了其父节点 NP 的功能信息。这条语法规则实际上代表了如下两条短语结构规则：

a. NP → DET N
↑=↓ ↑=↓

b. NP → N
↑=↓

它们可以用树形图表示如图 4：

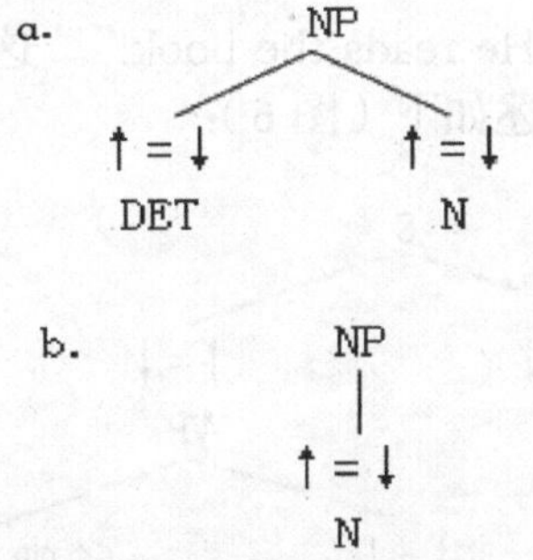

图 4　短语结构规则的树形图表示（2）

再如，短语结构规则

VP → V NP
↑=↓ (↑OBJ)=↓

表示 V 继承了其父节点 VP 的功能信息，NP 继承了其父节点 VP 的宾语 (OBJ) 特征。

这条语法规则用树形图表示如图 5：

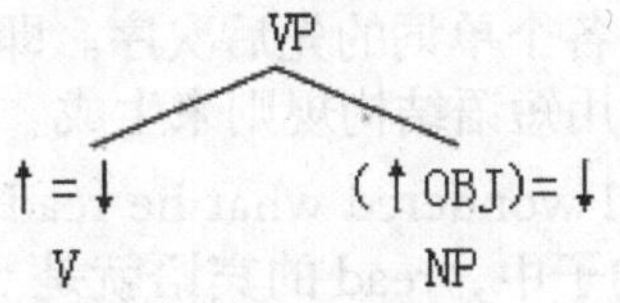

图 5　短语结构规则的树形图表示（3）

这时，由于V继承了VP的功能信息，而VP又继承了S的功能信息，所以，V也就继承了S的功能信息，也就是说，V共享了S的全部信息。上面规则的VP和这个规则的V上都有功能等式↑=↓，这个功能等式使得V、VP和S共享了全部的信息，因此可以把带有功能等式↑=↓的节点称为“功能中心语”。功能中心语所承载的信息直接并入到它们的父节点所代表的功能信息之中；这些信息非常重要，它们表示了所分析的句子或短语在功能上的基本格局。(↑SUBJ)=↓与(↑OBJ)=↓表示相应节点所代表的功能信息在父节点中的具体功能。

成分结构代表句子的表层结构中的单词的顺序，它是语言描写的输入部分。成分结构由短语结构规则决定。每一种语言都有其特有的短语结构规则。从理论上说，这些短语结构规则能够生成这一语言中的任何句子。把短语结构规则所表示的各个范畴映射到树形图上，就得到了一个句子的成分结构。

例如，英语句子“He reads the book.”。这个句子的成分结构可以结合上述的语法规则表述如下（图6）：

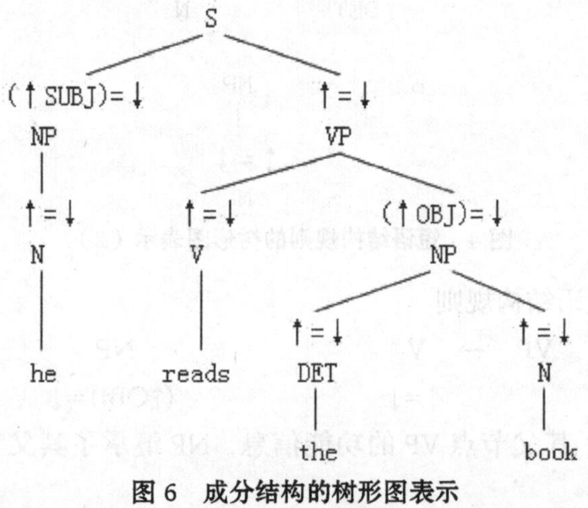

图6　成分结构的树形图表示

成分结构只能由短语结构规则映射而成。除此之外，我们没有其他手段来改变成分结构中各个单词的先后次序。即便是具有结构依附关系句子的成分结构，也要用短语结构规则来生成。

例如，英语句子“I wondered what he read.”就是一个具有结构依附关系句子。在这个句子中，read的宾语就是what，即he read what。图7是构成这个句子的成分结构所要用到的短语结构规则：

我们在短语结构规则中使用了双箭标“⇩⇧”。双箭标主要用来表示成分结构中范畴之间非直接支配的依赖关系，特别是远距离的支配关系。双箭标必须成对使用，凡是标有“⇩”关系的成分必须依附于标有“⇧”关系的成分，而“⇧”关系的存在要以“⇩”关系的存在为前提。

S′	→	NP	S
(↑COMP)=↓		(↑WH)=↓ ↑=⇩	↑=↓
NP	→	e ↑=⇧	
VP	→	V ↑=↓	S′ (↑COMP)=↓

图 7　带双箭标的短语结构规则

在规则中，e 表示空位，通过上述规则的映射，我们可得到“I wondered what he read.”这个句子的成分结构（如图 8 所示）：

因为双箭标必须成对使用，所以，e 就代表了 what，二者是相通的。可见，成分结构也可以表示远距离的支配关系。

短语结构规则是句法规则，此外还有词法规则。词法规则是由词典信息提供的，它带有语法功能的预示信息，在词汇功能语法中占有重要地位。例如，下面的词汇项表：

he:	N,	(↑PRED)=‘he’
		(↑ABST)=–
		(↑GENDER)=MAS
		(↑NUM)=SING
		(↑PERS)=3
		(↑CASE)=NOM
read:	V,	(↑PRED)=‘read <(SUBJ) (OBJ)>’
		(↑TENSE)=PRESENT
the:	DET,	(↑SPEC)=the
		(↑DEF)=+

book: N, (↑PRED) = ‘book’
(↑NUM) = SING

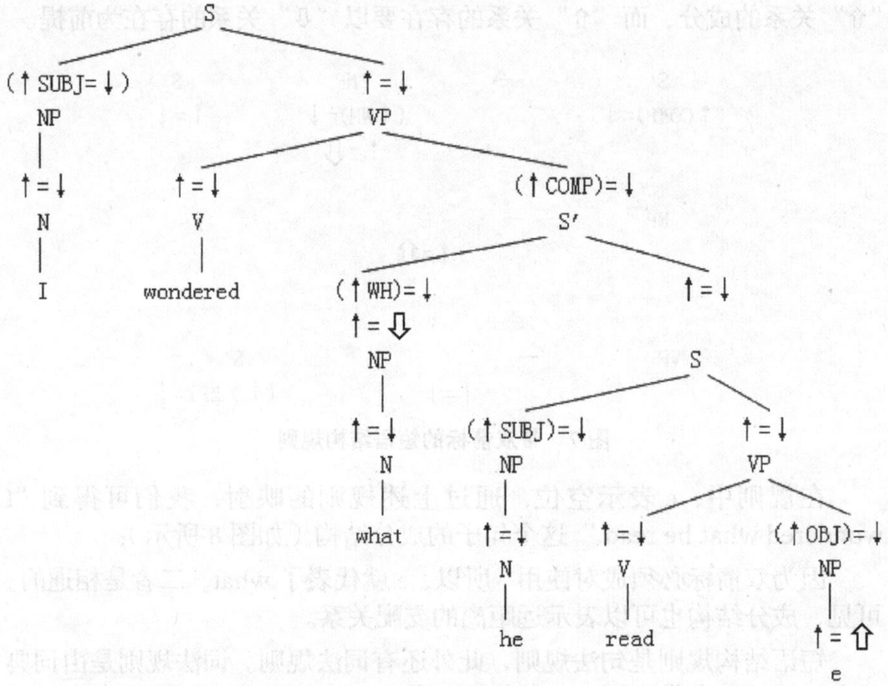

图 8 句子的成分结构

词汇功能语法把词汇按词的不同意义立项，词汇项所含的信息有语法范畴和功能等式。功能等式的形式与短语结构规则中的功能等式完全一致，便于用统一的方法来处理语言信息。

在上述词汇项中，he 这个词汇项的“(↑PRED) = ‘he’”表示它的父节点具有功能 PRED（谓词），其具体的信息为 ‘he’；“(↑ABST) = –”表示它的父节点具有功能 ABST（抽象），其具体的信息为“–”（不抽象），因此，he 是个具体的物；“(↑GENDER) = MAS”表示它的父节点具有功能 GENDER（语法性），其具体信息为 MAS（阳性），“(↑NUM) = SING”表示它的父节点具有功能 NUM（数），其具体信息为 SING（单数）；“(↑PERS) = 3”表示它的父节点具有功能 PERS（人称），其具体信息为 3（第三人称）；“(↑CASE) = NOM”表示它的父节点具有功能 CASE（格），其具体的信息为 NOM（主格）。the 这个词汇项的“DET (↑SPEC) = the”

表示它的父节点具有功能 SPEC（指示），其具体的信息为 the（定冠词），“(↑DEF)=+”表示它的父节点具有功能 DEF（定指），其具体的信息为 +（是定指）。读者由这种表达方式不难理解其他词汇项的含义。

这里值得注意的是动词的 PRED。在词汇功能语法中，采用“谓词论元结构”（predicate argument structure）来表示谓词所带论元的多少以及每个论元所表示的逻辑语义。谓词论元结构的各个论元列在尖括号“<>”之中。例如，read 的谓词论元结构为“(↑PRED)=‘READ<(SUBJ)(OBJ)>’”，这表示 read 的论元分别是其父节点的主语 (SUBJ) 和宾语 (OBJ)。

词汇功能语法中的语法信息终究来自词汇。功能结构的作用只是检查信息的结构是否合理，成分结构的作用只是规定信息组合的方式，而真正带有实质意义的信息全部都来自词汇。因此，词汇在词汇功能语法中起着决定性的作用，是我们必须认真加以对待的。

词汇功能语法中的词汇所记录的词汇项目都是形态完全的。词汇中的信息以“定义性功能等式”和“限制性功能等式”的形式来记录。例如，英语 persuades（劝说）这个词汇可记录如下：

persuades V. (↑PRED)=‘persuades <(SUBJ) (OBJ) (XCOMP)>’
(↑OBJ)=(↑XCOMP SUBJ)
(↑SUBJ PER)=c 3
(↑SUBJ NUM)=c SING

其中，前两个等式是一般的“功能等式”，它们都是定义性的，因而是“定义性功能等式”；后两个等式是“限制性功能等式”，限制性功能等式中有符号 c，表示“限制”（constraint）。第一个定义性功能等式规定了该动词的谓词 - 论元关系（predicate-argument relationship），该动词要带主语、宾语和宾语补足语 (XCOMP) 三个论元；第二个定义性功能等式规定了论元之间的控制关系（control relationship），persuades 这个动词的宾语补足语 XCOMP 没有主语，它在逻辑上的主语被它上层谓词的宾语所控制（例如，在句子“John persuades Mary to study computational linguistics.”中，宾语补足语 to study computational linguistics 在逻辑上的主语受到上层谓词 persuades 的宾语 Mary 的控制）；第三个等式是限制性功能等式，表示该动词的主语应该是单数第三人称；第四个等式也是限制性功能等式，表示该动词的主语的数应该是单数。后两个等式的信息来自词尾 -s，其余的信息来自 persuade 这个动词词根。

3. 功能结构

功能结构是词汇功能语法句法描写的另一个层面。它是一个属性－值矩阵，其基本结构可以表示为图 9：

$$
\begin{matrix} \text{属性} & \text{值} \end{matrix}
$$
$$
\begin{bmatrix} A & a \\ B & b \\ C & c \end{bmatrix}
$$

图 9　属性值矩阵

在这个属性矩阵中，第一列 A、B、C 等表示属性，第二列 a、b、c 等表示相应属性所取的值。

具体地说，功能结构用方括号形式表示语法中各个有意义成分之间的等级关系，从而为在句法层次上做出语义解释提供必要的信息。图 9 方括号内左列首纵行所列的是语法功能或语法特殊标记，笼统地把它们叫作“限定成分”。与限定成分在水平方向上相对应的是它们各自的限定值。限定值有三种形式：简单符号、语义形式和子功能结构。子功能结构有自己的限定成分和限定值，而它的限定值还可以有子功能结构，这样就构成了功能结构的递归性质。从理论上说，功能结构可以容纳任何长度的句子。

例如，英语句子“He reads the book.”的功能结构如图 10 所示：

```
SUBJ    PRED        'he'
        ABST        -
        GENDER      MAS
        NUM         SING
        PERS        3
        CASE        NOM

TENSE   PRESENT

PRED    'read <(SUBJ) (OBJ)>'

OBJ     SPES        the
        DEF         +
        NUM         SING
        PRED        'book'
```

图 10　“He reads the book.”的功能结构

在以上的功能结构中，左首纵行的 SUBJ、TENSE、PRED 和 OBJ 是限定成分，它们各自的限定值被排列在右边对应的位置上。TENSE 的限定值“PRESENT”为简单符号，PRED 的限定值为语义形式，SUBJ 和 OBJ 的限定值为子功能结构。在这两个子功能结构中，左首纵行所列的仍然是限定成分，右首纵行所列的仍然是限定值。

☙ 4. 成分结构和功能结构的关系

成分结构和功能结构之间存在着对应关系。这种对应关系是一个句子的成分结构能够转变为相应的功能结构的基本根据。

例如，成分结构如图 11 所示：

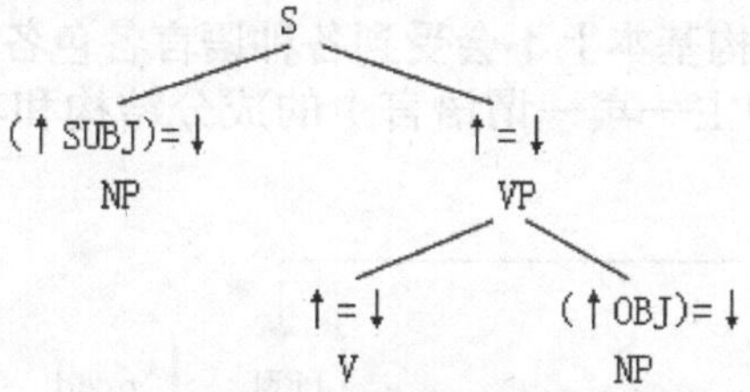

图 11　成分结构

与这个成分结构相对应的功能结构如图 12 所示：

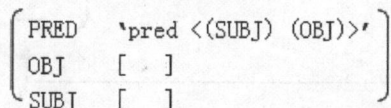

```
PRED   'pred <(SUBJ) (OBJ)>'
OBJ    [   ]
SUBJ   [   ]
```

图 12　与图 11 中的成分结构对应的功能结构

其中，PRED 表示某个具体的谓词，如 read 等。

在成分结构与功能结构之间有如下的对应关系：

- 节点 S、VP 和 V，由于 VP 和 V 都有功能等式 ↑=↓，它们是功能中心语，因而对应于整个功能结构；
- 带有功能等式 (↑SUBJ)=↓ 的节点 NP 和带有功能等式 (↑OBJ)=↓ 的节点 NP，由于不是功能中心语，只能分别对应于上述功能结构中的 SUBJ [　] 和 OBJ [　]。

成分结构与功能结构的这种对应情况可表示为图 13（左边是成分结构，右边是功能结构）：

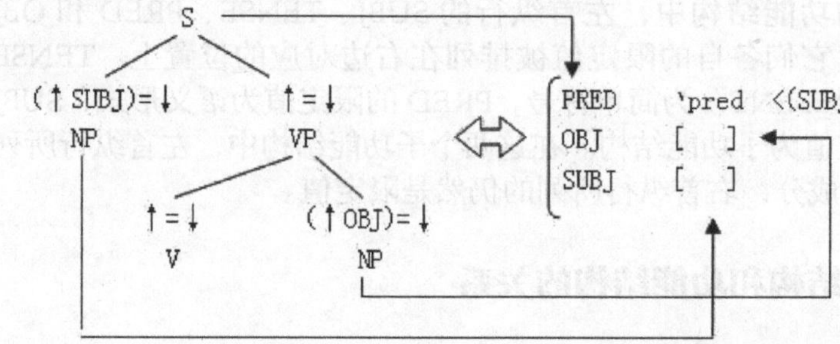

图 13　SVO 语言中成分结构与功能结构的对应

这是 SVO 语言（即主—谓—宾结构语言）的成分结构和功能结构。

功能结构表示的是语言的共同性，成分结构表示的是语言的差异性，因此，功能结构基本上不会受到各种语言各色各样的表层形式的影响。SOV 语言（即主—宾—谓语言）的成分结构和功能结构可表示为图 14 所示：

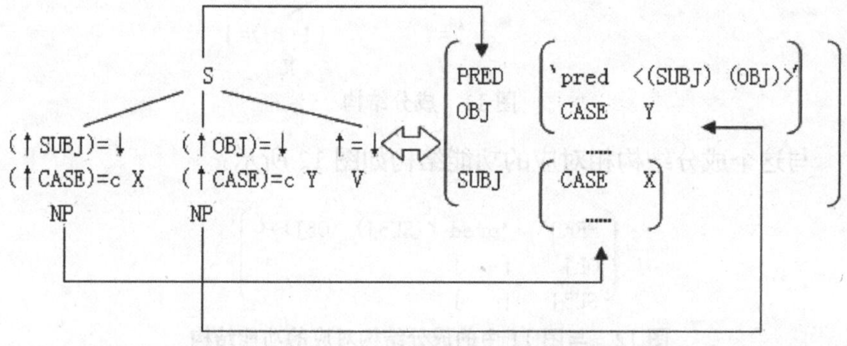

图 14　SOV 语言中成分结构与功能结构的对应

可以看出，SOV 语言的成分结构中各个成分的顺序与 SVO 语言不同。因此，成分结构反映了语言的差异性，而 SOV 语言和 SVO 语言的功能结构则是相同的。

总体来说，词汇功能语法具有如下几个特点（冯志伟，1990：2）：

- 采用属性值矩阵作为表达语法信息的基本手段；
- 以合一作为运算的基本方式，以属性值作为运算的基本单元；
- 以词汇中包含的信息作为语法信息的基本来源；
- 以无序的语法功能作为语法理论的基本观念。

由于具备这些特点，词汇功能语法克服了短语结构语法的生成能力过强而分析能力不足的缺陷，在当代语言学中独树一帜。

参考文献

冯志伟. 1990. 词汇功能语法及其在计算语言学中的作用. 中国计算机用户，(11): 2.

Kaplan, R. M. & Bresnan, J. 1982. Lexical-functional grammar: A formal system for grammatical representation. In J. Bresnan (Ed.) *The Mental Representation of Grammatical Relations*. Cambridge: The MIT Press, 173–281.

词网　WORDNET

词网是英语的词汇间语义关系数据库。词网是 1985 年由美国普林斯顿大学（Princeton University）的 G. A. Miller、R. C. Beckwick、C. Fellbaum 等研制的（Fellbaum，1998），可以在因特网上访问。

☙ 1. 词网的基本假设

为了建造词网，G. A. Miller 等提出了词网的三个基本假设（Fellbaum，1998：2–3）：

- 分离性假设（separability hypothesis）：语言中的词汇成分可以从语言中分离出来，单独地进行研究。
- 模式化假设（patterning hypothesis）：人们倾向于特别关注词语所表达的语义之间的系统模式和关系。
- 完全性假设（comprehensiveness hypothesis）：系统需要尽可能地把人们的词语知识存储在词网中。

这意味着，词网试图把词语从语言中分离出来，用模式化的方法进行研究，研究时要尽量完全地收集词语的知识。

尽管词网中包含合成词、短语、惯用语和搭配关系描述，但是，词网的基本单位还是单词。词网包括动词、名词、形容词 - 副词三个数据库。词网中一个完全的语义条目包含单词、同义词、定义以及一些使用实例。

在词网中不区分同形关系与多义关系，同形词也就是多义词，一个多义词可以有若干个不同的语义。因此，词网中语义的数量比单词的数量大。

☙ 2. 词网中的名词

词网中的基本语义关系是同义关系。

如果词网中的两个条目在某些上下文环境中能够成功地替换，则认为它们是同义词。同义词的集合构成了同义词集，叫作 SYNSET。

下面是 SYNSET 的一个例子：

{chump, fish, fool, gull, mark, patsy, fall guy, sucker, schlemiel, shlemiel, soft touch, mug}

这个 SYNSET 的定义是："a person who is gullible and easy to take advantage of"（易受骗和易被利用的人）。因此，在这个 SYNSET 中的每个词条都可以在一些场景下表达这个概念。实际上，词网中许多条目的语义都是由这类 SYNSET 组成的。具体地说，这样的 SYNSET 及其定义和例句，构成了 SYNSET 中所列条目的语义。

从理论上说，每个 SYNSET 都可以表示语言中已经词汇化的一个概念。不过，词网不是用逻辑项来表示概念，而是通过把可用于表达概念的词典条目组成列表来表示概念。词网中的各种语义关系实际上都是 SYNSET 之间的关系。为了表达上的方便，一般只用 SYNSET 中有代表性的单词来表示 SYNSET。

词网中的名词有三种语义关系：上下位关系、整体 – 部分关系、反义关系。

在上下位关系中，特定性较强的单词叫作概括性较强的单词的下位词，概括性较强的单词叫作特定性较强的单词的上位词。例如，bird 是 robin（知更鸟）的上位词，robin 是 bird 的下位词。

在词网中，每一个单词都可以代表一个同义词集，用 SYNSET 来表示，每个 SYNSET 通过上位关系和下位关系与紧靠的更普遍化或更具体化的 SYNSET 相关联。为了找到一系列更普遍化或更具体化的

SYNSET，可以简单地跟随一个上位和下位关系的传递链往上查询或者往下查询。

在词网中，上下位关系用指针“@->”把相应 SYNSET 联系起来表示。例如，有：

{robin, redbreast} @-> {bird} @-> {animal, animate_being} @-> organism, life_form, living_thing}

从数学上说，@ 是可传递的、非对称的。它表示的语义关系可以读为“IS-A”或“IS-A-KIND-OF”。“->”读为“指向”（to point upward）。

当由概括性较弱的语义指向概括性较强的语义时，叫作普遍化（generalization），也就是从特殊（specific）指向一般（generic），用“@->”表示，写为：Ss @-> Sg。

当由概括性较强的语义指向概括性较弱的语义时，叫作具体化（specification），也就是从一般指向特殊，用“~->”表示，写为：Sg ~-> Ss。

在上下位关系中，概念的特性可以继承（inherit），因此，就可以用上下位关系进行推理。例如，如果 Rex 是一只 collie（牧羊犬），那么，Rex 就是一只 dog（狗）；如果 Rex 是一只 dog，那么，Rex 就是一种 animal（动物）；如果 Rex 是一种动物，那么，Rex 就能够主动地运动（capable of voluntary movement）。这样，上下位关系可以形成传递链，一步一步地把概念普遍化。当到达最普遍的概念的时候，这样的概念就是语义的基元（primitive semantic component），在词网中叫作初始概念（unique beginners）。可以把单词不同的语义组织到这样的初始概念中。

在词网中，用 W_m 和 W_h 分别表示部分词（meronym）和整体词（holonym），用“is a part of”（“是一部分”）和“has a”（“有……作为一部分”）来描述部分－整体关系的语义。如果“W_m is a part of W_h”（W_m 是 W_h 的一部分）是可接受的，那么我们就说“W_m is a meronym of W_h”（W_m 是 W_h 的部分词）；如果“W_h has a W_m (as a part)”（W_h 有 W_m 作为一部分）是可接受的，那么我们就说“W_h is a holonym of W_m”（W_h 是 W_m 的整体词）。

部分－整体关系与上下位关系的数学特性很相似，它们都是可传递的、非对称的。例如，finger（指头）是 hand（手）的一部分，hand 是 arm（手臂）的一部分，arm 是 body（躯体）的一部分。

相反或对立的单词之间的关系，叫作反义关系（antonymy）。

反义关系用“!->”表示。例如，

[{man} !-> {woman}]

表示 man 是 woman 的反义词；

[{woman} !-> {man}]

表示 woman 是 man 的反义词。

具有反义关系的名词的上位词往往是相同的，它们通常具有一个直接上位词。例如，man 和 woman 的直接上位词是 human（人）。

反义关系并不是名词之间的一种基本的意义组织方式。

词网的反义关系主要存在于形容词和副词中。

3. 词网中的形容词

在词网中凡是修饰名词的词都看成形容词。因此，除了通常的形容词之外，名词、现在分词、过去分词、介词短语、小句（clause）都算形容词。例如，句子“a *large* chair, a *comfortable* chair”中的 large 和 comfortable 是形容词，在词网中，当然也算形容词；但是，在下面的句子中用斜体标出的词、短语或小句，在词网中也都算作形容词。

kitchen chair, *barber* chair（原来是名词）

The *creaking* chair（原来是现在分词）

The *overstuffed* chair（原来是过去分词）

Chair *by the window*（原来是介词短语）

The chair *that you bought at the auction*（原来是小句）

形容词可以分为描写形容词（descriptive adjective）和关系形容词（relational adjective）两种。

描写形容词可以给被它修饰的名词赋上一个属性值。“X is Adj”意味着，存在一个属性 A 使得 A(X)=Adj。例如，“the package is heavy”意味着，存在一个属性 WEIGHT（重量）使得 WEIGHT (package)=heavy。“heavy”或“light”是属性 WEIGHT 的值。词网中使用一个指针把描写形容词与它所修饰的名词联系起来。

关系形容词是由名词派生而来的，因此，关系形容词和派生它的名词之间是有联系的。例如，关系形容词 electrical 与名词 electricity 有联系。

描写形容词之间的基本语义关系是反义关系。例如，

good !-> bad

描写形容词有两个显著的特征，一个是属性的两极性（bipolar），另一个是属性的分级性（gradeness）。分述如下：

描写形容词的属性具有两极化的倾向。

反义形容词表示的属性是彼此对立的。例如，heavy 的反义词是 light，它们表示 WEIGHT（重量）这个属性的彼此对立的两极的值。

在词网中，这种两极对立用符号“!->”表示，它的含义是“IS-ANTONYMOUS-TO”。例如，“heavy (vs. light)”和“light (vs. heavy)”可以分别表示为：

heavy !-> light

light !-> heavy

如果一个单词具有两个不同的语义，就把它作为两个不同的词形（word form）来处理。在词网中，同一个单词的不同词形标以不同的数字。例如，hard 有“坚硬”和“困难”两个不同的语义，语义为“坚硬”的 hard 写为 hard1，语义为“困难”的 hard 写为 hard2，hard1 的反义词是“soft”（柔软），hard2 的反义词是 easy（容易）。

在英语中，像“heavy/light”“weighty/weightless”这样直接对立的反义词叫作直接反义词（antonym）。此外还存在间接反义词（indirect antonym）。例如，“ponderous”（笨重）这个词很难说出它的反义词是什么，但是，“ponderous”的语义与“heavy”的语义很近似，所谓“语义近似”，是因为凡是能够被“heavy”修饰的名词，也能够被“ponderous”修饰；而“heavy”的反义词是“light”，所以，可以通过“heavy”的中介，近似地把“light”看成是“ponderous”的反义词，可见，“ponderous/light”这一对概念的对立是通过“heavy”建立起来的，它们不是直接反义词，它们之间的反义关系是间接的，所以，我们把“ponderous/light”叫作间接反义词。从词汇的角度说，“ponderous/light”不是对立的词汇偶对，但是通过“heavy”的中介，可以在概念上给它们建立反义关系。在词网中，“语义近似”的意思是“IS SIMILIAR TO”，用指针“&->”表示，这样，间接反义词的推理过程是：

由于 heavy !-> light 而且 ponderous &-> heavy，

所以有：ponderous !-> light。

按照这样的办法，就可能给英语中所有的描写形容词都找到反义词，对于那些很难判定反义词是什么的形容词，也可以给它们找到间接反义词。

这样一来，就有可能把直接反义词和间接反义词组织到“两极聚类”（bipolar cluster）中。图 15 是一个两极聚类：

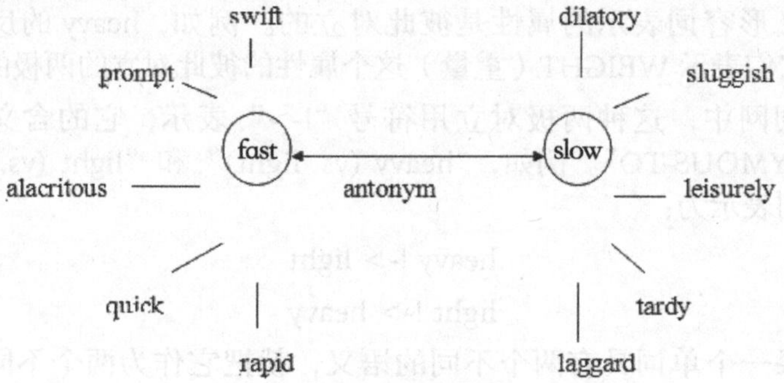

图 15　两极聚类

在这个两极聚类中，“中心词 SYNSET”（head SYNSET）是“fast/slow”，共包含两半聚类，一半聚类以 fast 为中心词，另一半聚类以 slow 为中心词，中心词周围是“语义近似”的单词，它们构成了“卫星词 SYNSET”（satellite SYNSET），fast 的卫星词是 swift、prompt、alacritous、quick、rapid，它们都具有“快”的语义，slow 的卫星词是 dilatory、sluggish、leisurely、tardy、laggard，它们都具有“慢”的语义。这个两极聚类确定了“SPEED”（速度）这个属性。

在两极聚类中的反义词偶对表示相同的语义或紧密相关的语义，它们可以代表一个属性值。例如，“large/small”和“big/little”这样的反义词偶对确定了“SIZE”（大小）这个属性；在词网中，这个两极聚类的一半表示为 large (vs. small) 和 big (vs. little)，另一半表示为 small (vs. large) 和 little (vs. big)。

词网的形容词数据库中包含 1 732 个这样的两极聚类，每一个两极聚类两侧的单词都具有反义关系，也就是说，每一个单词都有其相应的反义词，而两极聚类的每一侧有 1 732 个“近似语义”，如果考虑两极聚类两侧所有的“近似语义”，那么，词网形容词数据库中“近似语义”聚类的总数就应该是 3 464 个。这些“近似语义”聚类的数目也就是词网中形容词语义的大致数目。

词网中的形容词还可以按不同的属性进行分级，这就是形容词的分级性。例如，可以按 SIZE（大小）、LIGHTNESS（亮度）、QUALITY（质量）、BODY-WEIGHT（体重）和 TEMPERATURE（温度）对形容词进行如图 16 的分级：

SIZE	LIGHTNESS	QUALITY	BODY-WEIGHT	TEMPERATURE
astronomical	snowy	superb	obese	torrid
huge	white	great	fat	hot
large	ash-gray	good	plump	warm
...	gray	mediocre	...	tepid
small	charcoal	bad	slim	cool
tiny	black	awful	thin	cold
infinitesimal	pitch-black	atrocious	gaunt	frigid

图 16　形容词的分级性

根据这样的分级，可以看出形容词语义近似的程度，而形容词表示的属性也就会因此而显示出方向性，方向性也就是维度（dimension），所以，可以把词网中的形容词想象成一个具有多个维度的超空间（hyperspace），其中，每一个维度的一端紧紧地嵌在这个多维超空间的一个原点上。

关系形容词在语义上或形态上与名词有联系，尽管关系形容词与名词形态上的联系还不是很直接。例如，“musical”（音乐的）与名词“music”（音乐）有关；“dental”（牙科的）与名词“tooth”有关。因此，名词常常可以用关系形容词或者该关系形容词所派生的名词来修饰。例如，

关系形容词 + 名词　:　名词 + 名词

‘atomic bomb’　:　‘atom bomb’

‘dental hygiene’　:　‘tooth hygiene’

关系形容词与描写形容词的区别之处在于：关系形容词不涉及它们所修饰的名词的性质，因此，与属性无关；关系形容词不能分级，不能说“the very atomic bomb”；大多数关系形容词没有直接反义词，因此，关系形容词不能包括到聚类中，它们也没有两极性。

4. 词网中的副词

大多数副词是从形容词通过加后缀“-ly”的方法派生而成的。例如，“beautifully, oddly, quickly, interestingly, hurriedly”等副词分别来自形容词“beautiful, odd, quick, interesting, hurried”。其他的副词是通过加后缀“-ward, -wise, -ways”的方法派生而成的，例如，“northward, crosswise, sideways”。

在词网中，这些派生出来的副词都通过一个意思为“DERIVED-FROM”的指针与相应的形容词联系起来。

5. 词网中的动词

词网的动词数据库中的语义领域有 14 个：motion（运动），perception（感知），contact（接触），communication（交际），competition（竞争），change（变化），cognition（认知），consumption（消耗），creation（创造），emotion（情绪），possession（占有），body care and function（身体保健和功能），social behavior（社会行为），interaction（交互）。

在一个单独的语义领域内，很难把所有的动词归属到一个单独的初始概念之下。有些语义领域需要使用若干个独立的树形结构来表示。

例如，表示 motion（运动）的动词要分为 move1 和 move2。move1 表示有位移的运动，move2 表示没有位移的运动。表示 possession（所属）的动词向上归属时，要归属到三个不同的概念，用三个不同的 SYNSET 分别表示为 {give, transfer}，{take, receive}，{have, hold}。表示 communication（交际）的动词要分为 verbal communication（口头交际）和 nonverbal communication（非口头交际，如使用手势进行交际）。

词网中使用“承袭”（entailment）来描述两个动词之间的关系。两个动词 V1 和 V2，如果句子“someone V1”表示的行为合乎逻辑地承袭了句子“someone V2”表示的行为，那么，我们就说，V1 承袭了 V2。

例如，句子“He is snoring.”表示的行为“他打鼾”，承袭了句子“He is sleeping.”表示的行为“他睡觉”，我们就说，动词“snore”（打鼾）承袭了动词“sleep”（睡觉）。从逻辑上说，如果第一个句子成立，那么，第二个句子也成立。

动词之间的承袭关系具有如下性质：

- 单词的承袭关系是单向关系：如果动词 V1 承袭了动词 V2，而且它们不是同义词，那么，动词 V2 不能承袭动词 V1。
- 如果两个动词彼此承袭，那么，它们必定是同义词，也就是说，它们具有相同的语义。
- 否定可以改变承袭的方向："not sleeping" 承袭 "not snoring"，但是，"not snoring" 不承袭 "not sleeping"。
- 否定承袭的一方会造成矛盾：如果句子 "He is snoring." 承袭 "He is sleeping."，那么，句子 "He is snoring.'" 与句子 "He is not sleeping" 矛盾。
- 具有承袭关系的动词在时间上存在联系：例如，"drive"（驾驶）和 "ride"（乘车）在时间上是相互联系的。如果你 "drive"，那么，你一定也同时在 "ride"。
- 承袭关系在时间上的包含关系："snoring" 和 "sleeping" 在时间上是同时存在的，你用来 "snoring" 的时间是你 "sleeping" 的时间的一个部分。"snoring" 的时间包含在 "sleeping" 的时间之中，但不一定总是同时的。如果你停止 "sleeping"，那么，你一定也必须停止 "snoring"（不过你可以继续 "sleeping" 而不再继续 "snoring"）。这就是说，由承袭关系联系起来的两个动词中，一个动词在时间上包含在另一个动词之中。如果在动词 V1 和 V2 发生的时间片段中，动词 V1 发生而动词 V2 不发生，那么，我们就说，动词 V2 发生的时间真正包含在动词 V1 发生的时间之中。

词网实际上是一个语言知识本体，它给我们提供了极为丰富的词汇语义信息。这些信息对于计算语言学中的语义分析是大有用处的。

参考文献

Fellbaum, C. (Ed.). 1998. *WordNet: An Electronic Lexical Database*. Cambridge: The MIT Press.

词向量 WORD VECTOR

神经机器翻译（Neural Machine Translation，简称 NMT）使用深度学习技术，把自然语言中单词的离散符号（discrete symbol）映射为 N 维空间中的连续向量（continuous vector），这样的连续向量也就是“词向量”（冯志伟，2019）。

1. 从离散符号到词向量

词向量把单词的离散符号映射为连续的向量，如图 1 所示：

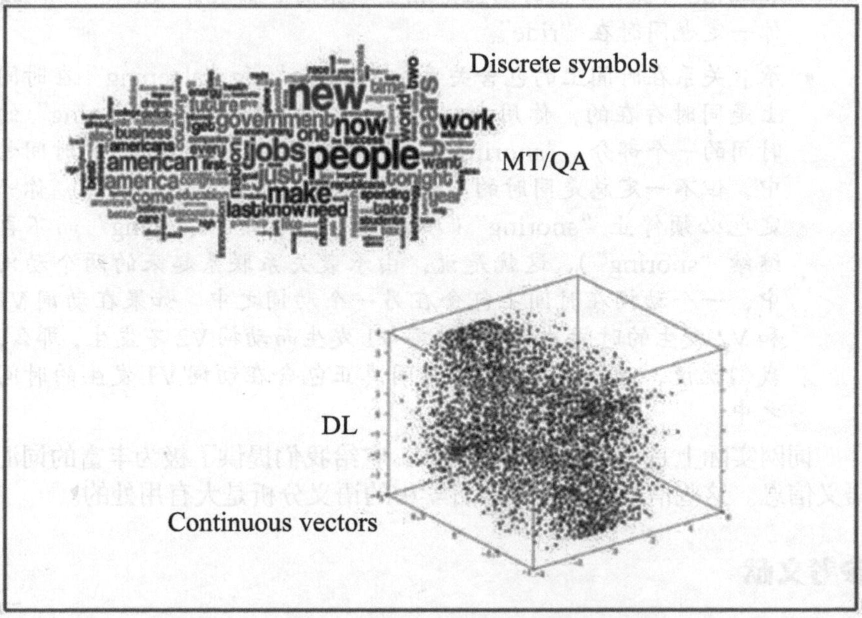

图 1　把离散的单词符号映射为连续的词向量

在图 2 中，David、John、Mary、play、loves、like 等离散的单词，都映射到向量空间（vector space）中，成为不同的词向量。

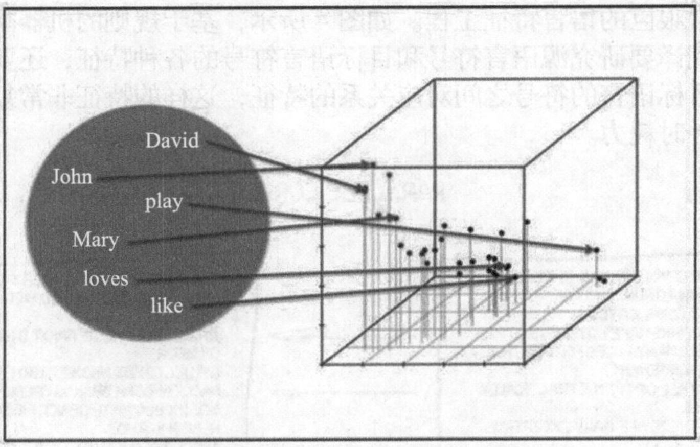

图 2　把离散的单词映射到 N 维空间中

在图 3 中，N 维空间的词向量的每个维度都表示为连续的实数值。

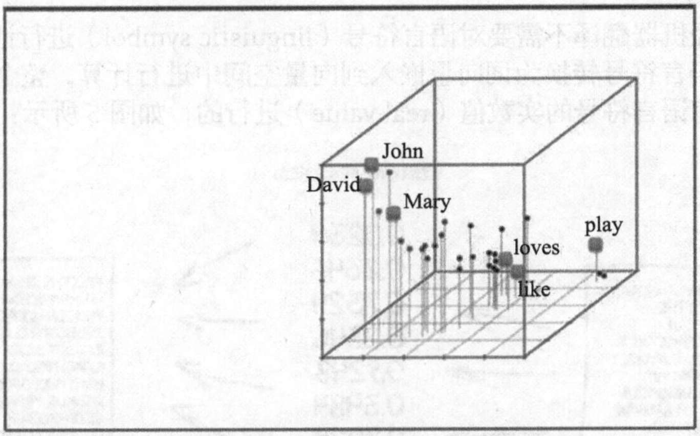

图 3　在 N 维空间中的词向量都是连续的实数值

近年来“词向量”在深度学习（Deep Learning，简称 DL）中得到广泛的使用，也受到计算语言学界的普遍关注，成为自然语言处理中一个关键性的科学概念。

基于规则的机器翻译和统计机器翻译需要对语言符号及其特征表示（feature representation）进行计算，寻求不同语言之间的特征对应规律，这是非常艰巨的语言特征工程。如图 4 所示，基于规则的机器翻译和统计机器翻译要研究源语言符号和目标语言符号的各种特征，还要研究源语言和目标语言的符号之间对应关系的特征，这样的特征非常复杂，研究起来耗时耗力。

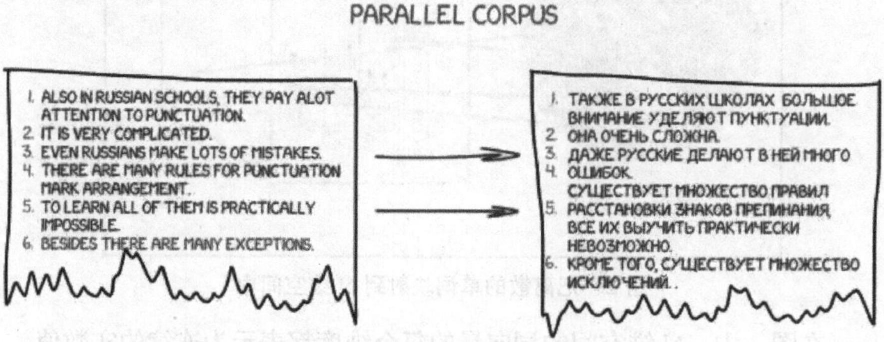
PARALLEL CORPUS
1. ALSO IN RUSSIAN SCHOOLS, THEY PAY ALOT ATTENTION TO PUNCTUATION.
2. IT IS VERY COMPLICATED.
3. EVEN RUSSIANS MAKE LOTS OF MISTAKES.
4. THERE ARE MANY RULES FOR PUNCTUATION MARK ARRANGEMENT.
5. TO LEARN ALL OF THEM IS PRACTICALLY IMPOSSIBLE.
6. BESIDES THERE ARE MANY EXCEPTIONS.
1. ТАКЖЕ В РУССКИХ ШКОЛАХ БОЛЬШОЕ ВНИМАНИЕ УДЕЛЯЮТ ПУНКТУАЦИИ.
2. ОНА ОЧЕНЬ СЛОЖНА.
3. ДАЖЕ РУССКИЕ ДЕЛАЮТ В НЕЙ МНОГО
4. ОШИБОК.
СУЩЕСТВУЕТ МНОЖЕСТВО ПРАВИЛ
5. РАССТАНОВКИ ЗНАКОВ ПРЕПИНАНИЯ,
ВСЕ ИХ ВЫУЧИТЬ ПРАКТИЧЕСКИ НЕВОЗМОЖНО.
6. КРОМЕ ТОГО, СУЩЕСТВУЕТ МНОЖЕСТВО ИСКЛЮЧЕНИЙ..

图 4　复杂的语言特征工程

神经机器翻译不需要对语言符号（linguistic symbol）进行计算，而只要把语言符号转换为词向量嵌入到向量空间中进行计算，整个计算是针对没有语言符号的实数值（real value）进行的，如图 5 所示：

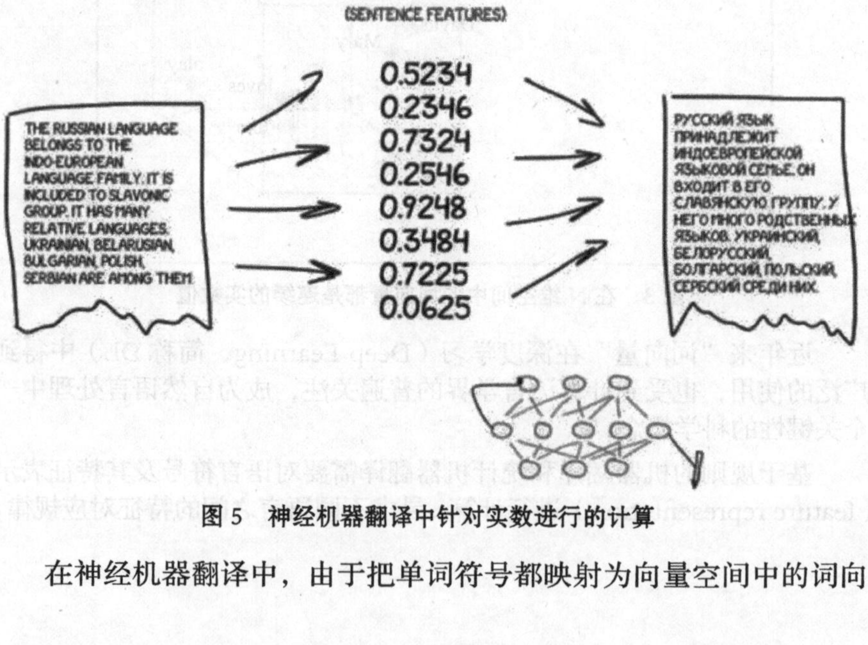
(SENTENCE FEATURES)
THE RUSSIAN LANGUAGE BELONGS TO THE INDO-EUROPEAN LANGUAGE FAMILY. IT IS INCLUDED TO SLAVONIC GROUP. IT HAS MANY RELATIVE LANGUAGES. UKRAINIAN, BELARUSIAN, BULGARIAN, POLISH, SERBIAN ARE AMONG THEM.
0.5234
0.2346
0.7324
0.2546
0.9248
0.3484
0.7225
0.0625
РУССКИЙ ЯЗЫК ПРИНАДЛЕЖИТ ИНДОЕВРОПЕЙСКОЙ ЯЗЫКОВОЙ СЕМЬЕ. ОН ВХОДИТ В ЕГО СЛАВЯНСКУЮ ГРУППУ. У НЕГО МНОГО РОДСТВЕННЫХ ЯЗЫКОВ. УКРАИНСКИЙ, БЕЛОРУССКИЙ, БОЛГАРСКИЙ, ПОЛЬСКИЙ, СЕРБСКИЙ СРЕДИ НИХ.

图 5　神经机器翻译中针对实数进行的计算

在神经机器翻译中，由于把单词符号都映射为向量空间中的词向量，不需要规模巨大的语言特征工程，也不需要手工设计语言特征，计算机能够自动地从双语语料库中获取和计算数字化的语言特征，大大地节省了人力，同时也降低了研制机器翻译系统的语言知识门槛。研究人员只要占有充分的语言资源，就是根本不懂相关的语言，也可以得心应手地进行机器翻译，甚至还有可能取得突出的翻译结果。这是机器翻译研究在知识获取技术上的一大进步。

构造单词的向量化特征表示也就是进行“词嵌入”。“词嵌入”把自然语言中的每一个单词映射为向量空间中的一个词向量，并且在这个向量空间中形式化地定义自然语言的单词与单词之间的相互关系。

☙ 2. 词嵌入的两种方式

词嵌入的方式有两种。

一种方式叫作“连续词袋”（Continuous Bag-of-Word，简称CBOW），它使用在一个窗口中的上下文单词 w_{i-2}, w_{i-1}, w_{i+1}, w_{i+2} 的总和（SUM）来预测中心单词 w_i，如图 6 左侧所示。

另一种方式叫作“连续跳元”（Continuous Skip-gram，简称 Skip-gram），它使用中心词 w_i 来预测在一个窗口中的上下文单词 w_{i-2}, w_{i-1}, w_{i+1}, w_{i+2}，如图 6 右侧所示。

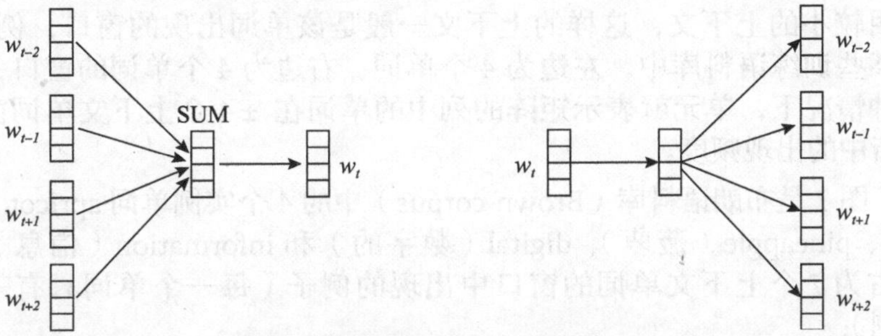

图 6　词嵌入：左侧为 CBOW，右侧为 Skip-gram

在神经机器翻译中，由于词向量可以表示源语言句子和目标语言句子的上下文信息，向量空间的维数越高，源语言句子与目标语言句子的相似度就越大，因而有效地保证了输入端的源语言句子能够在输出端翻译成与之最接近的目标语言句子，从而提高机器翻译的流畅度和忠实度。因此，“词向量”是计算语言学中的重大创新，对于计算语言学的研究具有革命性的作用。

❧ 3. 单词–上下文共现矩阵

在传统语言学中，单词的“价值”是一种深刻的洞见，但“价值”是不能计算的，单词在文本中的“分布”虽然可以作形式的描述，但也是不能计算的；而在计算语言学中，要使用计算机对自然语言进行自动处理，单词在文本中的分布是必须计算的，因此，我们有必要使用数学中的“向量”（vector）来计算单词在文本中的分布。

从直觉上说，所谓语义“向量空间模型”（vector space model）就是把一个单词嵌入（embed）到一个向量空间中去的模型。因此，把一个单词表示为一个词向量通常就叫作“词嵌入”（word embedding）。词嵌入这种方法有助于我们使用更加丰富的参照来描绘单词的意义。在计算语言学中，研究词向量的语义表示的学问叫作“向量语义学”（vector semantics）。

一般说来，单词或意义的分布模型都是基于“共现矩阵”（co-occurrence matrix）的。我们这里来讨论“词特征项–上下文矩阵”（term-context matrix），这种矩阵的维度是 |V| × |V| 的，其中的每一个单元记录着列中单词（目标单词）的出现频度，而在训练语料库的某个上下文中出现的单词则记录在行中。在大多数情况下，倾向于使用较小的上下文，这样的上下文一般是该单词出现的窗口，例如，在某些训练语料库中，左边为 4 个单词、右边为 4 个单词的窗口，在这种情况下，单元就表示矩阵的列中的单词在 ±4 个上下文单词窗口的行中的出现频度。

图 7 是布朗语料库（Brown corpus）中的 4 个实例单词 apricot（杏子）、pineapple（菠萝）、digital（数字的）和 information（信息）在左右为 7 个上下文单词的窗口中出现的例子（每一个单词只有一个实例）：

	aardvark	...	computer	data	pinch	result	sugar	...
apricot	0	...	0	0	1	0	1	
pineapple	0	...	0	0	1	0	1	
digital	0	...	2	1	0	1	0	
information	0	...	1	6	0	4	0	

图 7　Brown 语料库中的实例

对于每一个单词，我们从包围每一个出现该单词的窗口中来采集上下文单词的出现频度。

图 8 显示了我们根据布朗语料库计算出的 apricot、pineapple、digital 和 information 4 个单词的单词 – 上下文共现矩阵。

Sugar, a sliced lemon, a tablespoonful of	**apricot**	preserve or jam, a pinch each of,
Their enjoyment, Cautiously she sampled her first	**pineapple**	and fruit whose taste she likened
Well suited to programming on the	**digital**	computer. In finding the optimal R-stage policy from
For the purpose of gathering data	**information**	necessary for the study authorized in the

图 8　根据布朗语料库计算出的 4 个单词的单词 – 上下文共现矩阵

图 7 只显示了 aardvark（土豚）、computer（计算机）、data（数据）、pinch（掐）、result（结果）、sugar（糖）6 个维度的上下文单词。图中单词 digital 的词向量用框子标出：0, 2, 1, 0, 1, 0。注意：真正的词向量计算需要的维度比这高得多，因而数据也就更加稀疏。

从图 8 可以看出，apricot 和 pineapple 这两个单词与其他诸如 digital 这样的单词比较起来显得更加相似（上下文单词 pinch 和 sugar 都倾向于出现在它们的窗口中）；相反地，digital 和 information 这两个单词与诸如 apricot 这样的单词比较起来也更加相似。

图 9 是这种情况的可视化表示。

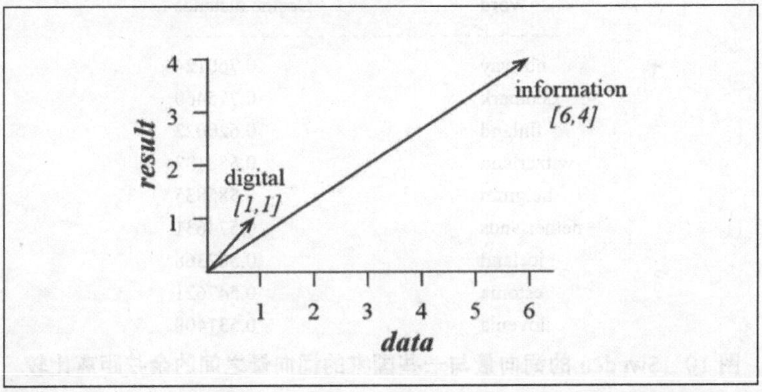

图 9　词特征项 – 上下文矩阵中，单词 digital 和 information 的词向量的可视化表示

图 9 中的单词 digital 和 information 只是与上下文中的 data 和 result 这两个单词关联，因此只是二维的。在实际的语料库中，|V| 是词向量的长度，一般来说就是指词汇的规模，通常在 10 000 词到 50 000

词之间。在语料库的训练集中，一般使用50 000个高频词就可以了，高于50 000个高频词不会有明显的帮助。当然，这些计数大多数都是零，从而导致数据稀疏，现在已经设计了有效的算法，可以使用数据稀疏的矩阵进行存储和计算。

用来计数的窗口的大小可以根据表示目标的不同而有所变化，不过一般是在目标单词的左右每侧取 1~8 个单词，这样上下文的总长度就是 3~17 个单词。一般来说，窗口越小，表示的句法信息就越多，因为句法信息总是来自比较临近的单词，而窗口越长，表示的相关语义信息就越多。

☙ 4. 词向量与语言直觉

图 10 显示了 Sweden（瑞典）这个国家的词向量与一些国家的词向量之间的余弦距离（cosine distance），也就是词向量夹角的余弦值。

可以看出，Sweden 与 Norway（挪威）和 Denmark（丹麦）等北欧国家的余弦距离都是 0.7 以上，说明这些国家与 Sweden 相似度高，与 Sweden 最为接近，而其他国家的余弦距离都比 0.7 低，说明这些国家与 Sweden 的相似度比较低，离 Sweden 比较远。这与我们的语言直觉也是相符的。因此我们认为，词向量可以反映人们的语言直觉。

Word	Cosine distance
norway	0.760124
denmark	0.715460
finland	0.620022
switzerland	0.588132
belgium	0.585835
netherlands	0.574631
iceland	0.562368
estonia	0.547621
slovenia	0.531408

图 10　Sweden 的词向量与一些国家的词向量之间的余弦距离比较

2006 年，Rohde 等使用层次聚类的方法从词嵌入中把名词自动地分为四类：身体类（wrist、ankle、foot 等），动物类（dog、cat、bull 等），城市类（Chicago、Atlanta、Tokyo 等），国家地区类（China、Russia、Africa 等），并加以可视化表示。这些词嵌入使用了一个大小为 ±4 的窗口，共 14 000 维，删除了 157 个封闭类的单词。

图 11 中的可视化表示使用了层次聚类，关联起来的每一类单词之间具有很高的相似度。例如，wrist（手腕）与 ankle（脚腕），hand（手）与 foot（脚），dog（狗）与 cat（猫），lion（雄狮）与 bull（公牛），Chicago（芝加哥）与 Atlanta（亚特兰大），China（中国）与 Russia（俄罗斯），Africa（非洲）与 Asia（亚洲）等。

图 11 使用向量聚类的方法来显示单词之间的相似程度，聚类的结果符合我们的语言直觉。

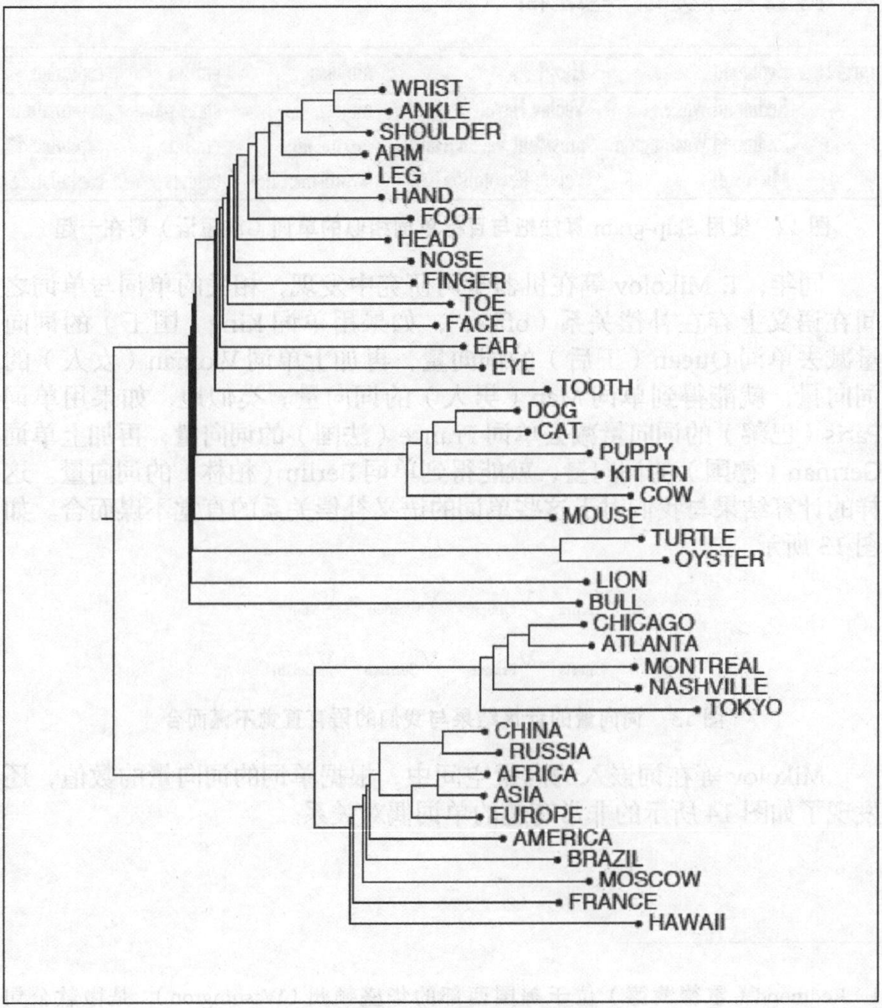

图 11　名词层次聚类的可视化表示

2013 年，T. Mikolov 等使用词向量研究中的 Skip-gram 算法对单词进行聚类，可以把相似的单词聚合在一起。例如，对于目标单词 Redmond（雷德蒙德）[1]，算法把 Redmond Wash（华盛顿州的雷德蒙德）、Redmond Washington（华盛顿州的雷德蒙德）、Microsoft（微软公司）等单词（或短语）聚在一起；对于目标单词 capitulate（投降），算法把 capitulation、capitulated、capitulating 等单词聚在一起；聚类的结果与我们的语言直觉相吻合。

图 12 是聚类的一些结果：

target:	Redmond	Havel	ninjutsu	graffiti	capitulate
	Redmond Wash.	Vaclav Havel	ninja	spray paint	capitulation
	Redmond Washington	president Vaclav Havel	martial arts	graffiti	capitulated
	Microsoft	Velvet Revolution	swordsmanship	taggers	capitulating

图 12　使用 Skip-gram 算法把与目标单词相似的单词（或短语）聚在一起

同年，T. Mikolov 等在机器学习研究中发现，相关的单词与单词之间在语义上存在补偿关系（offset），如果用单词 King（国王）的词向量减去单词 Queen（王后）的词向量，再加上单词 Woman（女人）的词向量，就能得到单词 Man（男人）的词向量。类似地，如果用单词 Paris（巴黎）的词向量减去单词 France（法国）的词向量，再加上单词 German（德国）的词向量，就能得到单词 Berlin（柏林）的词向量。这样的计算结果与我们对于这些单词的语义补偿关系的直觉不谋而合。如图 13 所示。

$$V_{King} - V_{Queen} + V_{Women} = V_{Man}$$

$$V_{Paris} - V_{France} + V_{German} = V_{Berlin}$$

图 13　词向量的计算结果与我们的语言直觉不谋而合

Mikolov 等在词嵌入的向量空间中，根据单词的词向量的数值，还发现了如图 14 所示的非常有趣的单词偶对关系。

1　Redmond（雷德蒙德）位于美国西部的华盛顿州（Washington），是微软公司（Microsoft）总部的所在地。

Relationship	Example 1	Example 2	Example 3
France - Paris	Italy: Rome	Japan: Tokyo	Florida: Tallahassee
big - bigger	small: larger	cold: colder	quick: quicker
Miami - Florida	Baltimore: Maryland	Dallas: Texas	Kona: Hawaii
Einstein - scientist	Messi: midfielder	Mozart: violinist	Picasso: painter
Sarkozy - France	Berlusconi: Italy	Merkel: Germany	Koizumi: Japan
copper - Cu	zinc: Zn	gold: Au	uranium: plutonium
Berlusconi - Silvio	Sarkozy: Nicolas	Putin: Medvedev	Obama: Barack
Microsoft - Windows	Google: Android	IBM: Linux	Apple: iPhone
Microsoft - Ballmer	Google: Yahoo	IBM: McNealy	Apple: Jobs
Japan - sushi	Germany: bratwurst	France: tapas	USA: pizza

图 14　词嵌入的向量空间中显示的单词偶对关系

可以看出，在单词偶对关系 France-Paris（法国—巴黎）中，还有 Italy: Rome（意大利—罗马），Japan: Tokyo（日本—东京），Florida: Tallahassee（佛罗里达—塔拉哈西），表示的是某地区与该地区首府之间的关系；在单词偶对关系 big-bigger 中，还有 small: larger，cold: colder，quick: quicker，表示的是形容词基本形式与形容词比较级形式之间的关系[1]；等等。尽管有些小错，这样的结果也说明了词向量与我们的语言直觉基本上是相符的。

这些关于词向量的计算结果生动地揭示了词向量与语言意义之间的紧密联系，词向量在数学上的计算结果与我们在普通常识中的直觉不谋而合，这是非常令人振奋和激动的科研结果。词向量来源于语言学，而词向量的计算结果又与人们的语言直觉相符合，这说明词向量在语言学上具有一定的“可解释性”（explainable），它反映了一些语言的规律，确实是描述自然语言数学面貌的一种可行的好方法。

☙ 5. 稠密词向量的三种生成方法

为了生成简短而稠密的词向量，可以使用如下三种方法（冯志伟，2021）：

1　图 14 中的 small：larger 这个关系错了，应当是 small：smaller。不过，small 和 larger 都是表示空间体积的形容词，它们在语义上也是有联系的，这样的聚类错误只能算是小错。

（1）使用奇异值分解（包括主成分分析和因子分解）这样的降维方法；

（2）使用诸如 Skip-gram 或 CBOW 这样的神经网络方法；

（3）使用布劳恩聚类（Brown clustering），这是一种基于相邻单词的方法。

由于采用向量来表示单词在上下文中的分布，这样，词向量便是可计算的了。传统语言学中的“价”和“分布”等概念是不能计算的，而词向量是可以计算的。这说明，计算语言学比传统语言学更加具有科学性，计算语言学把语言学向科学的道路上推进了一大步。

参考文献

冯志伟. 2019. 词向量及其在自然语言处理中的应用. 外语电化教学，（185）：1–10。

冯志伟. 2021. 生成词向量的三种方法. 外语电化教学，（197）：18–26。

递归转移网络

RECURSIVE TRANSITION NETWORK

具有递归性的有限状态转移网络叫作递归转移网络。

1. 从有限状态转移网络到递归转移网络

如果有下列英语句子：

① John sees the house.

② Maria sings.

③ The table hits Jack.

④ John sees that Maria sings.

⑤ The table that lacks a leg hits Jack.

可以建立如图 1 的有限状态转移网络来识别这些句子。

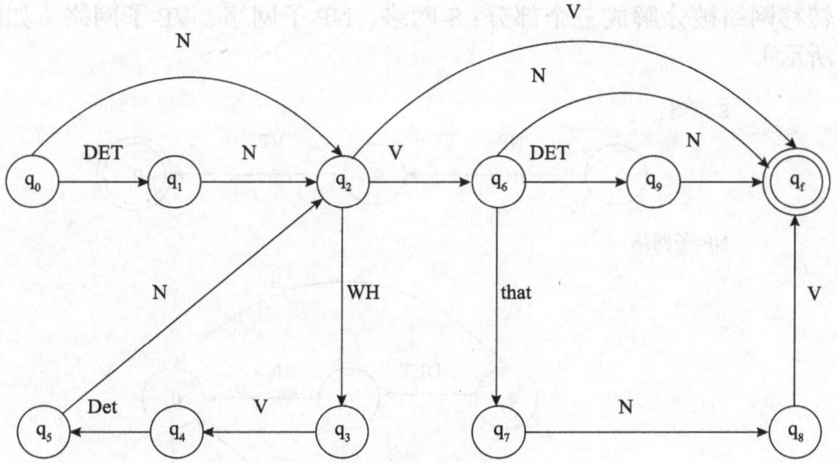

图 1　有限状态转移网络

在这个有限状态转移网络中，WH 表示关系代词，如 who、which 等，that 表示引入宾语从句的连接词 that。

如果状态转移的顺序是：$q_0 \to q_2 \to q_6 \to q_9 \to q_f$，则可识别句子①；

如果状态转移的顺序是：$q_0 \to q_2 \to q_f$，则可识别句子②；

如果状态转移的顺序是：$q_0 \to q_1 \to q_2 \to q_6 \to q_f$，则可识别句子③；

如果状态转移的顺序是：$q_0 \to q_2 \to q_6 \to q_7 \to q_8 \to q_f$，则可识别句子④；

如果状态转移的顺序是：$q_0 \to q_1 \to q_3 \to q_4 \to q_5 \to q_2 \to q_6 \to q_f$，则可识别句子⑤。

识别这五个句子的有限状态转移网络是非常复杂的。不过，由于语言符号具有递归性，同样的结构在语言中可以重复出现多次，因此可以利用语言符号的递归性加以简化。

在这个有限状态转移网络中，状态 $q_0 \to q_1 \to q_2$ 组成的子网络与状态 $q_6 \to q_9 \to q_f$ 组成的子网络十分相似；状态 $q_2 \to q_6 \to q_9 \to q_f$ 组成的子网络与状态 $q_3 \to q_4 \to q_5 \to q_2$ 组成的子网络十分相似；状态 $q_7 \to q_8 \to q_f$ 与状态 $q_0 \to q_2 \to q_f$ 组成的子网络十分相似。利用语言符号的递归性，把状态 q_0、q_1、q_2、q_3、q_4、q_5 组成的子网络分离出来，单独构成一个子网络，叫作 NP-子网络；又把状态 q_2、q_6、q_7、q_8、q_9 组成的子网络分离出来，单独构成一个子网络，叫作 VP-子网络。这样一来，这个有限状态转移网络被分解成三个部分：S-网络、NP-子网络、VP-子网络（如图 2 所示）。

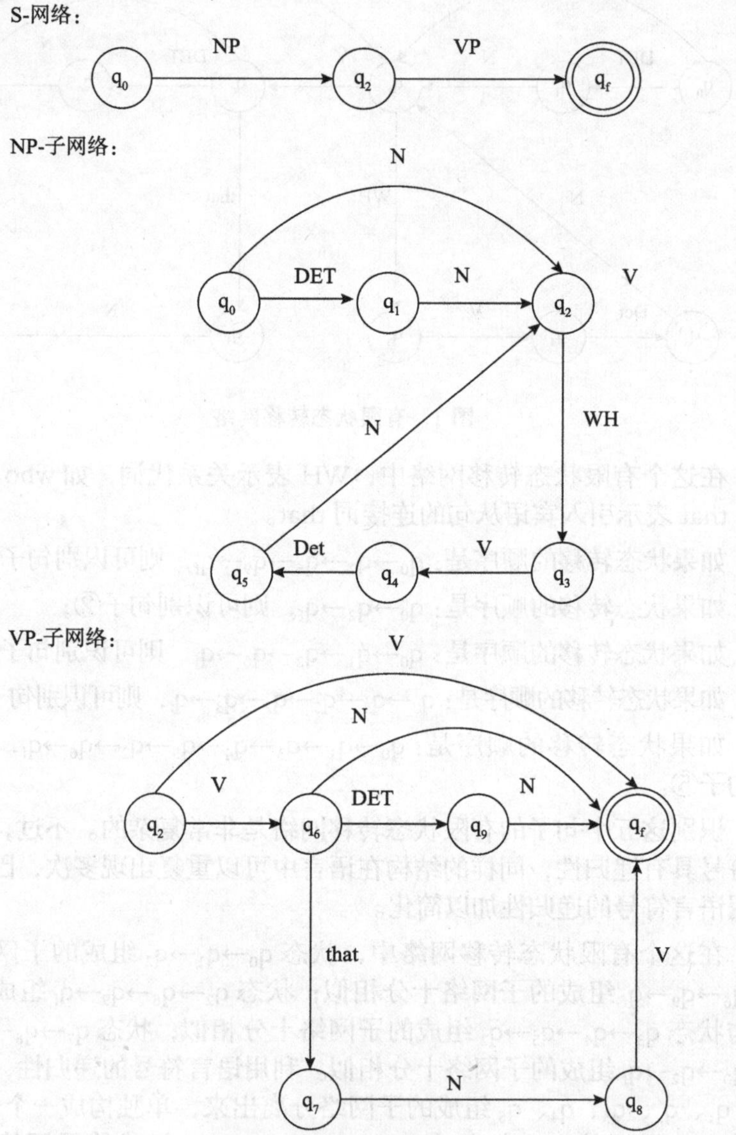

图 2　主网络和子网络

NP-子网络中的 $q_3 \to q_4 \to q_5 \to q_2$ 部分与 VP-子网络中的 $q_2 \to q_6 \to$

$q_9 \rightarrow q_f$ 部分很相近，它们弧上的符号都是 V-DET-N，实际上就是一个 VP。据此，可以把 NP-子网络进一步简化为如下的子网络（如图 3 所示）：

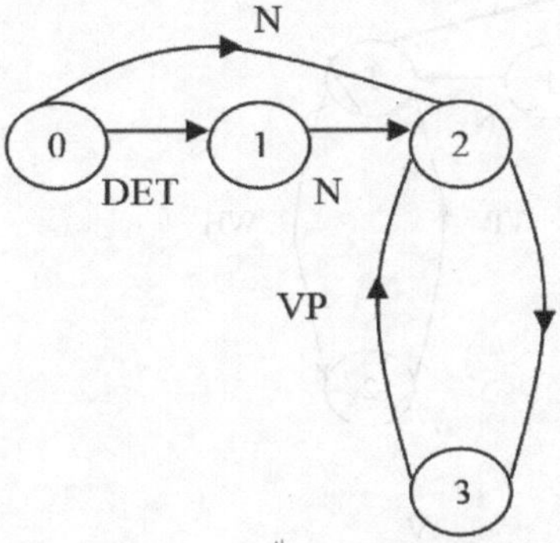

图 3　NP-子网络的简化

VP-子网络中的 $q_6 \rightarrow q_9 \rightarrow q_f$ 部分与 NP-子网络中的 $q_0 \rightarrow q_1 \rightarrow q_2$ 部分很相近，它们弧上的符号，或者是 DET-N，或者是单独的 N（$q_0 \rightarrow q_2$，$q_6 \rightarrow q_f$），实际上就是一个 NP。VP-子网络中的 $q_7 \rightarrow q_8 \rightarrow q_f$ 部分与 S-网络中的 $q_0 \rightarrow q_2 \rightarrow q_5$ 部分很相近，它们弧上的符号是 N-V 和 NP-VP，而 N 就是最简单的 NP，V 就是最简单的 VP，N-V 和 NP-VP 实际上就是一个 S。据此，可以把 VP-子网络进一步简化为如图 4 的子网络：

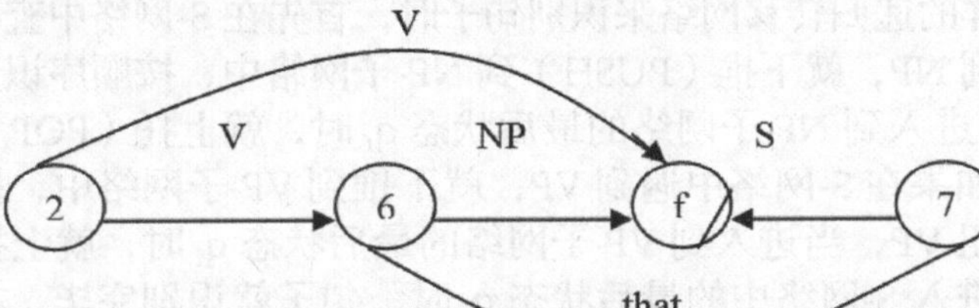

图 4　VP-子网络的简化

经过这样的简化之后，NP-子网络中包含有 VP-子网络，VP-子网络中包含有 NP-子网络，甚至还包含有 S-网络，充分地反映了语言符号的递归性。

对 S-网络、NP-子网络和 VP-子网络中的状态的标号重新按它们在各自的网络或子网络中的顺序整理如下，形成如图 5 的递归转移网络：

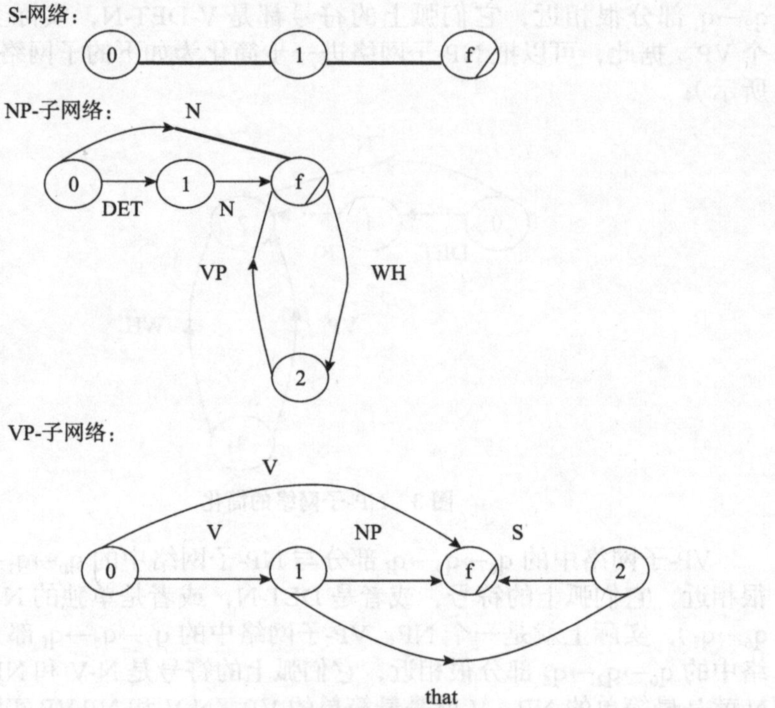

图 5　递归转移网络

用这样的递归转移网络来识别句子时，首先在 S-网络中查找，如果在弧上遇到 NP，就下推（PUSH）到 NP-子网络中，按顺序识别名词词组 NP，当进入到 NP-子网络的最后状态 q_f 时，就上托（POP）回到 S-网络中；如果在 S-网络中遇到 VP，就下推到 VP-子网络中，按顺序识别动词词组 VP，当进入到 VP-子网络的最后状态 q_f 时，就上托回到 S-网络中，进入 S-网络中的最后状态 q_f 时，句子就识别完毕。在下推到 NP-子网络中的时候，如果遇到其中的 VP-子网络，则进一步下推到 VP-子网络中，等到进入 VP-子网络的最后状态 qf 时，再上托返回到 NP-子网络中；在下推到 VP-子网络中的时候，如果遇到其中的 NP-子网络，则进一步下推到 NP-子网络中，等到进入 VP-子网络最后状态 q_f 时，再上托返回到 VP-子网络中。这样递归地遍历整个递归转移网络，便能识别语言中合乎语法的句子。

例如，在识别句子“The table that lacks a leg hits Jack.”时，首先

从S-网络的状态 q_0 下推到NP-子网络中，识别名词词组the table之后，在状态 q_2 还可以继续识别关系代词（用WH表示）that，在状态 q_2 与 q_f 之间是VP，因而从状态 q_2 下推到VP-子网络的初始状态 q_0；在VP-子网络的状态 q_0 和 q_1 之间，识别动词lacks，在VP-子网络的状态 q_1，又下推到NP-子网络的初始状态 q_0，以识别名词词组a leg；从NP-子网络的最后状态 q_f 上托回到VP-子网络的最后状态 q_f，再进一步上托回到NP-子网络的最后状态 q_f，继续上托回到S-网络的状态 q_1；在这个状态，下推到VP-子网络的初始状态 q_0，在VP-子网络的状态 q_0 和 q_1 之间，识别动词hits；在状态 q_1 下推到NP-子网络的初始状态 q_0，以识别名词Jack，进入NP-子网络的最后状态 q_f；识别了名词Jack之后，从NP-子网络的最后状态 q_f，先上托到VP-子网络的最后状态 q_f，再继续上托到S-网络的最后状态 q_f，于是，这个句子识别完毕。

过程描述如下：

- 从状态S/0开始；
- 下推到NP-子网络，在状态NP/0识别the (DET)，然后进入状态NP/1识别table (N) 并达到状态NP/f;
- 在状态NP/f识别that (WH)，然后进入状态NP/2;
- 下推到VP-子网络，在状态VP/0识别lacks (V)，然后进入状态VP/1;
- 下推到NP-子网络，在状态NP/0识别a (DET)，在状态NP/1识别leg (N)，然后进入状态NP/f;
- 上托到VP-子网络的状态VP/f;
- 上托到NP-子网络的状态NP/f;
- 上托到S-网络的状态S/1;
- 下推到VP-子网络，在状态VP/0识别hits (V)，然后进入状态VP/1;
- 下推到NP-子网络。在状态NP/0识别Jack (N)，然后进入状态NP/f;
- 上托到VP-子网络的状态VP/f;
- 上托到S-网络的状态S/f。

这个句子的识别过程可见图6：

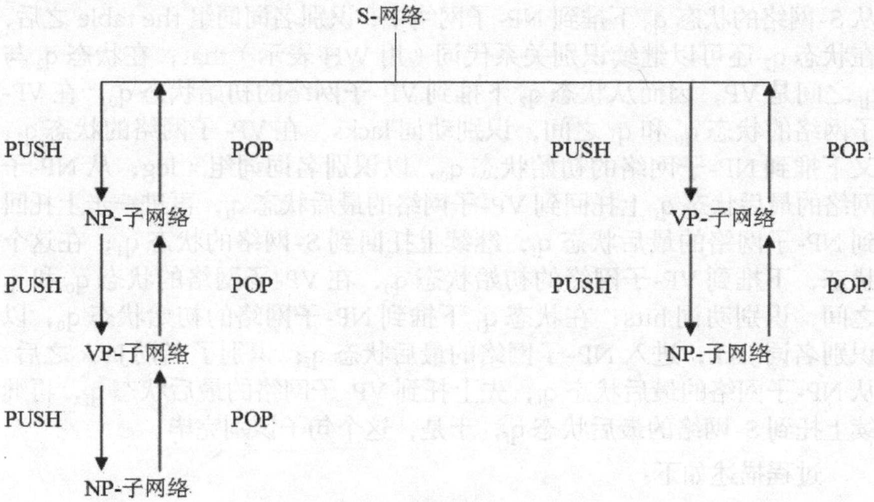

图 6　句子的识别过程

由上述的句子识别过程可以看出，句子的识别要经过多次的下推和上托操作，往往下推了还要再下推，上托了还要再上托，这充分反映了语言句子的各个成分之间一层一层的叠套关系。这种叠套关系正是语言符号递归性的生动表现。

递归转移网络中所反映出来的英语句子成分之间层层相互叠套的情况，可用图 7 表示：

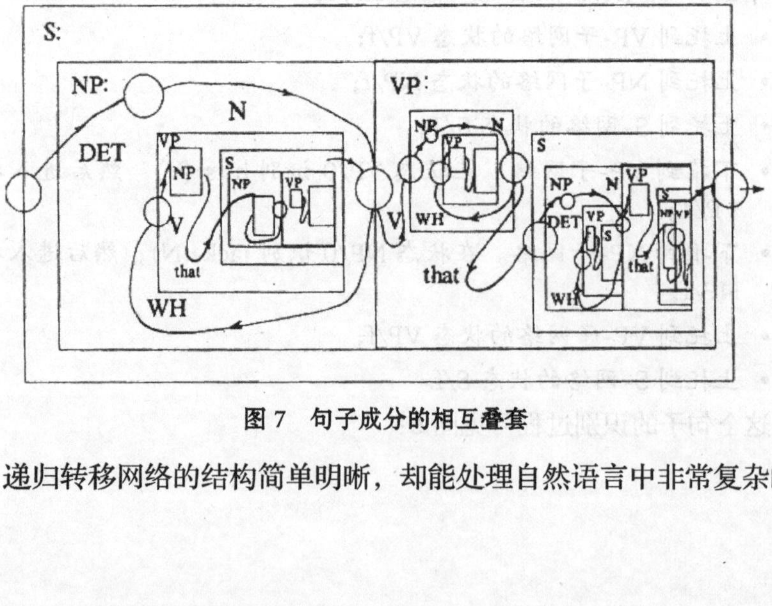

图 7　句子成分的相互叠套

递归转移网络的结构简单明晰，却能处理自然语言中非常复杂的叠套现象，其优点是显而易见的（Gazdar & Mellish，1989）。

ଓ 2. 后进先出栈

在递归转移网络中，采用了下推和上托两种操作，为此，需要设置"后进先出栈"（Pushdown Stack）来控制这两种操作。在下推和上托操作中，当从一个网络下推入另一个网络时，必须记住原网络中在上托时应该返回的状态，以便在上托时准确地返回到这个状态。如果下推到一个网络 A 中之后还必须再下推到另一个网络 B 中，在上托时就得先返回到网络 B，再返回到网络 A，这时，就必须记住应该返回到网络 B 的状态的位置和返回到网络 A 的状态的位置，以便在上托两次之后，能够准确地返回到相应的位置。总而言之，如果先下推到网络 A，再下推到网络 B，那么，在上托时，就首先上托返回到网络 B，再上托返回到网络 A。这里，遵循着"后进先出"（Last-In-First-Out，简称 LIFO）的原则，先下推的网络后上托，后下推的网络先上托。建立后进先出栈，正好满足这种后进先出的要求，把上托时要返回的网络中的有关状态，存储在后进先出栈中，从而控制下推和上托的过程，使递归转移网络能够有条不紊、按部就班地工作（Gazdar & Mellish, 1989）。

为了便于阅读，我们规定网络中的状态用两个符号来表示：一个符号写在斜线上端，表示网络的名称；另一个符号写在斜线的下端，表示该网络中有关状态的位置。例如，S/0 表示 S-网络中的状态 q0，S/f 表示 S-网络中的状态 q_f，VP/1 表示 VP-子网络中的状态 q_1，NP/1 表示 NP-子网络中的状态 q_1，等等。

ଓ 3. 递归转移网络的格局

在对一个递归转移网络进行遍历的任何一个时刻，计算机运算的格局由 R1、R2、R3 三部分组成：

- R1：当前状态的名字；
- R2：输入符号串中尚未识别的部分；
- R3：后进先出栈的情况。

例如，在用图 8 中的递归转移网络来识别英语句子"John sees the house."时，当识别完动词 sees 返回 NP-子网络的状态 q_0 的时刻，计算机的运算格局如下：

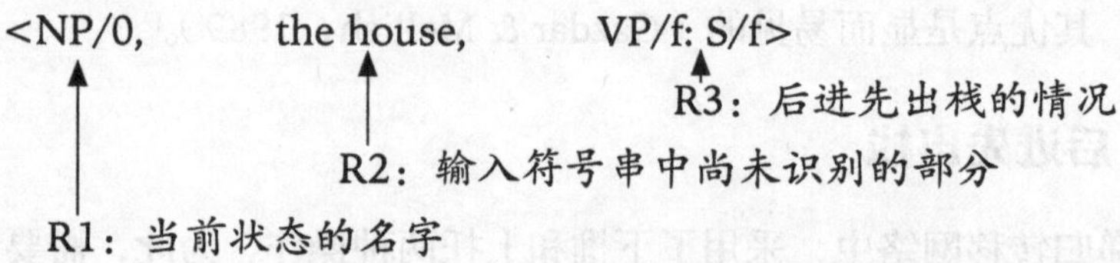

后进先出栈中存储着 VP-子网络中的状态 q_f（用 VP/f 表示）和 S-网络中的状态 q_f（用 S/f 表示），根据后进先出的原则，VP/f 后进排在前面，S/f 先进排在后面。这时，后进先出栈中的情况如图 8 所示：

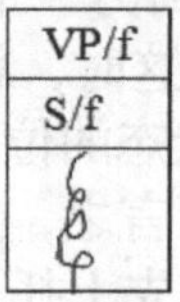

图 8　后进先出栈

这意味着，当在 NP-子网络中识别了符号串 the house 之后，先上托返回到状态 VP/f，再上托返回到状态 S/f。

在遍历开始时，先从 S-网络中的初始状态开始，后进先出栈为空，故此时的格局是：

<S/0, ...,>

其中，"..." 表示输入符号串。

当遍历成功，输入符号串被识别，这时，我们必定达到了 S-网络的最后状态 qf，输入符号串中不再有剩余部分，后进先出栈变空，故此时的格局是：

<S/f, ,>

☙ 4. 递归转移网络与句子分析

下面举例说明，在一个句子的分析过程中，计算机运算格局是如何变化的。

我们用图 5 中的递归转移网络来分析英语句子"Mary sees that man."。

识别开始时的格局为：

<S/0. Mary sees that man,>

在状态 S/0，搜索到 NP，故下推到 NP-子网络中，此时的格局为：

<NP/0, Mary sees that man, S/1:>

后进先出栈中存储了状态 S/1，表示在从 NP-子网络上托返回到 S-网络时，返回的状态为 S/1。

在 NP-子网络中，在状态 NP/0，搜索到 N，名词 Mary 被识别，状态转移到 NP/f，此时的格局为：

<NP/f, sees that man, S/1:>

在状态 NP/f，可搜索的弧只有 WH，但 sees 不属于 WH，而 NP/f 又是最后状态，故此时唯一的选择就是从 NP-子网络上托到 S-网络。由于后进先出栈中的情况表示上托时返回到状态 S/1，所以返回到 S-网络后的格局为：

<S/1, sees that man,>

这时，后进先出栈中的 S/1 被抹去，后进先出栈变空。

在状态 S/1，搜索到 VP，故下推到 VP-子网络，状态转移到 VP/0，后进先出栈中存入新的状态 S/f，表示上托时返回的位置。此时的格局为：

<VP/0, sees that man, S/f:>

在状态 VP/0，搜索到 V，识别了动词 sees 后进入状态 VP/1，此时的格局为：

<VP/1, that man, S/f:>

在状态 VP/0 搜索到 V 时，也可能进入状态 VP/f，由于 VP/f 是最后状态，故上托到 S-网络中的状态 S/f。但由于 S/f 已经是 S-网络的最后状态，而输入符号串中还有 that man 没有被识别，所以，其格局为：

<S/f, that man,>

这种格局是不可能的。因而在识别了动词 sees 之后，不进入状态 VP/f，而进入状态 VP/1。

在状态 VP/1，又存在如下两种格式可供选择：

<VP/2, man, S/f:>

<NP/0, that man, VP/f: S/f:>

如果我们选择前一种格局，在 VP/2，我们只能下推到 S-网络，这时，格局变为：

<S/0, man, VP/f: S/f:>

<NP/0, that man, VP/f: S/f:>

我们再选择前一格局，在状态 S/0，我们只得下推到 NP-子网络，并在后进先出栈中加入返回到 S-网络时的节点 S/1，这时，格局变为：

<NP/0, man, S/1: VP/f: S/f>

<NP/0, that man, VP/f: S/f>

如果我们这次选择后一格局，在 NP-子网络中搜索 DET（that 属于 DET），并进入状态 NP/1，这时，格局变为：

<NP/0, man, S/1: VP/f: S/f:>

<NP/1, man, VP/f: S/f:>

继续选择后一格局，在 NP-子网络中搜索 N（man 属于 N），并进入状态 NP/f，这时，格局变为：

<NP/0, man, S/1: VP/f: S/f:>

<NP/f, , VP/f: S/f:>

如果我们继续选择后一格局，我们可上托到 VP-子网络的节点 VP/f，并在后进先出栈中抹去 VP/f，这时，格局变为：

<NP/0, man, S/1: VP/f: S/f:>

<VP/f, , S/f:>

再继续选择后一格局，从 VP-子网络上托到 S-网络的节点 S/f，并在后进先出栈中抹去 S/f，后进先出栈变空，这时，格局变为：

<NP/0, man, S/1: VP/f: S/f:>

<S/f, ,>

后一格局 <S/f, ,> 中，S/f 正是 S-网络的最后状态，输入符号串中没有剩余符号，后进先出栈变空，因而输入符号串分析成功。

☙ 5. 递归转移网络与随机生成

递归转移网络也可以用来进行随机生成。由于生成是随机的，在同一词汇范畴中具体选择的单词，不一定与我们例子中的单词相同。

下面给出句子“Maria saw the dog.”的生成过程。

- 开始

<S/0, ,>

- 从 S-网络下推进入 NP-子网络，在后进先出栈中记住 S/1

<NP/0, , S/1:>

- 在 NP-子网络中搜索 NP

<NP/f, Maria, S/1:>

- 生成 Maria，并上托到 S-网络中的状态 S/1

<S/1, Maria,>

- 下推到 VP-子网络，并在后进先出栈中记住 S/f

<VP/0, Maria, S/f:>

- 生成 saw，进入状态 VP/1

<VP/1, Maria saw, S/f:>

- 下推到 NP-子网络，并在后进先出栈中记住 VP/f

<NP/0, Maria saw, VP/f: S/f:>

- 在 NP-子网络中搜索 DET，生成 the，并进入状态 NP/1

<NP/1, Maria saw the, VP/f: S/f:>

- 在 NP-子网络搜索 N，生成 dog，并进入状态 NP/f

<NP/f, Maria saw the dog, VP/f: S/f:>

- 上托回 VP-子网络的最后状态 VP/f，并在后进先出栈中抹去 VP/f

<VP/f, Maria saw the dog, S/f:>

- 继续上托到 S-网络中的最后状态 S/f，并在后进先出栈中抹去 S/f

<S/f, Maria saw the dog,>

这时，进入了 S-网络中的最后状态 S/f，后进先出栈变空，生成的符号串为 "Maria saw the dog."，生成完毕。

参考文献

Gazdar, G. & Mellish, C. 1989. *Natural Language Processing in Prolog*. New York: Addison-Wesley Publishing House.

多叉多标记树模型（MMT 模型）

MULTIPLE-BRANCHED AND MULTIPLE-LABELED TREE MODEL (MMT MODEL)

多叉多标记树模型是一种采用多叉多标记的树形图来进行自然语言

处理的语言形式模型，简称 MMT 模型（冯志伟，1983）。

冯志伟在汉外多语言机器翻译研究的实践中，吸取了法国语言学家 L. Tesnière 的依存语法和德国配价语法的精粹，针对 N. Chomsky 短语结构语法的弱点和汉语语法的特点，在 20 世纪 80 年代初期，在 IBM4381 大型计算机上经过四年（1978 年—1982 年）的多语言机器翻译试验，提出了多叉多标记树模型（MMT 模型）。

1. 多叉树

为了改进短语结构语法中的二叉树，MMT 模型用多叉树来代替二叉树。

多叉树（multiple-branched tree）是同一个结点上具有两个以上的分支的树形图。

由于自然语言通常都具有二分的特性，一般都采用二叉树来描述自然语言的层次结构和线性顺序。例如，汉语中的主谓结构由主语和谓语两部分组成，述宾结构由述语和宾语两部分组成，偏正结构由修饰语和中心语两部分组成，它们都可以用二叉树来描述。

但是，汉语中的许多语法形式不便于用二叉树来描述，而应该采用多叉树来描述。例如：

- 兼语式：在“我们 | 请 | 他 | 做报告”中，“他”是“请”的宾语，又是“做报告”的主语，如用二叉树表示，就会前后交叠，而用多叉树就描述得很清楚。
- 状述宾式：在“努力 | 学习 | 英语”中，如用二叉树来描述，是先二分为“努力 | 学习英语”，还是先二分为“努力学习 | 英语”，常常令人踌躇不决，而用多叉树将其切分为三部分：“努力 | 学习 | 英语”，就避免了用二叉树描述的困难。
- 双宾语：在“给 | 弟弟 | 一本书”中，由于动词“给”有两个宾语，难以用二叉树描述，而应该用多叉树描述。

因此，针对汉语的特点，应当采用多叉树来描述它的句子结构。

采用多叉树还可以减少在编制程序时的程序量。一些长的句子，如采用二叉树来描述，其层次会多到将近十层，计算机在处理这样多层次的二叉树时，需逐层进行，运算量很大，运行效率较低；而采用多叉树，就大大减少了层次，提高了计算机处理自然语言的效率。

采用多叉树还有利于抓住句子的主干，把句子的格局清楚地显示出来，便于研究和检查。

如果把多叉树形图看成一种普遍的树形图格式，那么二叉树便是多叉树形图的一种特殊情况。所谓“多叉”，可以是“三叉”“四叉”，也可以是“二叉”“一叉”，它是一种更为一般的形式，而“二叉”只不过是当“多叉”的“多”等于“二”时的一种特殊情况罢了。

2. 多值标记函数

MMT 模型还提出了树形图的多值标记函数（multi-value labeled function of tree）的概念，采用多个标记来描述树形图中结点的特性。

短语结构语法中的树形图是单标记的，这使得短语结构语法难以表达纷繁复杂的自然语言现象，分析能力过弱，生成能力过强。针对短语结构语法的这个弱点，MMT 模型提出把单标记改变为多标记。

在树形图中，使一个结点与多个标记相对应的函数，称为多值标记函数，记为 L。

树形图的多值标记函数 L 可表示如下：

$$L(X) = \begin{bmatrix} y_1 \\ y_2 \\ \cdot \\ \cdot \\ \cdot \\ y_n \end{bmatrix}$$

其中，X 表示结点，$y_1, y_2, \ldots, y_n$ 表示标记，对于一个结点 X，函数 L 可映射出多个标记 $y_1, y_2, \ldots, y_n$ 与之对应。

多值标记函数特别适合用于描述汉语，原因如下。

第一，汉语句子中的词组类型（或词类）与句法功能之间不存在简单的一一对应关系，因此，在描述汉语句子时，除了给出其组成成分的词类或词组类型特征之外，还必须给出句法功能特征，才不致产生歧义。

例如，一个名词 N 加上一个动词 V，在句法功能上可以形成主谓结构（如“小孩 / 咳嗽”），也可以形成偏正结构（如“程序 / 设计”），如果只用 N+V 来描述这种结构，显然在句法功能上是有歧义的，而必须采用多值标记函数，把主谓结构的 N+V 描述为：

$$\begin{bmatrix} \text{CAT=N} \\ \text{SF=SUBJ} \end{bmatrix} + \begin{bmatrix} \text{CAT=V} \\ \text{SF=PRED} \end{bmatrix}$$

式中，CAT 表示词类特征，N 和 V 是 CAT 的值，SF 表示句法功能 (syntactic function) 特征，SUBJ（主语）和 PRED（谓语）是 SF 的值，这样，在第一个结点上有 CAT=N 及 SF=SUBJ 两个值，在第二个结点上有 CAT=V 及 SF=PRED 两个值。

类似地，把偏正结构的 N+V 描述为：

$$\begin{bmatrix} \text{CAT=N} \\ \text{SF=MODE} \end{bmatrix} + \begin{bmatrix} \text{CAT=V} \\ \text{SF=HEAD} \end{bmatrix}$$

式中，MODF 表示定语，HEAD 表示中心语，它们都是 SF 的值，这样，在第一个结点上有 CAT=N 及 SF=MODF 两个值，在第二个结点上有 CAT=V 及 SF=HEAD 两个值。可见，采用多值标记函数，可以把歧义结构 N+V 分离为两个句法功能不同的结构，排除了歧义。

第二，汉语句子中词组类型（或词类）和句法功能都相同的成分，它们与句中其他成分的语义关系还可能不同，句法功能与语义关系之间也不是简单地一一对应的。因此，在描述汉语句子时，除了给出其组成成分的词组类型（或词类）特征以及句法功能特征之外，还应该再给出语义关系特征，才有可能把它们区别开来。

例如，一个名词 N 加上一个动词 V，如果在句法功能上排除了述宾结构的可能而被判定为主谓结构之后，其中做主语的 N 可以是施事者（如“小王 / 工作”中的“小王”)，也可以是受事者（如“火车票 / 丢了”中的“火车票”)，也可以是结果（如“文章 / 写好了”中的“文章”)，也可以是工具（如“左手 / 拿纸，右手 / 拿笔”中的“左手”和“右手”)。因此，在汉语的自动分析中，还应该加上语义关系特征，这样，对应于树形图中结点上的标记就更多了。

第三，汉语中单词固有的语法特征和语义特征，对于判断词组结构的性质，往往有很大的参考价值，因此，在树形图的结点上，除了标出词组类型（或词类）这样的简单特征之外，再标上单词固有的语法特征和语义特征，采用多标记，就便于判断词组的性质。例如，在“文章 / 写好了”这个句子中，如果知道了动词“写”的施事者是“有生命的人”，

“写”的结果是“无生命的文化产物”，还知道“文章”的语义特征是“无生命的文化产物”，那么，就可以判断“文章”是“写”的结果。

可见，在用树形图分析法来自动地描述汉语时，如果采用多值标记函数，就可以大大地提高~~这种分析法的效力。这种多值标记函数实际上也就是“复杂特征集”（complex feature set），它与复杂特征集名异而实同。

☙ 3. MMT模型的复杂特征系统

MMT模型是采用若干个特征和它们的值来描述汉语的。汉语的复杂特征集包含若干个特征，而每一个特征又包含若干个值，这种由特征和它们的值构成的描述系统，叫作“特征/值”系统。每种语言都有自己的“特征/值”系统。语言不同，它们的“特征/值”系统也不同。MMT模型是世界上最早研制出来的全面而有效地描述汉语特征的复杂特征系统（complex feature system）。

MMT模型中采用了如下的“特征/值”系统，设计了FAJRA（汉—法\英\日\俄\德），GCAT（德—汉）和FCAT（法—汉）等机器翻译系统，分别用于汉语的分析和汉语的生成（Feng Zhiwei，1990）。

3.1 词类特征和它的值

词类是描述汉语句子的复杂特征之一，记为CAT。

CAT可取如下的值：名词、处所词、方位词、时间词、区别词、数词、量词、体词性代词、谓词性代词、动词、形容词、副词、介词、连词、助词、语气词、拟声词、感叹词。

为便于计算机处理，MMT模型把标点符号与公式也各算为一个词类，这样一来，汉语共有20个词类，即特征CAT可取20个值。

每个特征值还可以再取子值，即进行进一步的分类。例如，汉语的形容词可以再分为状态形容词和性质形容词两个次类，也就是说，形容词这个值还可以再取状态形容词和性质形容词两个子值。特征的值及其子值，可以看成是次一级的“特征/值”偶对，也就是可以把值看成次一级“特征/值”偶对中的特征，把该值的子值看成次一级“特征/值”偶对中的值。这意味着当存在子值时，在“特征/值”偶对中的“值”本身，也可以是一个次一级的“特征/值”偶对。

3.2 词组类型特征和它的值

词组类型是描述汉语的另一个特征，记为 K。

K 的值可取：动词词组、名词词组、形容词词组、数量词组，共四个。

MMT 模型把传统语法中的介词词组并入名词词组，因为从信息处理的角度看来，介词词组中的介词，实际上只是它后面的名词词组功能的一种标志，并入名词词组处理更为方便。

3.3 单词的固有语义特征和它的值

单词的固有语义特征，就是单词的语义类别，它表示的是孤立的单词的语义，而不是单词与单词之间的语义关系。单词的固有语义特征记为 SEM。

SEM 可取如下的值和子值：

物象：其子值为生物、无生物、机关组织、类别名称。

物资：其子值为设备、产品、原材料。

现象：其子值为自然现象、人工现象、社会现象、力能现象。

时空：其子值为时间、空间。

测度：其子值为数量、单位、标准。

抽象：其子值为学问、概念、符号。

属性：其子值为性质、形状、关系、结构。

行动：其子值为行为、动作、操作。

这些固有语义特征都标在词典中孤立的单词上面，成为单词本身固有的语义属性。

3.4 单词的固有语法特征和它的值

孤立的单词也具有语法特征。例如，不同的名词要求不同的量词，因此，带量词特征，就是名词的固有语法特征；不同的动词及物性不同，因此，及物性就是动词的固有语法特征；不同的动词的“配价”（valence）也不尽相同，因此，“配价”就是动词的另一个固有语法特征，“配价”反映了动词对其前后词语的要求，但它是动词本身的属性，因此，MMT 模型把它看成是动词的固有语法特征。

单词的固有语法特征记为 GRM。

语法特征的值也可以具有子值，这时，可以把值和它的子值作为

"特征/值"偶对来处理。例如，动词的固有语法特征的及物性这个值具有两个子值："及物"和"不及物"，可把及物性（记为TRANS）看成特征，把及物（记为TV）和不及物（记为IV）这两个子值看成它的这个特征的值。这样有：TRANS=TV和TRANS=IV。

"配价"也可取子值：一价、二价、三价。一价动词只能有一个主语，如"咳嗽"；二价动词可有一个主语和一个宾语，如"写"；三价动词可有一个主语、一个直接宾语、一个间接宾语，如"给"。

3.5　句法功能特征

由于现代汉语中的词组类型和句法功能之间没有明确的一一对应关系，它们之间的关系极为错综复杂，在汉语句子的自动分析中，必须注意句法功能特征，这些特征都是在句子的自动分析中通过计算机运算而产生的，而不是单词或词组本身固有的。

汉语中句子组成成分的句法功能特征记为SF。

SF可取如下的值：主语、谓语、宾语、定语、状语、补语、述语、中心语。

SF的值可以有子值。例如，宾语这个值可有直接宾语和间接宾语两个子值。

3.6　语义关系特征

语义关系特征也不是单词本身固有的，而是在计算机自动进行句法语义分析的过程中通过运算得出的。孤立的单词谈不上语义关系，只有两个或两个以上的单词或词组才会产生语义关系。语义关系特征记为SM。

SM可取以下的值：施事、受事、与事、关涉、时刻、时段、时间起点、时间终点、空间点、空间段、空间起点、空间终点、初态、末态、原因、结果、工具、方式、目的、条件、作用、内容、范围、论题、修饰、比较、伴随、判断、陈述、附加等。

SM的各个值还可以分得更细，这样每个值就还可以再取子值。

3.7　逻辑关系特征

如果把汉语的句子看成一个逻辑命题，那么在逻辑命题的谓词与它的各个论元（argument）之间还存在着逻辑关系。由于逻辑命题的各个论元在句子中是由单词或词组来充当的，因而在句子中，单词与单词或者词组与词组之间还存在着逻辑关系。这种关系就是"题元关系"

（θ relation）。逻辑关系用 LR 表示。

LR 的值如下：

论元 0：它是句子的深层主语。

论元 1：它是句子的深层直接宾语。

论元 2：它是句子的深层间接宾语。

逻辑关系特征的值一般没有子值。

每个论元均起一个题元作用，而且只能起一个题元作用；每个题元作用均由一个论元来充当，而且只能由一个论元来充当。因此，可以根据论元的情况来检验所处理的句子在逻辑关系的分析上是否正确，并且揭示出整个句子的逻辑结构。

∽ 4. 双态理论

在上面所列举的各类特征中，词类特征、单词的固有语义特征、单词的固有语法特征都是可以在词典中独立地给出来的，它们是单词本身所固有的特征，MMT 模型把它们叫作“静态特征”（static feature）。而词组类型特征、句法功能特征、语义关系特征、逻辑关系特征并不能表示单词本身的固有特征，它们是单词与单词之间发生联系时才产生出来的特征，MMT 模型将其称作“动态特征”（dynamic feature）。这就是 MMT 模型中最重要“双态理论”（Di-State Principle，简称 DSP 原则）。

DSP 原则主张区分静态特征和动态特征，对于自然语言的自动处理系统的设计具有指导作用。在实际操作时，计算机首先从词典中查询静态特征，然后，在静态特征的基础上求解动态特征，这样，自然语言处理的过程就可以有条不紊地进行了。

在自动句法语义分析中，静态特征是计算机进行运算的基础，计算机依赖于这些预先在词典中给出的静态特征，通过有限步骤的运算，逐渐求解各种动态特征，从而逐步明确汉语句子中各个语言成分之间的关系，达到自动句法语义分析的目的。

在各种动态特征中，词组类型特征是最容易运算求出的。一般根据树形图中某个结点的直接后裔的词类特征、单词的固有语法特征及单词的固有语义特征等静态特征，就不难推算出该结点的词组类型特征。句法功能特征则要通过更广泛的上下文信息才能推算求出，而语义关系特征及逻辑关系特征则是最难求出的，通常不是一步求出，而是要通过许多步的演绎和推理，才有可能推算出来。一个汉字自动分析和语义分析系统的质量的高低，在很大程度上取决于它所推算出的句法功能特征、语义关系特征和逻辑关系特征的多寡和正确与否。因此，如何根据各种静态特征推算出动态特征，便是汉语自动处理的关键所在。

在 MMT 模型“双态原则”DSP 的指导下，冯志伟提出，句子的自动分析应该包括如下步骤：

（1）对输入的汉语句子进行切分，确定单词与单词之间的界线。这就是所谓的“自动切词”（automatic segmentation）。

（2）在词典中查出句子中各个单词的静态特征。这就是所谓的“自动标注”（automatic tagging for part of speech）。

（3）根据语法规则和语义规则，检查这些静态特征的相容性，把静态特征相容的单词结合成词组，并求出词组类型特征。

（4）根据语法规则和语义规则，由静态特征和词组类型特征出发，计算出句法功能特征，并进一步计算出语义关系特征和逻辑关系特征。

在检查静态特征的相容性以及由静态特征计算动态特征时，如果两个特征不相容，则不能进行运算；如果两个特征相容，则根据有关的语法和语义规则进行运算。由于在特征不相冲突时就可以对特征进行运算，运算得出的特征信息必然不断增多，句子各个组成成分所包含的特征越来越丰富，最后求出的各种特征就能比较全面地反映汉语句子的性质。

自动生成过程与此相反。在从外语到汉语的机器翻译中，一般是根据外语分析得到有关句法功能、语义关系、逻辑关系的特征，并根据外汉双语言机器词典中提供的有关汉语单词的静态特征，进行汉语词序的调整及必要的词性变化（如动词和形容词的重叠式变化），最后生成合格的汉语句子。

✎ 5. 汉—法、汉—英、汉—日、汉—俄、汉—德多语言机器翻译系统——FAJRA

根据 MMT 模型，冯志伟在 1978 至 1982 年研制成汉—法、汉—英、汉—日、汉—俄、汉—德多语言机器翻译系统，简称 FAJRA 系统，FAJRA 分别表示法语（法语为 Francais）、英语（法语为 Anglais）、日语（法语为 Japonais）、俄语（法语为 Russe）和德语（法语为 Allmand）的法语首字母，这是一个基于规则的机器翻译系统（rule-based machine translation system），基于规则的机器翻译系统把翻译看成符号的转换过程。这是世界上第一个用计算机自动地把汉语翻译为多种外语的机器翻译系统（Feng Zhiwei，1982）。

根据独立分析、独立生成的原则，FAJRA 总的组织情况如图 1 所示：

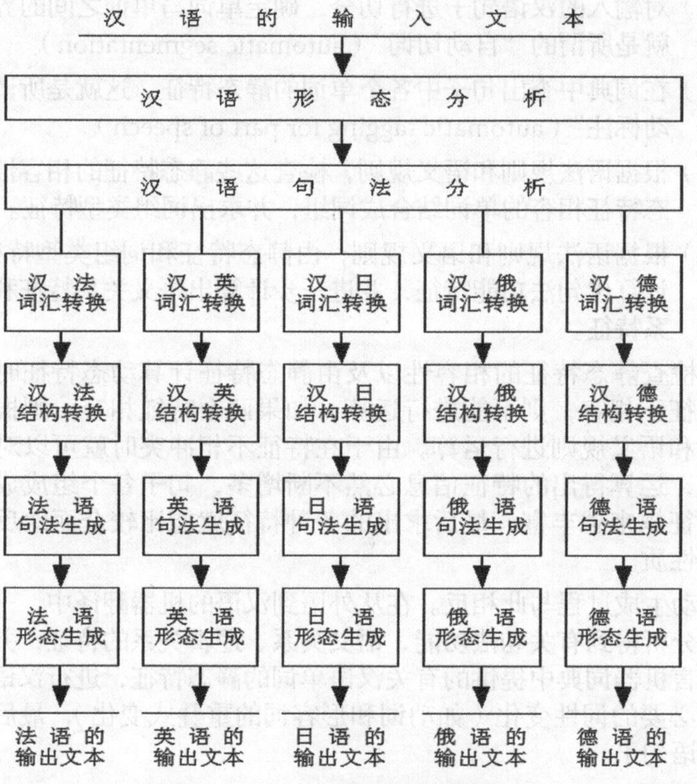

图 1　FAJRA 多语言机器翻译系统

从图 1 中可以看出，在 FAJRA 系统中，汉语的形态分析和句法分析是独立于法、英、日、俄、德等五种语言的，而法、英、日、俄、德等五种语言的句法生成和形态生成是各自独立的，只有词汇转换和结构转换是与汉语相关的，所以，这是一个“独立分析－独立生成－相关转换”的机器翻译系统。

下面是 FAJRA 系统于 1981 年 11 月 4 日在 IBM-4341 计算机上进行汉外机器翻译的一个例子。在计算机上输入一篇汉语的短文，得到了英语、法语、德语、日语、俄语等五种外国语的机器翻译译文（分别如图 2、图 3、图 4、图 5、图 6、图 7 所示）。

汉语输入： 4 November1981
语言和通讯在人类的生活中起着重要的作用。学者们正在积极地研究语言的自动翻译。他们提出了自动机的理论和形式语言的理论。自动机是能够识别语言的一种抽象机器。语言的规则能够把一个树形图自动地转换成另一个树形图。这个自动翻译系统已经被他们使用了五年。如果我们把这个系统同其他一些系统相比较，就可以看出它的优点。

图 2　FAJRA 系统的汉语输入

English Output
英语输出 4 November 1981
Language and communication play important role in human life. Scholars are actively studying automatic translation of languages. They have proposed the theory of automaton and the theory of formal grammar. An automaton is an abstract machine that can recognize language. Grammar rule can transform a tree graph to another tree graph automatically. This system for automatic translation had been used by them for five years. If we compare this system with other systems, then we can see its advantage.

图 3　FAJRA 系统的英语输出

French Output
法语输出 4 November 1981
Le langage et la communication jouent un rôle important dans la vie humaine. Les savants sont en train d'étudier activement la traduction automatique des langages. Ils ont proposé la théorie des automates et la théorie des grammaires formelles. Un automate es une machine abstraire qui peut reconnaître le langage. La règle de la grammaire peut transformer automatiquement une arborescence en une autre arborescence. Ce système de la traduction auotmatique a été utilis par eux pendant cinq ans. Si nous comparons ce système à d'autres systèmes, alors nous pouvons voir ses avantages.

图 4　FAJRA 系统的法语输出

Japanese output
日语输出　　　　　　　　　　4 November 1981 言語と通信は人間の生活に重要な役割を果してぃる。研究者は言語の自動翻訳を熱心に研究してぃる。彼等はオートマトンの理論と形式文法の理論を提案してぃる。オートマトンは言語を認識することができる一種の抽象機械である。文法の规则はひとつの木のグラフを別の木のグラフに自動的に変換することができる。自動翻訳のためのこのシステムは彼等によって五年間使われてぃた。このシステムを他のシステムと比べると、われわれはその利点をわかることができる。

图 5　FAJRA 系统的日语输出

Russian output
俄语输出　　　　　　　　　　4 November 1981 Язык и коммуникация играют важную роль в жизни человечества. Учёные активно изучают автоматический перевод языков. Они выдвигают теорию автом ата и теорию формальной грамматиги. Автомат есть одна абстрактная машина, которая может распознавать язык. Правило грамматиги может автоматически превращать одну древо видную схему на другую древовидную схему. Эта система автоматического перевода использована ими уже пять лет. Если мы сравниваем эту систему с другими системами, то мы можем видеть её преимушества.

图 6　FAJRA 系统的俄语输出

German output

德语输出　　　　4 November 1981

Die Sprache und die Kommunikation spielen im Leben der Menschen wichtige Rolle. Die Wissenschaftler sind gerade dabei, die automatische Übersetzung der Sprachen aktiv zu studieren. Sie haben die Theorie der Automaten und die Theorie der formalen Grammatiken Vorgeschlagen. Ein Automat ist eine abstrakte Maschine, die die Sprache erkennen kann. Die Grammatikregel kann einen Baumgraphen in einen anderen Baumgraphen automatisch umwandeln. Dieses System zur automatischen Übersetzung war von Ihnen soll fünf Jahren verwendet worden. Wenn wir dieses System mit anderen Systemen vergleichen, dann können wir seinen Vorzug sehen.

图 7　FAJRA 系统的德语输出

FAJRA 机器翻译试验把 30 多篇汉语短文（包括 300 多个汉语句子）自动地翻译成英语、法语、日语、俄语和德语，在 80 年代的技术条件下，研制这样的机器翻译系统是难能可贵的。

FAJRA 系统的机器翻译成果于 1982 年在布拉格召开的 COLING-82 和 1983 年在香港召开的东南亚电脑会议上发表。

参考文献

冯志伟. 1983. 汉语句子的多叉多标记树形图分析法. 人工智能学报，(2): 29–46.

Feng Zhiwei. 1982. Memoire pour une tentative de traduction automatique multilangue de chinois en français, anglais, japonais, russe et allemand, *Proceedings of COLING-82*, Prague.

Feng Zhiwei. 1990. Description of complex features for Chinese language, *Proceedings of COLING-90*, Helsinki.

概率上下文无关语法

PROBABILISTIC CONTEXT-FREE GRAMMAR

概率上下文无关语法简称 PCFG，又叫作随机上下文无关语法

（Stochastic Context-Free Grammar，简称 SCFG）。

这种语法是由美国计算语言学家 T. L. Booth 于 1969 年最早提出的。

1. 条件概率

概率上下文无关语法是在上下文无关语法的基础上提出的。上下文无关语法可以定义为四元组 {N, Σ, P, S}。而概率上下文无关语法则在每一个重写规则 A →β 上增加一个条件概率 p：

$$A \rightarrow \beta[p]$$

这样，上下文无关语法就可定义为一个五元组 G={N, Σ, P, S, D}，其中 D 是给每一个规则指派概率 p 的函数。这个函数表示对于某个非终极符号 A 重写为符号串 β 时的概率 p。这个规则可写为：

$$P(A \rightarrow \beta)$$

或者写为：

$$P(A \rightarrow \beta | A)$$

在概率上下文无关语法中，从一个非终极符号 A 重写为 β 时应考虑所有可能的情况，并且其概率之和应等于 1。

根据树库（tree bank）中规则出现概率的统计可以获得规则的概率，这样，就可以在上下文无关语法的规则中，给每一条规则加上概率，把上下文无关语法改进为一个包含概率规则的概率上下文无关语法。

例如，我们有如下的上下文无关语法 {N, Σ, P, S}：

N={S, NP, VP, PP, Prep, Verb, Noun}
Σ={like, swat, flies, ants}
S={S}
P:
S → NP VP
S → VP
NP → Noun
NP → Noun PP
NP → Noun NP
VP → Verb

VP → Verb NP

VP → Verb PP

VP → Verb NP PP

PP → Prep NP

Prep → like（含义是“如像”）

Verb → swat（含义是“猛击”）

Verb → flies（含义是“飞”，单数第三人称现在时）

Verb → likes（含义是“喜欢”）

Noun → swat（专有名词，苍蝇的名字）

Noun → flies（含义是“苍蝇”，复数）

Noun → ants（含义是“蚂蚁”，复数）

这里，swat 可以做动词使用，也可以做专有名词使用；likes 可以做动词使用，也可以做介词使用；flies 可以做动词使用，也可以做名词使用。这将会导致句子的歧义。

我们根据树库的统计结果，给规则加上概率，可以得到如下的规则：

S → NP VP [0.8]

S → VP [0.2]

NP → Noun [0.4]

NP → Noun PP [0.4]

NP → Noun NP [0.2]

VP → Verb [0.3]

VP → Verb NP [0.3]

VP → Verb PP [0.2]

VP → Verb NP PP [0.2]

PP → Prep NP [1.0]

Prep → like [1.0]

Verb → swat [0.2]

Verb → flies [0.4]

Verb → likes [0.4]

Noun → swat [0.05]

Noun → flies [0.45]

Noun → ants [0.05]

注意，这些规则中，所有从同一个非终极符号重写的规则的概率之和都为 1。只有以 Noun 为左部的规则的概率之和不为 1，由于名词数量太大，这里只简单地列举了几条。这些数据来自美国计算语言学家 Eugene Charniak 的专著《统计语言学习》[1]，都是示例性的。准确的数据应该到树库中去获取（Charniak，2016）。

如果分析的句子有歧义，概率上下文无关语法可给句子的每一个树形图一个概率。一个树形图 T 的概率应等于从每一个非终极符号的节点 *n* 扩充的规则 *r* 的概率的乘积：

$$P(T)=\prod_{n\in T}p(r(n))$$

其中，*n* 表示非终极符号的节点，*r* 表示由该非终极符号扩充的规则，小写字母 *p* 表示规则 *r* 的概率，*T* 表示树形图，大写字母 *P* 表示整个树形图的概率。这样一来，就可以比较不同树形图的概率，从而进行歧义的消解了。

例如，句子“Swat flies like ants.”有歧义，可以分析成三个不同的树形图，我在每一个非终极节点上，加上相应规则的概率。

加了概率之后的三个树形图 *T*1、*T*2、*T*3 如下所示：

树形图 *T*1 如图 1 所示：

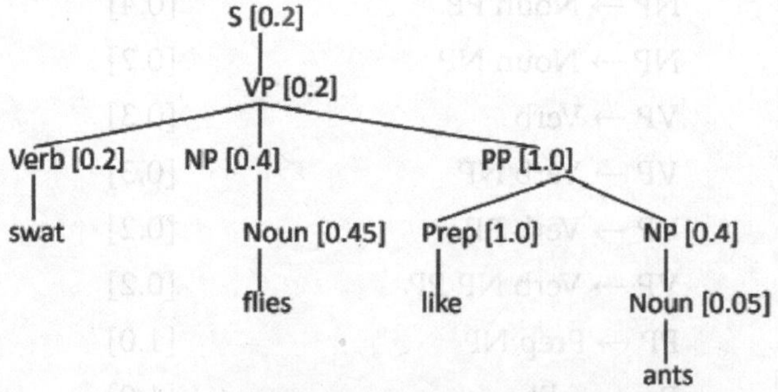

图 1 非终极节点上加了概率的树形图 *T*1

1 Eugene Charniak. *Statistical Language Learning*. Cambridge: The MIT Press, 1993.

把节点上的相应规则的概率相乘，就可以计算出树形图 $T1$ 的概率如下：

$$\begin{aligned}P(T1) &= 0.2 \times 0.2 \times 0.2 \times 0.4 \times 0.45 \times 1.0 \times 1.0 \times 0.4 \times 0.05 \\ &= 2.88 \times 10^{-5}\end{aligned}$$

这个树形图表示的意思是：“像猛击蚂蚁一样地猛击苍蝇。”

树形图 $T2$ 如图 2 所示：

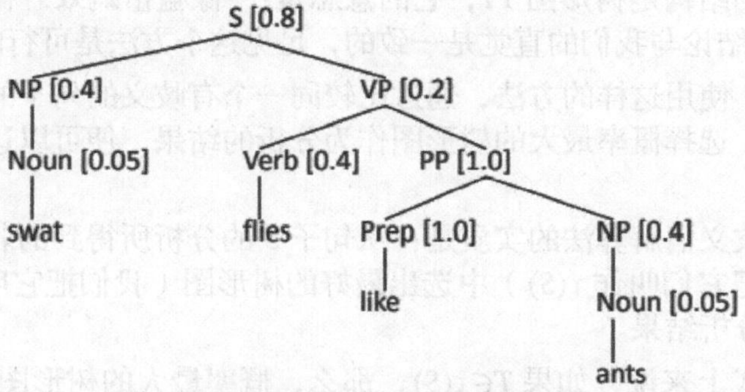

图 2　非终极节点上加了概率的树形图 $T2$

这个树形图表示的意思是：“Swat 像蚂蚁一样飞。”

把节点上的相应规则的概率相乘，就可以计算出树形图 $T2$ 的概率如下：

$$\begin{aligned}P(T2) &= 0.8 \times 0.4 \times 0.05 \times 0.2 \times 0.4 \times 1.0 \times 1.0 \times 0.4 \times 0.05 \\ &= 2.56 \times 10^{-5}\end{aligned}$$

树形图 $T3$ 如图 3 所示：

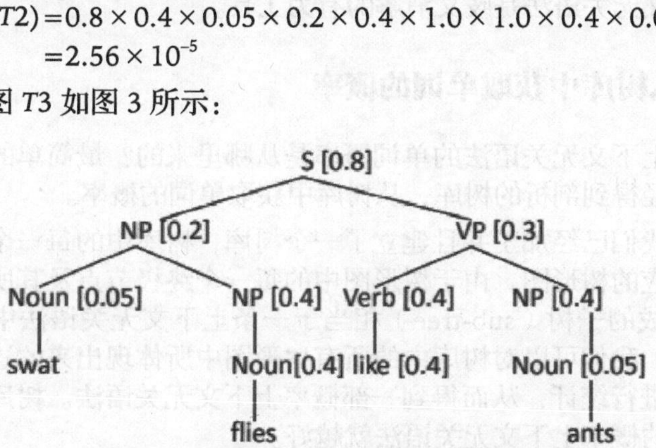

图 3　非终极节点上加了概率的树形图 $T3$

这个树形图表示的意思是：“叫作 Swat 的一些苍蝇喜欢蚂蚁。”

把节点上的相应规则的概率相乘，就可以计算出树形图 $T3$ 的概率如下：

$$P(T3)=0.8\times0.2\times0.05\times0.4\times0.4\times0.3\times0.4\times0.4\times0.4\times0.05$$
$$=1.2288\times10^{-6}$$

比较这三个树形图的概率，我们有：

$$P(T1)>P(T2)>P(T3)$$

根据树形图的概率，我们可以判定："Swat flies like ants." 这个句子最可能的结构是树形图 *T*1，它的意思是："像猛击蚂蚁一样地猛击苍蝇"。这个结论与我们的直觉是一致的，足见这个方法是可行的。

因此，使用这样的方法，通过比较同一个有歧义的句子的不同树形图的概率，选择概率最大的树形图作为分析的结果，便可以达到歧义消解的目的。

这种歧义消解算法的实质是：从句子 *S* 的分析所得到的若干个树形图（我们把它们叫作 $\tau(S)$）中选出最好的树形图（我们把它叫作 *T*）作为正确的分析结果。

从形式上来说，如果 $T\in\tau(S)$，那么，概率最大的树形图 T(S) 将等于 argmax $P(T)$。我们有：

$$T(S)=\text{argmax}\,P(T)$$

计算出 argmax $P(T)$，就可以得到概率最大的树形图。由此可见，概率上下文无关语法是歧义消解的有力工具。

☙ 2. 从树库中获取单词的概率

概率上下文无关语法的单词概率是从哪里来的？最简单的途径是使用句子已经得到剖析的树库，从树库中获取单词的概率。

如果我们已经加工并且建立了一个树库，树库中的每一个句子都被剖析成相应的树形图，由于树形图中的每一个终极节点及其所管辖的字符串所构成的子树（sub-tree）相当于一条上下文无关语法中的重写规则，因此，我们可以对树库中的所有树形图中所体现出来的这些上下文无关规则进行统计，从而得到一部概率上下文无关语法。树库的质量越高，得到的概率上下文无关语法就越好。

例如，语言数据联盟（Linguistic Data Consortium）发布的宾州树库（Penn Treebank），包括布朗语料库的剖析树，规模有 100 万单词，语料主要来自《华尔街杂志》(*Wall Street Journal*)，部分语料来自 Switchboard 语料库。给定一个树库，一个非终极符号的每一个展开的概率都可以通过展开发生的次数来计算，然后将其归一化，就可以得到一部概率上下文无关语法（Marcus et al.，1993）。

如果有一个未加工过的语料库，我们采用“向内向外算法”（inside-outside algorithm），自动地从语料库中学习规则和概率，就可以得到一部概率上下文无关语法。在使用“向内向外算法”时，如果句子没有歧义，那么做法就很简单：只要剖析语料库就行了，在剖析语料库时，为每一个规则都增加一个计数器，然后进行归一化处理，就可以得到概率。但是，由于大多数句子都有歧义，实际上我们必须为一个句子的每一个剖析分别保持一个记数，并且根据剖析的概率给每一个局部的记数加权。向内向外算法是 Baker 于 1979 年提出的（Baker），这种算法的完全描述，请参看 Manning 和 Schütze 在 1999 年出版的专著《统计自然语言处理基础》（Manning & Schütze，1999）。

一般的上下文无关语法的规则不考虑概率，规则一旦建立，就被认为是百分之百成立，没有例外，但是，由于语言具有创造性，即使用来自动学习的树库很大，也难以保证获取的语法规则没有例外，树库中总会有新的语法现象会超出已经确定的语法系统的规定。如果采用概率上下文无关语法，一个规则的成立往往不是百分之百的，它只在某个概率下成立，只要统计样本足够大，就可以保证概率有很高的准确性。对于那些在一般的上下文无关语法看起来是例外的语言现象，概率上下文无关语法赋予它们比较小的概率，仍然承认它们存在的合理性。这样，概率上下文无关语法就可以合理地处理那些所谓“例外”的语言现象。

一般的上下文无关语法在识别句子时，只能给“合法”和“不合法”两种回答。合法的句子得到接受，不合法的句子遭到拒绝，非此即彼。这样的办法在分析真实语料时几乎寸步难行，因为在真实的语料中，很多句子的合法性很难判定，是亦此亦彼的，这种亦此亦彼的复杂情况往往使得自然语言处理系统处于进退两难的境地，不容易达到实用的要求。采用概率上下文无关语法，给合法的句子以较大的概率，给不合法的句子以较小的概率，这样，概率上下文无关语法就不仅能处理合法的句子，也能处理不合法的句子，它使语法摆脱了“非此即彼”的困境，给语法带来了“亦此亦彼”的柔性，使系统具备了容错的处理能力，而这样的容错处理能力对于实用的自然语言处理系统是非常重要的。

3. 概率上下文无关语法的三个假设

为了能够使用加了概率的规则进行句法分析，概率上下文无关语法需要做如下的假设：

3.1 假设 1——位置无关性假设

子节点的概率与该子节点所直接管辖的字符串在句子中的位置无关。

为了便于说明，在非终极节点上加了概率的树形图 *T*1 中，我们给每一个非终极节点标上号码，得到如图 4 的树形图：

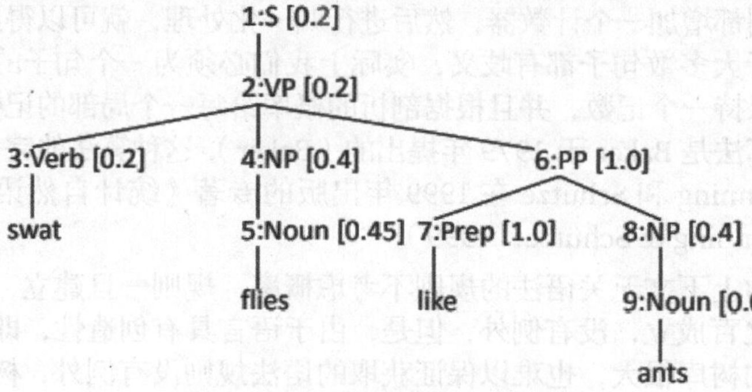

图 4　节点上标了号码的树形图 *T*1

图 4 中，在这个树形图的位置 4，有一个规则 NP → Noun，在位置 8，也有一个规则 NP → Noun，尽管节点 NP 处在不同的位置，可是，由于这个节点 NP 直接管辖的字符串都是 Noun，所以，节点 NP 在这两个不同位置的概率都是相同的，都等于 [0.4]。也就是说，节点的概率只与它所直接管辖的字符串 Noun 有关，而与 Noun 在句子中的位置无关。

3.2 假设 2——上下文无关性假设

子节点的概率与不受该子节点直接管辖的其他符号串无关。

例如，在图 4 的树形图中，如果把单词 swat 换成单词 kill，只会改变在位置 3 的节点 Verb 的概率，但不会改变这个树形图中不受位置 3 的节点 Verb 所直接管辖的其他节点的概率，也就是说，树形图中的其他节点 NP、PP 等的概率都保持不变。可见，单词的改变只对直接支配该单词的非终极符号的概率有影响，而对树形图中的其他非终极节点的概率没有影响。这个假设是上下文无关假设在概率方面的体现，它说明在概率上下文无关语法中，不仅重写规则与上下文无关，而且，重写规则的概率也与上下文无关。

3.3 假设 3——祖先节点无关性假设

子节点的概率与支配该节点的所有祖先节点的概率无关。

例如，在图 4 的树形图中，位置 4 的节点 NP 和位置 8 的节点 NP 的概率都是相同的，因为它们所直接管辖的字符串都是 Noun，可是，在位置 4 的节点 NP 的祖先节点是位置 2 的 VP 以及位置 1 的 S，在位置 8 的节点 NP 的祖先节点是位置 6 的 PP，这些祖先节点的概率都不会影响在位置 4 和在位置 8 的节点 NP 的概率。

由于有这三个假设，概率上下文无关语法就不仅继承了一般的上下文无关语法的上下文无关的特性，还使得概率值也具备了上下文无关的特性，这样，我们就可以利用概率上下文无关语法进行句法剖析（parsing）。首先使用通常的上下文无关语法的分析算法来剖析句子，得到句子的句法剖析树形图；然后，给每一个非终极节点加上一个概率值，在上述三个假设下，每一个非终极节点的概率值也就是对该非终极节点进一步重写所使用的规则后面附带的概率，我们得到的树形图是带有概率的树形图。如果句子是有歧义的，我们就会得到不同的带有概率的树形图，比较这些树形图的概率，选择概率最大的树形图作为句法剖析的结果，就可以达到对句子进行歧义消解的目的。

☙ 4. 概率词汇化上下文无关语法

Charniak 于 1997 年提出了词汇中心语概率表示的方法。他的方法实际上是一种词汇语法（lexical grammar），这种语法也叫作概率词汇化上下文无关语法（Probabilistic Lexicalized Context-Free Grammar）。

在 Charniak 的概率表示中，剖析树的每个节点要标上该节点的中心词（head）。例如，句子 “Workers dumped sacks into a bin.” 可表示如图 5：

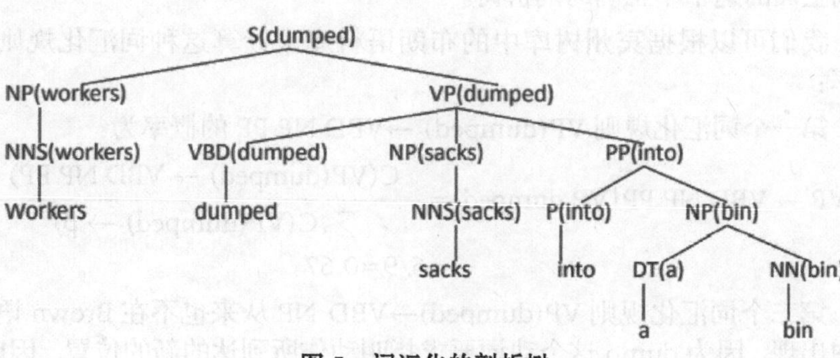

图 5 词汇化的剖析树

这时，概率词汇化上下文无关语法的规则数目将比概率上下文无关语法的规则多得多。例如，我们可以有如下的规则，规则中既包括概率，也包括词汇信息：

VP(dumped) → VBD(dumped) NP(sacks) PP(into) $[3 \times 10^{-10}]$

VP(dumped) → VBD(dumped) NP(cats) PP(into) $[8 \times 10^{-11}]$

VP(dumped) → VBD(dumped) NP(hats) PP(into) $[4 \times 10^{-10}]$

VP(dumped) → VBD(dumped) NP(sacks) PP(above) $[1 \times 10^{-12}]$

这个句子也可以被剖析为另一个树形图（如图 6 所示），不过，这个树形图是不正确的：

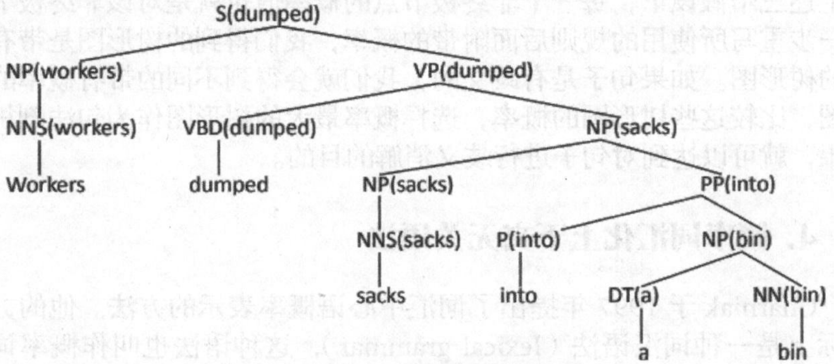

图 6　不正确的剖析树

如果我们把 VP(dumped) 重写为 VBD NP PP，那么，我们可以得到正确的剖析树。如果我们把 VP(dumped) 重写为 VBD NP，那么，就得到上面的这个不正确的剖析树。

我们可以根据宾州树库中的布朗语料库来计算这种词汇化规则的概率：

第一个词汇化规则 VP(dumped) →VBD NP PP 的概率为：

$$P(VP \rightarrow VBD\ NP\ PP \mid VP, dumped) = \frac{C(VP(dumped) \rightarrow VBD\ NP\ PP)}{\sum_{\beta} C(VP(dumped) \rightarrow \beta)}$$

$$= 6/9 = 0.67$$

第二个词汇化规则 VP(dumped)→VBD NP 从来也不在 Brown 语料库中出现，因为 dump 这个动词要求指明动作所到达的新的位置，因此，如果它后面没有介词短语，就是不合理的。

$$P(VP \rightarrow VBD\ NP \mid VP, dumped) = \frac{C(VP(dumped) \rightarrow VBD\ NP)}{\sum_{\beta} C(VP(dumped) \rightarrow \beta)}$$

$$= 0/9 = 0$$

由于第二个词汇化规则的概率为零，所以，使用这个规则得到的图 6 中的剖析树是不正确的。

我们也可以用同样的方法来计算中心词的概率。

在正确的剖析树中，节点 PP 的母节点 (X) 是中心词 dumped，在不正确的剖析树中，节点 PP 的母节点 (X) 是中心词 sacks。

根据 Penn Treebank 的 Brown 语料库，我们有：

$$P(into \mid PP, dumped) = \frac{C(X(dumped) \rightarrow ...PP(into)...)}{\sum_{\beta} C(X(dumped) \rightarrow ...PP...)}$$

$$= 2/9 = 0.22$$

$$P(into \mid PP, sacks) = \frac{C(X(sacks) \rightarrow ...PP(into)...)}{\sum_{\beta} C(X(sacks) \rightarrow ...PP...)}$$

$$= 0/0 = ?$$

可见，通过计算 PP 节点的母节点的概率，也可以判断 PP(into) 修饰 dumped 的概率比修饰 sacks 的概率大。

参考文献

冯志伟，2005. 自然语言处理中的概率语法. 当代语言学，（2）: 166–179。

Baker, J. K. 1979. Trainable grammars for speech recognition. In D. H. Klatt & J. J. Wolf (Eds.), *Speech Communication Papers for the 97th Meeting of the Acoustical Society of America*, 547–550.

Charniak, E. 2016. *Statistical Language Learning*. 胡凤国，冯志伟译. 北京：世界图书出版公司.

Manning, C. D. & Schütze, H. 1999. *Foundations of Statistical Natural Language Processing*. Cambridge: The MIT Press.

Marcus, M. P., Santoni, B. & Marcinkiewicz, M. A. 1993. Building a large annotated corpus of English: The Penn Treebank. *Computational Linguistics*, *19*(2): 313–330.

功能合一语法

FUNCTIONAL UNIFICATION GRAMMAR

功能合一语法是美国计算语言学家 Martin Kay 于 1985 年提出的一种基于复杂特征集与合一运算的自然语言处理的形式语法，简称 FUG。

在功能合一语法中，M. Kay 提出了“复杂特征集”的概念。他认为，自然语言是一个效率极高同时又能精确地表达各种复杂意念的信息系统，仅使用 N. Chomsky 的短语结构语法中的单一的句法范畴（NP、VP 等）不可能充分地描述自然语言的句子，而必须使用复杂特征集来描述。复杂特征集用功能描述来表示，用合一运算的方法进行计算，因此，这种语法叫作功能合一语法（Kay，1984）。

1. 功能描述

在功能合一语法中复杂特征集的形式描述，叫作功能描述（Functional Description），简写为 FD。

功能描述由一组描述元（descriptor）组成，而每一个描述元是一个成分集、一个模式或一个带值的属性，其中最主要的是“属性 / 值”偶对。功能描述是递归定义的，在功能描述中，描述元的值可以是原子，也可以是另一个功能描述。

功能描述的严格定义如下：

α 为一个功能描述 FD，当且仅当 α 可表示为图 1：

$$\begin{bmatrix} f_1=v_1 \\ f_1=v_1 \\ \cdot \\ \cdot \\ \cdot \\ f_n=v_n \end{bmatrix} \quad n\geqslant 1$$

图 1　功能描述

图 1 中，f_i 表示特征名，v_i 表示特征值，而且，满足如下两个条件：

- 特征名 f_i 为原子，特征值 v_i 或为原子或为另一个功能描述 FD；

- $\alpha<f_i>=v_i$

  （$i=1, ..., n$）

读作：集 α 中，特征 f_i 的值等于 v_i。

采用这样的功能描述就可以表示复杂特征集。

组成功能描述 FD 的一组描述元都写在一个方括号里，书写的顺序无关紧要。在一个“属性 / 值”偶对中，属性是一个符号，如 NUM（数）、SUBJ（主语）、OBJ（宾语）、MODF（修饰语）、HEAD（中心语）等，它的值或者是一个符号，或者是另一个功能描述 FD。属性和它的值之间用等号来连接。

例如，英语句子“We helped her.”可以用下面的功能描述 FD（1）来表示：

FD（1）:

$$
\begin{bmatrix}
\text{K=S} & \\
\text{SUBJ=} & \begin{bmatrix} \text{CAT=PRON} \\ \text{CASE=NOM} \\ \text{NUM=PLUR} \\ \text{PERS=1} \end{bmatrix} \\
\text{OBJ=} & \begin{bmatrix} \text{CAT=PRON} \\ \text{GENDER=FEM} \\ \text{CASE=ACC} \\ \text{NUM=SING} \\ \text{PERS=3} \end{bmatrix} \\
\text{PRED=} & \begin{bmatrix} \text{CAT=VERB} \\ \text{LEX='help'} \end{bmatrix} \\
\text{TENSE=PAST} & \\
\text{VOICE=ACTIVE} &
\end{bmatrix}
$$

这个功能描述表示：“We helped her.”是一个句子（K=S），在这个句子中，主语 we 是代词、主格、复数、第一人称，宾语 her 是代词、阴性、宾格、单数、第三人称，谓语 helped 是动词，具体的词是 help，整个句子的时态是过去时，语态是主动态。这些功能描述也就是这个句子的复杂特征集。

在一个功能描述 FD 中，每一个“属性 / 值”偶对都是该 FD 所描述对象的一个特征。如果这个值是一个符号，那么，这个“属性 / 值”

偶对就叫作功能描述 FD 的一个基本特征。

任何功能描述 FD 都可以用一张由基本特征组成的表来表示。例如，上面的功能描述 FD（1）也可以用下面的表 FD（2）来描述：

FD（2）: <K>=S

<SUBJ CAT>=PRON

<SUBJ CASE>=NOM

<SUBJ NUM>=PLUR

<SUBJ PERS>=1

<OBJ CAT>=PRON

<OBJ GENDER>=FEM

<OBJ CASE>=ACC

<OBJ NUM>=SING

<OBJ PERS>=3

<PRED CAT>=VERB

<PRED LEX>= 'help'

<TENSE>=PAST

<VOICE>=ACTIVE

在这个表 FD（2）中，尖括号 <> 里的符号构成了一条路径（path），功能描述 FD 中的每一个值，总可以用一条路径来称呼它。FD（2）中表达的特征与 FD（1）中表达的特征是相同的，它们是同一个句子中复杂特征的不同的表达方式。不过，尽管 FD（1）和 FD（2）都是同一个功能描述 FD 的两种表示，它们还各有不同：FD（1）显示了功能描述的嵌套，因而强调了功能描述的结构特性，FD（2）是一个表，因而强调了功能描述内部的分量特性。这两种表示方法都有意模糊了特征和结构之间的通常区别，使得功能合一语法具有更大的灵活性。

把功能描述看作是非结构性的特征集，就有可能用集合论的标准运算来处理它们。但是，功能描述 FD 又不完全服从集合论的运算。集合论运算一般并不考虑运算对象的相容性，而功能描述 FD 则必须考虑运算对象的相容性。如果有两个功能描述中都包含一个共同的属性，而这个共同的属性在这两个功能描述中的值不相同，那么这两个功能描述就是不相容的。例如，如果功能描述 F1 中含有基本特征 <A>=x，功能描述 F2 中含有基本特征 <A>=y，那么，除非 x=y，否则，F1 和 F2 是不相容的。如果两个功能描述不相容，那么，在进行集合论中的“并”运算时，运算的结果就不会是一个合格的功能描述。例如，假定功能描述 F1 所描述的句子中含有一个单数主语，而功能描述 F2 所描述的句子中含有一个复数主语，那么，如果 S1 和 S2 是它们相应的基本特征集，那么它们的并集 S1∪S2 就不是合格的，因为这个并集中 <SUBJ NUM>=SING 和 <SUBJ NUM>=PLUR 是不相容的。

对于语法上有歧义的句子或词组，需要两个或两个以上的不相容的功能描述来表示。例如，汉语中“三个学校的实验员来了”这个句子是有歧义的，它有两个意思。一个意思可用功能描述 FD（3）来表示，另一个意思可用功能描述 FD（4）来表示：

FD（3）

```
( K=S                                      )
(         [ CAT=NP                  ]      )
(         [ HEAD='实验员'           ]      )
( SUBJ=   [        [ CAT=NP       ] ]      )
(         [ MODF=  [              ] ]      )
(         [        [ HEAD='学校'  ] ]      )
(         [ QUANT=3                 ]      )
( PRED='来'                                )
( TENSE=PAST                               )
( VOICE=ACTIVE                             )
```

FD（4）

```
( CAT=K                                    )
(         ( CAT=NP                   )     )
(         ( HEAD='实验员'            )     )
( SUBJ=   (        ( CAT=NP       )  )     )
(         ( MODF=  (              )  )     )
(         (        ( HEAD='学校'  )  )     )
(         (        ( QUANT=3      )  )     )
( PRED='来'                                )
( TENSE=PAST                               )
( VOICE=ACTIVE                             )
```

可以看出，在 FD（3）中，句子的意思是只来了三个实验员，而这三个实验员是学校的实验员；在 FD（4）中，句子的意思是来了一些实验员，而这些实验员分属三个不同的学校。

几个不相容的简单的功能描述 FD：$F_1, ..., F_k$，可以合并成为一个单独的、复杂的功能描述 FD：$\{F_1, ..., F_k\}$。复杂的功能描述表示分量的对象集的并，其中的不相容部分，应该用大括号括起来。

下面是把 FD（3）和 FD（4）合并而成的复杂的功能描述 FD（5），它描述了 FD（3）和 FD（4）所分别表示的两种结构关系：

FD（5）

```
┌ CAT=S                                                    ┐
│        ┌ ┌ CAT=NP                                    ┐ ┐ │
│        │ │ HEAD='实验员'                              │ │ │
│        │ │        ┌ ┌ CAT=NP          ┐ ┐            │ │ │
│        │ │ MODF=  │ │                 │ │            │ │ │
│ SUBJ=  │ │        │ │ HEAD='学校'     │ │            │ │ │
│        │ │        │ └                 ┘ │            │ │ │
│        │ │        │ QUANT=3             │            │ │ │
│        │ │        │ ┌ CAT=NP          ┐ │            │ │ │
│        │ │        │ │ MODF= HEAD='学校' │ │            │ │ │
│        │ │        │ │ QUANT=3         │ │            │ │ │
│        │ │        └ └                 ┘ ┘            │ │ │
│        └ └                                           ┘ ┘ │
│ PRED='来'                                                 │
│ TENSE=PAST                                               │
│ VOICE-ACTIVE                                             │
└                                                          ┘
```

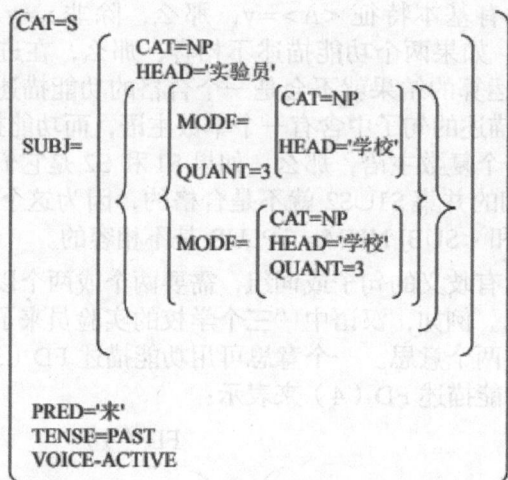

FD（5）中的大括号表示不相容的功能描述或子功能描述之间的析取关系。用这种复杂功能描述的紧凑形式，可以描述大量的互不相容的对象。

一般地说，功能合一语法中的语法规则可以用一个统一的功能描述FD（6）表示如下：

FD（6）

```
┌ ┌ ┌ CAT=C1 ┐ ┐ ┐
│ │ │   ⋮    │ │ │
│ │ └        ┘ │ │
│ │   CAT=C2   │ │
│ │     ⋮      │ │
│ │     ⋮      │ │
│ │ ┌ CAT=Cn ┐ │ │
│ │ │   ⋮    │ │ │
└ └ └        ┘ ┘ ┘
```

对于采用复杂特征集来描述的系统来说，其描述的详尽程度是没有限制的。一个描述中所包含的特征越多，它对所描述的对象的限定也就越具体；如果从一个描述中撤销某些特征，就可能扩大它所描述的对象的覆盖面。因此，灵活地控制特征的数量，认真地选择特征的内容，才可以用复杂特征集进行恰当的描述。

在基于规则的机器翻译系统的机用词典中，对于每一个单词的定义不仅仅要给出其词类，而且还要标出这个词的静态的词法特征、句法特征和语义特征，这就是在词这一级采用复杂特征集。随着自动句法分析的推进，句子中的每个单词除了被标注上来自词典中的这些静态特征之外，在表示句子层次结构的树形图的每个节点上，还会运算出一些动态特征，它们大大地充实了来自词典中的静态特征的内容，这些动态特征也要以复杂特征来标注，这就是在句法分析和语义分析一级采用复杂特征集。复杂特征集中的各种复杂特征，可以在短语归并的过程中从中心语的复杂特征标记中继承过来，也可以根据句法语义规则动态地通过计算机计算出来。在源语言自动分析中采用这样的复杂特征集，有效地解决了歧义结构的判定问题，并且把句法分析和语义分析通过复杂特征集这种手段有机地结合起来，从而提高源语言句法语义分析的效率。

☙ 2. 合一运算

在功能合一语法中，把若干个功能描述合并成一个单独的功能描述的运算方式，叫作合一运算。

在功能合一语法中，如果有两个或两个以上简单的功能描述是相容的，便可通过合一运算把它们合并成一个简单的功能描述，使得这个功能描述所描述的对象正是前面若干个功能描述所共同描述的对象。

这样的合一运算与集合论中的求并运算十分相似，但合一运算与求并运算的不同之处在于，当合一运算应用不相容的项时，合一失败，并产生一个空集。

如果把自然语言看作是一个传递和负载信息的系统，并且承认自然语言中的句法成分和语义成分都可由较小的成分组合成较大的成分，那么采用合一作为句法和语义分析的基本运算便是非常理想的了。这是因为：

- 一个语言单位（如句子或词组等）所负载的信息可以分布在各个成分之中，每个成分所负载的可以只是部分的信息。
- 通过合一运算，在小成分组合成大成分的过程中，小成分所负载的信息也同时被传递或累加为大成分所负载的信息，在合一运算的过程中，信息只会逐渐增加而不会减少。
- 由于句法和语义分析都以合一作为基本运算，不仅句子的合法性可以通过语义手段来判断，而且，还可以把句子的句法结构和语义表示用合一运算这种方式更加自然地衔接起来。

• 不同的功能描述的合一运算结果，与这个运算所进行的先后次序无关，不论合一从哪个方向开始，也不论是先合一还是后合一，合一的结果都是相同的。合一运算的这种无序性非常便于计算机进行并行处理，而且还有可能自由地选择分析算法和自然语言描述的语法理论。

3. 复杂特征集

功能合一语法的最大特点就是在词条定义、句法规则、语义规则和句子的描述中，全面、系统地使用复杂特征集（冯志伟，1991）。

3.1 词条定义的描述

例如，英语的 saw 有三个义项，在词条 saw 中，可给出三条定义，每一条定义的形式都是复杂特征集的功能描述 FD（见 FD（7）、FD（8）、FD（9））。

FD（7）

$$\begin{bmatrix} \text{CAT=V} \\ \text{TENSE=PAST} \\ \text{TRANSITIVITY=MENTAL-PROCESS} \\ \text{ROOT='see'} \\ \text{LEX='saw} \end{bmatrix}$$

FD（7）表示 saw 是动词 see 的过去时形式，它的含义是“看见”。

FD（8）

$$\begin{bmatrix} \text{CAT=N} \\ \text{NUM=SING} \\ \text{LEX='saw'} \end{bmatrix}$$

FD（8）表示 saw 是名词，它的含义是“锯子”。

FD（9）

$$\begin{bmatrix} \text{CAT=V} \\ \text{TENSE=INFINITIVE} \\ \text{TRANSITIVITY=MATERIAL-PROCESS} \\ \text{ROOT='saw'} \\ \text{LEX='saw'} \end{bmatrix}$$

FD（9）表示 saw 是动词 saw 的不定式形式，它的含义是“锯”。

3.2 句法规则的描述

例如，FD（10）和 FD（11）分别是主动态和被动态的规则：

FD（10）：

```
K=S
PATTERNS=(...PREDICATOR     DIRECT-OBJE ...)
SUBJ=ACTOR=[CAT=N]
             CAT=V
PREDICATOR=  TRANSITIVITY=MATERIAL-PROCESS
             VOICE=ACTIVE

VOICE=ACTIVE
```

FD（11）：

```
K=S
PATTERNS=(..PREDICATOR...BY...ADJUNCT...)
SUBJ=AFFECTED=[CAT=N]
             CAT=V
PREDICATOR=  TRANSITIVITY=MATERIAL-PROCESS
             VOICE=PASSIVE
BY-ADJUNCT=  K=PP
                         CAT=PREP
           PREP=
                         LEX='by'

OBJ=<AGENT>
VOICE=PASSIVE
```

其中，ACTOR 表示施事，AFFECTED 表示受事，其他符号的含义从相应的英文词的词义不难体会出来。

这两条规则的调用条件是：

- 句法成分的 K=S；
- 谓语动词表示一个“物质过程”，即 TRANSITIVETY=MATERIAL-PROCESS。

特征 PATTERNS 的值是有序的，它规定了主动态和被动态句型中语言成分的基本顺序。主动态中的 PATTERNS 是（...PREDICATOR DIRECT-OBJ...），被动态中的 PATTERNS 是（...PREDICATOR...BY-ADJUNCT..）。这样，根据特征 PATTERNS 的值就可以安排和调整有关语言成分的位置。

3.3 句子结构的描述

例如，英语句子“She smashed a brick.”（她砸碎了一块砖）的句子结构可用 FD（12）来描述，其结构较为复杂，如图 2 所示：

FD（12）：

```
K=S
PATTERN=(SUBJ PREDICATOR DIRECT-OBJ)
TENSE=PAST
WOICE=ACTIVE
                              K=NP
                              PATTERN=(HEAD)
                                        CAT=PRON
                                        GENDER=FEM
                                        CASE=NOM
                              HEAD=     NUM=SING
                                        PERS=3
SUBJ    =ACTOR=                         LEX='she'
                              NUM=SING
                              DEFINITENESS=DEFINITE
                              PERS=3
                    CAT=V
                    TRANSITIVITY=MATERIAL-PROCESS
PREDICATOR=         VOICE=ACTIVE
                    LEX='smashed'
                              K=NP
                              PAT TERNSE=(DETEFMINRE HEAD)
                                         CAT=ARTICLE
                                         NUMB=SING
                              DETERMINER= DEFINITENESS=INDEFINITE
                                         LEX='a'
DIRECT-OBJ=AFFECTED=                   CAT=N
                              HEAD=    NUM=SING
                                       LEX=''brick'
                              NUM=SING
                              DEFINITENESS=INDEF INITE
                              PERS=3
```

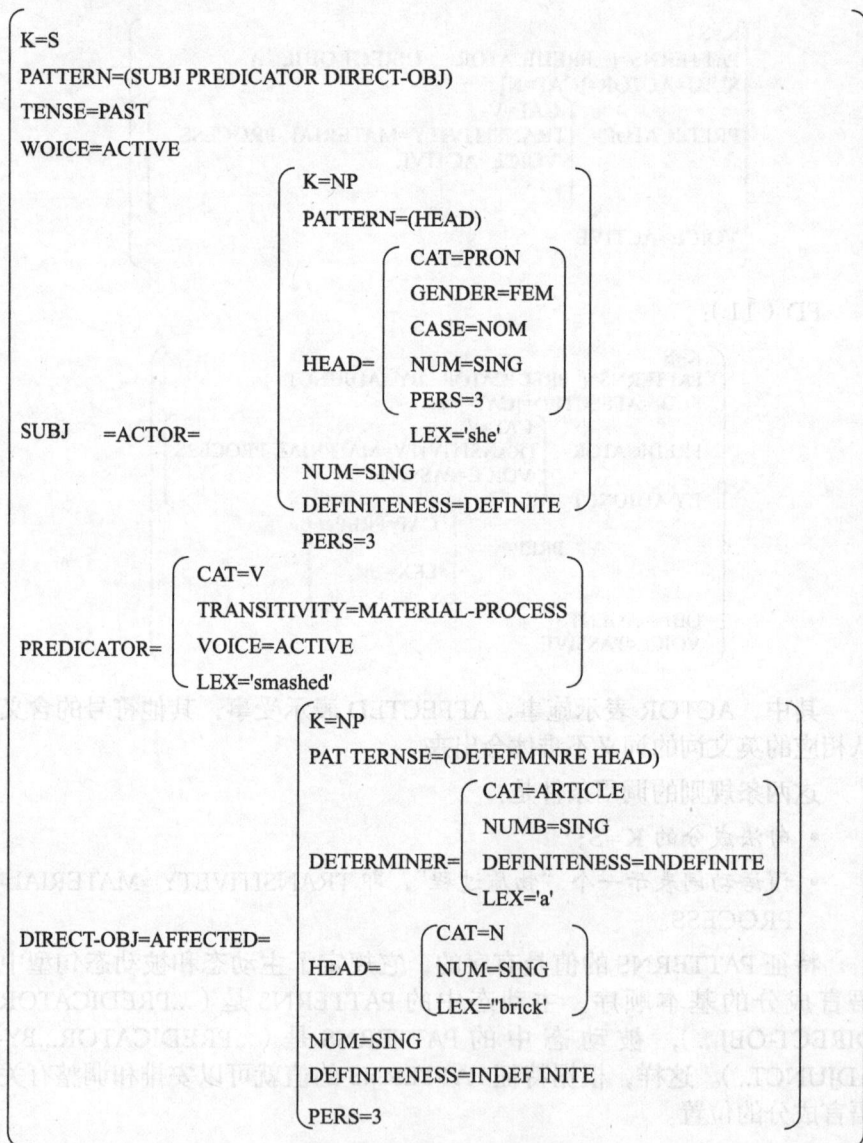

图 2 句子的功能描述

这个功能描述中，不仅包括了对单词、词组和句子等各级语言成分的特征和功能的描述，而且还说明了中心动词 smashed 的施事（actor）、受事（affected）等语义关系方面的内容。

Martin Kay 认为，功能合一语法适合直接用来进行句子的生成。这个生成过程可以从一个梗概描述开始，然后把这个梗概描述同语法规则的功能描述相结合进行合一运算，就可以生成这个句子的完整结构。

但是，用功能合一语法进行句子的分析就比较困难。因为 Martin Kay 只是把它看成一种描述语言能力（language competence）的语法，并没有期望把这种语法的形式直接用于句子的分析。后来，Martin Kay 提出了一种编译程序，这种编译程序可以把功能合一语法的功能描述映射为某种适合分析算法的形式，然后采用 R. M. Kaplan 的通用句法处理器，就可以完成句子的自动分析，这样，功能合一语法既可以用于生成，又可以用于分析，成为一种双向性的语法。

参考文献

冯志伟. 1991. Martin Kay 的功能合一语法. 国外语言学，（2）: 34–42.

Kay, M. 1984. Functional unification grammar: A formalism for machine translation, in COLING-84, Stanford, CA, 75–78.

机器翻译 MACHINE TRANSLATION

使用计算机把源语言自动地翻译成目标语言的技术，叫作机器翻译（冯志伟，2004）。

机器翻译是自然语言处理的一个历史悠久的分支，可以分为草创期（1954 年—1970 年）、复苏期（1970 年—1976 年）、坚持期（1976 年—1989 年）、发展期（1989 年—2016 年）和繁荣期（2016 年—现在）。

关于用机器来进行语言翻译的想法，早在古希腊时代就有人提出过。当时，人们曾经试图设计出一种理想化的语言来代替种类繁多、形式各异的自然语言，以利于不同民族的人们进行思想交流。他们曾提出过不少方案，其中一些方案就已经考虑到了如何用机械手段来分析语言的问题。

20 世纪 30 年代初，法国科学家 G. B. Artsouni 提出了用机器进行语言翻译的想法。

1933 年，苏联发明家 П. П. ТРОЯНСКИЙ 设计了用机械方法把一种语言翻译为另一种语言的机器，并在同年 9 月 5 日登记了他的发明。但是，由于 20 世纪 30 年代的技术水平还很低，П. П. ТРОЯНСКИЙ 的翻译机没有制成。

1946 年，美国宾夕法尼亚大学的 J. P. Eckert 和 J. W. Mauchly 设计并制造出了世界上第一台电子计算机 ENIAC，电子计算机惊人的运算速度，启示着人们考虑翻译技术的革新问题。因此，在电子计算机问世的同一年，美国科学家 W. Weaver 和英国学者 A. D. Booth 在讨论电子计算机的应用范围时，就提出了利用计算机进行语言自动翻译的想法。

1949 年，W. Weaver 发表了一份以《翻译》为题的备忘录，正式提出了机器翻译问题（冯志伟，2004）。

1. 机器翻译的草创期（1954—1970）

由于学者的热心倡导，实业界的大力支持，美国的机器翻译研究一时兴盛起来。1954 年，美国乔治敦大学在国际商用机器公司（IBM 公司）的协同下，用 IBM-701 计算机进行了世界上第一次机器翻译试验，把几个简单的俄语句子翻译成英语，接着，苏联、英国、中国、日本也进行了机器翻译试验，机器翻译出现热潮。机器翻译进入了它的草创期。

早期机器翻译系统因译文的可读性很差，难以付诸实用，受到了用户的批评。

美国科学院在 1964 年成立语言自动处理咨询委员会（Automatic Language Processing Advisory Committee，简称 ALPAC 委员会），调查机器翻译的研究情况，并于 1966 年 11 月公布了一个题为《语言与机器》（“Language and Machine”）的报告，简称 ALPAC 报告，对机器翻译采取否定的态度，报告宣称，“在目前给机器翻译以大力支持还没有多少理由”；报告还指出，机器翻译研究遇到了难以克服的“语义障碍”（semantic barrier）。

在ALPAC报告的影响下，许多国家的机器翻译研究进入低潮，许多已经建立起来的机器翻译研究单位遇到了行政上和经费上的困难，在世界范围内，机器翻译的热潮突然消失了，出现了空前萧条的局面。

不过，尽管在萧条时期，法国、日本、加拿大等国家，仍然坚持着机器翻译研究，于是，在20世纪70年代初期，机器翻译又出现了复苏的局面。

☙ 2. 机器翻译的复苏期（1970—1976）

在这个复苏期，研究者们普遍认识到，源语言和目标语言两种语言的差异，不仅只表现在词汇上的不同，而且还表现在句法结构上的不同，为了得到可读性强的译文，必须在自动句法分析上多下功夫。

早在1957年，美国科学家V. Yngve在《句法翻译的框架》（Framework for Syntactic Translation）一文中就指出，一个好的机器翻译系统，应该分别对源语言和目标语言都作出恰如其分的描写，这样的描写应该互不影响，相对独立。V. Yngve主张，机器翻译可以分为三个阶段来进行。

第一阶段：用代码化的结构标志来表示源语言文句的结构；

第二阶段：把源语言的结构标志转换为目标语言的结构标志；

第三阶段：构成目标语言的输出文句。

第一阶段只涉及源语言，不受目标语言的影响；第三阶段只涉及目标语言，不受源语言的影响；只是在第二阶段才同时涉及源语言和目标语言。在第一阶段，除了作源语言的词法分析之外，还要进行源语言的句法分析，这样才能把源语言文句的结构表示为代码化的结构标志。在第二阶段，除了进行源语言和目标语言的词汇转换之外，还要进行源语言和目标语言的结构转换，这样才能把源语言的结构标志变成目标语言的结构标志。在第三阶段，除了作目标语言的词法生成之外，还要进行目标语言的句法生成，这样才能正确地输出译文的文句。

V. Yngve的这些主张在这个时期广为传播，并被机器翻译系统的开发人员普遍接受，因此，这个时期的机器翻译系统几乎都把句法分析放在第一位，并且在句法分析方面取得了很大的成绩。

这个时期机器翻译的另一个特点是语法（grammar）与算法（algorithm）分开。

早在 1957 年，V. Yngve 就提出了把语法与“机制”（mechanism）分开的思想。V. Yngve 所说的“机制”，实质上就是算法。所谓语法与算法分开，就是要把语言分析和程序设计分开，程序设计工作者提出规则描述的方法，而语言学工作者使用这种方法来描述语言的规则。语法和算法分开，是机器翻译技术的一大进步，它非常有利于程序设计工作者与语言工作者的分工合作。

复苏期机器翻译系统的典型代表是以法国计算语言学家 B. Vauquois（1929—1985）为首的法国格勒诺布尔理科医科大学应用数学研究所（法文：Institut Mathematique Applique de Grenoble，简称 IMAG）自动翻译中心（CETA）开发的机器翻译系统。在 B. Vauquois 的指导下，冯志伟于 1978 年至 1983 年在 IMAG 研制了把汉语翻译为法语、英语、日语、俄语、德语等五种外语的多语言机器翻译系统 FAJRA，把 20 多篇汉语文章自动地翻译为五种外语。

通过大量的科学实验实践，机器翻译的研究者们认识到，机器翻译中必须保持源语言和目标语言在语义上的一致，也就是说，一个好的机器翻译系统应该把源语言的语义准确无误地在目标语言中表现出来。这样，语义分析在机器翻译中越来越受到重视。

英国计算语言学家 Y. A. Wilks 提出了“优选语义学”（preference semantics），并在此基础上设计了英法机器翻译系统。这个系统特别强调在源语言和目标语言生成阶段，都要把语义问题放在第一位，源语言的输入文句首先被转换成某种一般化的通用语义表示，然后再由这种语义表示生成目标语言的译文输出。由于这个英法机器翻译系统的语义表示方法比较细致，能够解决仅用句法分析方法难以解决的歧义、代词指代等困难问题，译文质量较高。

3. 机器翻译的坚持期（1976—1989）

20 世纪 70 年代末，机器翻译进入了它的第三个时期——坚持期。

坚持期最重要的特点是，经过研究人员的艰苦奋斗，机器翻译研究走向了实用化，出现了一大批实用化的机器翻译系统，机器翻译产品开始进入市场，变成了商品，机器翻译系统的实用化引起了机器翻译系统的商品化，机器翻译在艰苦奋斗中得到了发展。

机器翻译的坚持期是以 1976 年加拿大蒙特利尔大学与加拿大联邦政府翻译局联合开发的实用性机器翻译系统 TAUM-METEO 正式提供天

气预报服务为标志的。这个机器翻译系统投入使用之后，每小时可以翻译 6 万—30 万个词，每天可以翻译 1 500—2 000 篇天气预报的资料，并能够通过电视、报纸立即公布。TAUM-METEO 系统是机器翻译发展史上的一个里程碑，它标志着机器翻译摆脱了复苏的困境。

在机器翻译的坚持期，机器翻译研究人员在艰苦中求索，更多的机器翻译系统开始采用基于语料库的方法。

基于语料库的机器翻译方法又可以进一步分为两种，一种是基于统计的机器翻译方法，一种是基于实例的机器翻译方法。这两种方法都使用语料库作为翻译知识的来源，所以可以统称为基于语料库的机器翻译方法。

这两种方法的区别在于：

- 在基于统计的机器翻译方法中，知识的表示是统计数据，而不是语料库本身；翻译知识的获取是在翻译之前完成，在翻译的过程中一般不再使用语料库。
- 在基于实例的机器翻译方法中，双语平行语料库本身就是翻译知识的一种表现形式（不一定是唯一的），翻译知识的获取在翻译之前没有全部完成，在翻译的过程中还要查询并利用语料库。

经过十多年持续的艰苦奋斗，机器翻译进入了它的繁荣期。

4. 机器翻译的发展期（1989—2016）

1993 年 7 月在日本神户召开的第四届机器翻译高层会议（MT Summit IV）上，英国学者 J. Hutchins 在他的特约报告中指出，自 1989 年以来，机器翻译的发展进入了一个新纪元。这个新纪元的重要标志是，在基于规则的技术中引入了语料库方法，其中包括统计方法、基于实例的方法、通过语料加工手段使语料库转化为语言知识库的方法等。这种建立在大规模真实文本处理基础上的机器翻译是机器翻译研究史上的一场革命，它将会把自然语言处理推向一个崭新的阶段。

进入 21 世纪以来，语料库方法已经渗透到了机器翻译研究的各个方面，一些基于语料库的统计机器翻译系统如雨后春笋般地建立起来。统计机器翻译系统采用了隐马尔可夫模型、最大熵模型、噪声信道模型，通过机器学习的方式从大规模真实的语料库中获取翻译知识，有的统计机器翻译系统把基于语料库的方法和基于规则的方法巧妙地结合起来，取得了可喜的成绩（Koehn，2007）。

另外一种基于语料库的机器翻译是基于实例的机器翻译。

基于实例的机器翻译（Example-Based Machine Translation，简称 EBMT）的思想最早是由日本计算语言学家长尾真（Nagao Makoto，1936—2012）提出的（Nagao，1989）。

他在 1984 年发表了《采用类比原则进行日—英机器翻译的一个框架》一文，探讨日本人初学英语时翻译句子的基本过程，长尾真认为，初学英语的日本人总是记住一些最基本的英语句子以及一些相对应的日语句子，他们要对比不同的英语句子和相对应的日语句子，并由此推论出句子的结构。参照人学习外语的这个过程，在机器翻译中，如果我们给出一些英语句子的实例以及相对应的日语句子，机器翻译系统就能识别和比较这些实例及其译文的相似之处和相差之处，从而挑选出正确的译文。

长尾真指出，人类并不是通过做深层的语言学分析来进行翻译的，人类的翻译过程是：首先把输入的句子正确地分解为一些短语碎片，接着把这些短语碎片翻译成其他语言的短语碎片，最后再把这些短语碎片构成完整的句子，每个短语碎片的翻译是通过类比的原则来实现的，也就是“通过类比来进行翻译”（translation by analogy）。因此，我们应该在计算机中存储一些实例，并建立由给定的句子搜索类似例句的机制，这是一种由实例引导推理的机器翻译方法，也就是基于实例的机器翻译方法。

在基于实例的机器翻译系统中，系统的主要知识源是双语对照的翻译实例库，实例库主要有两个字段，一个字段保存源语言句子，另一个字段保存与之对应的译文，每输入一个源语言的句子时，系统把这个句子同实例库中的源语言句子字段进行比较，找出与这个句子最为相似的句子，并模拟与这个句子相对应的译文，最后输出目标语言译文。基于实例的机器翻译系统中，翻译知识以实例和机用词典的形式来表示，易于增加或删除，系统的维护简单易行，如果利用了较大的翻译实例库并进行精确的对比，就有可能产生高质量译文，而且避免了基于规则的那些传统的机器翻译方法必须进行深层语言学分析的困难。这种机器翻译方法在翻译策略上是很有吸引力的。

要进行基于实例的机器翻译需要研究如下问题：

- 正确地进行双语自动对齐（alignment）：在实例库中要能准确地

由源语言例句找到相应的目标语言例句，在基于实例的机器翻译系统的具体实现中，不仅要求进行句子一级的对齐，而且还要求进行词汇一级甚至短语一级的对齐。

- 建立有效的实例匹配检索机制：很多研究者认为，基于实例的机器翻译的潜力在于充分利用短语一级的实例碎片，也就是在短语一级进行对齐；但是，利用的实例碎片越小，碎片的边界越难以确定，歧义情况就越多，从而导致翻译质量的下降，为此，要建立一套相似度准则（similarity metric），以便确定两个句子或者短语碎片是否相似。
- 根据检索到的实例生成与源语言句子相对应的目标语言译文：由于基于实例的机器翻译对源语言的分析比较粗，生成译文时往往缺乏必要的信息，为了提高译文生成的质量，可以考虑把基于实例的机器翻译与传统的基于规则的机器翻译方法结合起来，对源语言也进行一定深度的分析。

在机器翻译实用化的研究中，学者们还设计了翻译记忆软件与本土化软件工具。

随着互联网的发展，在网络上可以获得大规模的语言数据资源，大大地推动了网络统计机器翻译的发展，谷歌、百度和微软等公司都先后推出了网上机器翻译系统。例如，微软的 Microsoft Translator 以机器学习、大数据、自然语言处理和云计算等前沿技术为基础，为网络用户提供机器翻译服务，可支持 50 多种语言的文本翻译，8 种语言的实时语音翻译，18 种语言的语音识别和输出。这个系统可以不断地对训练数据中的人工译文和语言转换结果进行机器学习，在不断学习、纠错和改错的过程中，促进机器翻译系统算法的自我完善，通过统计建模和高效的算法，不断地优化机器翻译系统，使用 Microsoft Translator 这个自动翻译工具，操不同语言的用户使用手机就能进行面对面的实时交流，畅快地进行沟通。

5. 机器翻译的繁荣期（2016—现在）

2016 年 9 月，谷歌公司推出了基于神经网络的机器翻译系统 GNMT（Google Neural Machine Translation），机器翻译水平有了大幅度提高，机器翻译出现了空前繁荣的局面，进入了它的繁荣期。

GNMT 的测试结果如图 1 所示：

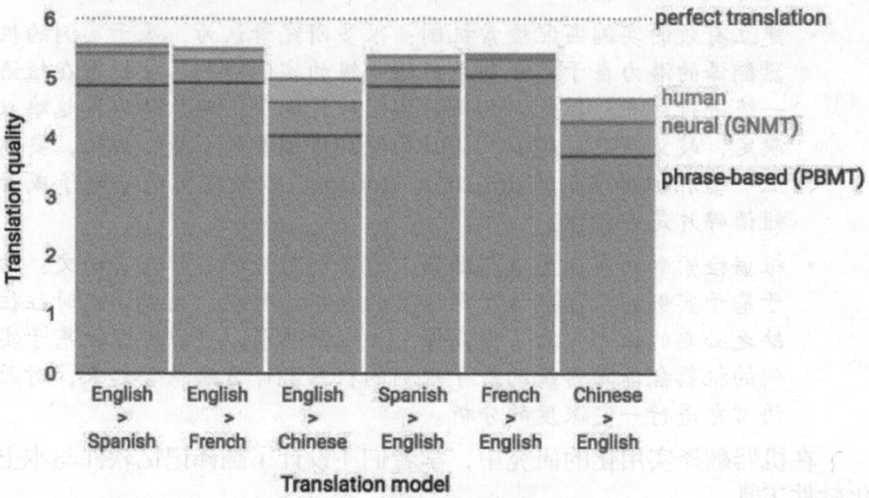

图 1　机器翻译系统效能比较

图 1 中，翻译质量分为 0、1、2、3、4、5、6，一共 7 等，0 最差，6 为完美翻译（perfect translation）。这里显示了 6 个语言对（英语—西班牙语，英语—法语，英语—汉语，西班牙语—英语，法语—英语，汉语—英语）的测试结果，PBMT 表示基于短语的机器翻译（phrase-based machine translation），GNMT 表示谷歌神经网络机器翻译，human 表示人工翻译，可以看出，GNMT 正在一步步地逼近人工翻译的水平。

神经机器翻译的语言模型是端对端（end to end）的语言模型，源语言输入后，由编码器（encoder）使用循环神经网络（Recurrent Neural Network，简称 RNN）或卷积神经网络（Convolutional Neural Network，简称 CNN）进行编码处理，然后直接由解码器（decoder）输出翻译结果，如图 2 所示：

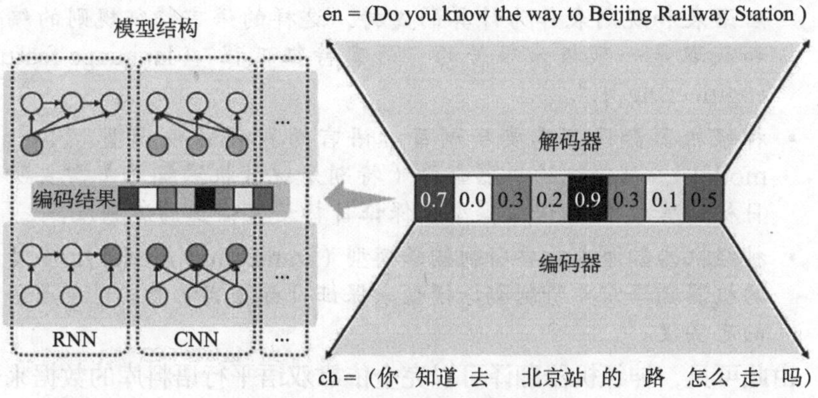

图 2 端对端的神经机器翻译

图 2 中，输入中文句子“你知道去北京站的路怎么走吗?”由编码器进行编码，经过神经网络 RNN 或 CNN 处理后用解码器进行解码，便可以得到英文译文“Do you know the way to Beijing Railway Station?”。其间不需要经过中间环节，减少了信息传递的误差积累，实现了端到端的机器翻译，从而显著地提升了机器翻译的效率。

与传统的基于规则或基于统计的机器翻译相比较，神经机器翻译具有如下特点：

- 神经机器翻译需要设计一个大型的多层次的神经网络（Neural Network），而传统的机器翻译不需要设计这样的神经网络；
- 神经机器翻译不需要对语言符号进行计算，而只要把语言符号转换为词向量并嵌入到向量空间中进行计算，整个计算是针对没有语言符号的实数值（real value）进行的，而传统的机器翻译需要对语言符号及其特征表示进行描述和计算。
- 神经机器翻译不需要进行单词对齐（word alignment），而传统的机器翻译需要进行单词对齐。神经机器翻译使用注意力机制（attention mechanism）有助于发现源语言和目标语言之间的差异，但是，这并不是真正意义上的对齐，而只是一种“软对齐”（soft alignment）。
- 神经机器翻译不需要编制短语表（phrase table）或规则表（rule table），完全不需要手工编制的语言特征规则（language feature rule），而传统的机器翻译需要手工编制的或者半自动编制的短语表和规则表作为计算的支持，这样的语言特征规则的编制和获取是一项极为艰苦的“语言特征工程”（language feature engineering）；

- 神经机器翻译不需要研制目标语言的 N 元语法模型（N-gram model），而传统的机器翻译（特别是统计机器翻译）需要研制目标语言的 N 元语法模型来保证目标语言输出的流利度。
- 神经机器翻译不需要研制翻译模型（translation model），而传统的机器翻译需要研制翻译模型来保证目标语言的译文对于源语言的忠实度。

由此可见，神经机器翻译可以完全依靠双语平行语料库的数据来进行全自动的机器翻译，摆脱了艰苦庞杂的语言特征工程，只要有大规模的、真实的语料库数据资源，即使不懂语言规则也可以得心应手地进行神经机器翻译的研制，而神经机器翻译的效果还远远高于基于规则的机器翻译（Rule Based Machine Translation，RBMT）和统计机器翻译（Statistical Machine Translation，SMT）。目前，神经机器翻译对于通用文本的翻译在忠实度和流畅度方面都已经达到较高的水平，译文的准确性大大提高，神经机器翻译的译文如果再使用译后编辑（Post Editing，简称 PE）进行改错、润色、加工，其译文质量几乎可以与人工翻译的质量媲美。但是，对于文学作品的翻译、经典著作的翻译、世界名著的翻译，神经机器翻译是不能胜任的，在这些高级的翻译领域，神经机器翻译不可能替代人工翻译，因此，机器翻译与人工翻译将会和谐共生，取长补短，相得益彰（肖桐、朱靖波，2021）。

机器翻译已经从人们的梦想逐步变成活生生的现实。机器翻译随着计算机的诞生而诞生，它也将随着计算机的发展而发展，只要有计算机存在，机器翻译的研究就会存在。机器翻译永远是一个与计算机共生共存的研究领域。

参考文献

冯志伟. 2004. 机器翻译研究. 北京：中国对外翻译出版公司.

肖桐，朱靖波. 2021. 机器翻译：基础与模型. 北京：电子工业出版社.

Makoto, N. 1989. *Machine Translation*. London: Oxford University Press.

Philippe, K. 2007. *Statistical Machine Translation*. Cambridge: Cambridge University Press.

N 元语法模型 N-GRAM MODEL

利用前面 N–1 个单词来预测下一个单词的语法模型，叫作 N 元语法模型（Jelinek，1997）。

☙ 1. N 元语法的计算方法

例如，下面的英语符号串：

Just then, the white

在这样的上下文中，尽管 the 的出现概率大大高于 rabbit，但是跟在单词 white 之后，rabbit 似乎是一个比 the 更合理的单词，因而可以预测出下面一个单词很可能是 rabbit。

如果给定了某个单词（word）w 的历史（history）h，则该单词 w 的概率为 p(w|h)。例如，假定历史 h 是单词序列 its water is so transparent that，那么，这个历史 h 后面的单词 the 的概率应当是：

P(the|its water is so transparent that)

我们可以根据相对频率来计算这个概率。例如，我们使用一个很大的语料库，计算 its water is so transparent that 的出现次数，并计算这个单词序列后面再跟上一个单词 the 而构成单词序列的出现次数。也就是要回答问题："如果知道了历史 h 的出现次数，那么，它后面再跟上单词 w 而形成的单词序列的出现次数占原来的单词序列出现次数的多少"。

计算公式如下：

$$p(the\,|\,its\ water\ is\ so\ transparent\ that)=\frac{C(its\ water\ is\ so\ transparent\ that\ the)}{C(its\ water\ is\ so\ transparent\ that)}$$

只要使用一个像互联网（Web）这样足够大的语料库，就可以计算出单词序列 its water is so transparent that 的出现次数和单词序列 its water is so transparent that the 的出现次数，并且根据这个公式估计出概率。

在大多数情况下，这种直接根据计数来估计概率的方法是行之有效的，但是很多场合，为了很好地估计出概率，往往需要扩大互联网的规模。这是因为语言具有创造性，语言中总是会不断地创造出新的句子，因而我们不是总有本领把全部的句子都毫无遗漏地计算出来。如果把上面的句子简单地扩充一下，把它扩充成 Walden Pond's water is so transparent that the，那么在互联网上得出的计数很可能为零，因为像这样的句子在一般的语料库中是几乎不会出现的。

像 water is so transparent that 这样的整个单词序列在语料库中的出现概率叫作联合概率。联合概率就是要计算"在语料库的所有可能的 5 个单词组成的序列中，water is so transparent that 这个单词序列占多大的比例"。我们可以用 water is so transparent that 这个单词序列的出现次数除以在语料库中所有可能的 5 个单词组成的序列的出现次数，就能做出这样的估计。不过这样的估计做起来很不容易！

由于这个原因，可以引入一种比较聪明的办法来估计在给定的历史 h 的条件下，某个单词 w 出现的概率，或者估计整个单词序列 W 出现的概率。

为了表示某个特定的随机变量 X_i 取值为 the 的概率，即 $P(X_i=\text{"the"})$，使用简化的记法记为 P(the)。我们把 N 个单词的序列记为 $w_1, w_2, ..., w_n$，或者记为 w_1^n。对于在一个序列中每一个单词都有一个特定的值的联合概率，也就是 $P(X=w_1, Y=w_2, Z=w_3, ..., W=w_n)$，我们记为 $P(w_1, w_2, ..., w_n)$。

我们怎样来计算像 $P(w_1, w_2, ..., w_n)$ 这样的序列的概率呢？

我们可以根据概率的链规则（chain rule of probability）把这个概率加以分解：

$$P(X_1...X_n)=P(X_1)P(X_2|X_1)P(X_3|X_1^2)...P(X_n|X_1^{n-1})$$
$$=\prod_{k=1}^{n}P(X_k|X_1^{k-1})$$

使用链规则于上面的单词序列 $w_1, w_2, ..., w_n$，得到：

$$P(w_1^n)=p(w_1)p(w_2|w_1)p(w_3|w_1^2)...p(w_n|w_1^{n-1})$$
$$=\prod_{k=1}^{n}p(w_k|w_1^{k-1})$$

链规则说明了整个单词序列的联合概率的计算与在前面给定单词的条件下一个单词的条件概率的计算之间的关系。我们可以通过把若干个条件概率相乘的办法来估计整个单词序列的联合概率。

然而，使用这样的链规则未必能够帮助我们解决这个问题。当前面的单词序列很长的时候，我们没有什么办法来计算某个单词的精确的概率 $P(w_n|w_1^{n-1})$。前面说过，我们不能在一个很长的符号串之后来数每一

个单词的出现次数，从而估计单词的概率，因为语言具有创造性，每一个特定的上下文可能是在此之前从来都没有出现过的。

因此，我们在计算某个单词的概率时，不是考虑它前面的全部的历史，而只是考虑最接近该单词的若干个单词，从而近似地逼近（approximate）该单词的历史。这就是 N 元语法模型的直觉解释。

2. N 元语法模型的类别

如果通过前面一个单词的条件概率来估计下一个单词出现的概率，这样的语法模型叫作二元语法模型（bigram model）。

如果通过前面两个单词的条件概率来估计下一个单词出现的概率，这样的语法模型叫作三元语法模型（trigram model）。

如果通过前面 N–1 个单词的条件概率来估计下一个单词出现的概率，这样的语法模型叫作 N 元语法模型。

由此可见，可以把二元语法模型推广到三元语法模型，……，再推广到 N 元语法模型。

二元语法模型叫作一阶马尔可夫模型（因为它只看前面的一个单词），三元语法模型叫作二阶马尔可夫模型（因为它只看前面的两个单词），N 元语法模型叫作 N–1 阶马尔可夫模型（因为它只看前面的 N–1 个单词）。

3. N 元语法的计算实例

下面的表是从“Berkeley 饭店规划”语料库（容量大约为 10 000 个句子，包括 1 616 个不同的词型）中得到的一个二元语法模型的某些二元语法计数（如图 1 所示）。

注意，在这些计数中，大多数的计数为零，出现了数据稀疏的现象，这里从 1 616 个词型中选择 I、want、to、eat、Chinese、food、lunch 这 7 个单词作为样本并设法尽量使它们彼此接应得比较好；如果随机地选择 7 个单词，数据将更加稀疏。这 7 个单词的二元语法计数如下（纵列中是在前面的单词，横行中是在后面的单词）：

	I	want	to	eat	Chinese	food	lunch
I	8	1087	0	13	0	0	0
want	3	0	786	0	6	8	6
to	3	0	10	860	3	0	12
eat	0	0	2	0	19	2	52
Chinese	2	0	0	0	0	120	1
food	19	0	17	0	0	0	0
lunch	4	0	0	0	0	1	0

图 1　二元语法计数

例如，如果前面的单词是 I，后面的单词是 want，那么，其二元语法计数为 1 087，如果前面的单词是 want，后面的单词是 to，那么，其二元语法计数为 786。

每一个单词的一元语法记数也就是它在文本中出现的次数，这 7 个单词的一元语法计数如下：

I	3 437
want	1 215
to	3 256
eat	938
Chinese	213
food	1 506
lunch	459

用每个单词相应的一元语法计数来除以它们各自的二元语法计数，进行归一化，经过归一化之后的二元语法概率如图 2 所示：

	I	want	to	eat	Chinese	food	lunch
I	.0023	.32	0	.0038	0	0	0
want	.0025	0	.65	0	.0049	.0066	.0049
to	.00092	0	.0031	.26	.00092	0	.0037
eat	0	0	.0021	0	.020	.0021	.055
Chinese	.0094	0	0	0	0	.56	.0047
food	.013	0	.011	0	0	0	0
lunch	.0087	0	0	0	0	.0022	0

图 2　归一化之后的二元语法概率

例如，$P(I|I)=8/3437=0.0023$，

$P(want|I)=1087/3437=0.32$，

P(I|want)=3/1215=0.0025

P(to|want)=786/1215=0.65

P(want|to)=0/3256=0

P(food|Chinese)=120/213=0.56

P(Chinese|food)=0/1506=0

......

下面是在“伯克利饭店规划”语料库中关于二元语法概率的一个样本，它说明了英语中在单词 eat 之后可能出现的某些单词的概率，这些概率是从用户所说的句子中统计得出的（如图 3 所示）：

eat on	.16	eat Thai	.03
eat some	.06	eat breakfast	.03
eat lunch	.06	eat in	.02
eat dinner	.05	eat Chinese	.02
eat at	.04	eat Mexican	.02
eat a	.04	eat tomorrow	.01
eat Indian	.04	eat dessert	.007
eat today	.03	eat British	.001

图 3　二元语法概率的一个样本

下面是在“伯克利饭店规划”语料库中，关于二元语法模型的更多片断（如图 4 所示）：

<s>I	.25	I want	.32	want to	.65	to eat	.26	British food	.60
<s>Id	.06	I would	.29	want a	.05	to have	.14	British restaurant	.15
<s> Tell	.04	I don't	.08	want some	.04	to spend	.09	British cuisine	.01
<s>I'm	.02	I have	.04	want thai	.01	to be	.02	British lunch	.01

图 4　二元语法模型的更多片断

根据这些数据，就可以计算英语句子“I want to eat British food”（我想吃英国菜）的二元语法概率，计算时，只要把相邻两个单词的二元语法概率相乘在一起就行了。如下所示（其中，<s> 表示句子的开头）：

P(I want to eat British food)

=P(I|<s>)P(want|I)P(to|want)P(eat|to)P(British|eat)P(food|British)

=0.25 × 0.32 × 0.65 × 0.26 × 0.001 × 0.60

=0.000008112

三元语法模型与二元语法模型相同，不过这时用前面两个单词作

为条件（例如，用 P(food|eat British）来替代 P(food|British)。为了计算在每个句子开头的三元语法概率，可以使用两个假想的单词（pseudo-word）作为三元语法的条件（也就是，P(I | <start1>, <start2>)），其中，start1 和 start2 是位于句子开头的假想的单词。

☙ 4. N 元语法在自然语言处理中的应用

在统计机器翻译（statistical machine translation）中，N 元语法模型是至关重要的。在汉英统计机器翻译中，如果要把源语言中文的句子“他向记者介绍了声明的主要内容”翻译成英文，在统计机器翻译过程中，得到了如下可能的英语粗译文：

He briefed to reporters on the chief contents of the statement

He briefed reporters on the chief contents of the statement

He briefed to reporters on the main contents of the statement

He briefed reporters on the main contents of the statement

可以根据 N 元语法模型做出判断：briefed reporters 比 briefed to reporters 的可能性更大，main contents 比 chief contents 的可能性更大，这样，就可以选择最后一个黑体字的句子“He briefed reporters on the main contents of the statement”作为最通顺的译文，因为这个句子的概率最高。

在拼写更正（spelling correction）中，我们需要发现并且改正的拼写错误有的是偶然地由于真实的英语单词造成的。

They are leaving in about fifteen ***minuets*** to go to her house.

The design ***an*** construction of the system will take more than a year.

由于这些错误的单词 minuets 和 an 都是实际存在的真词（real word），如果仅仅根据是否在词典中出现来判断错误，那么，我们就不能发现这样的错误。但是，如果我们注意到 in about fifteen minuets 这个序列与 in about fifteen minutes 这个序列比较起来，出现的可能性小得多（minuets 的意思是“小步舞”，与“in the fifteen”的结合概率很低），我们就可以发现这样的错误。拼写检查程序可以使用概率预测器来检查这样的错误，并且提出概率比较高的符号序列作为正确答案的建议。

预测下一个单词的这种能力对于残疾人的增强交际（augmentative communication）系统至关重要。已经有一些计算机系统可以在交际方面帮助残疾人。例如，对于那些不能使用口语或手势语言来交际的残疾人（如著名物理学家 Steven Hawking），就可以使用增强交际系统来帮他们说话，让他们在系统的控制下，通过简单的身体动作，从能够发音的菜单中选择单词。这时，可以使用预测单词的方式向残疾人推荐那些在菜单中最适合的单词。

除了上面举例介绍的领域之外，N 元语法在词类标注（part-of-speech tagging）、自然语言生成（natural language generation）和单词相似度计算（word similarity computation）等自然语言处理研究中以及在匿名作者辨认（authorship identification）、情感抽取（sentiment extraction）和手机的预测式文本输入（predictive text input）等应用系统中都起着至关重要的作用。

N 元语法模型的能力随着模型的元数的提高而提高。

很多方法把长距离的上下文信息引入 N 元语法的建模中。最先进的语音识别系统已经采用了基于长距离 N 元语法的技术，特别是采用了四元语法，还有的采用了五元语法。研究证明，如果采用规模为 2 亿 8 千 4 百万个单词的语料作为训练数据，那么，用五元语法改进语言模型的效果比用四元语法的效果要好一些，但是，使用更高元的语法就不再有效果了。Goodsman 检验了高达 20 元语法的上下文，发现至少在规模为 2 亿 8 千 4 百万个单词的训练数据的范围内，当超过六元语法之后，更长的上下文对于提高语言模型的能力是没有用的。

参考文献

Jelinek, F. 1997. *Statistical Methods for Speech Recognition*. Cambridge: The MIT Press.

乔姆斯基层级 CHOMSKY HIERARCHY

Chomsky 定义的不同形式语法的层级关系，叫作乔姆斯基层级（冯志伟，1979）。

1. 形式语法的四元组

Chomsky 从形式上把语法定义为四元组（Chomsky, 2002）：

$$G=(V_N, V_T, S, P)$$

其中，V_N 是非终极符号，不能处于生成过程的终点；V_T 是终极符号，能处于生成过程的终点。

显然，V_N 与 V_T 构成了 V，V_N 与 V_T 不相交，没有公共元素。我们用 ∪ 表示集合的并，用 ∩ 表示集合的交，则有

$$V=V_N \cup V_T$$

$$V_N \cap V_T=\varphi \text{（}\varphi\text{ 表示空集合）}$$

V_N 中的符号用大写拉丁字母表示；V_T 中的符号用小写拉丁字母表示；语符串用希腊字母表示，有时也可以用拉丁字母表中排在后面的如 w 之类的小写字母来表示。

S 是 V_N 中的初始符号，它是生成过程的起点。

P 是重写规则，其一般形式为：

$$\varphi \rightarrow \psi$$

这里，φ 是 V^+ 中的语符串，ψ 是 V^* 中的语符串 [1]，也就是说，φ≠φ，而可以有 ψ=φ。

如果用符号“#”来表示语符串中的界限，那么，可以从初始语符串 #S# 开始，运用重写规则 $\#S\# \rightarrow \#\varphi_1\#$，从 #S# 构成新的语符串 $\#\varphi_1\#$，再运用重写规则 $\#\varphi_1\# \rightarrow \#\varphi_2\#$，从 $\#\varphi_1\#$ 构成新的语符串 $\#\varphi_2\#$……一直重写下去，当得到不能再继续重写的语符串 $\#\varphi_n\#$ 才停止。这样得到的终极语符串 $\#\varphi_n\#$，显然就是语言 L(G) 的合乎语法的句子。

重写符号“→”读为“可重写为”，它要满足如下条件：

i. “→”不是自反的；

ii. $A \in V_N$，当且仅当存在 φ、ψ 和 ω 使得 $\varphi A \psi \rightarrow \varphi\omega\psi$；

iii. 不存在任何 φ、ψ 和 ω，使得 $\psi\varphi\varphi \rightarrow \psi\omega\varphi$；

---

1 V^* 表示由 V 中的符号构成的全部语符串（包括空语符串 φ）的集合，V^+ 表示 V^* 中除 φ 之外的一切语符串的集合。例如，如果 $V=\{a, b\}$，则有

$V^*=\{\varphi, a, b, aa, ab, ba, bb, aaa, ...\}$，

$V^+=\{a, b, aa, ab, ba, bb, aaa, ...\}$。

iv. 存在元素对 $(\chi_1, \omega_1), \ldots, (\chi_j, \omega_j), \ldots, (\chi_n, \omega_n)$ 的有限集合，使得对于一切 φ、ψ，当且仅当存在 φ_1，φ_2，及 $j \leqslant n$ 时，$\varphi = \varphi_1 \chi_j \varphi_2$ 和 $\psi = \varphi_1 \omega_j \varphi_2$，那么，$\varphi \to \psi$。

可见，形式语法包含着有限个数的规则 $\chi_j \to \omega_j$，这些规则充分地确定了该语法全部可能的生成方式。这样，用这有限数目的规则，就可以递归地生成语言中无限数目的句子。

例如，在英语中，有如下的形式语法：

$G = (V_N, V_T, S, P)$

$V_N = \{NP, VP, T, N, V\}$

$V_T = \{$the, man, boy, ball, saw, hit, took...$\}$

$S = S$

P:

S→NP⌒VP（i）

NP→T⌒N（ii）

VP→V⌒NP（iii）

T→the（iv）

N→boy, ball, man... 等等（v）

V→hit, saw, took... 等等（vi）

这里，初始符号 S 表示句子，NP 表示名词短语，VP 表示动词短语（注意不要跟表示字母表的那个符号 V 相混）。

利用这些重写规则，可以从初始符号 S 开始，生成英语的成立句子"the boy hit the ball""the man saw the ball""the man took the ball""the man hit the ball"，等等。

"the boy hit the ball"的生成过程可写成如下形式，后面注明所用重写规则的号码：

S

NP⌒VP（i）

T⌒N⌒VP（ii）

T⌒N⌒V⌒NP（iii）

the⌒N⌒V⌒NP（iv）

the⌒boy⌒V⌒NP（v）

the⌒boy⌒hit⌒NP （vi）

the⌒boy⌒hit⌒T⌒N （ii）

the⌒boy⌒hit⌒the⌒N （iv）

the⌒boy⌒hit⌒the⌒ball （v）

这样写出来的生成过程，叫作推导史（derivational history）。

当然，由于这里写出的形式语法只是英语语法的一个小片段，因而用这样的形式语法生成的语言，也只是英语的一小部分。

形式语法也可用于生成符号语言（symbolic language）。

例如，可提出如下的语法：

$G=(V_N, V_T, S, P)$

$V_N=\{S\}$

$V_T=\{a, b, c\}$

S=S

P:

S→aca （i）

S→bcb （ii）

S→aSa （iii）

S→bSb （iv）

利用这个形式语法，可以生成所谓“有中心元素的镜像结构语言”，这种语言的句子由三部分构成：第一部分是若干个 a 和若干个 b 相毗连；第二部分是单个的符号 c；第三部分是在 c 后与第一部分成镜像关系的若干个 a 和若干个 b 的毗连，如 abcba、bbacabb、ababacababa……这种结构叫作“镜像结构”。如果用 α 表示集合 {a, b} 上的任意非空语符串，用 α* 表示 α 的镜像，则这种语言可表示为：αcα*。

如果我们要生成语符串 abbaacaabba，那么，从 S 开始的推导史如下：

S

aSa （iii）

abSba （iv）

abbSbba （iv）

abbaSabba （iii）

abbaacaabba （i）

显然，由这个形式语法生成的语言的语符串，其数目是无限的。

下面，我们来给形式语法 G 所生成的语言 L(G) 下一个形式化的定义。为此，要引入表示 V^* 上的语符串之间关系的符号 $\underset{G}{\Rightarrow}$ 及 $\overset{*}{\underset{G}{\Rightarrow}}$。

先对这两个符号的含义作一说明。

如果 $\alpha \to \beta$ 是 P 的重写规则，φ_1 和 φ_2 是 V^* 上的任意语符串，应用重写规则 $\alpha \to \beta$ 于语符串 $\varphi_1\alpha\varphi_2$，得到语符串 $\varphi_1\beta\varphi_2$。那么，可写为 $\varphi_1\alpha\varphi_2 \underset{G}{\Rightarrow} \varphi_1\beta\varphi_2$，读为：在形式语法 G 中，$\varphi_1\alpha\varphi_2$ 直接推导出 $\varphi_1\beta\varphi_2$。就是说，当应用某个单独的重写规则从第一个语符串得到第二个语符串的时候，$\underset{G}{\Rightarrow}$ 表示这两个语符串之间的直接推导关系。

假定 $\alpha_1\alpha_2, \ldots, \alpha_m$ 是 V^* 上的语符串，并且 $\alpha_1 \underset{G}{\Rightarrow} \alpha_2$，$\alpha_2 \underset{G}{\Rightarrow} \alpha_3, \ldots$，$\alpha_{m-1} \underset{G}{\Rightarrow} \alpha_m$，那么，这种关系可以写为 $\alpha_1 \overset{*}{\underset{G}{\Rightarrow}} \alpha_m$，读为：在形式语法 G 中，$\alpha_1$ 推导出 α_m。由此可见，$\overset{*}{\underset{G}{\Rightarrow}}$ 表示 α_1 和 α_m 这两个语符串之间的推导关系。换句话说，如果应用 P 中的若干个重写规则由 α 得到 β，那么，对于两个语符串 α 与 β，就有 $\alpha \overset{*}{\underset{G}{\Rightarrow}} \beta$。

这样，由形式语法 G 生成的语言 L(G) 的形式化定义为：

$$L(G) = (W \mid W \text{ 在 } V_T^* \text{ 中，并且 } S \overset{*}{\underset{G}{\Rightarrow}} W)。$$

这个定义的含义是：对于一切语符串 W 的集合，W 在 V_T^* 中，并且有 $S \overset{*}{\underset{G}{\Rightarrow}} W$，那么，语符串 W 的集合就是由形式语法 G 生成的语言 L(G)。

由此可见，一个语符串处于 L(G) 中要满足两个条件：

条件 1：该语符串只包括终极符号；

条件 2：该语符串能从初始符号 S 推导出来。

同一语言可由不同的形式语法来生成，如果 $L(G_1)=L(G_2)$，则形式语法 G_1 等价于形式语法 G_2。

2. 四种不同类型的形式语法

前面所定义的形式语法 $G=(V_N, T_T, S, P)$，其重写规则为 $\varphi \to \psi$，并且要求 $\varphi \neq \varphi$。

这样定义的形式语法，其生成能力太强了。为此，Chomsky 给这样的形式语法加上了程度各不相同的一些限制，从而得到了生成能力各不相同的四类形式语法。

限制 1：如果 $\varphi \to \psi$，那么，存在 A，φ_1，φ_2，ω，使得 $\varphi=\varphi_1 A \varphi_2$，$\psi=\varphi_1 \omega \varphi_2$。

限制 2：如果 $\varphi \to \psi$，那么，存在 A，φ_1，φ_2，ω，使得 $\varphi = \varphi_1 A \varphi_2$，$\psi = \varphi_1 \omega \varphi_2$，并且 $A \to \omega$。

限制 3：如果 $\varphi \to \psi$，那么，存在 A，φ_1，φ_2，ω，使得 $\varphi = \varphi_1 A \varphi_2$，$\psi = \varphi_1 \omega \varphi_2$，$A \to \omega$，并且 $\omega = aQ$ 或 $\omega = a$，$A \to aQ$ 或 $A \to a$。

限制 1 要求形式语法的重写规则全都具有形式 $\varphi_1 A \varphi_2 \to \varphi_1 \omega \varphi_2$，这样的重写规则在上下文 $\varphi_1 — \varphi_2$ 中给出 $A \to \omega$。显然，在这种情况下，ψ 这个语符串的长度（即 ψ 中的符号数）至少等于或者大于 φ 这个语符串的长度（即 φ 中的符号数），如果用 $|\psi|$ 和 $|\varphi|$ 分别表示语符串 ψ 和 φ 的长度，则有 $|\psi| \geqslant |\varphi|$。由于在重写规则 $\varphi_1 A \varphi_2 \to \varphi_1 \omega \varphi_2$ 中，每当 A 出现于上下文 $\varphi_1 — \varphi_2$ 中的时候，可以用 ω 来替换 A，因此，把加上了限制 1 的形式语法叫作上下文有关语法（context-sensitive grammar）或 1 型语法（type 1 grammar）。

限制 2 要求形式语法的重写规则全都具有形式 $A \to \omega$，这时上下文 $\varphi_1 — \varphi_2$ 是空的，在运用重写规则时不依赖于单个的非终极符号 A 所出现的上下文环境。因此，把加上了限制 2 的语法叫作上下文无关语法（context-free grammar）或 2 型语法（type 2 grammar）。

限制 3 要求形式语法的重写规则全都具有形式 $A \to aQ$ 或 $A \to a$，其中，A 和 Q 是非终极符号，a 是终极符号。这种形式语法叫作有限状态语法（finite state grammar）或 3 型语法（type 3 grammar），有时也叫作正则语法（regular grammar）。

没有上述限制的形式语法，叫作 0 型语法（type 0 grammar）。

这样一来，形式语法就有 0 型语法、1 型语法、2 型语法、3 型语法四个类型（冯志伟，2019）。

3. 抽吸引理

Chomsky 指出，正则语法作为一种刻画自然语言的形式模型显得无能为力，这样的语法难以满足自然语言计算复杂性的要求，自然语言的计算复杂性远远超出了正则语法的描述能力。

在研究自然语言计算复杂性的时候，我们首先有必要判定这样的语言是不是正则语言，从而对于这种语言的计算复杂性获得一个初步的认识。

那么，怎样来证明一种语言不是正则语言呢？可以采用抽吸引理

（pumping lemma）来证明[1]。

让我们来研究一种符号串长度为N的语言L和与它相应的状态图。这个状态图从状态q_0开始；在读了一个符号之后，进入状态q_1；读了N个符号之后，进入状态q_n；长度为N的符号串通过N+1个状态，就能从状态q_0到状态q_n。这意味着，在接收的路径上，至少有两个状态必须是相同的（把它们叫作q_i和q_j）。这样一来，在从开始状态q_0到最后状态q_n的路径上，必定存在回路。

图1说明了这种情况。设x是状态图从开始状态q_0到回路起点的状态q_i读的符号串，y是状态图通过回路时读的符号串，z是从回路终点q_j到最后的接收状态q_n读的符号串（如图1所示）。

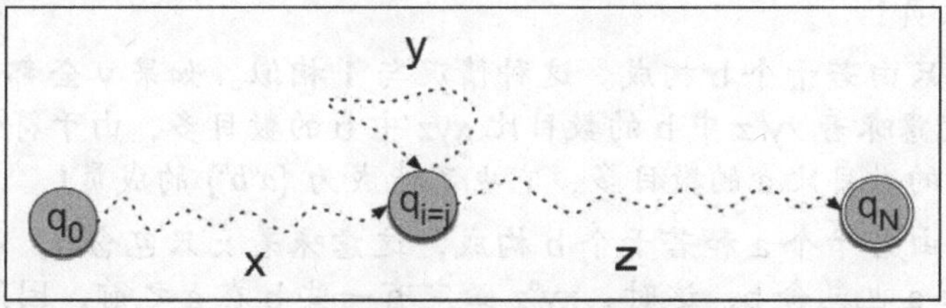

图1　接收符号串xyz的状态图

状态图接收由这三个符号x、y、z构成的毗连符号串。但是，如果状态图接收了xyz，那么，它一定也接收xz！这是因为状态图在处理xz时，可以跳过回路，中间的符号y就像被抽水机抽吸了一样。另外，状态图也可以在回路上打任意次数的圈儿，这样，它也可以接收xyyz、xyyyz、xyyyyz等符号串；在状态图打圈的时候，y一个一个地被放出来。因此，当n≥0时，状态图可以接收形式为xy^nz的任何符号串，中间的符号y就像抽水机中的水，一会儿被抽吸进去，一会儿被推放出来。

由此得到如下的抽吸引理：

> 设L是一个正则语言，那么，必定存在符号串x、y和z，使得对于n≥0，有y ≠ φ（空符号），并且xynz Î L。

抽吸引理告诉我们，如果一种语言是正则语言，那么，就可以找到

1　对于抽吸引理的描述来自《计算理论基础》（Lewis & Papadimitrou，1988）、《自动机理论、语言和计算导论》（Hopcroft & Ullman，1979）以及《语言学中的数学方法》（Partee et al.，1990）。

一个符号串 y，这个 y 可以被抽吸。

我们可以用抽吸引理来证明语言 $\{a^nb^n\}$ 不是正则语言。

这时必须证明，我们取的任何符号串 s 都不可能被分成 x、y 和 z 三个部分，使得 y 能够被抽吸。随意给一个由 $\{a^nb^n\}$ 构成的符号串 s，我们可以用三种办法来分割，并且证明，不论用哪一种办法，都不可能找到某个 y 能够被抽吸。

- y 只由若干个 a 构成，这意味着，x 全都是 a 组成的，z 全都是 b 组成的，而 z 的前面可能有若干个 a。这时，如果 y 全都是 a，这就意味着 xy^nz 中 a 比 xyz 中的 a 多；而这就意味着符号串 s 中 a 的数目将比 b 的数目大，因而它不能成为 $\{a^nb^n\}$ 的成员！
- y 只由若干个 b 构成。这种情况与 1 相似。如果 y 全都是 b，这就意味着 xy^nz 中 b 的数目比 xyz 中 b 的数目多，由于符号串 s 中 b 的数目比 a 的数目多，它也不能成为 $\{a^nb^n\}$ 的成员！
- y 由若干个 a 和若干个 b 构成，这意味着 x 只包含 a，而 y 既包含 a 也包含 b，这时，xy^nz 必定有一些 b 在 a 之前，因此，它不能成为 $\{a^nb^n\}$ 的成员！

由此可见，在语言 $\{a^nb^n\}$ 中没有符号串能够被分割为 x、y、z，使得 y 能够被抽吸，所以，$\{a^nb^n\}$ 不是正则语言。

4. 乔姆斯基层级的包含关系

为了满足自然语言计算复杂性的要求，Chomsky 主张采用上下文无关语法来描述自然语言。

显而易见，每一个有限状态语法都是上下文无关的；每一个上下文无关语法都是上下文有关的；每一个上下文有关语法都是 0 型的。Chomsky 把由 0 型语法生成的语言叫 0 型语言（type 0 language）；把由上下文有关语法、上下文无关语法和有限状态语法生成的语言分别叫作上下文有关语言（context-sensitive language）、上下文无关语言（context-free language）和有限状态语言（finite state language），也可以分别叫作 1 型语言（type 1 language）、2 型语言（type 2 language）和 3 型语言（type 3 language）。

由于从限制 1 到限制 3 的限制条件是逐渐增加的，因此，不论对于语法或对于语言来说，都存在如下的包含关系[1]：

0 型 ⊇1 型 ⊇2 型 ⊇3 型

如图 2 所示：

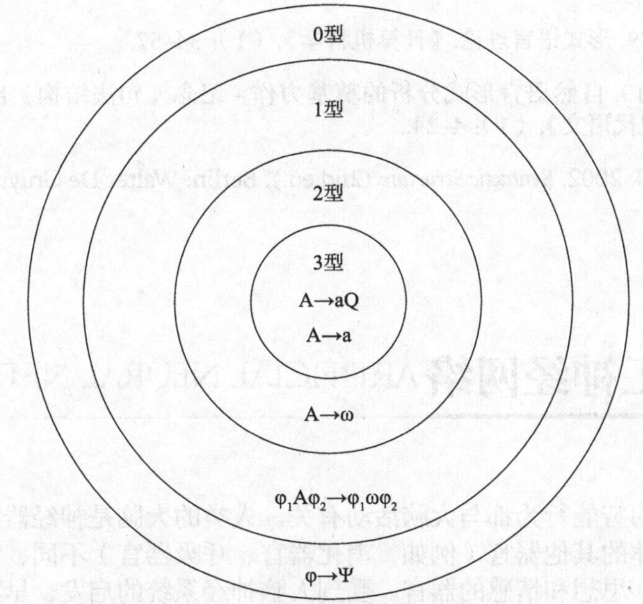

图 2 语法和语言的分类

上述四种类型的语法及其所生成的语言的卓越见解，是 Chomsky 对于形式语言理论最为重要的贡献，在计算机科学界，人们把它称为"乔姆斯基层级"（Chomsky hierarchy），如图 3 所示：

图 3 乔姆斯基层级

1 ⊇ 表示包含关系，A⊇B 表示 B 包含于 A 中，B 也可以等于 A。

乔姆斯基层级不仅对于语言学，而且对于计算机科学和组合数学也具有重要的理论意义和应用价值。

参考文献

冯志伟. 1979. 形式语言理论.《计算机科学》,（1）: 34–57.

冯志伟. 2019. 自然语言形式分析的奠基力作 – 纪念《句法结构》出版 60 周年.《现代语文》,（1）: 4–24.

Chomsky, N. 2002. *Syntactic Structure* (2nd ed.). Berlin: Walter De Gruyter GmbH.

人工神经网络 ARTIFICIAL NEURAL NETWORK

人类的智能行为都与大脑活动有关。人类的大脑是神经器官，这个器官与人体的其他器官（例如，消化器官、呼吸器官）不同，它是可以产生意识、思想和情感的器官。受到人脑神经系统的启发，早期的神经科学家构造了一种模仿人脑神经系统的数学模型，称为人工神经网络，简称神经网络。

在机器学习（machine learning）领域，人工神经网络是指由很多人工神经元构成的网络结构模型，这些人工神经元之间的连接强度是可自动学习的参数。

☙ 1. 人类大脑的神经元结构

人类大脑是人体最复杂的器官，它由神经元、神经胶质细胞、神经干细胞和血管组成。其中，神经元（neuron）也叫神经细胞（nerve cell），是携带和传输信息的细胞，是人脑神经系统中最基本的单元。人脑神经系统是一个非常复杂的组织，包含近 860 亿个神经元，每个神经元有上千个突触和其他神经元相连接。这些神经元和它们之间的连接形成巨大的复杂网络，其中神经连接的总长度可达数千公里之多。人造的复杂网络与天然的大脑神经网络比起来，要简单得多。

早在1904年，生物学家就已经发现了神经元的结构。典型的神经元结构大致可包括细胞体（soma）、树突（dendrite）和轴突（axon）三个部分。

细胞体的主要部分是细胞核和细胞膜。细胞体中的神经细胞膜上有各种受体和离子通道，细胞膜的受体可与相应的化学物质神经递质结合，引起离子通透性及膜内外电位差发生改变，产生兴奋或抑制的生理活动。细胞突起是由细胞体延伸出来的细长部分，包括树突和轴突。树突可以接受刺激并将兴奋传入细胞体，每个神经元可以有一或多个树突。轴突可以把自身的兴奋状态从胞体由轴突末梢传送到另一个神经元或其他组织，每个神经元只有一个轴突。图1是典型的大脑神经元结构。

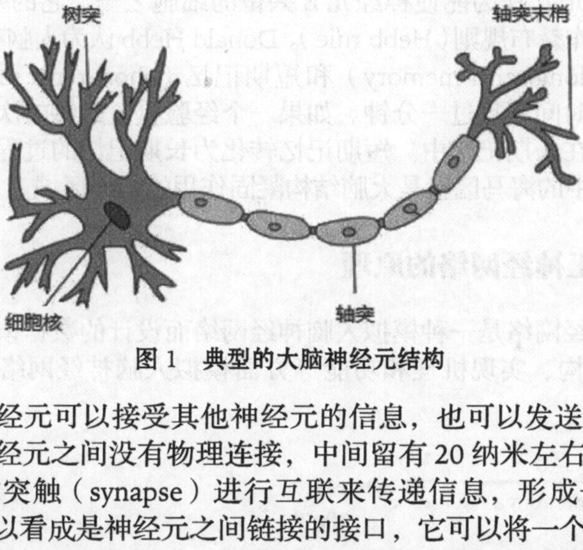

图1　典型的大脑神经元结构

一个神经元可以接受其他神经元的信息，也可以发送信息给其他神经元。神经元之间没有物理连接，中间留有20纳米左右的缝隙。神经元之间靠突触（synapse）进行互联来传递信息，形成一个神经网络。突触可以看成是神经元之间链接的接口，它可以将一个神经元的兴奋状态传到另一个神经元。一个神经元可看成一种只有兴奋和抑制两种状态的细胞。神经元的状态取决于从其他的神经细胞接收到的输入信号量以及突触抑制或兴奋的强度。当信号量总和超过了某个阈值时，细胞体就会兴奋，产生电脉冲。电脉冲沿着轴突并通过突触传递到其他神经元。

一个人的智力并不是完全由先天的遗传决定的，人的智力大部分来自后天的生活经验，是通过在生活中不断学习而获得的。因此，人脑的神经网络是一个具有学习能力的系统，这个神经网络可以通过不断的学习而得到改进。

在人脑神经网络中，每个神经元本身并不重要，重要的是神经元如何组成连接。不同神经元之间的突触有强有弱，其强度是可以通过学习或训练来不断改变的，具有一定的可塑性。不同的连接形成了不同的记忆印痕。

1949 年，加拿大心理学家 Donald Hebb 在《行为的组织》(*The Organization of Behavior*) 一书中提出突触可塑性的基本原理。Donald Hebb 指出，如果两个神经元总是相关联地受到刺激，那么，它们之间的突触强度会增加。也就是说，当神经元 A 的一个轴突和神经元 B 很近，足以对它产生影响，并且持续地、重复地参与了对神经元 B 的兴奋，那么在这两个神经元或其中之一就会发生某种生长过程或新陈代谢变化，以至于神经元 A 作为能使神经元 B 兴奋的细胞之一，它的效能加强了。这个原理叫作赫布规则(Hebb rule)。Donald Hebb 认为人脑有两种记忆：长期记忆（long-term memory）和短期记忆（short-term memory)。短期记忆持续时间不超过一分钟。如果一个经验重复足够的次数，这个经验就可储存在长期记忆中。短期记忆转化为长期记忆的过程就称为凝固作用。人脑中的海马区就是大脑结构凝固作用的核心区域。

2. 人工神经网络的原理

人工神经网络是一种模拟人脑神经网络而设计的数据模型或计算模型，它从结构、实现机理和功能等方面模拟人脑神经网络。其结构如图 2 所示：

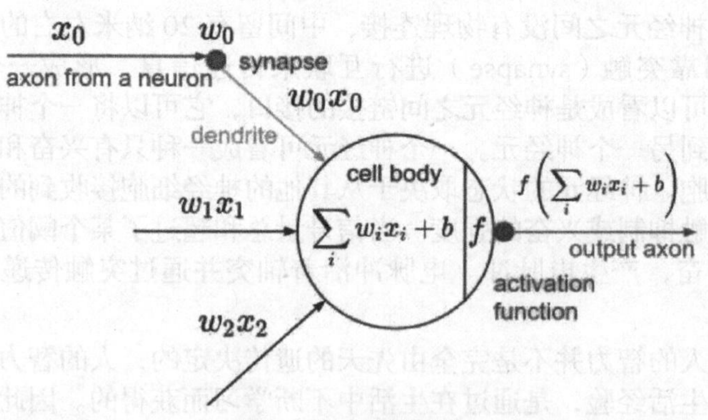

图 2　人工神经网络

在图 2 中，从另一个神经元的轴突（axon from a neuron）来的信息 x_0 经过突触时，被赋予了权重 w_0，以 w_0x_0 的值传送到当前神经元的树突进入细胞体（cell body）；同样地，从另一个神经元的轴突来的信息 x_1 经过突触时，被赋予了权重 w_1，以 w_1x_1 的值传送到当前神经元的树突，进入细胞体；从另一个神经元的轴突来的信息 x_2 经过突触时，被赋予了权重 w_2，以 w_2x_2 的值传送到当前神经元的树突，进入细胞体；……。

在细胞体处有一个激励函数（activation function）f，这个激励函数 f 控制着 w_ix_i，当 w_ix_i 的值大于某一个阈值时输出 1，否则输出 0，这样在这个神经元的轴突上，便可以得到一个被激励函数 f 控制的输出（output axon）：

$$f\left(\sum_{i} w_i x_i + b\right)$$

其中，w_i 表示权重，x_i 表示输入信息，b 表示偏置。

人工神经网络模仿大脑神经网络中的神经元的原理，人工神经网络由若干个人工神经元相互连接而成，可以用来对各种数据之间的复杂关系进行建模。建模的时候，给不同人工神经元之间的连接赋予不同的权重，每个权重代表一个人工神经元对另一个人工神经元影响的强度。每个神经元可以表示一个特定的函数，来自其他人工神经元的信息经过与之相应的权重综合计算，输入到一个激励函数中并得到一个表示兴奋或抑制的新值。

从系统的观点来看，人工神经网络是由大量的神经元通过非常丰富和完善的连接而构成的自适应非线性动态系统（self-adaptive non-linear dynamic system）。

尽管我们能够比较容易地构造一个人工神经网络，但是如何让这样的人工神经网络具备自动学习的能力并不是一件容易的事情。

早期的神经网络模型并不具备自动学习的能力。第一个可以自动学习的人工神经网络是赫布网络（Hebb network），这种网络采用了一种基于赫布规则的无监督机器学习算法（unsupervised machine learning algorithm）。感知机（perceptron）是最早的具有机器自动学习能力的神经网络，但是感知机的自动学习方法无法扩展到多层的神经网络上。直到 1985 年左右提出了反向传播算法（back propagation algorithm，BP 算法）之后，才有效地解决了多层神经网络的自动学习问题，而反向传播算法也就成了最为流行的神经网络自动学习算法。

人工神经网络诞生之初并不关注机器自动学习问题。由于人工神经网络可以看作是一个通用的函数逼近器，一个具有两个层级的人工神经网络就可以逼近任意的函数，因此人工神经网络就可以看作是一个可以进行自动学习的函数，并能够应用到机器自动学习中。从理论上说来，人工神经网络只要具有足够数量的训练数据和神经元，就可以自动地学习到很多复杂的函数。人工神经网络模型自动学习任何函数能力的大小叫作网络容量（network capacity），网络容量的大小与存储在网络中的信息的复杂程度以及数量的多少有关。

☙ 3. 连接主义模型

神经网络最早是一种连接主义模型（connectionism model）。20 世纪 80 年代后期，最为流行的连接主义模型是分布式并行处理（Parallel Distributed Processing，PDP）网络。

这种分布式并行处理网络有 3 个主要特性：

- 它的信息表示是分布式的；
- 它的记忆和知识存储都是通过单元与单元之间的连接来进行的；
- 它要通过逐渐改变单元与单元之间的连接强度来自动地学习新的知识。

连接主义的人工神经网络有着多种多样的网络结构和机器自动学习的方法，虽然早期的人工神经网络强调模型的生物可解释性（biological plausibility），但后期更关注对某种特定认知能力的模拟，比如物体识别、自然语言理解等。尤其在引入反向传播算法来改进其学习能力之后，人工神经网络也越来越多地应用于各种模式识别（pattern recognition）任务上。随着训练数据的增多以及并行计算能力的增强，人工神经网络在很多模式识别的任务中已经取得了很大的突破，特别是在语音、图像等感知信号的处理上，人工神经网络表现出了卓越的自动学习能力。

从机器自动学习的角度来看，人工神经网络可以看作是一个非线性模型，它的基本组成单元是具有非线性激活函数的神经元，通过大量神经元与神经元之间的连接，使得人工神经网络成了一种高度的非线性模型。神经元间的连接权重就是需要机器自动学习的参数，这些参数可以通过梯度下降（gradient descent）的方法来进行自动的学习（冯志伟，2021）。

☙ 4. 人工神经网络发展的五个阶段

人工神经网络的发展大致可以分为五个阶段：萌芽期、萧条期、复兴期、低潮期和崛起期。分述如下：

4.1 萌芽期

萌芽期为 1943 年至 1969 年，是人工神经网络发展的第一个高潮期。在这个时期，科学家们提出了许多神经元模型（neuron model）。在 1943 年，心理学家 Warren McCulloch 和数学家 Walter Pitts 描述了一种理想化的人工神经网络，并构建了一种基于简单逻辑运算的计算机制。他们提出的神经网络模型称为麦卡洛克 - 皮茨模型（简称 MP 模型），开启了神经网络研究的序幕。Allen Turing 在 1948 年的论文中描述了一种“图灵机”（Turing machine）。之后，研究人员将赫布网络的思想应用到“图灵机”上。1951 年，McCulloch 和 Pitts 的学生 Marvin Minsky 建造了第一台模拟神经网络的机器，叫作 SNARC。1958 年，Rosenblatt 提出可以模拟人类感知能力的神经网络模型，称为感知机并提出了一种接近于人类学习过程的学习算法。但是，感知器因为它的结构过于简单，不能解决简单的线性不可分问题，也就是“异或”问题（XOR problem）。在这一时期，人工神经网络以其独特的结构和处理信息的方法，在自动控制领域、模式识别等应用领域中取得了初步的成效。

4.2 萧条期

萧条期为 1969 年至 1983 年，是人工神经网络研究第一次落入低谷。在此期间，人工神经网络的研究处于长年停滞状态。1969 年，Marvin Minsky 和 Seymour Papert 出版《感知机》一书，指出了当时的计算机无法支持大型神经网络所需要计算能力。这样的论断直接将以感知机为代表的人工神经网络打入冷宫，导致人工神经网络的研究进入了十多年的“低谷”。1974 年，哈佛大学的 Paul Webos 发明反向传播算法，但当时未受到应有的重视。1980 年，福岛邦彦提出了一种带卷积和子采样操作的多层神经网络，叫作新知机（neocognitron）。新知机的提出是受到了动物初级视皮层简单细胞和复杂细胞感受野的启发，但新知机没有采用反向传播算法，而是采用了无监督学习的方式来训练，因此没有得到学术界重视。

4.3 复兴期

复兴期为1983年至1995年，为人工神经网络发展的第二个高潮期。这个时期，反向传播算法重新激发了人们对人工神经网络的兴趣。1983年，美国加州理工学院的物理学家John Hopfield提出了一种用于联想记忆和优化计算的人工神经网络，称为何普菲尔德网络（Hopfield network）。何普菲尔德网络在解决"旅行商问题"上得到当时最好结果，并引起了轰动。1984年，Geoffrey Hinton提出一种随机化版本的何普菲尔德网络，即玻尔兹曼机（Boltzmann machine）。真正引起人工神经网络复兴的是反向传播算法。1986年，David Rumelhart和James McClelland对于连接主义（connectionism）在计算机模拟神经活动中的应用进行了全面的研究，并改进了反向传播算法。Geoffrey Hinton等人将反向传播算法引入到多层感知器（multi-layer perceptron）中，于是人工神经网络又重新引起人们的注意，并开始成为新的研究热点。随后，Yann LeCun等人将反向传播算法引入到卷积神经网络中，并在手写体数字识别上取得了很大的成功。

4.4 低潮期

低潮期为1995年至2006年，在这个时期，支持向量机（Support Vector Machine，SVM）和其他更简单的方法（例如线性分类器）在机器学习领域的流行度逐渐超过了人工神经网络。虽然人工神经网络可以很容易地增加层数和神经元数量，从而构建复杂的人工神经网络，但其计算复杂性也随之呈指数级增长。当时的计算机性能和数据规模不足以支持训练大规模的人工神经网络。在20世纪90年代中期，统计学习理论和以支持向量机为代表的机器学习模型开始兴起。相比之下，人工神经网络的理论基础不够清晰、优化困难、可解释性差等缺点更加凸显，于是，人工神经网络的研究又一次陷入低谷。

4.5 崛起期

2006年，Hinton和Salakhutdinov发现多层前馈神经网络（Feed-forward Neural Network）可以通过逐层预训练，再用反向传播算法进行微调，取得了很好的机器学习效果。随着深度的人工神经网络在语音识别、图像分类和自然语言处理等应用领域中的巨大成功，以人工神经网络为基础的深度学习迅速崛起。近年来，随着大规模并行计算以及GPU（Graphic Processing Unit）设备的普及，计算机的计算能力得到大幅度提高，可供机器学习的数据资源的规模也越来越大。在计算能力和数据资源规模的支持下，计算机已经可以训练大规模的人工神经网络，于是，各大科技公司都投入巨资研究深度学习，神经网络再次崛起，进入了它的第三个高潮，目前还处于高潮之中。估计神经网络的这一次高潮还会持续很长的时间。

参考文献

冯志伟. 2021. 神经网络、深度学习与自然语言处理. 上海师范大学学报（社会科学版），(2)：110–122.

上下文无关语法（短语结构语法）

CONTEXT-FREE GRAMMAR (PHRASE STRUCTURAL GRAMMAR)

在 Chomsky 的形式语法中，重写规则的形式是 A→ω 的语法叫作上下文无关语法，又叫作短语结构语法。其中，A 是单个的非终极符号，ω 是异于 ε 的语符串，即 $|A|=1\leqslant|\omega|$。

应该注意的是，“上下文无关”这个名称指的是语法中重写规则的形式，而不是指不能利用上下文来限制它所生成的语言（冯志伟，1979）。

☙ 1. 推导树

上下文无关语法的推导过程，是由“推导树”（derivation tree）来描述的。Chomsky 把“推导树”又叫作语法的“C- 标志”（C-marker）。

“树”（tree）是图论中的一个概念。树由边（edge）和节点（node）组成，它是由边连接着的节点组成的有限集合。如果一个边由节点 1 指向节点 2，那么，就说边离开节点 1 而进入节点 2。如图 1 所示：

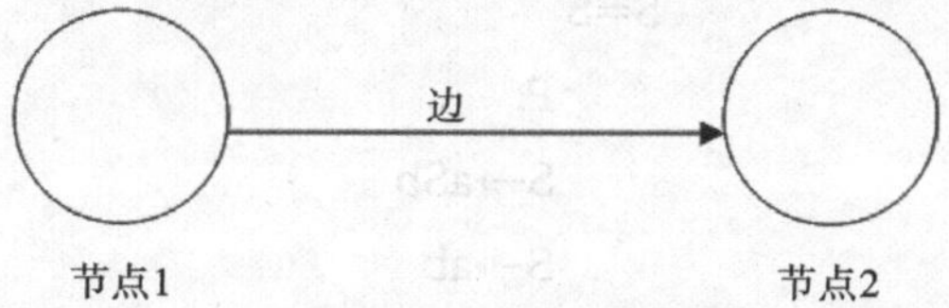

图 1　树由边和节点组成

树要满足如下三个条件：

① 树中要有一个没有任何边进入的节点，这个节点叫作根节点（root）；

② 树中的每一个节点，都要有一系列的边与根节点连接着；

③ 根以外，树中的每一个节点都只能有一个边进入它，因此，树中没有封闭环。

如果有一个边离开给定的节点 m，而进入节点 n，那么，所有的节点 n 的集合就叫作节点 m 的“直接后裔”（direct descendant）。如果有一系列的节点 n_1，n_2，……，n_k，使得 $n_1=m$，$n_k=n$，并且对于每一个 i 来说，n_{i+1} 是 n_i 的直接后裔，那么，节点 n 就叫作节点 m 的“后裔”（descendant）。并且规定，一个节点就是它自身的后裔。

对于树中的每一个节点，可以把其直接后裔按顺序从左到右排列起来。

在任何树中，总有一些节点是没有后裔的，这样的节点叫作叶节点（leaf）。如果从左到右读推导树中各个叶节点的标号，就可以得到一个终极语符串，这个终极语符串叫作推导树的“结果”（result）。可以证明，如果 α 是上下文无关语法 $G=(V_N, V_T, S, P)$ 的结果，则 $S \underset{G}{\overset{*}{\Rightarrow}} \alpha$。

☙ 2. 上下文无关语法的优点

与有限状态语法相比，上下文无关语法具有如下的优点：

第一，上下文无关语法的生成能力比有限状态语法强。Chomsky 指出的语言 $L_1=\{a^nb^n\}$ 及语言 $L_2=\{\alpha\alpha^*\}$，不能由有限状态语法生成，但可以用上下文无关语法来生成。

现在我们就来生成语言 L_1 及 L_2。

提出上下文无关语法：

$G=(V_N, V_T, S, P)$

$V_N=\{S\}$

$V_T=\{a, b\}$

$S=S$

P:

$S \rightarrow aSb$

$S \rightarrow ab$

从 S 开始，用第一个重写规则 (n–1) 次，然后再用第二个重写规则 1 次，我们便可以得到：

$$S \underset{G}{\Rightarrow} aSb \underset{G}{\Rightarrow} aaSbb \underset{G}{\Rightarrow} aaaSbbb \underset{G}{\Rightarrow} \cdots\cdots \underset{G}{\Rightarrow} a^{n-1}Sb^{n-1} \underset{G}{\Rightarrow} a^nb^n$$

可见，这样的语法能够生成语言 $L_1=\{a^nb^n\}$。

我们又提出上下文无关语法：

$$G=(V_N, V_T, S, P)$$
$$V_N=\{S\}$$
$$V_T=\{a, b\}$$
$$S=S$$

P:

$$S \to aa$$
$$S \to bb$$
$$S \to aSa$$
$$S \to bSb$$

这样的语法可生成语言 $L_2=\{\alpha\alpha^*\}$。例如，如果要生成语言 $\{\alpha\alpha^*\}$ 中的语符串 babbbbab，其推导过程如下：

$$S \underset{G}{\Rightarrow} bSb \underset{G}{\Rightarrow} baSab \underset{G}{\Rightarrow} babSbab \underset{G}{\Rightarrow} babbbbab$$

可是，用上下文无关语法不能生成语言 $L_3=\{\alpha\alpha\}$，它的生成能力也是有一定限度的。

第二，为了用上下文无关语法来描写自然语言，Chomsky 提出了“乔姆斯基范式”（Chomsky normal form）。他证明了，任何上下文无关语言，均可由重写规则为 A→BC 或 A→a 的语法生成，其中，A，B，$C \in V_N$，$a \in V_T$。

利用这样的乔姆斯基范式，可把任何上下文无关语法的推导树简化为二元形式，也就是把它变成二叉的推导树。

例如，生成上下文无关语言 $\{a^ncb^{2n}\}$ 的语法的重写规则为：

$$S \to aCbb$$
$$C \to aCbb$$
$$C \to c$$

如果生成语符串 aacbbbb，其推导树如图 2 所示：

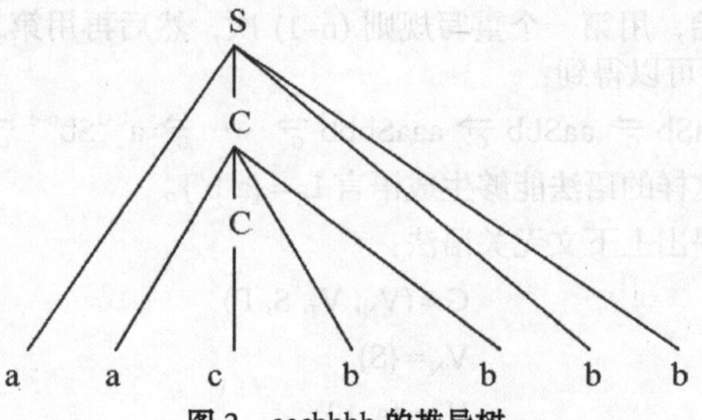

图 2　aacbbbb 的推导树

现在把这个语法的三个重写规则改写为乔姆斯基范式。

在这三个重写规则中，C→c 是符合乔姆斯基范式要求的，不必再变换。我们先把 S→aCbb 及 C→aCbb 的右边换为非终极符号，用 S→ACBB 及 A→a，B→b 替换 S→aCbb，用 C→ACBB 及 A→a，B→b 替换 C→aCbb，然后，再把 S→ACBB，C→ACBB 的右边换成二元形式，用 S→DE，D→AC 及 E→BB 替换 S→ACBB，用 C→DE，D→AC 及 E→BB 替换 C→ACBB。这样，便得到了如下符合乔姆斯基范式要求的语法的重写规则：

S→DE

D→AC

E→BB

C→DE

A→a

B→b

C→c

用乔姆斯基范式，可将语符串 aacbbbb 的推导树简化为图 3 的二元形式的二叉树：

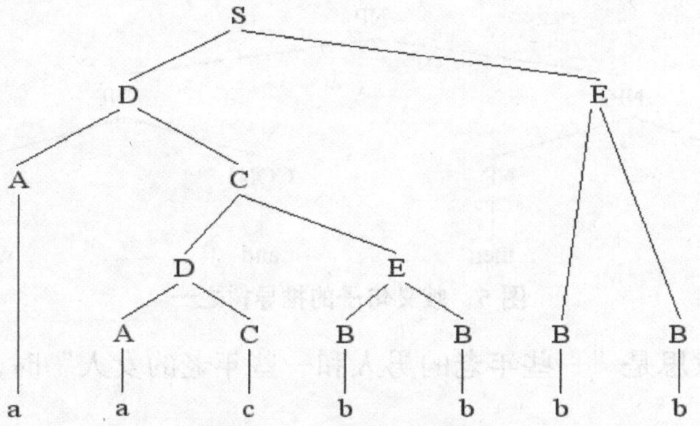

图 3　二元形式的推导树

在乔姆斯基范式中，重写规则及推导树都具有二元形式，这就为自然语言的形式描写提供了数学模型。

自然语言中的句法结构一般都是二分的，因而一般都具有二元形式。美国结构主义语言学中提出的 IC（Intermediate Constituent）分析法（直接成分分析法），其直接成分一般都是二分的。由于乔姆斯基范式反映了自然语言结构的二分特性，因而通过该范式，可以使上下文无关语法在自然语言处理中得到广泛的应用（冯志伟，1982）。

例如，我们可以采用上下文无关语法的推导树，揭示语言结构的层次特性，从而区别某些有歧义的句子或短语。

old men and women 这个有歧义的名词短语，用有限状态语法是不能加以说明的，但用上下文无关语法就可以从层次的角度得到圆满的说明。

当其意思是“一些年老的男人和一些女人”时，其层次为图 4 所示：

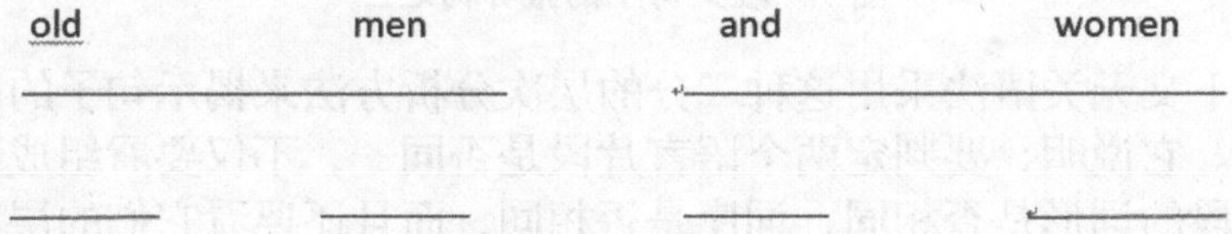

图 4　歧义句子层次分析之一

其推导树为图 5 所示：

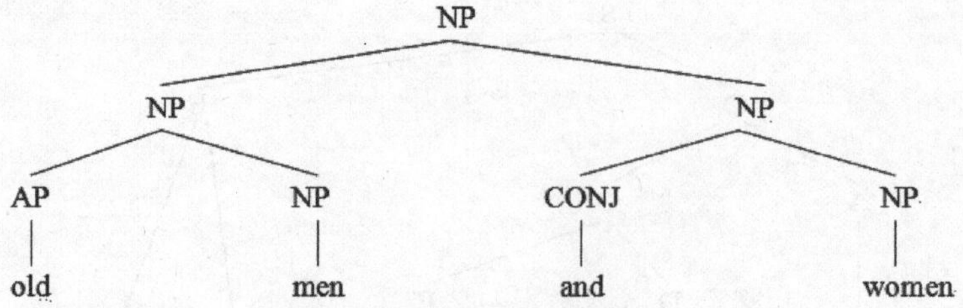

图 5　歧义句子的推导树之一

当其意思是“一些年老的男人和一些年老的女人”时，其层次为图 6 所示：

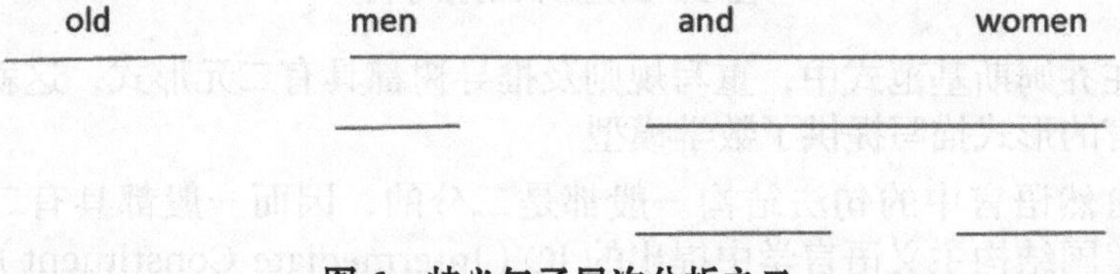

图 6　歧义句子层次分析之二

其推导树为图 7 所示：

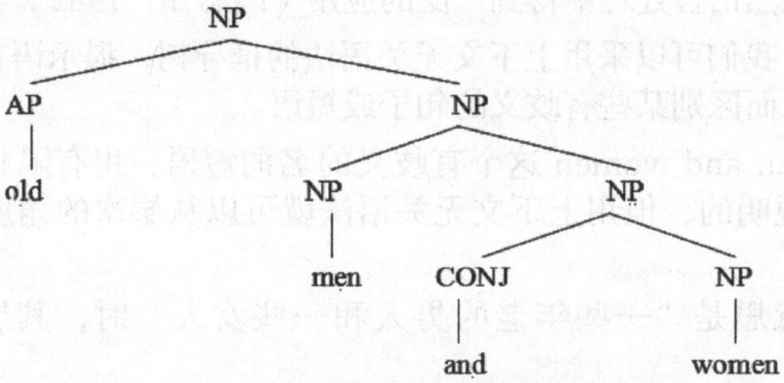

图 7　歧义句子的推导树之二

上下文无关语法采用这种二分的层次分析方法来揭示句子的内部结构规律。它说明，要判定两个语言片段是否同一，不仅要看组成这两个语言片段的词形是否相同，词序是否相同，而且还要看它们的层次构造是否相同。有限状态语法却反映不了层次构造的情况。可见，上下文无关语法对语言现象的解释，比有限状态语法来得深入，它对语言现象的解释力，也比有限状态语法更胜一筹。

☙ 3. 上下文无关语法与有限状态语法的关系

上下文无关语法与有限状态语法之间存在如下的关系：

第一，每一个有限状态语法生成的语言都可由上下文无关语法生成。在上下文无关语法的重写规则 $A \rightarrow \omega$ 中，当 ω 为 aQ 或 a 时，即得

$$A \rightarrow aQ$$

$$\text{或者 } A \rightarrow a$$

这就是有限状态语法的重写规则。

这说明，上下文无关语法包含了有限状态语法。

第二，如果在上下文无关语法中，存在某一非终极符号 A，具有性质 $A \overset{*}{\underset{G}{\Rightarrow}} \varphi A \psi$，这里 φ 和 ψ 都是非空语符串，那么，这个语法就是自嵌入的（self-embedding）。Chomsky 证明，如果 G 是非自嵌入的上下文无关语法，那么，L(G) 就是有限状态语言。他又证明，如果 L(G) 是上下文无关语言，那么，只有在语法 G 是具有自嵌入性质的上下文无关语法时，L(G) 才不是有限状态语言。

$\{a^n b^n\}$，$\{\alpha\alpha^*\}$，$\{\alpha c\alpha^*\}$，$\{a^n c b^{2n}\}$ 等上下文无关语言，不但在它们的语法的重写规则中，而且在用语法来生成语符串的过程中，都会出现 $A \overset{*}{\underset{G}{\Rightarrow}} \varphi A \psi$ 这样的推导式，具有自嵌入性质。因此，这些语言都不可能是有限状态语言，而是具有自嵌入性质的上下文无关语言。

这样一来，Chomsky 根据是否具有自嵌入性质，就把真正的上下文无关语言与正则语言分离开来了。

很多因素都会造成句子理解的困难。例如，句子的意思太复杂，句子的歧义特别严重，句子中使用太多的罕用单词，句子的书写质量太差，等等。

☙ 4. 中心嵌套结构

不过这些因素都是一些表面的问题，句子理解的另一类困难似乎与人的记忆局限性有关，与上下文无关语法的自嵌入特性存在有趣的关系。

Yngve 指出英语中存在中心嵌套结构（center-embedded structure）。Partee 等进一步研究了英语中的中心嵌套结构。

句子 (1) 没有中心嵌套，而句子 (2) 和 (3) 都是带有中心嵌套结构的：

(1) The cat likes tuna fish.

(2) The cat the dog chased likes tuna fish.

(3) The cat the dog the rat bit chased likes tuna fish.

句子 (2) 有一层嵌套结构，句子 (3) 有两层嵌套结构，当句子的嵌套增多的时候，理解起来也就更加困难了。

在这些嵌套结构的句子中，因为每一个在前面的 NP 都必须与一个动词相联系，所以，这些句子的形式可以表示如下：

$$(\text{the + noun})^n\ (\text{transitive verb})^{n-1}\ \text{likes tuna fish.}$$

我们用 A 来表示名词组 (the + noun)，用 B 来表示及物动词 (transitive verb)：

A={the cat, the dog, the rat, ...}

B={chased, bit, ...}

那么，/A B likes tuna fish/ 可表示如下：

$L=x^n y^{n-1}$ likes tuna fish，其中 $x\in A,\ y\in B$

由于语言 L 具有中心嵌套结构，所以它是真正的上下文无关语言。

Gibson 也举出一些类似的句子，他指出，当人们在阅读这些句子的时候，往往会出现困难（我们用 # 来表示会引起特殊困难的句子）。在下面的句子中，(b) 中的句子比 (a) 中的句子更加复杂：

(4) a. The cat the dog chased likes tuna fish.

b. #The cat the dog the rat the elephant admired bit chased likes tuna fish.

(5) a. The child damaged the pictures which were taken by the photographer who the professor met at the party.

b #The pictures which the photographer who the professor met at the party took were damaged by the child.

句子 (4a) 与上面的句子 (2) 相同，为了行文方便，我们把句子 (2) 重新编号为句子 (4a)。

(4)(5) 中的这些句子都具有中心嵌套结构。(a) 的嵌套结构比较简单，(b) 的嵌套结构则相当复杂。

例如，在 (4b) 中，有三个简化的关系从句一个嵌套在另一个之中，其嵌套结构如 (6) 所示：

(6) # $[_S$The cat $[_{S'}$the dog $[_{S'}$the rat $[_{S'}$the elephant admired] bit] chased] likes tuna fish].

在 (5b) 中，关系从句 who the professor met at the party 嵌套在 the photographer 和 took 之间。关系从句 which the photographer...took 嵌套在 The pictures 和 were damaged by the child 之间，其嵌套结构如 (7) 所示：

(7) #The pictures $[_{S'}$which the photographer $[_{S'}$who the professor met at the party] took] were damaged by the child.

这些嵌套结构理解时出现的困难不是因为它们不合语法而引起的。因为在 (4b–5b) 中的复杂句子所用的结构与在 (4a–5a) 中的比较简单句子中所用的结构是相同的。在简单句子和复杂句子中的差别似乎只是嵌套数目的不同，而不是语法的不同。我们不能在语法中规定只容许 N 个嵌套而不容许 N+1 个嵌套，因为从实质上说，它们都是上下文无关语法。

这些句子理解的困难似乎都与记忆的局限性有关。

早期的形式语法学家认为，这可能与剖析时怎样处理嵌入结构有关系。例如，Yngve 提出，人的剖析是基于一个容量有限的栈（stack）来进行的，句子中的嵌套结构越多，人在剖析时就需要把它们存储到栈中，因而理解起来也就越复杂。Miller 和 Chomsky 假定，自嵌入结构的处理是特别困难的。在自嵌入结构中，一个句法范畴 A 被嵌入到另外一个 A 中，而周围被其他单词（图 8 中的 x 和 y）包围；由于这种基于栈的剖析可能会把栈中含有 A 的自嵌入规则混淆起来而无所适从，所以，这样的结构处理起来就很困难：

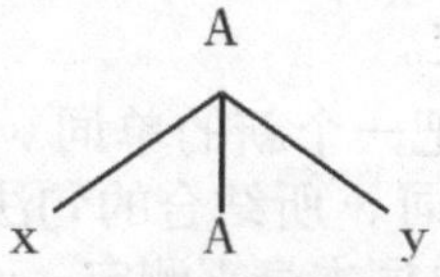

图 8　自嵌入结构

这些早期的对于自嵌入结构的解释在直觉上是令人信服的。最近的研究进一步证明，在具有同样数目嵌套的句子之间，它们的计算复杂性还有明显的差别。例如，对于同样具有自嵌入结构的句子，在抽取宾语的关系从句（8a）和抽取主语的关系从句（8b）之间的差别是很明显的：

(8) a. [$_S$ The reporter [$_{S'}$ who [$_S$ the senator attacked]] admitted the error].

“议员攻击的那个记者承认了错误。”

b. [$_S$ The reporter [$_{S'}$ who [$_S$ attacked the senator]] admitted the error].

“攻击议员的那个记者承认了错误。”

抽取宾语的关系从句 (8a) 处理起来更加困难。如果我们根据理解这些句子所需要时间的多少来测量困难的大小，那么抽取宾语关系所需要的时间要长一些。

Karlsson 对 7 种语言的研究说明，判断中心嵌入是否合乎语法，与被嵌入的特定的句法结构有关，关系从句与客体的双重相关性有关。话语的因素可能会使某些双重嵌入从句的处理变得容易。例如，下面是双重嵌入从句的例子：

(9) The picture [that the photographer [who I met at the party] took] turned out very well.

在这样的双重嵌入从句中，由于其中的一个嵌入从句的 NP 中有单词 I，没有把新的实体引入到话语当中，从而使得这个句子的计算复杂性降低了。

据此，Gibson 提出了一种剖析模型，叫作依存定位理论（Dependency Locality Theory，简称 DLT）。依存定位理论认为，客体的相对性判断之所以困难，是由于在句子中动词的前面出现了两个名词，由于读句子的人不知道它们当中的哪一个适合参加到句子之中，因而只好面对这两个名词举棋不定。

依存定位理论提出，把一个新的单词 w 结合到句子之中的处理开销与这个单词 w 以及该单词 w 所结合的句法成分之间的距离是成正比的。这个距离不仅只根据单词本身来测定，而且还要根据同一时刻在记忆中存在新的短语和话语参照的多少来测定。如果引入很多新的话语参照来预测某个单词，这个单词的记忆负荷就会变高。因此，依存定位理论认为，如果在 NP 的一个序列中出现一个代词，而且这个代词在前面的话语中已经被激活，那么，就可以降低剖析过程的复杂性。

总起来说，这些中心嵌入句子的计算复杂性似乎都是与人的记忆有关的。

☙ 5. 上下文无关语法的局限性

大多数语言学家认为，在 Chomsky 的四种类型的语法中，最适于描写自然语言的应当是上下文无关语法。然而，进一步的研究发现，这样的结论是不完善的。

1985 年，S. Shieber 在“Evidence Against the Context Freeness of Natural Language”(《自然语言上下文无关性质的反证实例》）一文中指出瑞士德语中存在词序的交叉对应现象，也就是存在如图 9 所示的符号串：

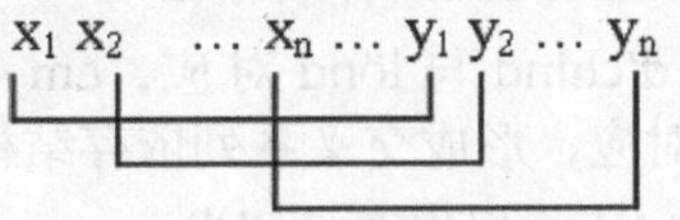

图 9　词序交叉对应的结构

在图 9 的符号串中，x_1 与 y_1 对应，x_2 与 y_2 对应，...，x_n 与 y_n 对应，上下文无关语法描述不了这样的语言现象。Shieber 把这种结构叫作交叉系列依存结构 (cross-serial dependency，简称 CSD)。

瑞士德语是高地德语（Upper German）的一种方言，主要流行于瑞士境内，其交叉系列依存结构的具体情况如下。

瑞士德语的宾语是有格变化的，宾语或者是与格（dative，简称 DAT），或者是宾格（accusative，简称 ACC）；宾语的格由动词决定，动词要求它的宾语产生格的变化。请看下例：

(10) mer　em Hans　es huus　hälfred　aastriiche
　　我们　Hans-DAT　房屋 -ACC　帮助　粉刷
　　(“我们帮助 Hans 粉刷房屋”）

在这个句子中，em Hans 是动词 hälfred 的宾语，由 hälfred 要求其为与格；es huus 是动词 aastriiche 的宾语，由 aastriiche 要求其为宾格。很明显，在动词与其宾语之间存在依存对应关系：em Hans 与 hälfred 对应，es huus 与 aastriiche 对应，形成交叉系列依存结构。

如果把动词 hälfred 换成动词 lönd（“让”），由于 lönd 要求其宾语是宾格，故替换了动词的句子中的 NP 都只有宾格，得到的句子如下：

(11) mer　de Hans　es huus　lönd　aastriiche
　　我们　Hans-ACC　房屋 -ACC　让　粉刷
　　(“我们让 Hans 粉刷房屋”）

在这个句子中，de Hans 与 lönd 对应，es huus 与 aastriiche 对应，形成交叉系列依存结构。

瑞士德语还可以在句子“mer em Hans es huus hälfred aastriiche”中再增加一个宾格宾语 d'chind（小孩），其相应的动词是 lönd（“让”），形成如下的句子：

(12) mer　d'chind　em Hans　es huus　lönd hälfred aastriiche
　　我们　小孩 -ACC　Hans-DAT　房屋 -ACC　让　帮助　粉刷
　　（“我们让小孩帮助 Hans 粉刷房屋”）

在这个句子中，d'chind 与 lönd 对应，em Hans 与 hälfred 对应，es huus 与 aastriiche 对应，形成交叉系列依存结构。

根据以上观察，Shieber 提出四条假设：

- 瑞士德语中存在交叉系列依存结构，其中动词的位置处于充当它的宾语的 NP 之后；
- 在交叉系列依存结构中，充当与格宾语的 NP 一般处于充当宾格宾语的 NP 之前（充当 lönd 的宾格宾语的 NP 除外，它可以处于充当与格宾语的 NP 之前）；
- 要求与格宾语的动词的数量和与格宾语的 NP 的数量必须相等，要求宾格宾语的动词的数量与宾格宾语的 NP 的数量必须相等；
- 在交叉系列依存结构中，可以有任意数量的动词以及与这些动词相应的充当宾语的 NP；
- Shieber 提出的这四条假设是上下文无关语法不具备的，因此，上下文无关语法不能描写瑞士德语的计算复杂性（冯志伟，2015）。

在这种具有交叉系列依存结构的句子中，如果前后对应的成分太多，人们在理解时的记忆负担将会加重，造成理解的困难，所以，具有交叉系列依存结构的句子的计算复杂性是很高的。

在汉语中，这样的非上下文无关的现象还不少。这里举两个例子：

（1）小李、小王和小张分别获得第一名、第二名和第三名。

（2）昆明、成都、长沙、长春、沈阳、哈尔滨、杭州分别是云南、四川、湖南、吉林、辽宁、黑龙江、浙江的省会。

在句子（1）中，“小李”与“第一名”对应，“小王”与“第二名”

对应，“小张”与“第三名”对应，上下文无关语法不能描述这样的对应关系。

在句子（2）中，“昆明”与“云南”对应，“成都”与“四川”对应，“长沙”与“湖南”对应，“长春”与“吉林”对应，“沈阳”与“辽宁”对应，“哈尔滨”与“黑龙江”对应，“杭州”与“浙江”对应，上下文无关语法也不能描述这样的对应关系。

此外，Culy 研究过 Bambara 语词汇的形态，Bambara 语是马里及其邻国讲的一种叫作 Mande 语的西北方言，Culy 的研究证明了 Bambara 语的形态不能用上下文无关语法来描述。

上述研究说明，尽管自然语言的大部分现象可以使用上下文无关语法来描述，上下文无关语法是生成语法的基础部分；但是，从总体上来看，自然语言还不能算上下文无关的，自然语言的性质似乎介于上下文无关与上下文有关之间。Chomsky 指出，自然语言可能比上下文有关语言还要复杂，它是乔姆斯基层级中最复杂的 0 型语言，这是一种“递归可枚举语言”（recursive numerable language）。自然语言的这种性质反映了它的“计算复杂性”（computational complexity）。

参考文献

冯志伟. 1979. 形式语言理论. 计算机科学，（1）: 34–57.

冯志伟. 1982. 从形式语言理论到生成转换语法. 语言研究论丛，（2）: 96–155. 天津：天津人民出版社.

冯志伟. 2011. 自然语言的计算复杂性. 外语教学与研究，47（5）: 659–672.

树邻接语法 TREE ADJOINING GRAMMAR

树邻接语法是以句法结构树作为核心操作对象来组织语言知识的一种形式语法，简称 TAG。

树邻接语法是美国计算语言学家 A. K. Joshi 等于 1975 年提出的（Joshi et al., 1975）。

树邻接语法的规则中包含着树结构，这样的规则可以用线性的一维形式来表达二维的树结构。

1. 树邻接语法的五元组

从形式上说，一个树邻接语法是一个五元组 (∑, NT, I, A, S)，其中，

- ∑ 是终极符号的有限集合；
- NT 是非终极符号的有限集合，∑∩NT=ϕ；
- S 是初始符号，它是一个特殊的非终极符号，S∈NT；
- I 是初始树（initial tree，见图 1 中左侧的树）的有限集合，它有两个特征：

  ① 所有的非叶子节点都用非终极符号标记；

  ② 所有的叶子节点，或者用终极符号标记，或者用带有下箭头 (↓) 的非终极符号标记。下箭头 (↓) 是初始树的标志，它的含义是“替换”（substitution），它表示该节点可以被其他的树结构替换。

  如果一个初始树的根节点为 X，则这个初始树在树邻接语法系统中叫作 X 类型的初始树。

- A 是辅助树（auxiliary tree，见图 1 中右侧的树）的有限集合，它也有两个特征：

  ① 所有的非叶子节点都用非终极符号标记；

  ② 辅助树叶子上的节点用终极符号或非终极符号标记。A 树叶子上的非终极符号节点带有插接（adjunction）符号，用星号（*）标注将被插接的节点，这个节点叫作“落脚节点”（foot node），落脚节点标记的非终极符号（短语类符号）要跟它所在的树结构的根节点相同。

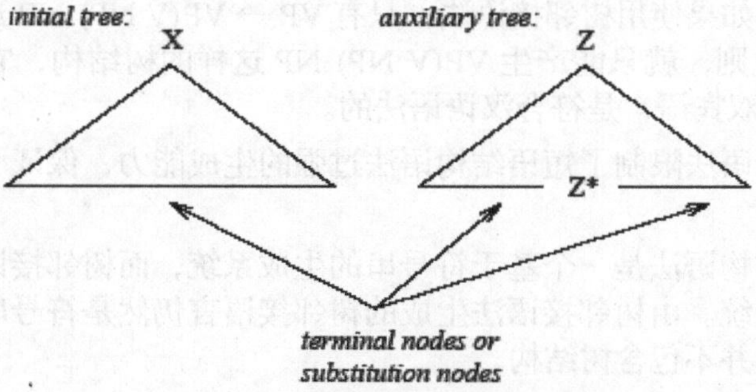

图 1　初始树与辅助树

在初始树集合 I 与辅助树集合 A 中的树都没有进行过任何操作，它们是本来就储存在集合中的，这样的树叫基础树（elementary tree），主要用于树邻接语法中的一些操作。

在 I∪A 这个集合中所有的树都叫作基础树。如果一个基础树的根用非终极符号 X 标记，就把它叫作 X 类型的基础树（X-type elementary tree）。在树邻接语法中，基础树就是储存在 I 或 A 中没有进行过任何操作的树。

树邻接语法是树生成系统而不是符号串生成系统，树邻接语法最终生成的句法结构树可以用来分析和解释目标语言的线性符号串。

树邻接语法是在短语结构语法的基础上发展起来的。树邻接语法与短语结构语法的区别在于，树邻接语法的规则比短语结构语法的规则更加准确。

例如，汉语双宾语的树邻接语法的规则可以写为：

$$VP \rightarrow VP(V\ NP)\ NP$$

这个规则实际上包含了短语结构语法的两条规则：

$$VP \rightarrow VP\ NP$$

$$VP \rightarrow V\ NP$$

如果使用短语结构语法的这两条规则来生成汉语，由于第一条规则 VP → VP NP 是自嵌入的规则，在推导过程中，可以用规则右部的 VP 来不断重写规则左部的 VP，从而产生“VP NP NP NP NP NP ... NP”这样的包含若干个 NP 的符号串，显然这样的符号串在汉语中是不会出现的，是汉语中的不合法句子。

然而，如果使用树邻接语法，只有 VP → VP(V NP) NP 这样包含了树结构的规则，就只能产生 VP(V NP) NP 这样的树结构，它只包含两个 NP 作为双宾语，是符合汉语语法的。

树邻接语法限制了短语结构语法过强的生成能力，保证了规则的准确性。

短语结构语法是一个基于符号串的生成系统，而树邻接语法是基于树的生成系统。由树邻接语法生成的树邻接语言仍然是符号串语言，生成的结果中并不包含树结构。

树邻接语法是对于短语结构语法的重要改进，它比短语结构语法更能反映自然语言的真实面貌（冯志伟，2012）。

☙ 2. 树插接操作

在树邻接语法中，把辅助树 β 插到任意树 α 中而建立一棵新树的过程，叫作树插接操作（tree adjoining）。

设 α 是一个包括非替换节点 n 的树，n 为非替换节点，在树 α 的非替换节点上有一个标记是 X，设 β 是一个辅助树，β 的根节点上的标记也是 X。由 β 与 α 在节点 n 处插接可以获得一棵结果树 γ（resulting tree），如图 2A 所示。

树插接操作的具体步骤如下：

① 设树 α 的子树为 t，子树 t 由节点 n 支配，n 上的标记为 X，剪掉子树 t 后保存 n 的副本；

② 辅助树 β 的根节点与 X 相同，因此可以将辅助树 β 接在节点 n 的副本上；

③ 子树 t 的根节点与辅助树 β 的末端节点相同，将子树 t 的根节点接到辅助树 β 中标有 * 号的落脚节点上，就可以得到结果树 γ 了。

下面具体看一个树邻接语法中邻接操作的例子（如图 2B 所示）。在 α_2 这棵树中，辅助树 β_1 邻接在 VP 这个节点上，α_1 是最终的结果树。它的具体操作过程是：

① α_2 的子树是 t，t 的根节点是 n，n 上的标记是 VP，剪掉 t 后保存 n 的副本，标记还是 VP；

② 辅助树 β_1 的根节点的标记与 n 的标记相同，都是 VP，将辅助树 β_1 插接在副本 VP 上；

③ 子树 t 的根节点与辅助树 β_1 上标有 * 号的落脚节点相同，都是 VP，将子树 t 的根节点插接到辅助树 β_1 的有 * 号的落脚节点上，就可以得到结果树 α_2 了。

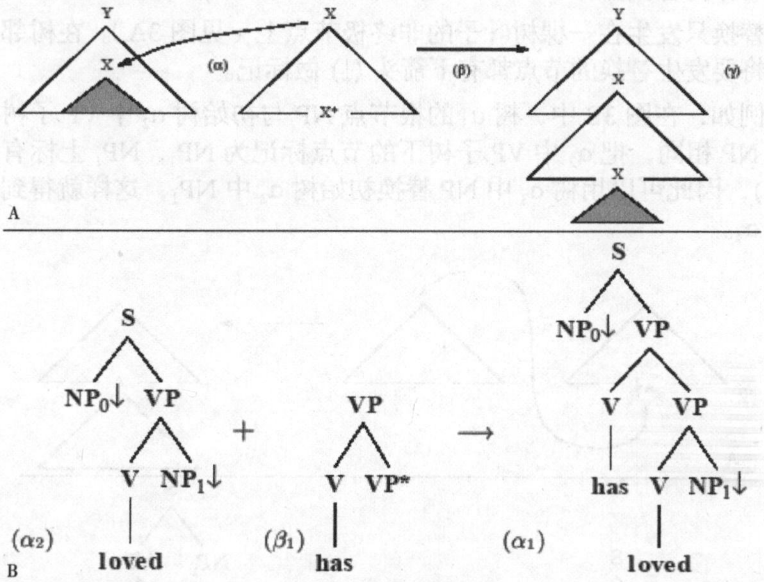

图 2　插接操作

在树邻接语法中有三种插接，标记经过插接之后，就能够确定某个辅助树可以插接在初始树中的指定节点上，这种标记可以使插接操作更方便。

假设 G 是树邻接语法，G=(∑，NT，I，A，S)，可以为初始树 I 与辅助树 A 中的每个基础树上的节点规定下面的一种插接操作：

- 选择插接（selective adjunction，简称 SA（T））：辅助树可以插接到指定节点上，但这种辅助树上的插接不是强制的，因此这种插接叫作选择插接；
- 空插接（null adjunction，简称 NA）：在指定节点上不允许有任何邻接成分；
- 强制插接（obligatory adjunction，简称 OA（T））：令 T 是辅助树集合，当 T⊆A 时，T 中的树一定要插接在指定节点上。在这种情况下，辅助树的插接成分是强制的。

☙ 3. 树替换操作

在树邻接语法中，用一个推导树 β 替换初始树 α 而建立一棵新树的过程叫作树替换操作（tree substitution）。

替换只发生在一棵树叶子的非终极节点上（见图 3A）。在树邻接语法中将要发生替换的节点都有下箭头 (↓) 做标记。

例如，在图 3B 中，树 α_3 的根节点 NP 与初始树 α_2 中 VP 子树下的节点 NP 相同，把 α_2 中 VP 子树下的节点标记为 NP_1，NP_1 上标有下箭头 (↓)，因此可以用树 α_3 中 NP 替换初始树 α_2 中 NP_1，这样就得到了结果树 α_4。

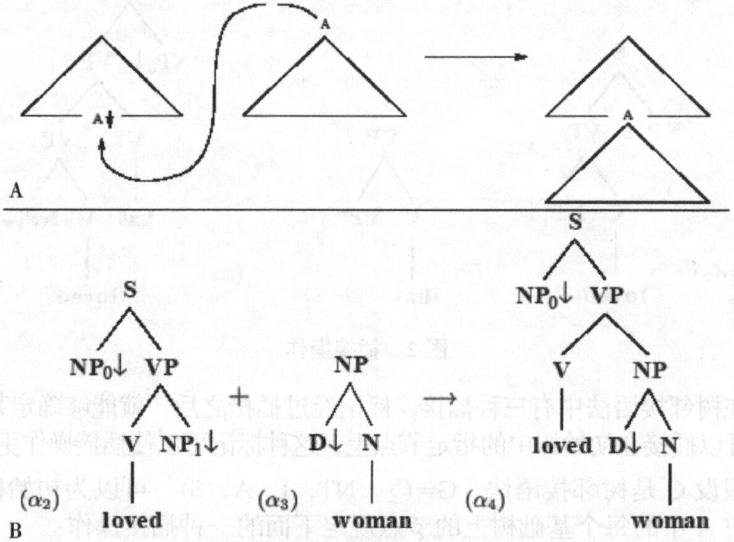

图 3 替换操作

当替换在一个节点 n 上发生时，这个节点由将要替换的树代替。当一个节点被标记上要被替换时，只有推导树可以替换它。在标记了替换的节点上不允许出现任何插接操作。

☙ 4. 推导关系树

在树邻接语法中，确定推导树构成过程的树叫作推导关系树

(derivation tree)。在树邻接语法的推导过程中包括插接和替换两种操作。

例如，图 4 中的推导树 α_5 可以产生下面的句子：

Yesterday a man saw Mary.

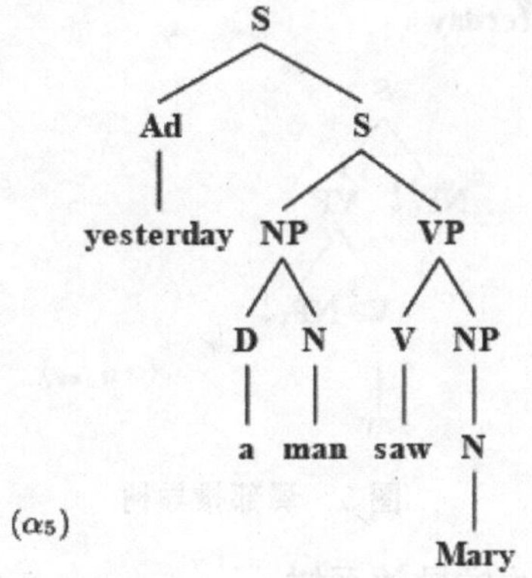

图 4　推导树

图 4 是这个句子的推导树，它表明了这个句子的内部组成结构，但却没有说明这个句子的获得过程。

在下面的图 5 中，这个句子的句法结构树被分解为几棵局部的基础树，在树邻接语法的推导关系树中，除根节点外，树的地址与各个节点联系在一起。

结合图 5 中这个句子的局部基础树，图 6 中的推导关系树应做如下解释：α_a 在 α_{man} 这棵树中，在地址 1 被替换，地址 1 与图 5 中节点 D 相关联，α_{man} 在树 α_{saw} 中，在地址 1 被替换，地址 1 还与图 5 中的节点 NP_0 相关联，α_{Mary} 在树 α_{saw} 中，在地址 2.2 被替换，地址 2.2 与图 5 中的节点 NP_1 相关联，β_{yest} 这棵树在地址 0 被插接，地址 0 与图 5 中的节点 S 相关联。

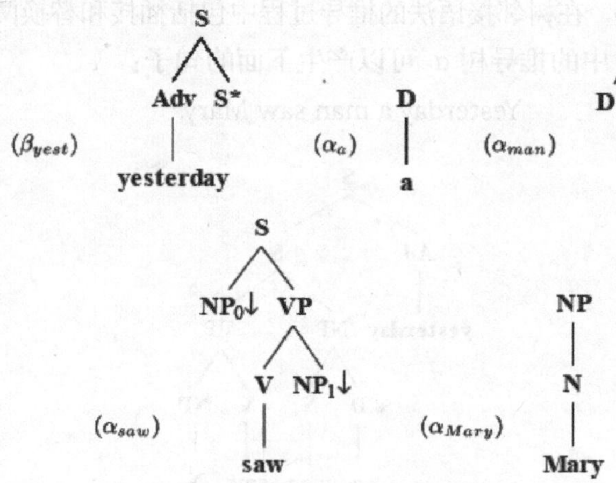

图 5　局部推导树

图 6 是这个句子的推导关系树：

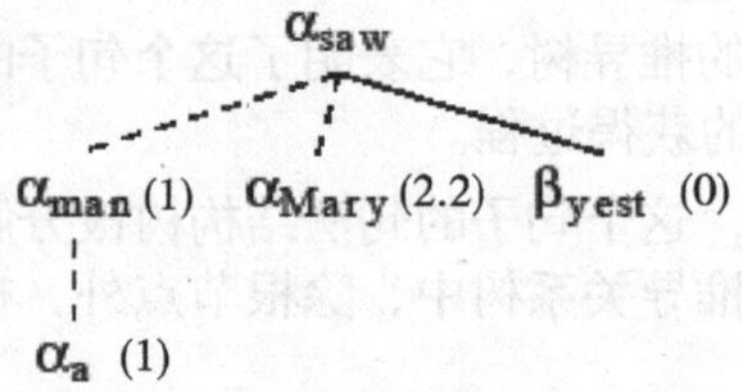

图 6　推导关系树

在树邻接语法的推导关系树中，如果两棵树是插接关系，用实线连接；如果是替换关系，用虚线连接。在图 6 中，β_{yest} 与 α_{saw} 之间由实线相连，它们是插接关系，在前面的图 5 中树 β_{yest} 上有 S*，α_{saw} 的根节点是 S，因此，树 β_{yest} 中的 S*要由 α_{saw} 插接。图 6 中 α_a 与 α_{man} 之间是虚线，在前面的图 5 中，α_{man} 中的叶子节点 D 上标有下箭头，α_a 的根节点是 D，因此 α_a 可以替换 D，其他树之间的关系可以依此类推。

由于插接在一个节点只能发生一次，在推导关系树中，一个父亲节点的所有子节点的地址都不相同，因此，在同一层级上的兄弟节点地址不能相同。比如在这个句子的推导关系树中，α_{saw} 的所有子节点地址都不相同，α_{man} 与 α_a 是父子关系，所以地址可以相同。

一个树邻接语法包括一组有限的初始树和辅助树，用一个树邻接语法生成自然语言中的句子，就是从初始树开始，不断地进行替换和插接操作，直到所有带替换标记的节点都已经被替换了，所有带插接标记的节点都已经被插接了，最后，把所得到的树的叶子节点按顺序列出，就可以得到该树邻接语法所生成的树邻接语言。

前面说过，树邻接语法是一个树生成系统，它生成的树组合在一起可以形成树集合（tree set）。下面介绍一下 TAG 生成的树集合的定义和属性。

☙ 5. 树集合

TAG 中的树集合是指从某个以 S 为根的初始树推导出的绝对初始树（completed initial tree）的集合。在这里，绝对初始树是指叶子上没有替换节点的初始树。它有下面一些属性：

- 可识别树集合（recognizable tree sets）[1] 严格包括在树邻接语法的树集合中；[2]
- 在给定的 TAG 的树集合中，树集合中所有树的路径的集合（set of path）P（T（G））都是上下文无关语言；
- 对于 TAG 中每个语法 G 来说，G 的树集合 T（G）都可以多次被识别。

☙ 6. 树邻接语言

树邻接语法可以识别和最终生成的语言是树邻接语言（tree adjoining language，简称 TAL），树邻接语言中不再包含任何形式的树，它是一种串语言（string language）。树邻接语言生成的树最终还是为了识别和生成这样的串语言，下面介绍 TAG 中串语言的定义和属性。

设 T_G={t|t 是从某个以 S 为根的初始树的推导结果}

假设 L(G) 是 TAG 的串语言，则 L(G) 是树集合中所有树的生成结果的集合。定义如下：

L_G={w|w 是 T_G 中某个树 t 的生成结果}

---

1 可识别树集合也叫作规则树集合（regular tree set）。

2 形式化公式为：recognizable tree sets $\subset$T(G)。

TAG 中的串语言有以下一些属性：

- 树邻接语言完全包括上下文无关语言；如果用 CFL 表示上下文无关语言，用 TAL 表示树邻接语言，则有：CFL⊂TAL；
- 树邻接语言是半线性（semi-linear）的；
- 树邻接语言是语言的完整抽象集合（full family of languages，简称 full AFLs）；
- TAG 的自动机是嵌入式下推自动机（embedded push-down automaton，简称 EPDA），它精确地概括了树邻接语言集合的特征；
- 树邻接语言都有一个起动词条（pumping lemma）；
- 树邻接语言可以被多次分析。

总起来说，一个 TAG 包括一组有限的初始树和辅助树，用一个 TAG 生成自然语言中的句子，就是从 S 类型的初始树开始，不断地进行替换和插接操作，直到所有带替换标记的节点都已经被替换了，所有带插接标记的节点都已经被插接了，最后，把所得到的树的叶子节点按顺序列出，就可以得到该 TAG 所生成的句子的集合。

TAG 也可以用来进行自然语言句子的分析。在分析时，从包含树中词语的树结构开始，通过替换和插接操作，形成一个以 S 为根节点的树结构。

以上介绍和讨论了 TAG 的基本定义和操作，在这些定义和操作的共同作用下，TAG 最终可以生成目标语言中的树集合，这些树又可以反过来分析目标语言中的串语言。虽然 TAG 是在语言学领域建立起来的，但它已经变成了数学和计算机科学领域都感兴趣的理论，研究 TAG 后产生了很重要的数学结果，这些结果将会反过来对语言学产生推动作用。可以说 TAG 是一种语法，一种形式语言理论，一种自动机理论，因此，TAG 是自然语言处理的一种形式模型，它体现了形式语言学、数学及计算机各领域间的相互作用。

TAG 发展至今，它的面貌已经发生了很大的变化，对于自然语言的描述也越来越精细。最近又提出了词汇化树邻接语法（Lexicalized TAG，简称 LTAG），把词汇信息引入 TAG 的规则中。

☙ 7. 词汇化树邻接语法

LTAG 对于 TAG 的扩充主要在于把每一个初始树和辅助树都与某一

个或某一些具体的单词关联起来，LTAG 树结构中带有词的节点叫作这个树的“抛锚点”（anchor）。图 7 是 LTAG 树的例子：

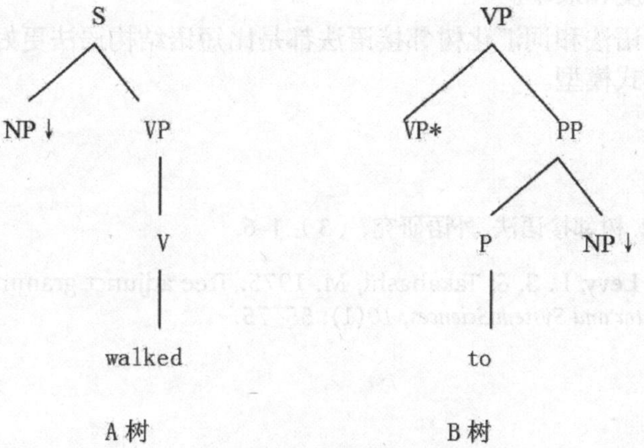

图 7　带抛锚点的树

A 树是一个初始树，它抛锚在 walked 这个动词上，B 树是一个 VP 类型的辅助树，它抛锚在 to 这个介词上。在 A 树中，由于抛锚点上的 walked 是一个不及物动词，因此，就限制了这个词不能带宾语，也就不可能由 A 树参与而生成出“John walked Beijing”这样不合法的句子，但是，如果用 B 树与 A 树进行插接操作，可以得到“John walked to Beijing”这样合乎语法的句子。其树结构如图 8 所示：

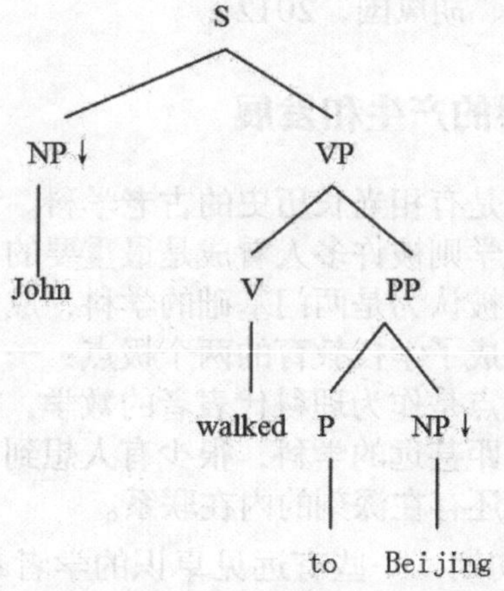

图 8　B 树与 A 树插接而生成的树

显而易见，由于在树结构中引入单词的信息，词汇化树邻接语法 LTAG 又进一步限制了短语结构语法过强的生成能力，提高了自然语言处理的精确度和效率。

树邻接语法和词汇化树邻接语法都是比短语结构语法更好的自然语言处理的形式模型。

参考文献

冯志伟. 2012. 树邻接语法. 外语研究，(3): 1–6.

Joshi, A. K., Levy, L. S. & Takahashi, M. 1975. Tree adjunct grammars. *Journal of Computer and System Sciences, 10*(1): 55–75.

数理语言学 MATHEMATICAL LINGUISTICS

数理语言学是用数学思想和数学方法来研究语言现象的一门新兴的语言学科。这门新兴学科的出现，使得语言学的研究与现代数学、计算机科学、控制论以及人工智能等学科产生了密切的联系，逐渐走上了现代化的道路 (冯志伟、胡凤国，2012)。

1. 数理语言学的产生和发展

语言学和数学都是有相当长历史的古老学科。语言学历来被看成是典型的人文科学，数学则被许多人看成是最重要的自然科学。在学校的教育中，语文和数学被认为是两门基础的学科，成为任何一个受教育者的必修课。它们似乎成了学校教育的两个极点：一个极点是作为文科代表者的语文，一个极点是作为理科代表者的数学，在一般人看来，语文和数学似乎是两个相距甚远的学科，很少有人想到，这两门表面上如此不同的学科之间竟然还存在深刻的内在联系。

可是，19 世纪初期，一些有远见卓识的学者却慧眼独具，敏锐地看出了语言和数学之间的联系。他们开始从计算的角度来研究语言现象，揭示语言的数学面貌。

1847 年，俄国数学家 Buljakovski（В. Я. Вуляковский）认为可以用概率论的方法来进行语法、词源和语言历史比较的研究。

1851 年，英国数学家 A. De Morgen 把词长作为文章风格的一个特征进行统计研究。

1894 年，瑞士语言学家 De Saussure 指出，在基本性质方面，语言中的量和量之间的关系，可以用数学公式有规律地表达出来，他在 1916 年出版的《普通语言学教程》（*Cours de Linguistique Generale*）中又指出，语言好比一个几何系统，它可以归结为一些待证的定理。

1898 年，德国语言学家 F. W. Kaeding 统计了德语词汇在文本中的出现频率，编制了世界上第一部频率词典《德语频率词典》。

1904 年，波兰语言学家 J. Baudoin de Courtenay 指出，语言学家不仅应当掌握初等数学，而且还要掌握高等数学，他坚信，语言学将日益接近精密科学，语言学将根据数学的模式，更多地扩展量的概念，发展新的演绎思想的方法。

1913 年，俄国数学家 A. A. Марков 采用概率论的方法研究过普希金叙事长诗《欧根·奥涅金》中的俄语元音和辅音字母的序列，并在这样的基础上提出了马尔可夫随机过程论。

1933 年，美国语言学家 L. Bloomfield 提出了一个著名的论点："数学只不过是语言所能达到的最高境界"。

1935 年，美国语文学家 George Kingsley Zipf 研究频率词典中单词的序号与频率的关系，提出了齐普夫定律（Zipf's law）。

1935 年，加拿大语言学家 E.Varder Beke 提出了词的分布率（range）的概念，并以之作为词典选词的主要标准。

1944 年，英国数学家 G. U. Yule 发表了《文学词语的统计分析》一书，大规模地使用概率和统计的方法来研究词汇。

其中，特别值得一提的是英国统计学家 Gustav Herdan，他出版了几本有关计量语言学的著作，如《计量语言学》（*Quantitative Linguistics*, 1964）、《语言作为选择和机会的理论》（*Advanced Theory of Language as Choice and Chance*，1966）等。

上述这些事实说明，关于语言计算的思想和研究是源远流长的。可惜的是，这些独具慧眼的思想和别具一格的研究，都没有对语言学本身产生显著的影响。这是由当时的社会实践的要求所决定的，因为当时的语言学主要是为语言教学、文献翻译、文学创作和社会历史研究服务的，在这样的社会实践要求下，语言学还没有与数学建立直接的联系。

20 世纪 50 年代以来，情况发生了巨大的、急剧的变化。1955 年，美国哈佛大学首先创办了数理语言学讨论班，1957 年正式开设了数理语言学课程。接着，麻省理工学院、密歇根大学、宾夕法尼亚大学、印第安纳大学、加利福尼亚大学都相继开设了数理语言学课程。同年，日本成立了计量语言学会，创办了数理语言学杂志《计量国语学》，德国的波恩大学也开设了数理语言学课程，苏联在莫斯科大学、列宁格勒国立大学及莫斯科国立第一外国语师范学院也进行了数理语言学的研究工作。1958 年，莫斯科大学、高尔基大学、萨拉托夫大学、托姆斯克大学，分别给数学系及语文系的学生开设了数理语言学的选修课，并在列宁格勒大学设置了数理语言学专业。

此外，德国、罗马尼亚、匈牙利、捷克、英国、法国、挪威、波兰、瑞典等国，都先后开展了数理语言学的研究工作，有的国家还创办了专门的刊物，成立了专门的研究机构。

近年来，数理语言学成了语言学、数学、计算机科学、人工智能等学科所共同关注的重要领域。在有关上述学科的国际学术会议上，数理语言学经常是中心议题之一。

我国从 20 世纪 50 年代起便逐步开展了数理语言学的研究，在用数学方法研究言语统计、汉字的信息熵、汉语的句子结构、中文信息的计算机处理、单词依存距离等方面取得了一定成绩。

这一新兴学科不但引起了我国语言学界的重视，也引起了我国数学界的重视，在《数学辞海》中，有专门的一章是专门讲数理语言学的，可见我国数学界已经认识到数理语言学对于数学本身的价值。

为什么数理语言学会得到如此迅速的发展呢？可以从必要性和可能性两方面来分析这个问题。

20 世纪以来，由于科学技术突飞猛进的发展，科技文献的数量与日俱增，世界各国每天出版的科技文献以数十万计，科技文献的这种增长情况被形容为“信息爆炸”（information explosion）。面对浩如烟海的科技文献，科技工作者为了了解外国的研究成果，取得科技信息，不得不花费大量的人力、物力来做难以计数的翻译工作，大大地影响了科研工作的效率。

1946 年，世界上第一台电子计算机研制成功，紧接着，在 20 世纪

50年代初期，人们就开始考虑把这些工作交给电子计算机去做，利用电子计算机把一种形式的信息转换成另一种形式的信息，也就是将原始信息转换成为结果信息，这就提出了机器翻译（machine translation）、自动文摘（automatic summarization）以及自动信息检索（automatic information retrieval）等自然语言处理（natural language processing）问题。

在早期的基于规则的机器翻译中，用计算机将一种语言A翻译为另一种语言B时，除了确定语言A中的每一个词在语言B中相应的等价物之外，还必须分析语言A的句子结构和语义结构，并把翻译出来的词作某种变化，按照语言B的结构把它们配置起来，这样，人们就得“教会”计算机自动地分析和综合句子。但是，任何一个问题要用计算机自动地来解决，首先就要使该问题所涉及的现象能够用数学语言来描述，也就是要把所考虑的问题“数学化”。所以，为了进行机器翻译，首先就要采用数学语言来描写语言现象，对传统语言学中的各种概念用数学的方法进行严格的分析，建立语言的数学模型。

在早期的机器自动文摘和自动信息检索中，要求把文献的信息储存在计算机中，计算机可以按照人们的要求，在其所储存的信息的范围内，对人们提出的问题自动地作出回答。在计算机中用以描述信息的语言，在内容上应该是严格的、精确的，在形式上应该满足计算机储存形式的要求，这当然也要用精密的数学方法来研制。目前这些信息大部分是非结构化的，它们是以自然语言的形式存储的，语言是信息的主要载体，为了提高信息检索的查准率（precision）和查全率（recall），需要使用数学方法对负荷这些非结构化信息的语言进行形式化的描述。

由于自动化技术和计算技术的发展，人们正在迅速解决生产过程自动化问题，用自然语言来进行“人机对话”（man-machine dialogue），让电子计算机能理解自然语言，这就要求将自然语言代码化和算法化，以便计算机自动地从自然语言的外部形态中，抽出它所表示的语义内容，并将计算机所理解到的语义内容，根据“人机对话”的要求，由计算机组织成相应的语句，回答人所提出的问题。

另外，由于通信技术的发展，要求对负载信息的语言寻找最佳编码方法，要求提高信道的传输能力，以便在保持意义不变的前提下，最大限度地压缩所传输的文句，在单位时间内传输最多的信息，这就需要对语言的统计特性进行精密的研究。

在当今的信息时代，科学技术的发展日新月异，新的信息、新的知识如雨后春笋般不断增加。随着知识突飞猛进的增长，翻译市场供不应求的局面越来越严重；由于无法消化大量从国际上传来的信息流，如果我们的信息不灵，就有可能使我们在国际竞争中失去大量的机会。在这种情况下，机器翻译、自动信息检索、自动文摘等自然语言处理的研究显得更加迫切，研究领域日益扩大，自然语言处理成了当代语言学和计算机科学中最引人注意的新兴学科。自然语言处理要求建立形式化、算法化、程序化、实用化的语言模型，这些都离不开数学，都必须使用数学方法来分析和描述语言，语言学与数学的结合已经到了迫在眉睫的地步了。

在这些新的实践要求下，必须采用数学思想和数学方法来研究语言现象，在语言学中建立数理语言学这门新学科。这样，在20世纪50年代初期，作为一门独立学科的数理语言学便应运而生了。

2. 数理语言学的三个分支

数理语言学主要包括三个分支：（1）代数语言学（algebraic linguistics），（2）统计语言学（statistical linguistics），和（3）应用数理语言学（applied mathematical linguistics）。

对数理语言学作这样分科的理论根据是瑞士语言学家 De Saussure 关于语言与言语区分的学说。De Saussure 在其名著《普通语言学教程》中把语言现象分成言语行为（langage）、言语（parole）和语言（langue）三样东西，他指出："语言是一种表示意念的符号系统"，而言语则是言语行为的过程（也就是交际过程）和言语行为的结果（也就是口头的或书面的言语作品）。"把语言和言语分开，一下子就把（1）什么是社会的，什么是个人的，（2）什么是主要的，什么是附属的和多少是偶然的分开来了。"

在 De Saussure 关于语言和言语的区分的理论影响下，美国语言学家 Chomsky 提出，必须把说具体语言的人对这种语言的内在知识和他具体使用语言的行为区别开来，并把前者叫作语言能力（competence），把后者叫作语言运用（performance）。依我们看来，Chomsky 的语言能力，大致相当于 De Saussure 的"语言"，Chomsky 的语言运用，大致相当于 De Saussure 的"言语"。

据此，数理语言学的研究应该从语言的内部结构和语言的交际活动两方面来进行，也就是说，应该把数理语言学的研究首先分为对作为符号系统的语言的数学性质的研究和对作为交际活动的过程及结果的言语的数学性质的研究两个部分。

作为符号系统的语言，本质上是由一些离散的单元构成的，可以采用集合论、数理逻辑、算法理论、图论、格论等离散的、代数的方法来研究它，建立语言的生成模型（形式语言理论）、分析模型（集合论模型）、辨识模型（范畴语法）。这方面的研究就叫作代数语言学。

在言语中，在用语言进行交际的活动中，有的语言成分使用得多些，有的语言成分使用得少些，各语言成分的使用有一定的随机性，而交际过程本身，又是一个信息传输的过程，可以使用概率论、数理统计和信息论等统计数学的方法来研究它，这方面的研究就叫作统计语言学。在统计语言学研究的基础之上，诞生了一个新的分支，叫作计量语言学（quantitative linguistics），计量语言学的研究目的在于建立自然语言的分布定律、函数定律、演化定律。

因此，数理语言学的学科结构可以图示如下图所示：

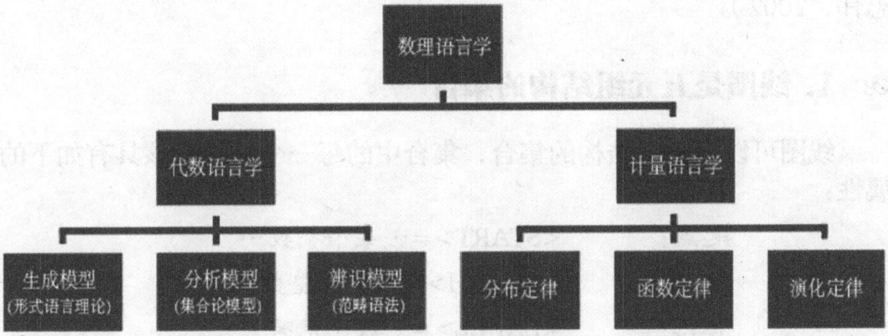

图　数理语言学的学科结构

当然，在语言与言语、语言能力与语言运用之间也是有联系的。正如 De Saussure 所指出的：无疑地，这两个对象是紧密地联系着的，而且是互为前提的：要使言语让人听得懂，产生它的效果，必须有语言；要使语言能够建立起来，也必须有言语。因此，在代数语言学和统计语言学之间也是有联系的：要研究作为符号系统的语言的数学性质，就要注意到各语言成分的统计特征，而在对言语作统计研究时，也必须考虑到整个语言符号系统的总体。

代数语言学和统计语言学都是数理语言学中的理论性分支，把这两个分支的研究成果应用于自动翻译、人机对话以及自动信息检索的实际工作中，还有许多十分具体的技巧和方法需要人们进行深入的研究，这方面的研究，便构成了数理语言学的第三个分支——应用数理语言学。

参考文献

冯志伟，胡凤国. 2012. 数理语言学（增订本）. 北京：商务印书馆.

线图剖析法 CHART PARSING

使用线图（chart）来进行自动句法剖析的方法，叫作线图剖析法（冯志伟，2002）。

1. 线图是五元组结构的集合

线图可以表示为结构的集合，集合中的每一个结构应该具有如下的属性：

起点：<START>=…某个整数…

终点：<FINISH>=…某个整数…

标记：<LABEL>=…某个范畴…

已证实部分：<FOUND>=…某个范畴序列…

待证实部分：<TOFIND>=…某个范畴序列…

其中，<LABEL> 是加圆点规则（dot rule）的左部，<FOUND> 是加圆点规则的右部中圆点左侧的范畴序列，它是规则右部中已经被检验和证实的部分，<TOFIND> 是加圆点规则的右部中圆点右侧的范畴序列，它是规则右部中尚未被检验和证实的部分。当一个边上的 TOFIND 的值不为空序列时，则该边为活性边（active edge）；当一个边上的 TOFIND 的值为空序列时，则该边为非活性边（inactive edge）。

可以用五元组来记录上述属性。

例如，五元组 <0, 2, S → NP.VP> 表示如下的活性边：

<START>=0

<FINISH>=2

<LABEL>=S

<FOUND>=<NP>

<TOFIND>=<VP>

五元组 <3, 5, NP → Det N.> 表示如下的非活性边：

<START>=3

<FINISH>=5

<LABEL>=NP

<FOUND>=<Det, N>

<TOFIND>=<>

事实上，线图就是一些用五元组标记的边的集合。

假定在剖析过程中，线图的一部分由如下的边组成：

{<0, 2, S → NP.VP>,
<2, 3, VP → TV.NP PP>,
<3, 5, NP → Det N.>,
<5, 8, PP → Prep NP.>}

这些边可以图示为图 1：

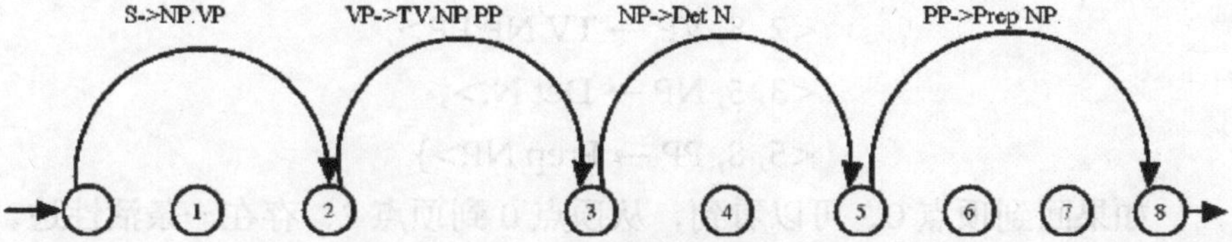

图 1　部分线图示例

为了清楚起见，图中省略了线图中的一些边，只标出了所要讨论的边，其中，前两个边是活性边，后两个边是非活性边。非活性边中，第一个表示名词词组，第二个表示介词词组，它们都是在剖析过程中已经被检验并且被证实的部分。活性边中，第一个表示关于句子的假设：句子中已经找到了名词词组，正要查找动词词组；第二个表示关于动词词组的假设：动词词组中已经找到了及物动词，正要查找名词词组以及跟在这个名词词组后面的介词词组。

在第一个活性边中，如果在顶点 2 能找到一个从这个顶点开始的非活性边，而且这个非活性边是一个动词词组，那么，就可以满足假设的条件。但事实上没有找到这样的非活性边。当然，也可以假设存在这样的非活性边，但是，在这样的假设尚未得到证实之前，不能正确地分析第一个活性边。

在这种情况下，只好将注意力转到第二个活性边上。从规则 VP → TV.NP PP 可知，假设存在一条从第三个顶点开始的非活性边，而且这个非活性边上标记中的 <LABEL> 为名词词组，我们马上就找到了这样的非活性边，其标记为“NP → Det N.”，这说明，关于动词词组的假设至少是部分地得到了证实。为此，在线图上加上一个新的活性边，其标记为 <2, 5, VP → TV NP.PP>，这是关于动词词组的进一步假设：假设存在一条从第五个顶点开始的非活性边，这个非活性边上的标记中的 <LABEL> 为介词词组，我们也找到了这样的非活性边，其标记为“PP → Prep NP.”，这说明，关于动词词组的假设得到了进一步的证实。为此，我们在线图上再加上一个新的非活性边，其标记为 <2, 8, VP → NP PP.>，这样一来，线图又增加了两条边，边的集合进一步增加为：

{<0, 2, S → NP.VP>,
<2, 3, VP → TV.NP PP>,
<2, 5, VP → TV NP.PP>,
<2, 8, VP → TV NP PP.>,
<3, 5, NP → Det N.>,
<5, 8, PP → Prep NP.>}

如果回到顶点 0，可以看到，从顶点 0 到顶点 2，存在一条活性边，其标记为“S → NP.VP”，从顶点 2 到顶点 8，存在一条非活性边，其标记为“VP → TV.NP PP”，因此，我们又可再加上一条新的非活性边 <0, 8, S → NPVP.>，线图如图 2 所示：

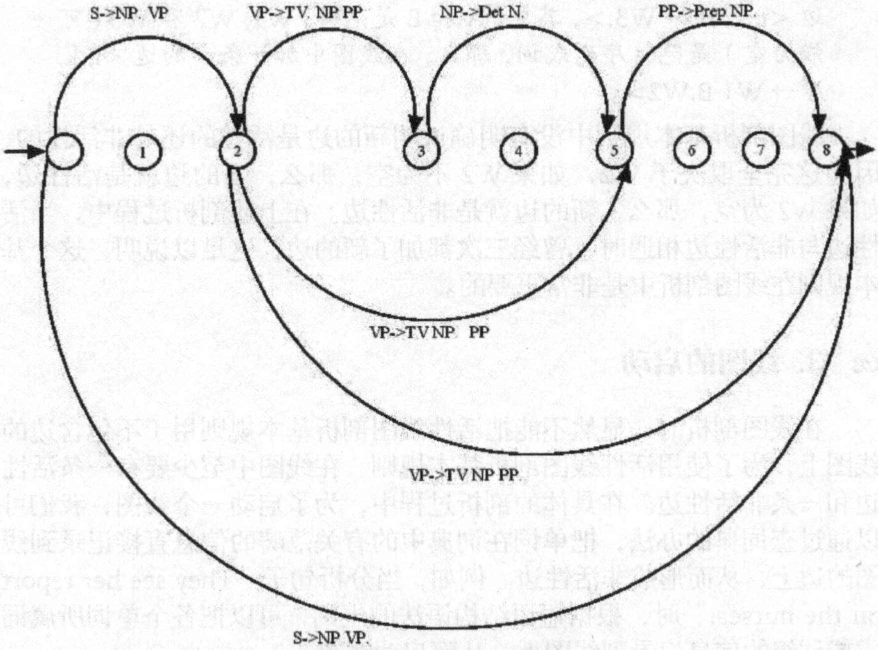

图 2　增加了新边的线图示例

这时，标记为“S → NP VP.”的非活性边横跨在句子的起点和终点之间，这说明，所剖析的符号串是一个合格的句子，剖析成功。

虽然还可能存在其他的剖析结果，但上述剖析结果至少是其中成功的一个。

从上面使用线图的剖析过程可以看出，如果一个活性边遇到了一个非活性边，而且，这个非活性边标记上的范畴满足活性边的要求，那么，就可以在线图中加上一条新的边，这条边横跨在活性边和非活性边上。

☙ 2. 线图剖析的基本规则

美国计算语言学家 Martin Kay 把这条规则称为“线图剖析的基本规则”（fundamental rule of chart parsing），可以稍微严格地表述如下（Kay，1984）：

如果在线图中含有活性边 <i, j, A → W1.B W2> 和非活性

边 <j, k, B → W3.>，其中，A 和 B 是范畴，W1, W2 和 W3（可能为空）是范畴序列或词，那么，在线图中加一条新的边 <i, k, A → W1 B.W2>。

线图剖析基本规则中没有明确说明新的边是活性的还是非活性的，因为这完全取决于 W2，如果 W2 不为空，那么，新的边就是活性边，如果 W2 为空，那么，新的边就是非活性边。在上述剖析过程中，当活性边与非活性边相遇时，曾经三次都加了新的边，这足以说明，这个基本规则在线图剖析中是非常重要的。

3. 线图的启动

在线图剖析时，显然不能把活性线图剖析基本规则用于不包含边的线图上，为了使用活性线图剖析基本规则，在线图中至少要有一条活性边和一条非活性边。在具体的剖析过程中，为了启动一个线图，我们可以通过查词典的办法，把单词在词典中的有关范畴的信息直接记录到线图的边上，从而形成非活性边。例如，当分析句子"They see her report on the nurses."时，根据短语结构语法的规则，可以把各个单词所属词类或词组的信息记录到线图上，从而启动线图。

例如，根据规则 they: <cat>=NP，可以写出标记"NP → they."记在非活性边上；根据规则 see: <cat>=TV，可以写出标记"TV → see."，记在非活性边上；根据规则 her: <cat>=Det 和规则 her: <cat>=NP，可以分别写出标记"Det → her."和标记"NP → her."，分别记在两条非活性边上，等等，如图 3 所示：

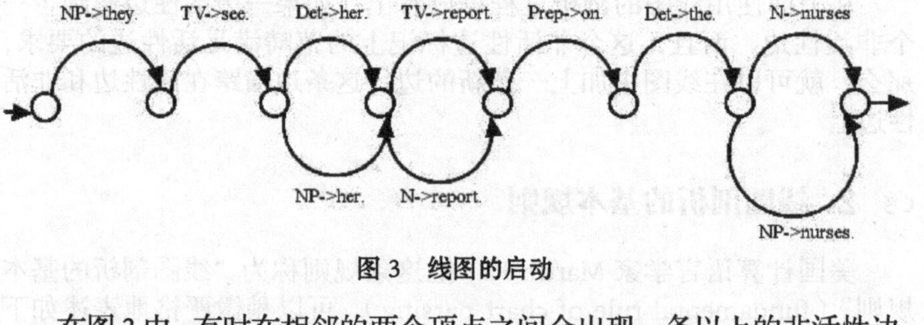

图 3　线图的启动

在图 3 中，有时在相邻的两个顶点之间会出现一条以上的非活性边，这是由于某些词的兼类引起的。

给线图作出非活性边只是启动的第一个步骤，在这种情况下，剖析还不能开始，我们还需要造出新的活性边，才能使用线图剖析的基本规则。

下面提出一个简单的办法来造出新的活性边：每当我们在线图中加一条带有标记 C 的非活性边时，就从同一顶点开始，加上一条没有标记的（空的）活性边，而对于语法中以成分 C 作为它的最左子节点的每一条规则，就可以在线图中没有标记的（空的）活性边上，加上反映该规则的标记，并且，这条活性边从同一顶点出发，在同一顶点结束，从而找查什么是它的组成成分，这样，就可以调用语法中的规则来进行自底向上的剖析。这种自底向上调用规则的策略，可归纳如下：

> 如果我们在线图中加一条形式为 <i, j, C → W1.> 的非活性边，那么，对于语法中每一条形式为 B → CW2 的规则，在线图上加一条形式为 <i, j, B → .CW2> 的活性边。这就是说，如果在顶点 i 与 j 之间有非活性边“C → W1.”，而语法中有规则 B → CW2，则在顶点 i 出发，在顶点 i 结束，加上一条活性边“B → CW2.”，如图 4 所示：

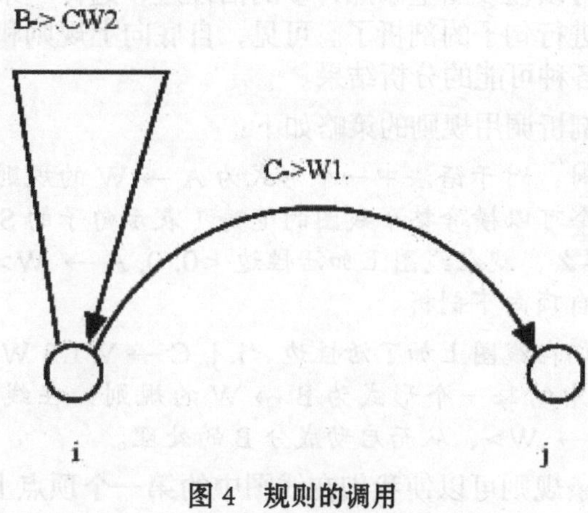

图 4　规则的调用

例如，在图 5 的顶点 0, 1, 2 之间，根据前述的短语结构语法，使用上述的自底向上规则，可作出如下的活性边：

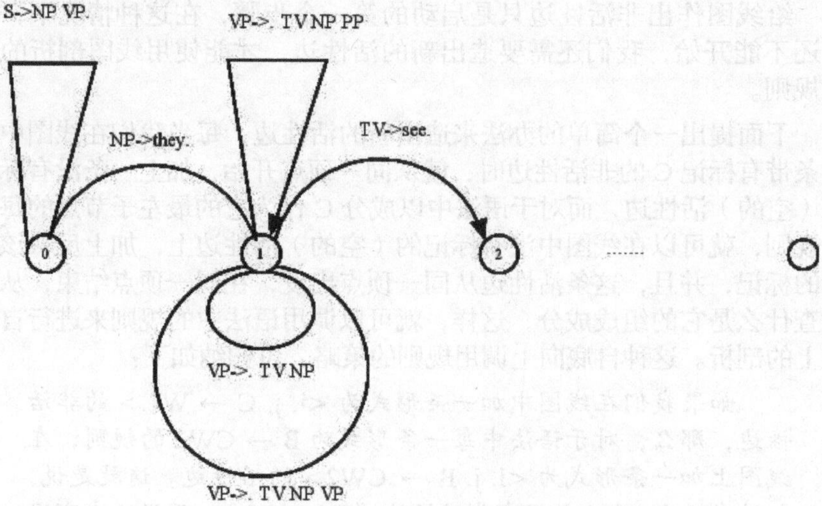

图 5　把自底向上规则用于启动后的线图

当用添加许多非活性边的方法来启动线图时，如果使用这样的自底向上规则，就可以在线图上添加许多的活性边，这样一来，就可以使用基本规则开始进行句子的剖析了。可见，自底向上规则和基本规则使得我们可以发现各种可能的分析结果。

自顶向下剖析调用规则的策略如下：

- 在启动时，对于语法中一个形式为 A → W 的规则，如果其中的 A 是一个可以横跨整个线图的范畴（表示句子的 S 就是这样的范畴），那么，就在线图上加活性边 <0, 0, A → .W>，从而启动句子 S 的自顶向下剖析。
- 如果我们在线图上加了活性边 <i, j, C → W1.B W2>，那么，对于语法中的每一个形式为 B → W 的规则，在线图上加活性边 <i, i, B → .W>，从而启动成分 B 的处理。

使用第一条规则可以使我们在线图中的第一个顶点上加上一条以 S 为标记左部的活性边，从而使剖析程序自顶向下地开始工作。

这就是说，如果在语法中有以 S 为左部的规则（S=A），那么，就可以在线图中的第一个顶点上，加上一条活性边 <0, 0, S → .W>。

例如，在图 6 的顶点 0, 1, 2 之间，根据短语结构语法，可以作出如下的活性边：

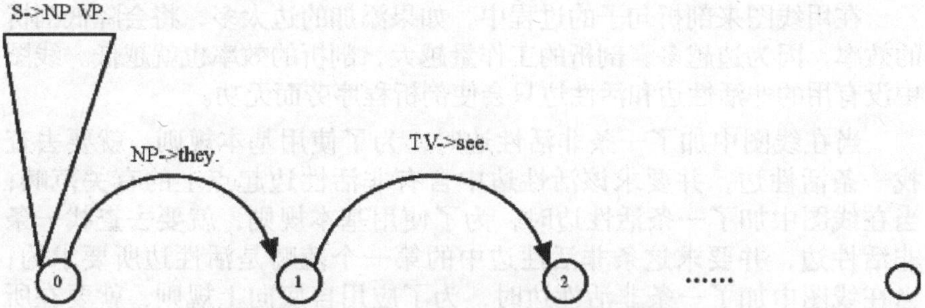

图 6 把自顶向下规则用于启动后的线图

由于语法中存在以 S 为左部的规则 S → NP VP，而且，线图中 0, 1 两点之间的非活性边“NP → they.”上标记的左侧 NP，恰好与规则 S → NP VP 中的 NP 相同，所以，就在线图上加活性边 <0, 0, S → .NP VP>，这样，就可以从 S 开始，进行自顶向下的剖析。

例如，在图 6 的顶点 0, 1, 2 之间，在加了第一条活性边“S→. NP VP”之后（这时，活性边 <i, j, C → W1.B W2> 的 i=0, j=0, C=S, W1=φ, B=NP, W2=VP），句子的自顶向下剖析就启动了。这时，由于语法中还有以 NP 为左部的规则 NP → Det N 和 NP → Det N PP，所以，还可以在线图上加活性边 <0, 0, NP → .Det N> 和 <0, 0, NP → .Det N PP>（这时，活性边 <i, i, B → .W1> 的 i=0, j=0, B=NP, W=Det N 或 Det N PP），从而启动 NP 的剖析。如图 7 所示：

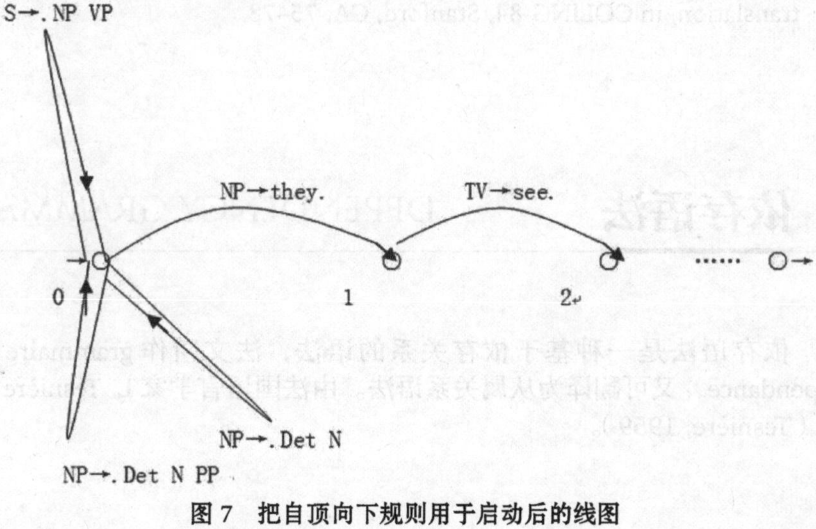

图 7 把自顶向下规则用于启动后的线图

在用线图来剖析句子的过程中，如果添加的边太多，将会降低剖析的效率，因为边越多，剖析的工作量越大，剖析的效率也就越低。线图中没有用的非活性边和活性边只会使剖析程序劳而无功。

当在线图中加了一条非活性边时，为了使用基本规则，就要去查找一条活性边，并要求该活性边中含有非活性边起点上的有关范畴；当在线图中加了一条活性边时，为了使用基本规则，就要去查找一条非活性边，并要求这条非活性边中的第一个范畴是活性边所要求的；当在线图中加了一条非活性边时，为了应用自底向上规则，就要在所有的语法规则中查找规则右部的第一个范畴，并要求该范畴与边上的范畴相同；当在线图中加了一条非活性边时，为了应用自顶向下规则，就要在所有的语法规则中进行查找，看一看规则的左部是不是边所要求的第一个范畴；如此等等。每当查找这些有特殊要求的边时，程序要对线图中所有的边进行搜索。因此，为了提高剖析的工作效率，如何合理而巧妙地设计线图，使它的边足够我们使用，而又不至于泛滥成灾，真正做到少而精，是线图分析时应该重视的一个极为重要的问题。

参考文献

冯志伟. 2002. 线图分析法. 当代语言学，(4): 266–273.

Kay, M. 1984. Functional unification grammar: A formalism for machine translation, in COLING-84, Stanford, CA, 75–78.

依存语法 DEPENDENCY GRAMMAR

依存语法是一种基于依存关系的语法，法文叫作 grammaire de dependance，又可翻译为从属关系语法。由法国语言学家 L. Tesnière 提出（Tesnière, 1959）。

☙ 1. 依存关系

依存语法是建立在依存关系的基础上的。依存关系是一种单向的二元关系，语言成分 A 和语言成分 B 之间的依存关系可以用有向图表示如图 1：

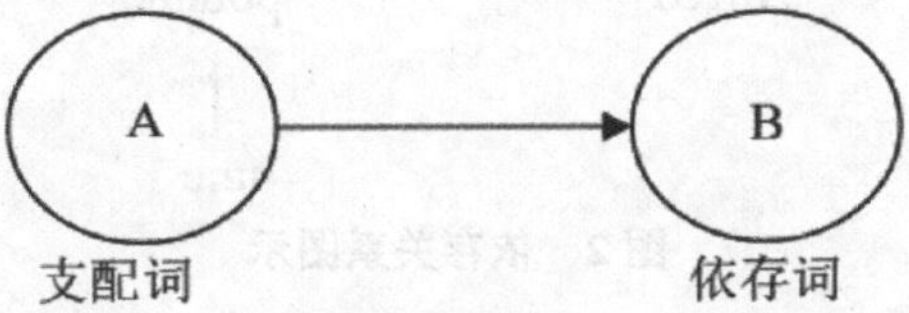

图 1　有向图

这种依存关系是不对称的，A 是支配词（governor），B 是依存词（dependent），箭头的方向由 A 指向 B，表示 A 支配 B，或者 B 依存于 A。

☙ 2. 句法关联

依存语法中两个单词之间的句法联系，叫作句法关联。句法关联的法语是 connexion。

例如，法语句子“Alfred parle.”（“阿尔弗列德讲话”）是由 Alfred 和 parle 两个形式构成的。但操法语的人在说这句话时，其意思并不是指一方面有一个人叫 Alfred，另一方面有一个人在讲话；而是指 Alfred 做了讲话这个动作，而讲话人是 Alfred，在 Alfred 和 parle 之间的这种关系，不是通过 Alfred 和 parle 这两个单独的形式来表达的，而是通过句法的联系来表达的，这种句法的联系就是句法关联。句法关联把 Alfred 和 parle 联在一起，使它们成为一个整体。

L. Tesnière 指出，这种情况与在化学中的情况是一样的，氯和钠化合形成一种化合物氯化钠（食盐），这完全是另外一种东西，它的性质不论与氯的性质或是与钠的性质都是迥然不同的，“句法关联”赋予句子以“严谨的组织和生命的气息”，它是句子的“生命线”。

L. Tesnière 认为，所谓造句，就是建立一堆词之间的各种句法关联，给这一堆词赋予生命；而所谓理解句子，就意味着要抓住把不同的词联系起来的各种句法关联。

句法关联要服从于层次（法语为 hiérarchie）原则，也就是说，句法关联要建立起句子中词与词之间的依存关系。这种依存关系可用“图式”（stemma）来表示。例如，“Alfred mange une pomme.”（法语“阿尔弗列德吃一个苹果”）可用图 2 的图式来表示：

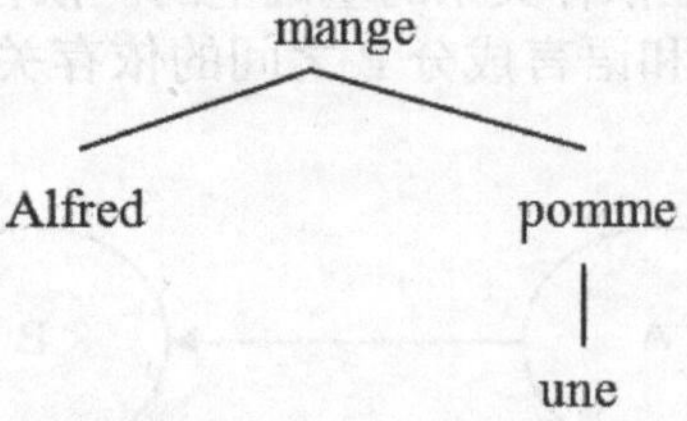

图 2　依存关系图示

这里，动词 mange（法语：吃）是句子的“节点”（法语为 noeud），Alfred 和 pomme（苹果）依存于动词 mange，它们被置于 mange 的下方；une（法语：一个）依存于 pomme，它被置于 pomme 的下方。

L. Tesnière 认为，动词是句子的中心，它支配着别的成分，而它本身却不受其他任何成分的支配。因此，他把主语和宾语同等看待，把它们都置于动词的支配之下。例如，法语句子“Mon jeune ami connaît mon jeune cousin”（“我年轻的朋友认识我年轻的表弟”）的图式如图 3：

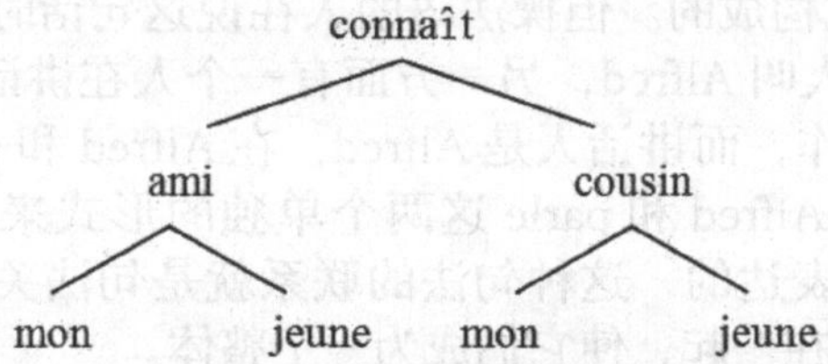

图 3　动词是句子的中心

主语的词组和宾语的词组都平列在动词节点 connaît（法语：认识）之下，这两个词组是可以相互调位的，因此，可以组成被动句“Mon jeune cousin est connu de mon jeune ami.”（“我年轻的表弟为我年轻的朋友所认识”）。

层次原则的一个必然推论是：所有的依存成分都依存于其支配者。例如，对比图 4 的图式 P1 和 P2：

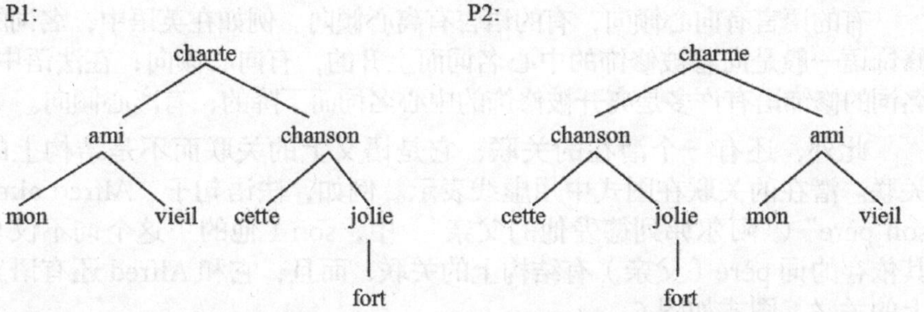

Mon vieil ami chante cette fort jolie chanson　　Cette fort jolie charme mon vieil ami

（我的老朋友唱这支十分动听的歌曲）　　（这支十分动听的歌曲迷住了我的老朋友）

图 4　层次原则

在图 4 中，P_1 中作主语的名词词组 mon vieil ami 在 P_2 中变为作宾语的名词词组；在 P_1 中作宾语的名词词组 Cette fort jolie chanson 在 P_2 中变为作主语的名词词组，而它们都是动词的依存成分。

L. Tesnière 提出，应该把结构顺序（法语为 ordre structurale）和线性顺序（法语为 ordre linéaire）区别开来。例如，词组 un petit garçon（“一个小的男孩”）与词组 un garçon poli（“一个有礼貌的男孩”）有关相同的结构顺序（图 5）：

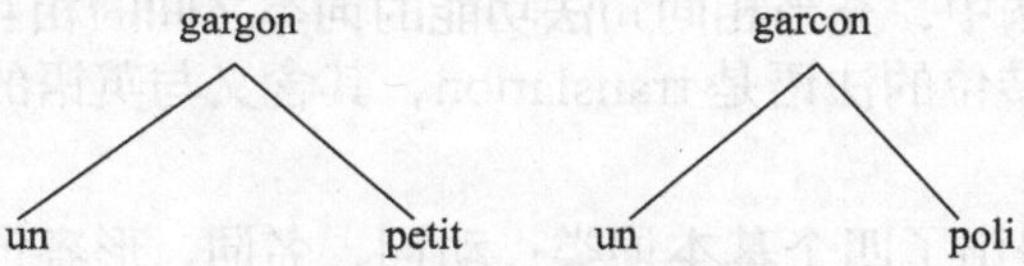

图 5　结构顺序与线性顺序

名词 garçon 在图式中是支配者，形容词 petit 和 poli 都依存于这个名词。但是，这两个词组的线性顺序却不同：在 un petit garçon 中，形容词 petit（“小”）在名词 garçon（“男孩”）的左侧；在 un garçon poli 中，形容词 poli（“有礼貌”）在名词 garçon 的右侧。显而易见，结构顺序是二维的，而线性顺序则是一维的。

依存语法中的一个重要问题，就是确定那些把二维的结构顺序改变为一维的线性顺序的规则，以及那些由一维的线性顺序导致二维的结构顺序的规则。garçon poli 的顺序是离心的或下降的，形容词 poli 离开中心名词 garçon 而下降；而 petit garçon 的顺序是向心的或上升的，形容词 petit 向着中心名词 garçon 而上升。

有的语言有向心倾向，有的语言有离心倾向。例如在英语中，名词的修饰语一般是向着被修饰的中心名词而上升的，有向心倾向；在法语中，名词的修饰语有许多是离开被修饰的中心名词而下降的，有离心倾向。

此外，还有一个潜在的关联，它是语义上的关联而不是结构上的关联。潜在的关联在图式中用虚线表示。例如，法语句子“Alfred aime son père”（“阿尔弗列德爱他的父亲”）中，son（他的）这个词不仅与其依存的词 père（父亲）有结构上的关联，而且，它和 Alfred 还有语义上的关联。图式如图 6：

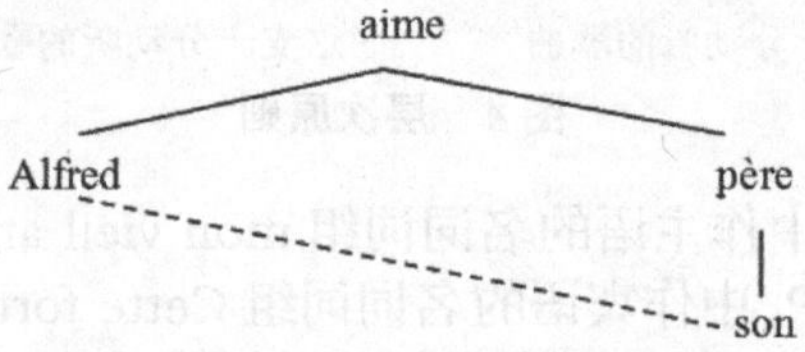

图 6　son 和 Alfred 的潜在关联

图中用虚线表示的 son 和 Alfred 之间的关联就是潜在的关联。

☙ 3. 句法转位

在依存语法中，充当相同句法功能的词类之间的相互替换，叫作句法转位。句法转位的法语是 translation，其含义与英语的 translation 不尽相同。

Tesnière 提出了四个基本词类：动词、名词、形容词、副词。动词用 I 表示，名词用 O 表示，形空词用 A 表示，副词用 E 表示。它们之间的依存关系图示如图 7：

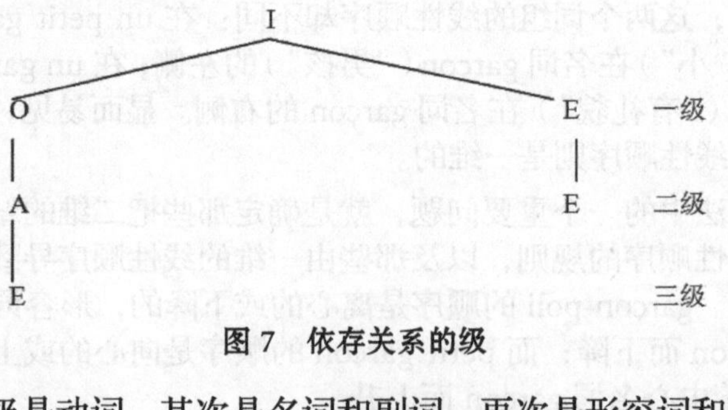

图 7　依存关系的级

最高的级是动词，其次是名词和副词，再次是形容词和副词。最低级的只有副词。

图式可以通过句法转位加以复杂化。在法语词组 le livre de Pièrre（“皮埃尔的书”）中，de Pièrre 在结构上与 levre 发生关系，它起着类似于形容词的作用。这样就可以认为，介词 de 把名词 Pièrre 转位为话语中的形容词。这种情况可图示如图 8：

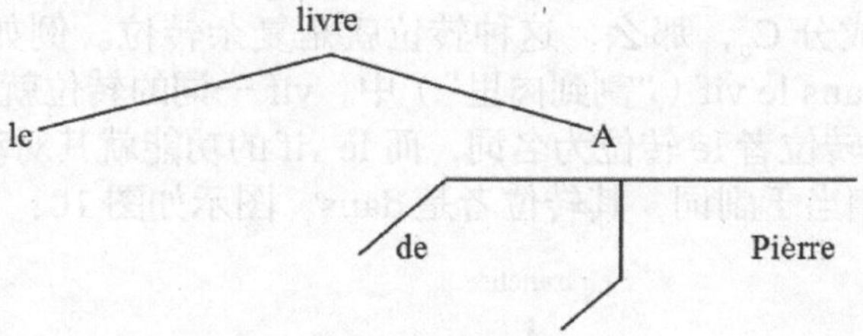

图 8　句法转位

这时，de 是转位者（translateur），Pièrre 是被转位者（translate），它们合起来构成一个句法转位。根据句法转位所涉及的词类，Tesnière 把句法转位区分为一度转位和二度转位。如果句法转位的被转位者是名词 (O)、形容词 (A) 和副词 (E)，那么，这种句法转位就是一度转位。如上例就是一度转位。如果句法转位的被转位者是动词 (1)，动词本身是支配者而不是被支配者，那么，这种转位就是二度转位。例如，在法语句子“Je crois qu’Alfred reviendra”（“我相信阿尔弗列德会回来的”）中，Alfred reviendra 代替了名词的位置，动词 reviendra 被 que 转位为名词。所以，这种转位是二度转位。

这种情况可表示如下（图 9）：

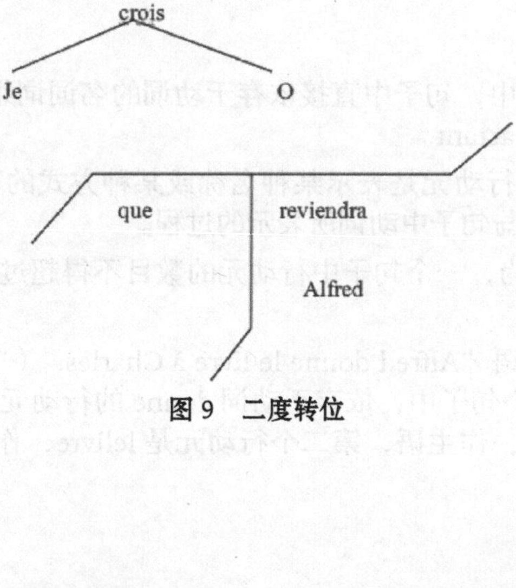

图 9　二度转位

在一度转位和二度转位的内部，Tesnière 还区分了简单转位和复杂转位。如果句法转位只是把一个成分转位到另一个成分，就是简单转位。如上述各例都是简单转位。如果句法转位可连续地从一个成分转位到另一个成分，又由这个成分转位到其他的成分，也就是先转位为成分 C_1，再由成分 C_1 转位为成分 C_2，再由成分 C_2 转位为成分 C_3，如此等等，一直转位到成分 C_n，那么，这种转位就是复杂转位。例如，在法语短语 trancher dans le vif（“割到肉里”）中，vif 一词的转位就是复杂转位：形容词 vif 由转位者 le 转位为名词，而 le vif 的功能就其对动词 trancher 的关系来说相当于副词，其转位者是 dans。图示如图 10：

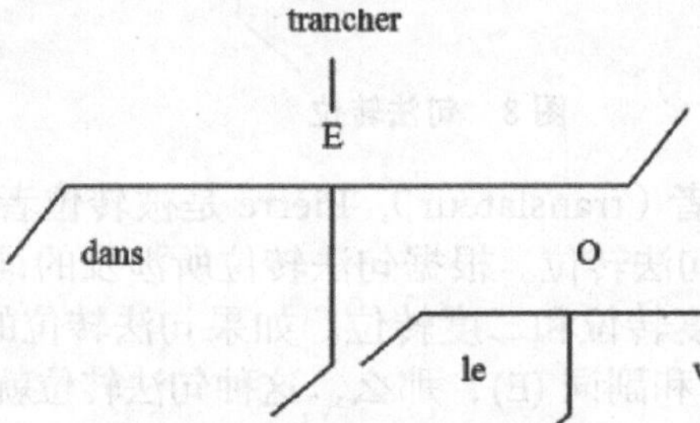

图 10　复杂转位

从理论上说，句法转位有六种类型：

O>A；　O>E；　A>O；

A>E；　E>O；　E>A。

4. 行动元

在依存语法中，句子中直接依存于动词的名词词组，叫作行动元。行动元的法语是 actant。

具体地说，行动元是表示某种名称或某种方式的事或物的名词词组，行动元要参与句子中动词所表示的过程。

Tesnière 认为，一个句子中行动元的数目不得超过三个：主语、宾语 1、宾语 2。

例如，在法语“Alfred donne le livre à Charles.”（“阿尔弗列德给查理一本书”）这个句子中，依存于动词 donne 的行动元有三个：第一个行动元是 Alfred，作主语，第二个行动元是 lelivre，作宾语 1，第三个

行动元是 à Charles，作宾语 2，如图 11 所示：

图11 行动元

在表示句子结构顺序的依存树中，行动元直接处于动词节点的支配之下。

5. 状态元

在依存语法中，句子中表示动词状态的单词或词组，叫作状态元。状态元的法语是 circonstant。从理论上说，状态元的数目可以是无限的。例如，在法语："Ce Soir, je passerai vite, chez lui, en sortant du bureau, pour..."（"今晚，我从办公室出来，将很快到他家去，为了……"）这个句子中，Ce Soir、vite、chez lui、en sortant du bureau、pour 等，都是状态元。

Tesnière 指出，在大部分欧洲语言中占中心地位的动词节点，代表了一出完整的小戏。如同实际的戏剧一般，它必然有剧情，大多也有人物和场景。他又指出，把戏剧里的说法挪到结构句法中来，剧情、人物和场景就变成了动词、行动元和状态元。

对于 Tesnière 把动词比喻为一出小戏的说法，有人作了如图 12 的一幅图画来形象地说明：

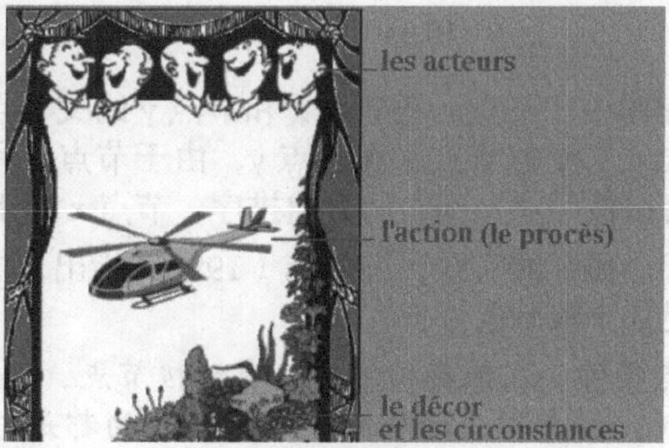

图 12　小戏比喻

在这幅画中，les acteurs 是人物，l’action (le procès) 是剧情，le décor et les circonstances 是场景。剧情相当于动词，人物相当于行动元，场景相当于状态元（冯志伟，1983）。

☙ 6. 依存树

依存图式又叫作依存树（dependency tree）。依存树中有两种关系值得关注，一种是支配关系（dominance relation），一种是前于关系（preference relation）。

在依存树中，如果从节点 x 到节点 y 有一系列的树枝把它们连接起来，系列中所有的树枝从 x 到 y 自上而下都有同一个方向，那么，就说节点 x 和节点 y 之间存在支配关系，节点 x 支配节点 y。可图示如图 13：

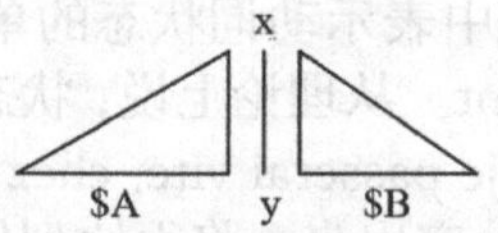

图 13 支配关系

在这个依存树中，$A 和 $B 表示子树，可以为空。

依存树中的两个节点 x 和 y，当它们之间没有支配关系的时候，就能够在从左到右的方向上排序，如果 x 在左，y 在右，那么，这两个节点之间就存在着前于关系，x 前于 y。可图示如图 14：

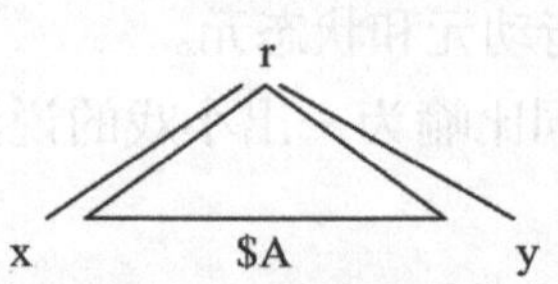

图 14 前于关系

在这个依存树中，节点 r 是节点 x 和节点 y 的父节点，$A 是子树，可以为空，节点 r 支配着节点 x 和节点 y，由于节点 x 和节点 y 之间没有支配关系，可以按照从左到右的方向排序，节点 x 前于节点 y。

根据机器翻译研究的实践，冯志伟（1998）指出，依存树是一个有向图，它应满足如下限制条件：

- **单纯节点条件**：在依存树中，只有终极节点，没有非终极节点，也就是说，依存树中的所有节点所代表的都是句子中实际出现的、具体的单词。

- **单一父节点条件**：在依存树中，除了根节点没有父节点之外，所有的节点都只有一个父节点。
- **独根节点条件**：一个依存树只能有一个根节点，这个根节点，也就是依存树中唯一没有父节点的节点，这个根节点支配着其他的所有的节点。
- **单一路径条件**：从根节点到依存树中其他每一个节点，只存在一条路径（path），整个依存树是连通的。
- **非交条件**：依存树中的树枝不能彼此相交。
- **互斥条件**：依存树中的节点之间，从上到下的支配关系（dominance）和从左到右的前于关系（precedence）是互相排斥的，也就是说，如果两个节点之间存在支配关系，那么，它们之间就不存在前于关系。

这些限制条件保证了依存树中的每个单词只有一个单独的支配词，从而使得依存结构是连通的，而且只有一个单独的根节点，从这个根节点出发，可以沿着一条单独的、有向的路径通向依存树中的每一个单词。

在依存语法这种语言模型中，短语成分和短语结构的规则不能再起直接的作用。在进行依存分析时，句子的句法结构只使用在一个句子中的单词以及单词与单词之间的有向的二元语法关系来描述。

例如，使用依存语法来分析英语句子“I prefer the morning flight through Denver.”，可以得到如图 15 的依存树：

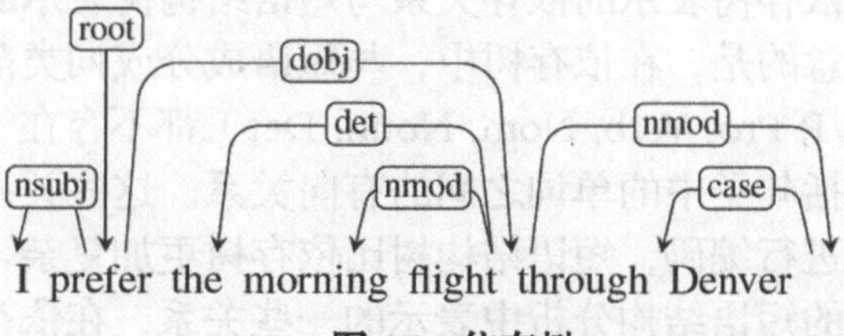

图 15　依存树

在这个依存树中，句子中单词与单词之间的关系使用有向的、带标记的弧来表示，弧的方向是从支配词指向依存词。我们把这种依存树叫作典型的依存结构（typed dependency structure），因为其标记都来自一个确定的语法关系库。依存树中还包括一个根节点来明确地表示这个依存树的根，这个根是整个结构的中心。从图 15 中可以看出，根节点支配着 prefer，prefer 支配着 I 和 flight，I 是 prefer 的名词性主语（nsubj），flight 是 prefer 的直接宾语（dobj），flight 的修饰语是 the、morning 和 Denver，the 是 flight 的限定语（det），morning 和 Denver 是 flight 的名词修饰语（nmod），Denver 支配着介词 through，表示 through 这样的格关系（case）。

这个句子的短语结构树如图 16 所示：

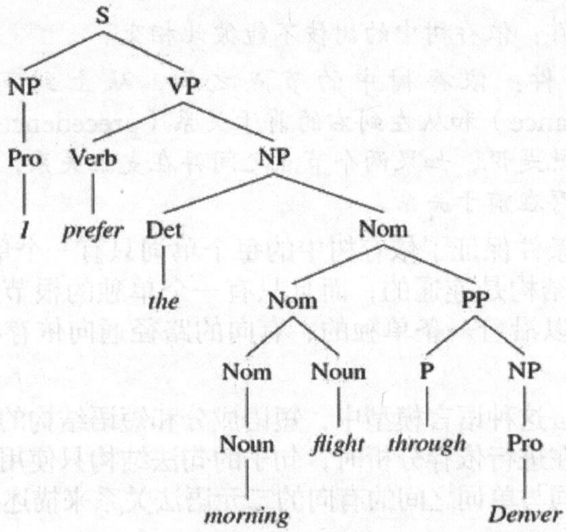

图 16　短语结构树

不难看出，依存树表示的依存关系与短语结构树表示的依存关系是相同的。应当注意的是，在依存树中，与短语成分或词类范畴相应的那些节点（S, NP, VP, Pro, Verb, Nom, Noun, Det）都不存在了。依存分析的内部结构只包括句子中的单词之间的有向关系。这些关系能直接地对重要的语法关系进行编码，短语结构树比依存树更加复杂，节点也更加多，在更加复杂的短语结构分析中表示的一些关系，在依存分析中都被隐藏起来了。例如，在依存树中，动词 prefer 的论元 I 和 flight 是直接与它相连的，而在短语结构树中，它们与 prefer 这个主要动词的距离要远得多。类似地，在依存结构中，flight 的修饰语 morning 和 Denver 也是直接与它相连的，而在短语结构树中，morning 和 Denver 则离 flight 很远。

显而易见，短语结构树比依存树复杂得多，在图 17 中，我们把依存树改变一下形式，与短语结构树进行对比。它们之间的这种区别就一目了然了。

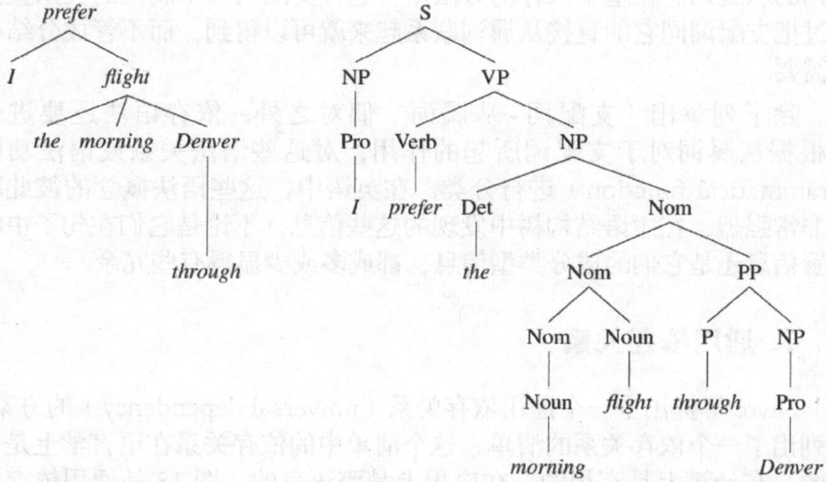

图 17　句子“I prefer the morning flight through Denver”的依存树与相应的短语结构树比较

依存语法还有一个突出的优点：它有能力处理那些形态丰富而且词序相对自由的语言。例如，捷克语的词序比英语灵活得多，语法宾语可以出现在地点状语之前，也可以出现在地点状语之后。短语结构语法必须把剖析树中处于地点状语短语之前或之后的所有可能的位置都加以区分，而基于依存的方法则只需要使用一种联系类型就足以表示这种状语关系了。由此可见，依存语法把句子中的词序信息抽取掉了，它只表示在分析中最为需要的依存关系信息。

使用依存语法的这种语言模型，支配词和从属词之间的关系近似地提供了句子的谓语和它的各个论元之间的句法语义关系，而这样的句法语义关系可以直接地应用在共指消减、问答系统、信息抽取等自然语言处理的研究中。短语结构语法的语言模型尽管也能提供类似的信息，但是往往要使用诸如中心词发现规则等复杂的分析技术从短语结构树中来提炼这些信息。

语法关系（grammatical relation）的传统语言学概念为这些依存结构提供了二元关系的基础。这些二元关系的论元包括一个支配词和一个从属词。一个成分的支配词就是在一个更大的成分中的中心词（例如，在一个名词短语中的中心名词，在一个动词短语中的中心动词）。在这个成分中其他的单词，或者是直接宾语，或者是间接宾语，都是它们支配词的从属词。在基于依存的方法中，这种支配词与从属词的关系直接通过把支配词同它的直接从属词联系起来就可以得到，而不管成分结构的需要。

除了列举出“支配词 - 从属词”偶对之外，依存语法还要进一步根据从属词对于支配词所起的作用，对这些语法关系或语法功能（grammatical function）进行分类。在英语中，这些语法概念的彼此联系非常强烈，在短语结构树中发现的这些信息，不论是它们在句子中的位置信息还是它们的成分类型信息，都或多或少显得有些冗余。

7. 通用依存关系

Nivre 等提出了一个通用依存关系（universal dependency）的方案。他列出了一个依存关系的清单，这个清单中的依存关系在语言学上是合理的，在计算上是有用的，在应用上是跨语言的。图 18 是通用依存关系的一个子集（de Marneffe et al., 2015）。

Clausal Argument Relations	Description
NSUBJ	Nominal subject
DOBJ	Direct object
IOBJ	Indirect object
CCOMP	Clausal complement
XCOMP	Open clausal complement
Nominal Modifier Relations	**Description**
NMOD	Nominal modifier
AMOD	Adjectival modifier
NUMMOD	Numeric modifier
APPOS	Appositional modifier
DET	Determiner
CASE	Prepositions, postpositions and other case markers
Other Notable Relations	**Description**
CONJ	Conjunct
CC	Coordinating conjunction

图 18 从通用依存关系集中选出来的一些依存关系

图 19 是这些选出来的依存关系的一些实例。

Relation	Examples with *head* and **dependent**
NSUBJ	**United** *canceled* the flight.
DOBJ	United *diverted* the **flight** to Reno.
	We *booked* her the first **flight** to Miami.
IOBJ	We *booked* **her** the flight to Miami.
NMOD	We took the **morning** *flight*.
AMOD	Book the **cheapest** *flight*.
NUMMOD	Before the storm JetBlue canceled **1000** *flights*.
APPOS	*United*, a **unit** of UAL, matched the fares.
DET	**The** *flight* was canceled.
	Which *flight* was delayed?
CONJ	We *flew* to Denver and **drove** to Steamboat.
CC	We flew to Denver **and** *drove* to Steamboat.
CASE	Book the flight **through** *Houston*.

图 19　通用依存关系的一些实例

常用的依存关系可以分为两大类：一类是短语论元关系（clausal arguments relation），用于描述与谓语（通常是动词）相关的句法角色，一类是修饰关系（modifier relation），用于对修饰中心词的单词的各种修饰成分进行分类。

例如，英语句子“United canceled the morning flight to Houston.”的依存树如图 20 所示：

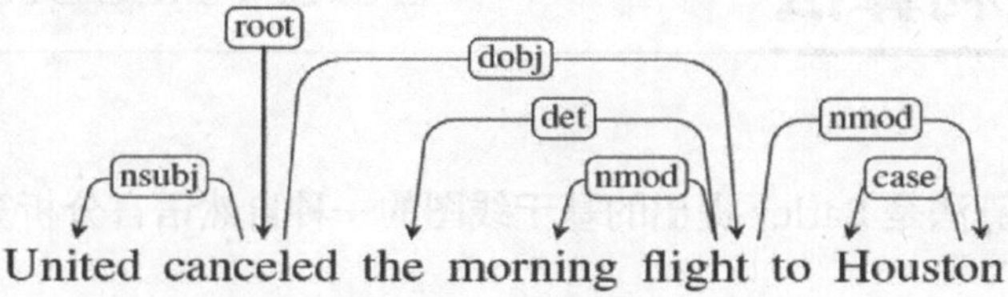

图 20　依存树

在这个依存树中，短语论元关系 nsubj 和 dobjJ 表示谓语 cancel 的名词性主语和直接宾语，而修饰关系 nmod、det 和 case 表示名词 flight 和 Houston 的名词性修饰语、限定语和介词格关系。

除了 Tesnière 的依存语法之外，基于依存语法的语言模型还有 Bar-Hillel 的范畴语法（category grammar）、Hudson 的词语法（word grammar）、Helbig 的配价语法（valence grammar）等，兹不赘述。

上述基于规则的语言模型在某些“子语言”（sub language）的自然语言处理的某些应用系统中获得了一定的成功，但是，由于自然语言的极端复杂性，要想进一步扩大这些应用系统的覆盖面，用它们来处理大规模的真实文本（large-scale, authentic text），仍然有很大的困难。因为在大规模的真实文本的处理中，从自然语言系统所需要装备的语言知识来看，其数量之浩大与颗粒度之精细，都是以往的任何自然语言处理系统所不能相比的。而且，随着系统拥有的知识在数量上和质量上发生的巨大变化，系统在如何获取、表示和管理知识等基本问题上，往往感到力不从心，逐渐地陷入了困境，不得不探索新的途径。

参考文献

冯志伟. 1983. 特斯尼耶尔的从属关系语法. 国外语言学，（1）: 63–65.

冯志伟. 1998 年 11 月 18–20 日. 从属关系语法的某些形式特性. 1998 年中文信息国际会议，北京，237–243.

Tesnière, L. 1959. *Éléments de Syntaxe Structurale*. Paris: Klinck-sieck.

伊尔利算法 EARLEY ALGORITHM

伊尔利算法是 Earley 提出的基于线图的一种自然语言分析算法。

☙ 1. 有向非成圈图

伊尔利算法的核心是线图。对于句子中的单词，线图把点规则写为“$A \rightarrow \alpha \cdot \beta$, $[i, j]$”这样的形式。

线图中的状态包含三种信息：

- 关于与语法的一个规则相对应的子树的信息；
- 关于完成这个子树已经通过的进程的信息；
- 关于这个子树相对于输入的位置的信息。

我们来研究下面三个状态的例子，它们是使用伊尔利算法在分析句子“Book that flight.”的过程中产生的。

使用的规则是：

$$S \rightarrow VP$$

$$NP \rightarrow Det\ Nominal$$

$$VP \rightarrow V\ NP$$

产生的三个状态是：

$$S \rightarrow \cdot VP, [0, 0]$$

$$NP \rightarrow Det \cdot Nominal, [1, 2]$$

$$VP \rightarrow V\ NP \cdot, [0, 3]$$

在第一个状态中，点处于成分的左侧，表示自顶向下地预测这个特定的开始节点 S。第一个 0 表示这个状态所预测的成分开始于输入符号串的开头；第二个 0 表示点也在开始的位置。第二个状态是在处理这个句子的下一个阶段产生的，它说明，NP 开始于位置 1，这时 Det 已经被成功地分析，期待下一步处理 Nominal。在第三个状态中，点处于规则中两个成分 V 和 NP 的右侧，表示已经成功地找到了与 VP 相对应的树，而且这个 VP 横跨在整个输入符号串上。这些状态也可以用图来表示，其中，分析的状态是边或者弧（arc），线图是一个有向非成圈图（directed acyclic graph，简称 DAG），如图 1 所示：

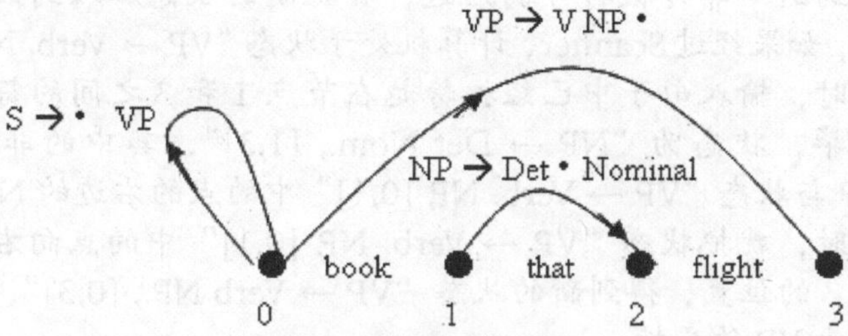

图 1　线图的状态

2. 三种不同的基本操作

Earley（1968）在他的算法中，提出了三种不同的基本操作：Predictor（预示）、Scanner（扫描）、Completer（完成）。它们的功能分述如下：

- Predictor：它的功能是预示。在自顶向下的搜索过程中，Predictor 的作用是生成新的状态来预示下一步可以做什么。Predictor 用于点规则中在点的右边为非终极符号的那些状态，对于每一个这样的非终极符号，根据语法规则进行进一步的扩展。这些新生成的状态可加入到线图中去。Predictor 从所生成的新状态的位置出发，再回到同一个位置。例如，应用 Predictor 于状态“S → .VP, [0,0]”，可以生成新的状态“VP → .V, [0,0]”和“VP → .V NP, [0,0]”，并把它们加入到线图中去。

- Scanner：它的功能是扫描。当状态中有一个词类范畴符号处于点的右边，Scanner 就检查输入句子，判断将要分析的单词的词类是否与这个词类范畴相匹配，如果匹配，就把点向右移动一个位置，并把新的状态加入到线图中。例如，在状态“VP → .V NP, [0,0]”中，点的右边是词类范畴 V，而在输入句子中恰恰分析到单词 book，而且根据规则“V→ book., [0,1]”，book 的词类范畴也是 V，两者相互匹配，这时，就把点向右移动一个位置，状态改变为“VP → V. NP, [0,1]”，并且把这个新的状态加入到线图中去。
- Completer：它的功能是完成某一种分析。当状态中的点的右边是非终极符号，而在输入句子中，这个非终极符号所跨越的输入符号串已经分析结束，这时，就把该状态中点的位置向右移动到这个非终极符号的右边，并把新的状态加入到线图中。例如，如果经过 Scanner，计算机处于状态“VP → Verb. NP, [0,1]”，这时，输入句子中已经把跨越在节点 1 和 3 之间的符号串处理完毕，状态为“NP → Det Nom., [1,3]”，其中的非终极符号 NP 与状态“VP → Verb. NP, [0,1]”中的点的右边的 NP 相匹配，这时，就把状态“VP → Verb. NP, [0,1]”中的点向右移动到节点 3 的位置，得到新的状态“VP → Verb NP., [0,3]”，从而完成对于 VP 的分析。

下面我们使用伊尔利算法来分析句子，进一步理解伊尔利算法的技术内容。

☙ 3. 分析实例 1

如果我们有如下的上下文无关语法：

(1) S → NP VP
(2) S → AUX NP VP

(3) S → VP

(4) NP → Det Nominal

(5) Nominal → Noun

(6) Nominal → Noun Nominal

(7) Nominal → Nominal PP

(8) NP → Proper-Noun

(9) VP → Verb

(10) VP → Verb NP

(11) Det → that | this | a

(12) Noun → book | flight | meat | money

(13) Verb → book | include | prefer

(14) Aux → does

(15) Prep → from | to | on

(16) Proper Noun → ASIANA | KA852

（说明：ASIANA 和 KA852 都是航班名称）。

这个上下文无关语法可以分析“Book that flight.”“Does KA852 have a first class section?”等句子。

现在我们使用这个上下文无关语法的规则来分析句子“Book that flight”，线图中的状态序列可表示如下：

Chart [0]

γ → .S	[0,0]	γ 表示开始状态是一个哑状态
S → .NP VP	[0,0]	Predictor
NP → .Det Nominal	[0,0]	Predictor
NP → .Proper-Noun	[0,0]	Predictor
S → .Aux NP VP	[0,0]	Predictor
S → .VP	[0,0]	Predictor
VP → .Verb	[0,0]	Predictor
VP → .Verb NP	[0,0]	Predictor

	Chart [1]	
Verb → book.	[0.1]	Scanner
VP → Verb.	[0,1]	Completer
S → VP.	[0,1]	Completer
VP → Verb. NP	[0,1]	Completer
NP → .Det Nominal	[1,1]	Predictor
NP → .Proper-Noun	[1,1]	Predictor
	Chart [2]	
Det → that.	[1,2]	Scanner
NP → Det. Nominal	[1,2]	Completer
Nominal → .Noun	[2,2]	Predictor
Nominal → .Noun Nominal	[2,2]	Predictor
	Chart [3]	
Noun → flight.	[2,3]	Scanner
Nominal → Noun.	[2,3]	Completer
Nominal → Noun Nominal	[2,3]	Completer
NP → Det Nominal.	[1,3]	Completer
VP → Verb NP.	[0,3]	Completer
S → VP.	[0,3]	Completer
Nominal → .Noun	[3,3]	Predictor
Nominal → .Noun Nominal	[3,3]	Predictor

上面我们列出了在分析句子“Book that flight”的整个过程中造出的状态序列。开始时，算法播下一个种子线图自顶向下地预测 S。这个种子线图的种植是通过在 Chart [0] 中加入哑状态（dummy state）γ →·S, [0,0] 来实现的。当处理这个状态时，算法转入 Predictor，造出三个状态来表示对于 S 的每一个可能的类型的预测，并逐一地造出这些树的所有左角的状态。当处理状态 VP → · Verb, [0,0] 时，调用 Scanner 并查找第一个单词。这时，代表 book 的动词意义的状态被加入到线图项目 Chart [1] 中。注意，当处理状态 VP → · Verb NP, [0,0] 时，还要再次调用 Scanner。但是，这一次没有必要再加一个新的状态，因为在线图中已经有一个与它等同的状态了。还要注意，由于这个语法是不完善的，

它还不能产生对于 book 的名词意义的预测，因此，在线图中就不必为此造一个线图项目了。

当 Chart [0] 中的所有的状态都处理以后，算法就转移到 Chart [1]，在这里，它找到了代表 book 的动词意义的状态。由于这个状态中的点规则的点处于它的成分的右侧，显然这是一个完成的状态，因此调用 Completer。然后，Completer 找到两个前面存在的 VP 状态，在输入中的这个位置上预测 Verb，复制这些状态并把它们的点向前推进，然后把它们加入到 Chart [1] 中。完成的状态对应于一个不及物动词 VP，这将导致造出一个表示命令句 S 的状态。另外，在及物动词短语中的点后面还有 NP，这将导致造出两个状态来预测 NP。最后，状态 NP → · Det Nominal, [1,1] 引起 Scanner 去查找单词 that，并把相应的状态加入到 Chart [2] 中。

移动到 Chart [2] 时，算法发现代表 that 的限定词意义的状态。这个完成状态导致在 Chart [1] 预测的 NP 状态中把点向前推进一步，并预测各种类型的 Nominal。其中的第一个 Nominal 引起最后一次调用 Scanner 去处理单词 flight。

移动到 Chart [3] 时，出现了代表 flight 的状态，这个状态导致一系列快速的 Completer 操作，分别完成一个 NP、一个及物的 VP 以及一个 S。在这个最后的 Chart 中出现了状态 S → VP ·, [0,3]，这意味着，算法已经找到了成功的分析结果。

刚才描述的伊尔利算法的这个版本实际上是一个识别器，而不是一个分析器。在处理完成之后，正确的句子也就离开线图中的状态 S → α ·, [0,N] 了。倒霉的是，这时还没有办法把句子 S 的结构检索出来。为了把这个算法转变为分析器，必须能够从线图中把一个一个的分析都抽取出来。为了做到这一点儿，每一个状态的表示必须再增加一个区域来存储关于生成句子中各个成分所完成的状态的信息。

这种信息只要简单地修改一下 Completer 就可以收集到。当状态中的点后面的成分被找到以后，Completer 通过推进老的未完成状态的办法，造出了一个新的状态，唯一需要修改的，就是让 Completer 给老的状态在新状态的前面一个状态的表中增加一个指针。当算法从线图检索分析树的时候，只要从在最后的线图项目中代表一个完全 S 的那个状态（或一些状态）开始，递归地进行检索，就能够把分析树从线图中检索出来。

下面写出使用修改过的 Completer 构造线图的过程。

Chart [0]

S0 γ → .S	[0,0]	[] 从哑状态开始	
S1 S → .NP VP	[0,0]	[]	Predictor
S2 NP → .Det Nominal	[0,0]	[]	Predictor
S3 NP → .Proper-Noun	[0,0]	[]	Predictor
S4 S → .Aux NP VP	[0,0]	[]	Predictor
S5 S → .VP	[0,0]	[]	Predictor
S6 VP → .Verb	[0,0]	[]	Predictor
S7 VP → .Verb NP	[0,0]	[]	Predictor

Chart [1]

S8 Verb → book.	[0.1]	[]	Scanner
S9 VP → Verb.	[0,1]	[S8]	Completer
S10 S → VP.	[0,1]	[S9]	Completer
S11 VP → Verb. NP	[0,1]	[S8]	Completer
S12 NP → .Det Nominal	[1,1]	[]	Predictor
S13 NP → .Proper-Noun	[1,1]	[]	Predictor

Chart [2]

S14 Det → that.	[1,2]	[]	Scanner
S15 NP → Det. Nominal	[1,2]	[S14]	Completer
S16 Nominal → .Noun	[2,2]	[]	Predictor
S17 Nominal → .Noun Nominal	[2,2]	[]	Predictor

Chart [3]

S18 Noun → flight.	[2,3]	[]	Scanner
S19 Nominal → Noun.	2,3]	[S18]	Completer
S20 Nominal → Noun. Nominal	[2,3]	[S18]	Completer
S21 NP → Det Nominal.	[1,3]	[S14, S19]	Completer
S22 VP → Verb NP.	[0,3]	[S8, S21]	Completer
S23 S → VP.	[0,3]	[S22]	Completer
S24 Nominal → .Noun	[3,3]	[]	Predictor
S25 Nominal → .Noun Nominal	[3,3]	[]	Predictor

可以看出，在使用伊尔利算法分析句子“Book that flight.”的全部过程中，Predicator 只是用于预测，并没有参与实际的分析过程，在构造线图的过程中删除了 Predicator 操作之后，整个的分析过程就可以归纳如下：

S8 Verb → book.	[0.1]	[]	Scanner
S9 VP → Verb.	[0,1]	[S8]	Completer
S10 S → VP.	[0,1]	[S9]	Completer
S11 VP → Verb. NP	[0,1]	[S8]	Completer
S14 Det → that.	[1,2]	[]	Scanner
S15 NP → Det. Nominal	[1,2]	[S14]	Completer
S18 Noun → flight.	[2,3]	[]	Scanner
S19 Nominal → Noun.	[2,3]	[S18]	Completer
S20 Nominal → Noun. Nominal	[2,3]	[S18]	Completer
S21 NP → Det Nominal.	[1,3]	[S14, S19]	Completer
S22 VP → Verb NP.	[0,3]	[S8, S21]	Completer
S23 S → VP.	[0,3]	[S22]	Completer

上述分析结果可以用 DAG 表示如图 2：

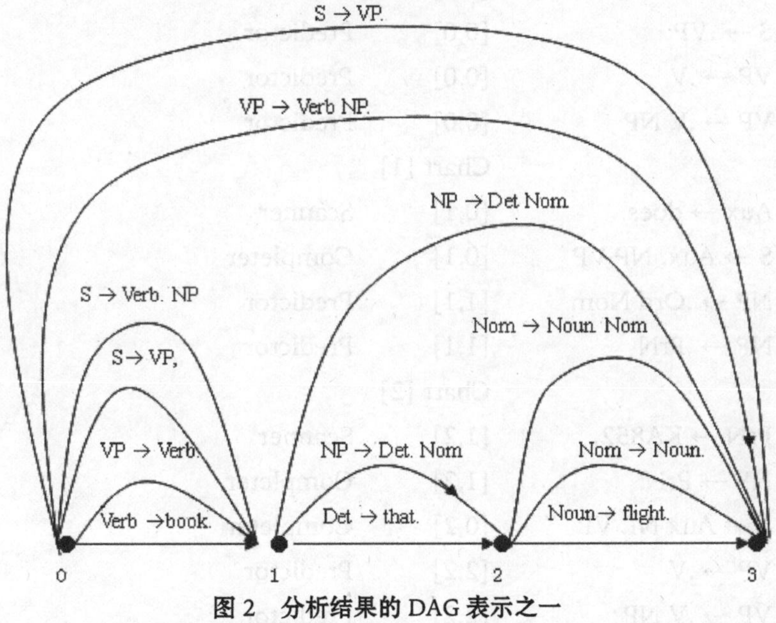

图 2　分析结果的 DAG 表示之一

☙ 4. 分析实例 2

下面我们使用伊尔利算法分析疑问句“Does KA852 have a first class section?”。

在这个句子中，“first”是一个次第数词，用“ord”表示，并在语法中增加规则

NP → Ord Nom

这个句子的状态是：

• Does	• KA 852	• have	• first	• class	• section	•
0	1	2	3	4	5	6

线图的状态序列如下：

	Chart [0]	
γ → .S	[0,0]	从哑状态开始
S → .NP VP	[0,0]	Predictor
NP → .Ord Nom	[0,0]	Predictor
NP → .PrN	[0,0]	Predictor
S → .Aux NP VP	[0,0]	Predictor
S → .VP	[0,0]	Predictor
VP → .V	[0,0]	Predictor
VP → .V NP	[0,0]	Predictor
	Chart [1]	
Aux → does.	[0,1]	Scanner
S → Aux. NP VP	[0,1]	Completer
NP → .Ord Nom	[1,1]	Predictor
NP → .PrN	[1,1]	Predictor
	Chart [2]	
PrN → KA852.	[1,2]	Scanner
NP → PrN.	[1,2]	Completer
S → Aux NP. VP	[0,2]	Completer
VP → .V	[2,2]	Predictor
VP → .V NP	[2,2]	Predictor

Chart [3]

V → have.	[2,3]	Scanner
VP → V.	[2,3]	Completer
VP → V. NP	[2,3]	Completer
NP → .Ord Nom	[3,3]	Predictor

Chart [4]

Ord → first.	[3,4]	Scanner
NP → Ord. Nom	[3,4]	Completer
Nom → .N Nom	[4,4]	Predictor
Nom → .N.	[4,4]	Predictor
Nom → .N PP	[4,4]	Predictor

Chart [5]

N → class.	[4,5]	Scanner
Nom → N.	[4,5]	Completer
NP → Ord Nom.	[3,5]	Completer
VP → V NP.	[2,5]	Completer
S → Aux NP VP.	[0,5]	Completer (S 的跨度为 5, 5 <6)
Nom → N. Nom	[4,5]	Completer
Nom → .N	[5,5]	Predictor

Chart [6]

N → section.	[5,6]	Scanner
Nom → N.	[5,6]	Completer
Nom→ N Nom.	[4,6]	Completer
NP → Ord Nom.	[3,6]	Completer
VP → V NP.	[2,6]	Completer
S → Aux NP VP.	[0,6]	Completer

[分析成功！]

分析过程为：

Aux → does.	[0,1]	Scanner
S → Aux. NP VP	[0,1]	Completer

PrN → KA 852.	[1,2]	Scanner
NP → PrN.	[1,2]	Completer
S → Aux NP. VP	[0,2]	Completer
V → have.	[2,3]	Scanner
VP → V.	[2,3]	Completer
VP → V. NP	[2,3]	Completer
Ord → first.	[3,4]	Scanner
NP → Ord. Nom	[3,4]	Completer
N → class.	[4,5]	Scanner
N → section.	[5,6]	Scanner
Nom → N.	[5,6]	Completer
Nom→ N Nom.	[4,6]	Completer
NP → Ord Nom.	[3,6]	Completer
VP → V NP.	[2,6]	Completer
S → Aux NP VP.	[0,6]	Completer

[分析成功！]

分析结果的 DAG 表示如图 3：

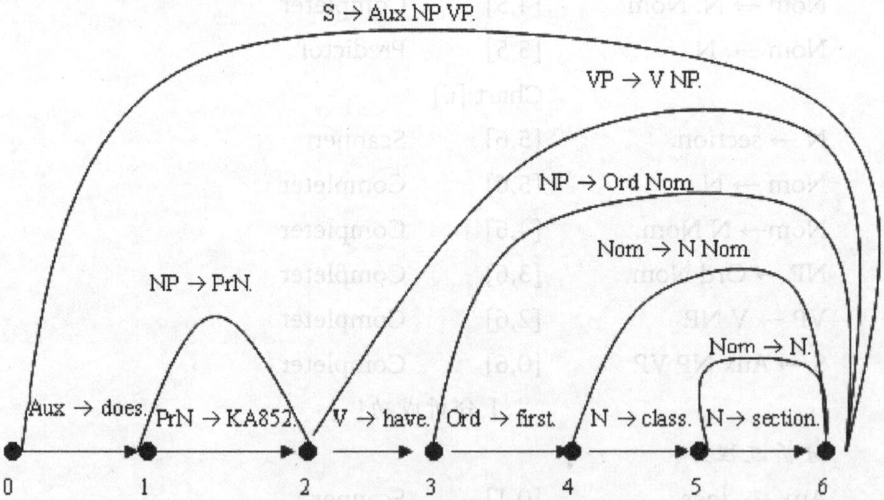

图 3　分析结果 DAG 表示之二

在上述句子的分析过程中没有回溯，明显地改进了自顶向下分析的效果，由此可以看出伊尔利算法的优越性。

参考文献

Earley, J. 1968. An Efficient Context-Free Parsing Algorithm. Ph.D. Thesis. Carnegie Mellon University, Pittsburgh, PA.

意义 ↔ 文本模型 MEANING↔TEXT MODEL

意义 ↔ 文本模型是一种用于建立自然语言的意义（meaning）和文本（text）之间对应的关系的、层次化的、系统化的语言形式模型。

意义 ↔ 文本模型是俄国语言学家 A. K. Zolkovski 和 I. A. Mel'chuk 在莫斯科提出的。他们最早的文章在 20 世纪 60 年代发表于俄语出版的《控制论问题》第 19 卷，文章的题目是：《论文本的语义合成》（On Semantic Synthesis of Text）。1977 年，I. A. Mel'chuk 离开莫斯科到了加拿大的蒙特利尔大学，在加拿大建立了一个专门的小组"意义 ↔ 文本语言学观察站"（法文：Observatoire de Linguistique Sen ↔ Texte）来深入研究意义 ↔ 文本模型，形成了一个独立的学派（Жолковский & Мельчук, 1967）。

1. 意义 ↔ 文本模型的三个基本假设

意义 ↔ 文本模型有三个基本假设：

假设 1：自然语言的意义和文本之间的对应是多对多的。

假设 2：自然语言中意义和文本之间的对应可以采用形式化的逻辑工具来描述，这个逻辑工具应当反映自然的说话人的语言活动。

假设 3：由于意义和文本之间的对应是非常复杂的，所以，在话语过程中，必须区分不同的中间层次，例如，句法层次、形态层次等。

假设 1 说明，所谓描写自然语言就是描写自然语言的意义集合与自然语言的文本集合之间的多对多的对应关系。

假设 2 说明，自然语言必须形式化地描写意义和文本之间的对应，建立意义 ↔ 文本模型。意义 ↔ 文本模型必须模拟说话人的语言活动，必须描述当说话人说话时，说话人是怎样把他想说的东西（也就是“意义”）转化为他说出的东西（也就是“文本”），而从意义到文本的转化方向也必须是特定的。

假设 3 说明，从意义到文本之间的对应包括一些不同的中间层次。这些层次有如下七个（如图 1 所示）：

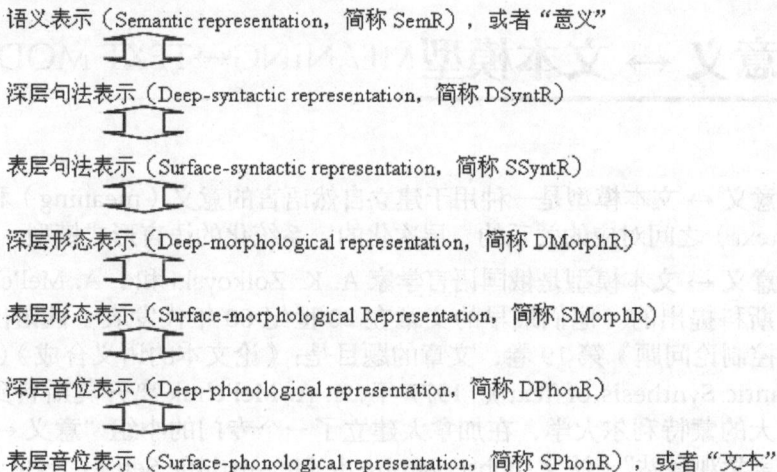

语义表示（Semantic representation，简称 SemR），或者“意义”

深层句法表示（Deep-syntactic representation，简称 DSyntR）

表层句法表示（Surface-syntactic representation，简称 SSyntR）

深层形态表示（Deep-morphological representation，简称 DMorphR）

表层形态表示（Surface-morphological Representation，简称 SMorphR）

深层音位表示（Deep-phonological representation，简称 DPhonR）

表层音位表示（Surface-phonological representation，简称 SPhonR），或者“文本”

图 1　模型的层次

“语义表示”这个层次（SemR）就是“意义”层次，“表层音位表示”这个层次（SPhonR）就是“文本”层次。这样一来，从意义到文本的对应就可以划分为六个模块：从 SemR 到 DSyntR 的对应是语义模块（semantics module），从 DSyntR 到 SSyntR 的对应是深层句法模块（deep syntax module），从 SSyntR 到 DMorphR 的对应是表层句法模块（surface syntax module），从 DMorphR 到 SMorphR 的对应是深层形态模块（deep morphological module），从 SMorphR 到 DPhonR 的对应是表层形态模块（surface morphological module），从 DPhonR 到 SPhonR 的对应是音位模块（phonology module）。从意义到文本的转化不是直接实现的，而是通过中间的各个层次来实现的。意义 ↔ 文本模型就是包括上述六个模块的、层次化的、系统化的模型。

␣ 2. 从语义表示到形态表示

不同层次的表示具有不同的性质。语义表示是多维的，因此，语义表示是一个多维的图（multi-dimensional graph）。句法表示是二维的，因此，句法表示是一个二维的树（two-dimensional tree）。形态表示是一维的，因此，形态表示是一个一维的串（one-dimensional string）。

意义到文本的转化过程就是从多维的图，经过二维的树，最后转化到一维的串的过程。例如，英语句子“Peter wants to sell his blue car.”的语义表示（也就是“意义”）如图 2：

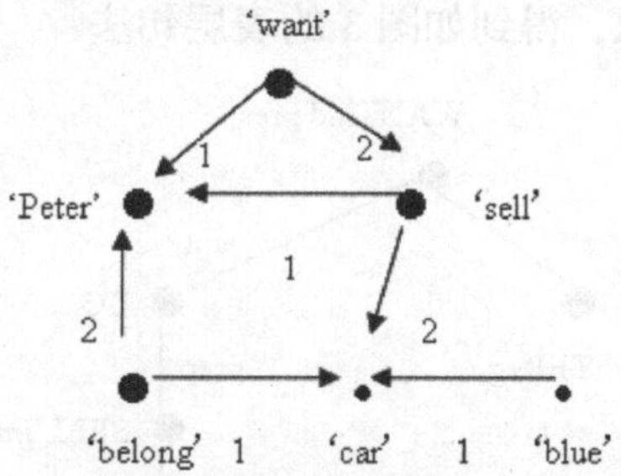

图 2　多维有向图

这个语义表示是一个多维的有向图。图中的节点上的标记叫作“语义素”（semanteme），语义素是一个语义单位，它相当于语言中单词的一个语义，语义素要用单括号括起来，从数学的角度看来，语义素相当于一个“函子”（functor），它的函项（argument）叫作“语义行动元”（semantic actant），没有函项的函子叫作语义名（semantic name），语义名一般都是具体名词。语义素和它的语义行动元之间用箭头相连接，这种连接叫作“语义依存”（semantic dependency），指向语义素的第 i 个语义行动元的箭头标以 i，语义行动元编号的顺序不是任意的，大致要根据说话时的句法要求来编号。图 2 中的语义表示说明，语义素 'want' 有两个语义行动元，第一个语义行动元是 'Peter'，第二个语义行动元是 'sell'；'sell' 本身也是一个语义素，它有两个语义行动元，第一个语义行动元是 'Peter'，第二个语义行动元是 'car'；'belong' 是一个语义素，表示所属关系，它有两个语义行动元，第一个语义行动元是 'car'，第二个语义行动元是 'Peter'；'blue' 是一个语义素，它只有一个语义行动元 'car'；'Peter' 和 'car' 都是语义名，它们都没有语义行动元。这个有向图中的关系错综复杂，形成一个非常复杂的、多维的网。应该注意的是，这个语义表示只代表话语的意义，并不代表话语的表层形式，'belong' 这个语义素在表层形式中是不出现的，但是，它表示所属关系，说明 'car' 是属于 'Peter' 的，这种关系对于话语的意义非常重要，尽管 'belong' 不在表层形式中出现。

图 2 中的有向图是经过简化的。实际上，每一个语义素的语义特征都构成一个有向图，它们从四面八方彼此联系起来，最后构成一个非常复杂的、立体的网络，所以，语义表示是一个多维的有向图。

这个语义表示经过语义模块和深层句法模块的处理，从语义表示 SemR 转化为深层句法表示 DSyntR，再从深层句法表示 DSyntR 转化为表层句法表示 SSyntR，得到如图 3 的表层句法：

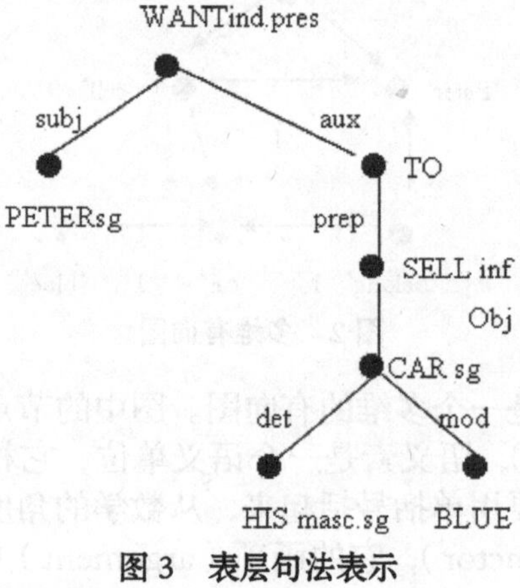

图 3　表层句法表示

这个表层句法表示是一个二维的依存关系树。

图 3 中的表层句法表示说明，依存关系树的根 WANTind.pres 是现在时态，它所支配的主语 subj 是 PETERsg，这是一个单数的名词，它还支配着 TO 和 SELL；TO 是一个介词 prep，SELL inf 是不定式动词；SELL 所支配的宾语 Obj 是 CAR sg，这是一个单数名词；CAR 所支配的限定词 det 是 HIS masc.sg，这是一个阳性单数代词，它替代了语义表示中的语义素 'belong'，说明了 CAR 和 PETER 之间的所属关系，因此，'belong' 在表层句法的表示中消失了；CAR 所支配的修饰语 mod 是 BLUE。这个依存关系树，只表示节点之间的依存关系，不表示节点之间的前后顺序，所以，它是二维的，而不是一维的。

图 3 中的表层句法表示，经过表层句法模块和深层形态模块的处理，从表层句法表示 SSyntR 转化为深层形态表示 DMorphR，再从深

层形态表示 DMorphR 转化为表层形态表示 SMorphR，得到的表层形态表示如下：

PETERsg WANTind.pres.sg TO SELLinf HISmasc.sg BLUE CARsg

这个表层形态表示是一个一维的符号串，符号串中的单词是有顺序的，而且每一个单词都带有相应的语法信息。

得到表层形态表示之后，如果是书面机器翻译系统，就可以直接取这些表层形态表示中的单词，根据单词中所得到的形态信息，经过一定的形态变化之后，作为翻译结果输出。如果是语音机器翻译，那么，还需要经过表层形态模块和音位模块的处理，把表层形态表示转化为深层音位表示，再把深层音位表示转化为表层音位表示，得到句子的语音输出。

意义 ↔ 文本模型可以描述机器翻译中的生成过程，可以作为机器翻译自动生成研究的理论基础。

当然，意义 ↔ 文本模型也可以用于描述自然语言处理中的分析过程，从图 1 可以看出，各个层次之间的联系是双向的，既可以从意义到文本，也可以反过来：从文本到意义。从文本到意义的过程也就是自然语言的分析过程。所以，意义 ↔ 文本模型既可以应用于自然语言的生成，也可以应用于自然语言的分析。

不过，Mel'chuk 强调，从实质上说，意义 ↔ 文本模型不是一个"生成"装置，而是一个"转换"装置。意义 ↔ 文本模型的主要工作原理是进行"同义转换"。利用同义现象之间的转换这个原理，意义 ↔ 文本模型在各个层次上生成大量的同义结构，这些同义结构再经过各种过滤装置，剔除不合乎自然语言规则的结构，筛选出合格的文本。"转换性"是意义 ↔ 文本模型最突出的特点。

☙ 3. 八种类型的过滤器

从意义到文本之间转换的每一个环节，都是"一对多"的关系，因此，Mel'chuk 设置了八种类型的过滤器，对各个层次的分析与生成的结果进行过滤。这八个过滤器是：

- 一般类型过滤器：剔除语义合成结果中所有包含人造虚构词的深层句法结构；
- 同类过滤器：剔除同义结构中所有包含"空位"关键词的深层句法结构；

- 保障语义配价和句法配价饱和的过滤器：剔除不满足配价要求的深层句法结构；
- 限制单词或词组的组合性能的过滤器：剔除不合规则的词汇组合；
- 词序规则过滤器：剔除在一定语言环境下不合格的词序；
- 限制表层句法成分的过滤器：剔除在表层句法结构中不合格的句法成分；
- 限制形态或构词的过滤器：剔除在形态或构词上不合格的句法成分；
- 优化文本的过滤器：剔除在修辞上不合格的文本。

在意义 ↔ 文本模型中，这些过滤器大部分都实现了，只有优化文本的过滤器还处在设想阶段。使用这些过滤器便于处理在各个层面上的歧义问题。

Mel'chuk（1979）曾经说过："意义 ↔ 文本模型应该做的事情是同样的：把给定的意义转构为表达这个意义的文本（因此这个模型是转构的）。"这段话原文是法语，照录如下："Un MST (Modele Sens-Texte) doit faire la même chose: traduire un sens donne en un texte qui l'exprime (voila pourquoi ce modele est 'traductif'."。Mel'chuk 在这里强调了"转构"（traductif）的重要性。

☙ 4. 转构语法

法国语言学家、巴黎第七大学 S. Kahane 根据 Mel'chuk 的思想和意义 ↔ 文本理论的精神，提出了"转构语法"（transductive grammar）。Kahane 把他的这种转构语法比拟为转录机（transducer），他认为转构语法的主要功能就是把意义 ↔ 文本模型中不同层次上的结构集合对应起来。设 S 和 S' 是两个不同层次上的结构集合（如图的集合、树的集合，符号串的集合），S 和 S' 之间的转构语法 G 就是把集合 S 中的元素与集合 S' 中的元素联系起来的形式语法。作为一种形式语法，转构语法 G 包括规则的有限集合，这些规则叫作对应规则，对应规则把由 S 中的元素组成的结构片断与由 S' 中的元素组成的结构的片断联系起来，相互对应。对于由 G 联系起来的结构 S 和结构 S'，G 也可以定义结构 S 中和结构 S' 中的某一部分，并且在这两个部分的片断之间进行一一对应的映射。

显而易见，这样的转构语法与一般的语法有很大的不同，它不是只研究语言中某一个层次上的问题，而是致力于探讨意义 ↔ 文本模型中不同层次的转构问题，因此，转构语法是一种“元语法的形式化模型”（meta-grammar formalism），这种元语法的形式化模型对于机器翻译中自动生成理论的进一步深入研究，当然是很有价值的。

参考文献

Жолковски, А.К. & Мельчук, И.А. 1967. О семантическом синтее, *Проблемы кибернетики*, Выпуск 19, Москва.

Mel'chuk, I. A. 1979. *Studies in Dependency Syntax*. Ann Arbor: Karoma Publishers.

优选语义学 PREFERENCE SEMANTICS

优选语义学是英国语言学家 Y. A. Wilks 于 1974 年在研制英法机器翻译系统的基础上提出的一种基于优选（preference）的语义学理论（Wilks，1978）。

优选语义学中共有五种语义单位，并有由较小的单位到较大的单位的构造规则。

这五个语义单位是：义素（semantic element），语义公式（semantic formula），语义裸模板（bare template），语义模板（template），语义超模板（paraplate）。

1. 义素

义素是威尔克斯定义的 80 个语义单元，用以表示语义实体、状态、性质和动作。这些义素共分为如下五组（大写英文字母表示义素，括号里的中文是其近似含义）：

- 语义实体：MAN（人类），STUFF（物质），SIGN（口头话书面信号），THING（物体），PART（事物的部分），FOLK（人类的群体)，STATE(存在的状态)，BEAST(兽类)，等等；

- 动作：FORCE(强制)，CAUSE(引起)，FLOW(流动)，PICK(挑选)，BE(存在)，等等；
- 性状(类型识别子)：KIND(性质)，HOW(动作的方式)，等等；
- 种类：CONT(容器)，GOOD(道德上可接受的)，THRU(孔)，等等；
- 格：TO(方向)，SOUR(来源)，GOAL(目标)，LOCA(位置)，SUBJ(施事)，OBJE(受事)，IN(包含)，POSS(领有)，等等。

此外，还有一种前面加了星号的义素用于表示类别。例如，*ANI表示有生命的义素MAN、BEAST和FOLK；*HUM表示人类义素MAN和FOLK；*PHYSOB表示包括MAN、THING等义素但不包括STUFF的义素的类；*DO表示动作类义素。使用星号可以简化义素的写法。

在选择义素时，应当考虑下面的原则：

- 全面性(comprehensiveness)：义素应当适合于全面地表达和区别不同词的词义；
- 独立性(independence)：不能存在可以用其他的义素来定义的义素；
- 非循环性(non-circularity)：不能存在可以彼此定义的义素；
- 基元性(primitiveness)：义素在意义上不能再进一步分解，也就是说，任何一个义素不能通过更小的义素来定义。

Y. A. Wilks指出，他根据这些原则所提出的义素，同韦伯斯特大词典中的高频度实词差不多完全吻合。

由义素构成语义公式以描写单词的语义，由语义公式构成语义裸模板和语义模板以描述简单句的语义，再由语义超模板描写更大的文句单位一直到句子的语义。

☙ 2. 常识推理

除了上述各种语义单位之外，在优选语义学中，还采用了常识推理的法则。这种常识推理法则，一般在需要较多信息，而语义公式、语义模板和语义超模板所含的信息不够用的情况下使用。例如，英语句子“The soldiers fired at the women and I saw several of them fall.”

(士兵们向妇女们开枪，我看见其中的几个倒下了)。

在这个句子中，them 是指代 soldiers，还是指代 women 呢？单凭上述五种语义单位是无法判定的，因为 soldiers 和 women 同样都可能倒下。在这种情况下，优选语义学可以采用如下的常识推理规则：

(1 (THIS STRIKE) (*ANI2)) ⟷ ((*ANI2) (NOTUP BE) DTHIS)

这里，(NOTUP BE) 这个子式表示“倒下”，DTHIS 是哑元，在此填补空白，使之与规范形式一致。

这条常识推理的含义是：“如果 1 打击了有生命的 2，有生命的 2 很可能会倒下”，句子中“women”是有生命的，又是被 soldiers 打击的客体，因此，按常识推理规则，倒下的应该是“women”而不是“soldiers”。

ꕥ 3. 原型词典

Y. A. Wilks 把优选语义学应用于自然语言机器翻译中，还使用了原型（stereotype）词典。在他设计的英法机器翻译系统中，在英语词目与法语词目一一对应的场合，原型词典中包括英语词目、它的语义公式、法语词目（法语名词还注上其语法性）。例如，

英语	法语
private（士兵）	(MASC simple soldat)
odd（奇数）	(impair)
build（建设）	(construire)
brandy（白兰地酒）	(FEMI eau de vie)

但是在更复杂的词典中，除了包括上述信息之外，还要加上选择规则。例如，英语的 advise 有两个法语等价物：conseiller à 和 conseiller，这就要考虑在所给动词中客体语义公式的首部的情况，如果首部是 MAN 或 FOLK，则选择 conseiller à，如果首部是 ACT、STATE 或 STUFF，则选择 conseiller。这时，原型词典的写法如下：

(ADVISE (CONSEILLER A (FN1 FOLK MAN)) (CONSEILLER (FN2 ACT STATE STUFF)))

其中，FN1 和 FN2 两个函数在进行选择时使用，它们的作用是区分法语两种不同的译法。例如，在“I advise John to have patience.”（我建议约翰要有耐心）中，advise 的宾语 John 是人（MAN），翻译为法语是选择 conseiller à，在“I advise patience.”（我建议要耐心一些）

中，advise 的宾语 patience 是一种状态（STATE），翻译为法语时选择 conseiller。这些都可以在较高的层次上，构造法语句子的函数来自动地完成。

这样的原型词典不仅可以用于单词，也可以用于词组。例如，英语的 out of 在法语中有三种译法：de、par、en dehors de，在选择时，要考虑支配 out of 的动词的语义信息以及在支配语段与被支配语段之间的深层格的联系特征。

4. 自动分析的步骤

采用优选语义学进行语言自动分析过程可以分为如下几个步骤：

① 切分（SEGMENTATION）：以成段的文章作为处理单位，根据关键词把整段文章切分为若干片段，这里的关键词是指标点符号、连接词和介词。例如：

I advise him / to go

I want him / to go

John likes / eating fish

The old man / in the corner / left

The key is / in the lock

He put the list / in the table

I bought the wine, / sat on a rock / and drink it

其中，"/"表示片段之间的切分点。

② 匹配（PICKUP）：把抽出的切分段与语义裸模板进行匹配，看相应的切分段符合哪一个语义裸模板，当符合的语义裸模板不止一个时，要把与切分段项匹配的所有的语义裸模板都找出来。

③ 扩展（EXTEND）：把语义裸模板扩展为语义模板的网络。这时，在切分段内部，以语义模板为框架建立词与词之间的相互关系。如果在前一步的匹配中，得到的语义裸模板不止一个，那么，在建立相互关系时，就要根据各个语义裸模板的语义联系程度的不同情况进行优选。

④ 捆绑（TIE）：在各个语义模板之间建立联系，把语义模板捆绑为语义超模板。这时，在切分段外部，也就是在切分段与切分段之间建立联系。捆绑的主要任务是：

- 建立模板之间的深层格的联系；
- 建立哑元与它所替代的词之间的联系；
- 解决遗留的歧义问题；
- 解决代词的指代问题。

经过上述的切分、匹配、扩展和捆绑等阶段，便可以实现对于文本的优选语义学分析。

ꕤ 5. 语义公式

在优选语义学中，由义素以及左右圆括号构成的公式，叫作语义公式。义素在语义公式中要按一定的顺序来排列，语义公式中最重要的义素永远排在最右端，称为语义公式的首部（head），首部直接或间接地支配着语义公式中的其他义素。可作为首部的义素也可以出现在语义公式的内部。

例如，CAUSE 可出现在 drink（喝）的语义公式的首部，因为 drink 可以看成是一种“引起后果的行动”，而在 box（拳击）的语义公式的内部，也可以出现 CAUSE 这个义素，box 的语义公式的含义是“打某人，目的是引起他疼痛”。

为了避免在语义公式中增加新的义素，可以由两个义素构成子式（sub-formula）。例如，子式 (FLOW STUFF) 表示液体，子式（THRU PART）表示孔洞。

下面举出一个语义公式的例子。

drink（喝）的语义公式为：

drink（动作）→((*ANI SUBJ)(((FLOW STUFF)OBJE)((SELF IN)(((*ANI(THRU PART))TO)(BE CAUSE)))))

最右边的义素 CAUSE 是首部。整个语义公式由若干个子式嵌套而成，每个子式既是对格关系的说明，又是对语义公式首部的说明。在各层子式中，括号内两项之间有一定的依赖关系，它是对于类型的进一步说明。例如，上例中的 *ANI 就是对于施事者类型的说明。子式与子式之间的关系不是依赖关系，但子式在语义公式中的顺序很重要。例如，在语义公式中，一个表示受事的说明就被认为是其右边所有动作的宾语，不管这个动作是处于语义公式的首部还是处于语义公式内部的其他层次上。

下面把 drink 的语义公式分解为子式，分别说明它们的意义。

子式	格／动作	值	解释
(*ANI SUBJ)	SUBJ	*ANI	优先的行为主体是有生命的
((FLOW STUFF)OBJE)	OBJE	(FLOW STUFF)	优先的客体是液体
(SELF IN)	IN	SELF	容器是主体本身
(((*ANI(THRU PART))TO)	TO	*ANI(THRU(PART))	动作的方向是人身体上的孔（即嘴）
(BE CAUSE)	CAUSE	BE	动作是属于引起存在（于某处）类型的

根据语义公式，drink 的意义可以这样来理解：drink 是一个动词，优先的行为主体是有生命的物体 (*ANI SUBJ)，动作的优先客体是液体或者能够流动的物质 ((FLOW STUFF)OBJE)，动作导致液体存在于有生命的物体的自身内部 (SELF IN)，液体通过（TO 表示方向格关系）有生命物体上的一个特殊的孔进入体内。

在这里，优先（preference）这个关系很重要。SUBJ 表示动作的优先主体，OBJE 表示动作的优先客体。但是，又不能把优先当作一种呆板的规定，应该优先选择正常的情况；假如选择不到正常的情况，就选不正常情况，这样就可以解决比喻等问题。例如，下面的句子都是“不正常”的比喻，但的确是可以接受的。

To drink gall and wormwood.

（喝苦胆和艾草 → 深恶痛绝）

The car drinks gasoline.

（汽车喝汽油 → 给汽车加油）

fire at（射击）的语义公式为：

fire at（动作）→（(MAN SUBJ)((*ANI OBJE)(STRIKE GOAL)((THING INSTR)((THING MOVE)CAUSE))))

fire at 的语义公式的各个子式说明如下：

子式	格／动作	值	解释
(MAN SUBJ)	SUBJ	MAN	优先的动作主体是人
(*ANI OBJE)	OBJE	*ANI	优先的客体是有生命物
(STRIKE GOAL)	GOAL	STRIKE	动作的目标是打击有生命物

grasp（抓）的语义公式如下：

grasp（动作）→ ((*ANI SUBJ)((*PHYSOB OBJE)(((THIS

(MAN PART))INSTR) (TOUCH SENSE))))

grasp 语义公式的各个子式说明如下：

子式	格/动作	值	解释
(*ANI SUBJ)	SUBJ	*ANI	优先的行为主体是有生命的
(*PHYSOB OBJE)	OBJE	*PHYSOB	优先的客体是物体
((THIS (MAN PART))INSTR)	INSTR	(THIS(MAN PART))	动作的工具是人体的一个部分（手）
(TOUCH SENSE)	SENSE	TOUCH	动作是实际接触

因此，grasp 的意思是：接触物体的动作，行为的优先主体是有生命的物体，行为的工具是人体的一个部分——手。

下面是另外几个语义公式的例子：

policemen → ((FOLK SOUR) ((((NOTGOOD MAN)OBJE)PICK) (SUBJ MAN)))

这个语义公式可用树形图表示如图 1：

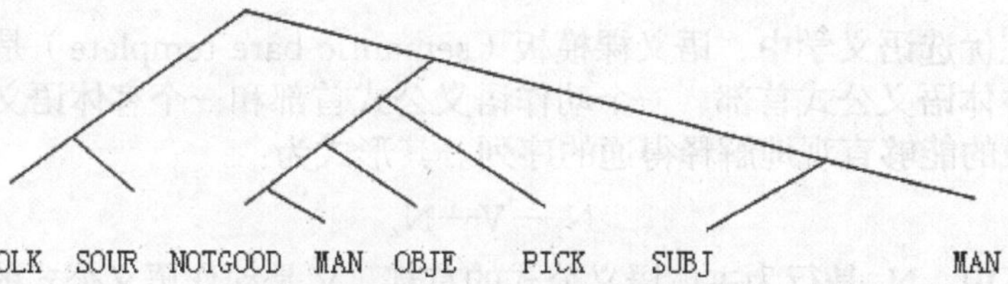

图 1　表示语义公式的树形图 1

由此可知，其意思是：policeman 是从人群 (FOLK) 中找出坏人的人。

big → ((*PHYSOB POSS) (MUCH KIND))

这个语义公式可用树形图表示如图 2：

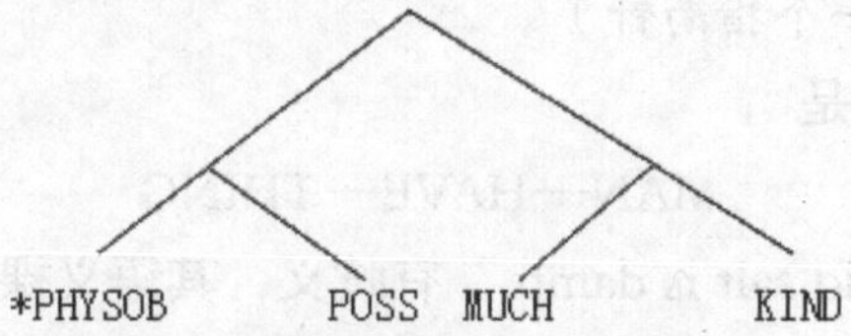

图 2　表示语义公式的树形图 2

由此可知，其意思是：big 表示的性质是物体 (*PHYSOB) 所优先具有的，而一般的物质 (STUFF) 不能由 big 修饰（不能说“big substances”），big 的性质 (KIND) 是大 (MUCH)。

interrogate → ((MAN SUBJ) ((MAN OBJE) (TELL FORCE)))

这个语义公式可用树形图表示如图 3：

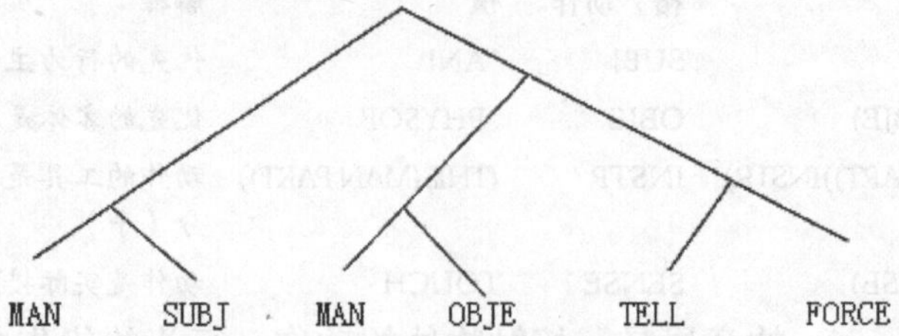

图 3　表示语义公式的树形图 3

由此可知，其意思是：interrogate 是强迫说明某事，优先表现为人对人的动作。

6. 语义裸模板

在优选语义学中，语义裸模板（semantic bare template）是由一个行为主体语义公式首部、一个动作语义公式首部和一个客体语义公式首部组成的能够直观地解释得通的序列。其形式为：

$$N_1—V—N_2$$

其中，N_1 是行为主体语义公式的首部，V 是动作语义公式的首部，N_2 是行为客体语义公式的首部或者是表示性质的义素 KIND。

实质上，语义裸模板提出了句子主要成分——主语、谓语和直接宾语（或表语）的语义类。

例如，"He has a compass."

（他有一个指南针）

的语义裸模板是

MAN—HAVE—THING

又如，"The old salt is damp." 有歧义，其语义裸模板有两个：

一个是：MAN—BE—KIND

其意思是"老水手消沉"。

另一个是：STUFF—BE—KIND

其意思是"陈盐潮了"。

用这种三项义素组成的语义裸模板，可以记录一切句子，甚至可以记录那些谓语用不及物动词来表达的句子。如果谓语是不及物动词，在语义裸模板中 N_2 的位置上可用一个虚构的节点 DTHIS 来代替。这个 DTHIS 不与句子中任何东西相对应，叫作哑元。例如，He travels（他旅行）这个句子，可以表示为这样的语义裸模板：

MAN—DO—DTHIS

7. 语义模板

在优选语义学中，如果语义公式的首部能组成语义裸模板，那么这些语义公式可能依附于其上的其他语义公式所组成的序列，就称为该原文片段的一个语义模板（semantic template）。

例如，句子"Small men sometimes father big sons."（有时小个子人是大个子儿子的父亲）可表示为两个语义公式序列。现将语义公式的首部与句子中的单词一一对应写出如下：

small	men	sometimes	father	big	sons
KIND	MAN	HOW	MAN	KIND	MAN
KIND	MAN	HOW	CAUSE	KIND	MAN

其中，CAUSE 是 father 作为动词（"引起产生生命"之意）用时的语义公式的首部。

第一个序列不能组成语义裸模板，因为它的三联元素序列在直观上解释不通，而第二个序列中的 MAN CAUSE MAN 可以直观地解释为"人引起人的存在"，所以是一个语义裸模板，它是句子模板的核心部分，这样，它也就成了句子的语义模板。

语义模板并不仅仅包括语义公式的首部，它实际上是语义公式组成的网络，首部只不过是其核心部分。有些歧义问题，要在初步建立起语义模板之后，再进一步扩展分析才能解决。例如，在"The old salt drinks wine."这个句子中，salt 有两个词义："水手"或"盐"。

取前一个词义，这个句子的语义模板是：

MAN—INGEST—THING

取后一个词义，这个句子的语义模板是：

STUFF—INGEST—THING

由于存在两个语义模板，还不能马上得出这个句子的意思，必须再进一步分析。从drink的语义公式可知，这个“喝”的动作要以生物作为行为的主体，这样，前一个语义模板MAN—INGEST—THING中，第一项和第二项这两项间联系的密度就增大了，因此，就优选第一个词义“水手”，而STUFF—INGEST—THING这个语义模板就被排除，从而得出这个句子的意思是“老水手喝酒”。

又如，在

“Policeman interrogated the crook.”这个句子中，crook有两个词义：“无赖汉”或“牧羊杖”。

取前一个词义，句子的语义模板是：

MAN—FORCE—MAN

取后一个词义，句子的语义模板是：

MAN—FORCE—THING

从interrogate的语义公式可以知道，这个动作优先以人为客体，因此选择第一个语义模板而排除第二个语义模板，从而得出这个句子的意思是“警察审问无赖汉”。

8. 语义超模板

在优选语义学中，把语义模板结合起来形成的模板，叫作语义超模板。

语义模板结合的方式有两种：

- 利用虚构的节点。例如，当动词由不及物动词充当时，根据作直接宾语的哑元（它显然是一个虚构的节点），可以引入间接宾语，或者利用语义模板中的深层格信息引入状语。
- 找出指代和照应关系。这常常要求语义模板有充分的语义信息。

例如，在下面的一段话中，

“Give the bananas to the monkeys, although they are not ripe. They are hungry.”（把香蕉给猴子，尽管它们没有熟。它们饿了。）

第一个they是指代bananas的，第二个they是指代monkey的。这是因为ripe的语义公式满足bananas语义公式中被支配成分的条件，而hungry的语义公式满足monkey语义公式中的条件。

又如，句子“John took a bottle of whisky, came to the rock and drank it."（约翰拿着一瓶威士忌酒，来到岩石那里把它喝了。）

在这个句子中，it 是指代 whisky 而不是指代 bottle 或 rock 的。这是因为 drink 这个动作优先以液体作为其客体，而 whisky 是液体，bottle 和 rock 都不是液体。

指代在语言信息处理中是一个相当困难的问题，采用优选语义学的方法，可以相对容易地得到解决。

☙ 9. 优选语义学的特点

Y. A. Wilks 的优选语义学最为引人注目的特点是：

- 语言分析不经过形态分析和句法分析等中间阶段，形态信息和句法信息都通过语义信息表示出来，这样，就摆脱了传统的句法分析的框框，使整个分析都牢牢地扎根在语义的基础之上，自然语言的自动分析成为一个完整的语义分析系统。
- 文本的各个片段的语义描写，从单词到整个段落，都可以用义素和括号统一地进行。

优选语义学也不是没有缺点的，但它无疑是描写自然语言语义的一种经过周密考虑的手段。更加重要的是，威尔克斯不仅提出了优选语义学的思想，他还把这种理论在机器翻译系统中实现了。因此，优选语义学对于自然语言信息处理的价值是不容忽视的。

参考文献

Wilks, Y. 1978. Making preferences more active. *Artificial Intelligence, 11*(3): 197–223.

有限状态转移网络

FINITE STATE TRANSITION NETWORK

由有限个状态、有限个语言符号和转移函数三个部分组成的状态转移网络叫作有限状态转移网络，简称 FSTN（冯志伟，1991）。

1. 有限状态转移网络三元组

一个有限状态转移网络可由 Q, V, T 三部分组成：

$$FSTN=(Q, V, T)$$

其中，

Q 表示状态的有限的非空集合

$$Q=\{q_0, q_1, ..., q_n\}$$

$q_0, q_1, ..., q_n$ 表示不同的状态；

V 表示语言符号的有限的非空集合

$$V=\{a_1, a_2, ..., a_m\}$$

$a_1, a_2, ..., a_m$ 表示不同的语素或标点符号。

T 表示转移函数，它要反映出当有限状态网络在 Q 中的某一状态 q_i 扫描到 V 中的某个特定的词或词缀 a_i 时，这个有限状态转移网络将转移到 Q 中的什么状态。Q 中的状态有两个是比较特殊的：一个是初始状态，记为 q_0，一个是终极状态，记为 q_f。显然，$q_0 \in Q, q_f \in Q$。

例如，我们可以这样来定义一个有限状态转移网络：

$$FSTN=(Q, V, T)$$

$$Q=\{q_0, q_1, q_2, q_f\}$$

其中，q_0 是初始状态，q_f 是终极状态。

$$V=\{恭，喜，！\}$$

其中，“恭”“喜”是两个不同的语素，“！”是标点符号。

T：

$$T\{恭，q_0\}=\{q_1\}$$

$$T\{喜，q_1\}=\{q_2\}$$

$$T\{恭，q_2\}=\{q_1\}$$

$$T\{!，q_2\}=\{q_f\}.$$

这个有限状态转移网络可表示如下（图 1）：

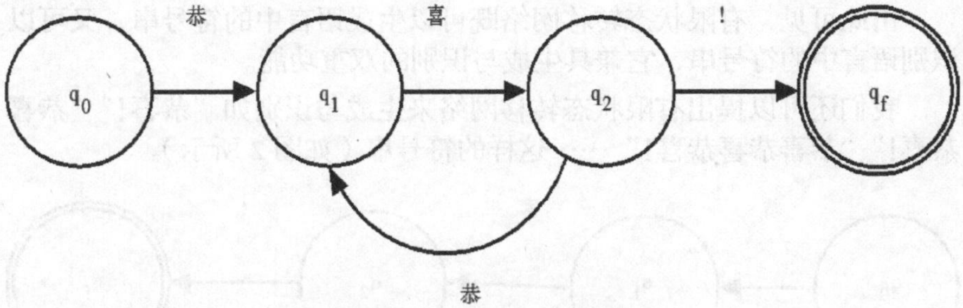

图 1　有限状态转移网络

这样的有限状态网络可以生成“恭喜!”“恭喜恭喜!”“恭喜恭喜恭喜!”……这样表示祝贺的符号串。

从初始状态 q_0 到状态 q_1，产生语素“恭”，从状态 q_1 到状态 q_2，产生语素“喜”，从状态 q_2 到终极状态 q_f，产生标点符号“!”，这样，便可生成“恭喜!”这个符号串。在状态 q_2，网络面临两种选择，如果状态 q_2 转移到 q_f，则产生标点符号“!”，网络也同时进入终极状态，生成结束，生成的符号是“恭喜!”；如果状态 q_2 转移到 q_1，则产生语素“恭”，这样，网络必须从状态 q_1 再转移到状态 q_2，产生语素“喜”，然后再从状态 q_2 转移到终极状态 q_f，产生标点符号“!”，生成符号串“恭喜恭喜!”；如果在状态 q_2，网络不转移到状态 q_f，而再次转移到状态 q_1，则又可以从状态 q_1 转移到状态 q_2，产生语素“喜”，再从状态 q_2 转移到终极状态 q_f，并产生标点符号“!”，从而生成符号串“恭喜恭喜恭喜!”。

有限状态转移网络除了进行符号串的生成之外，还可以对符号串进行识别。这时，我们从初始状态 q_0 开始，顺着网络中箭头所指的方向，把网络中弧上标注的语素或标点符号逐一与待识别符号串的语素或标点符号相匹配，如果待识别的符号串扫描完毕，网络进入终极状态，那么，这个符号串就被该网络接收了。例如，如果有符号串“恭喜!”，我们从初始状态 q_0 开始，从状态 q_0 到状态 q_1，弧上的语素“恭”与符号串的第一个符号“恭”相匹配，从状态 q_1 到 q_2，弧上的语素“喜”与符号串的第二个符号“喜”相匹配，从状态 q_2 到终极状态 q_f，弧上的标点符号“!”与符号串的最后一个符号“!”相匹配，这时，符号串“恭喜!”扫描完毕，网络也正好进入终极状态，因此，符号串“恭喜!”可被这个有限状态网络识别。同理，这个有限状态网络还可识别符号串“恭喜恭喜!”“恭喜恭喜恭喜!”，等等。

由此可见，有限状态转移网络既可以生成语言中的符号串，又可以识别语言中的符号串，它兼具生成与识别的双重功能。

我们还可以提出有限状态转移网络来生成与识别如“恭喜!”“恭喜恭喜!”“恭喜恭喜恭喜!”……这样的符号串（如图 2 所示）。

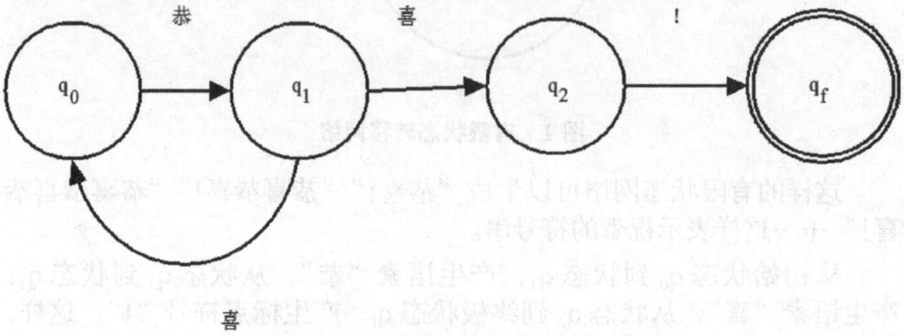

图 2　非确定的有限状态转移网络

这个有限状态转移网络的转移函数 T 为：

$$T\{恭，q_0\}=\{q_1\}$$

$$T\{喜，q_1\}=\{q_0\}$$

$$T\{喜，q_1\}=\{q_2\}$$

$$T\{!，q_2\}=\{q_f\}$$

如果把图 2 中的有限状态转移网络与图 1 中的有限状态转移网络相比较，我们不难看出，它们的状态集合 Q 和语言符号集合 V 都是完全相同的，只有转移函数 T 不完全相同。在图 2 中的状态 q_1 时，为了生成或识别语素“喜”，存在两种转移的可能性：一种可能性是从状态 q_1 转移到状态 q_2，另一种可能性是从状态 q_1 转移到状态 q_0；而在图 1 中，为了生成或识别同样的语言符号（语素或标点符号），从一个状态转移到另一个状态只有一种确定的可能性。我们把图 1 中的有限状态转移网络叫作“确定性有限状态转移网络”（deterministic FSTN），把图 2 中的有限状态转移网络叫作“非确定性有限状态转移网络”（non-deterministic FSTN）。

在有限状态转移网络中，还可以允许出现“空弧”（记为 #），也就是没有标记任何语言符号的弧。当从一个状态转移到另一个状态的过程中遇到这样的空弧时，网络将跳过这样的空弧，而不生成或识别任何的语言符号。空弧是造成非确定性有限状态转移网络的一个重要因素，因为当网络在某一个状态之后遇到空弧时，它可以跳过空弧转移到另一个状态，不一定非得转移到它原来预定要转移到的那个状态，所以，带有空弧的有限状态转移网络必定是非确定性的。

图 3 给出了一个生成或识别“恭喜!”“恭喜恭喜!”“恭喜恭喜恭喜!”等符号串的带空弧的有限状态转移网络（图 3）。

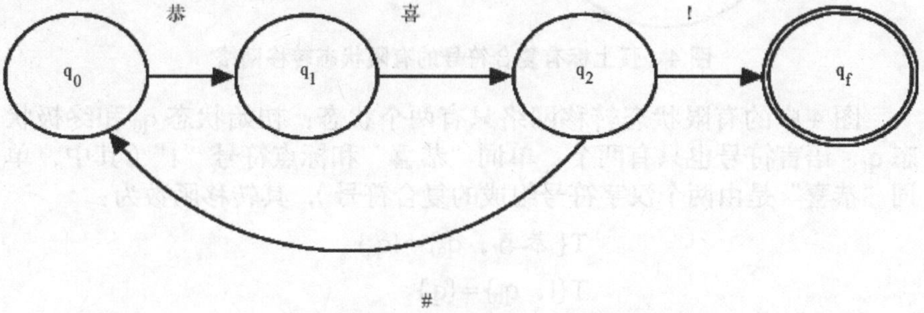

图 3　带空弧的有限状态转移网络

这个有限状态转移网络的转移函数 T 为：

T{ 恭，q_0}={q_1}

T{ 喜，q_1}={q_2}

T{#，q_2}={q_0}

T{!，q_2}={q_f}

图 3 中的有限状态转移网络图与图 1、图 2 中的有限状态转移网络的状态集合 Q 和语言符号集合 V 都是完全相同的，只有转移函数 T 不完全相同，在图 3 中的状态 q_2 时，网络不一定立即转移到最后状态 q_f，而可以通过空弧（#）跳到初始状态 q_0。

在有限状态转移网络中，语言符号不仅仅只是使用单个的符号，也可以使用由若干个字符组成的复合符号。例如，我们可以把两个符号“恭”和“喜”结合起来组成复合符号“恭喜”（这时，“恭喜”是一个词），并把它标记在弧上，如图 4 所示：

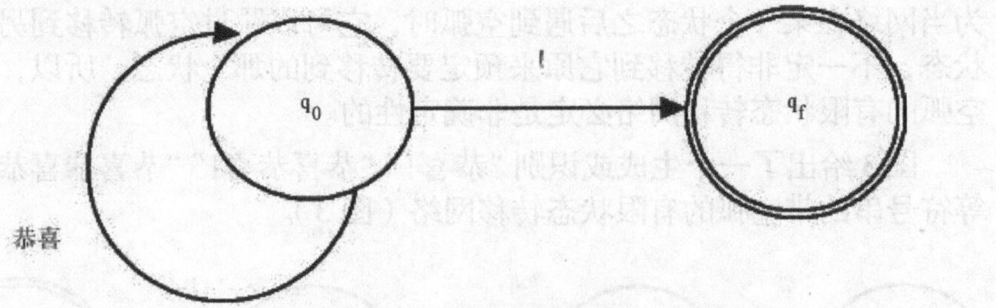

图 4　弧上标有复合符号的有限状态转移网络

图 4 中的有限状态转移网络只有两个状态：初始状态 q_0 和终极状态 q_f，语言符号也只有两个：单词“恭喜”和标点符号“!”（其中，单词“恭喜”是由两个汉字符号组成的复合符号），其转移函数为：

$$T\{恭喜，q_0\}=\{q_0\}$$

$$T\{!，q_0\}=\{q_f\}$$

从状态 q_0 出发，生成或识别了复合符号“恭喜”之后，还可以再返回到状态 q_0，形成一个“回路”（loop），从而可以多次重复语言符号“恭喜”。当我们想要多次重复某个语言符号时，使用“回路”可以大大简化有限状态网络的结构。

显而易见，图 4 中的有限状态转移网络也具有前面那些网络的功能，也可以生成或识别“恭喜!”“恭喜恭喜!”“恭喜恭喜恭喜!”这样的符号串。

如果我们对有限状态转移网络中的语言符号进行一定程度的概括，就可以进一步简化有限状态转移网络的结构。例如，对于图 5 中的含有多重弧 a, b, c 的有限状态转移网络就可以进行概括。

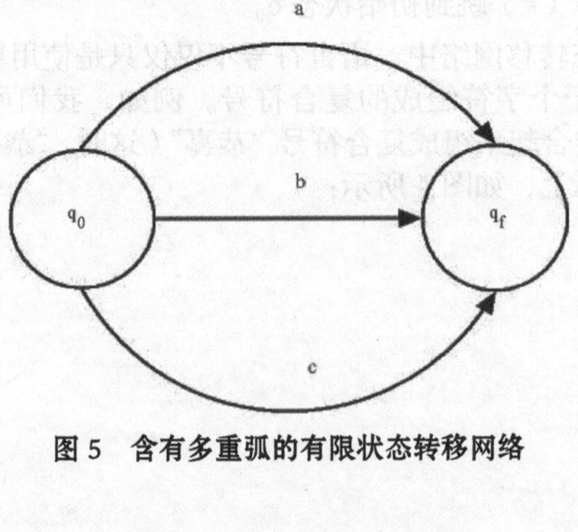

图 5　含有多重弧的有限状态转移网络

如果我们把 a, b, c 概括为 A，则这个有限状态转移网络中的多重弧 a, b, c 可简化为一条简单的弧，并标以 A，如图 6 所示：

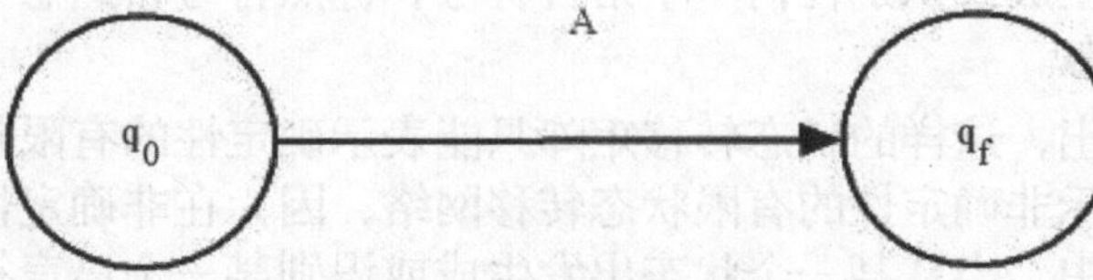

图 6　简化了的多重弧

图 6 中的弧 A 代表了图 5 中的多重弧 a, b, c，简化了有限状态网络的结构。

☙ 2. 有限状态转移矩阵

我们还可以用有限状态转移矩阵来表示有限状态转移网络。矩阵的横轴表示语言符号，矩阵的纵轴表示该语言符号所来自的状态，矩阵中的状态表示该语言符号所转移到的状态。

相应于图 1 中有限状态转移网络的状态转移矩阵如图 7：

	恭	喜	!
q_0	q_1	φ	φ
q_1	φ	q_2	φ
q_2	q_1	φ	q_f
q_f	φ	φ	φ

图 7　转移矩阵

在这个状态转移矩阵中，φ 表示从与之相应的纵轴中的状态出发，不能生成或识别任何的语言符号。例如，矩阵的第一行说明，当从状态 q_0 到状态 q_1 时，可以生成或识别语言符号“恭”，而从状态 q_0 出发，不可能生成或识别语言符号“喜”和标点符号“!”；矩阵的第二行说明，从状态 q_1 出发，不可能生成或识别语言符号“恭”和标点符号“!”，但从状态 q_1 转移到状态 q_2 时，可以生成或识别语言符号“喜”；矩阵的第三行说明，从状态 q_2 出发，不可能生成或识别语言符号“喜”，但从

状态 q_2 转移到状态 q_1 可以生成或识别语言符号“恭”，从状态 q_2 转移到状态 q_f 可以生成或识别标点符号“!”；矩阵的第四行说明，从状态 q_f 出发，不能生成或识别任何一个语言符号和标点符号，这意味着，状态 q_f 是终极状态。

应该指出，这样的状态转移矩阵只能表示确定性的有限状态转移网络，不能表示非确定性的有限状态转移网络，因为在非确定性的有限状态转移网络中，当从某一个状态出发生成或识别某一个语言符号时，可以转移到的状态有两个或两个以上，这样，在状态转移矩阵中的一个位置上，就必须表示两个或两个以上的状态，而这是不可能的。

例如，在图 7 的非确定性的有限状态转移网络中，从状态 q_1 出发来生成或识别语言符号时，可以转移到状态 q_2，也可以转移到状态 q_0，这种情况在状态转移矩阵中是无法加以表示的。

ℭ 3. 蛙跳模型

当从初始状态开始，顺着有限状态转移网络中箭头所指的方向，一个状态一个状态地转移到终极状态，这个过程叫作“遍历”（traversal）。

我们可以把遍历的过程想象成一只青蛙初始位置开始，一个位置一个位置地跳到终极位置的过程。如果有限状态转移网络是用于识别的，那么青蛙每跳一次，输入符号串中的语言符号就被抹掉一个；如果有限状态转移网络是用于生成的，那么青蛙每跳一次，输入符号串中就产生出一个语言符号（如图 8 所示）。这样的模型叫作“蛙跳模型”（frog-jumping model）。

图 8 蛙跳模型

如果用一个有限状态转移网络来进行识别，那么只有在下述三种情况下，青蛙才能跳：

- 网络的弧上所标记的语言符号与输入符号串中的下一个语言符号相同；

- 输入符号串中的下一个符号属于网络的弧上所标记的词类；
- 网络弧上的标记是 # 号。

在前两种情况下，青蛙可以把输入指针向前移动一个单词并跳一次，在第三种情况下，青蛙只跳一次但无须改变输入指针。

这个“蛙跳模型”形象地说明了有限状态转移网络的遍历过程。

4. 有限状态转移网络的格局

在对一个有限状态转移网络进行遍历的任何时刻，计算机运算的“格局”（configuration）可以用如下的方法来描述。

如果是识别程序，格局包括 R1 和 R2 两部分：

- R1：当前状态的名字，也就是青蛙所在的位置；
- R2：输入符号串中尚未识别的部分。

如果是生成程序，格局包括 P1 和 P2 两部分：

- P1：状态的名字，也就是青蛙所在的位置；
- P2：已经生成的输出符号串。

有限状态转移网络的遍历过程也就是一个搜索过程（search process）。在识别程序中，搜索的每一确定的时刻的情况，可用格局 <R1, R2> 表示。例如，如果我们用图 2 的有限状态移网络来识别符号串“恭喜恭喜!”，当遍历到网络的中间状态 q_1 时，当前状态的名字 R1=q_1，输入符号串中尚未识别的部分 R2=“喜恭喜!”，这时的格局可表示为：

<q_1，喜恭喜！>

R2，输入符号串中尚未识别的部分

R1，当前状态的名字

当对一个有限状态网络进行遍历时，我们必须随时注意当前格局（current configuration）与待选格局（alternative configuration）。例如，对于图 2 中的有限状态转移网络，在状态 q_1 识别了语言符号“喜”之后，存在两个待选格局：

<q_0，恭喜！>

<q_2，恭喜！>

此时如转移到状态 q_0，则可继续识别“恭喜!”，遍历成功；此时如转移到状态 q_2，由于这个状态后面的弧上的标记为“!”，无法继续识别“恭喜!”，遍历失败。因此，我们可确定 <q_0，恭喜！> 为当前格局，而不选择另一个待选格局 <q_2，恭喜！>。

为了顺利地进行搜索，可以设立一个缓冲区，把所有的待选格局留在缓冲区中，而在遍历过程中的每一阶段，应从这些待选格局中选择一个作为当前格局。

5. 有限状态转移网络的搜索树

图 2 中的有限状态转移网络遍历过程格局的选择情况，可用图 9 的搜索树（search tree）来表示：

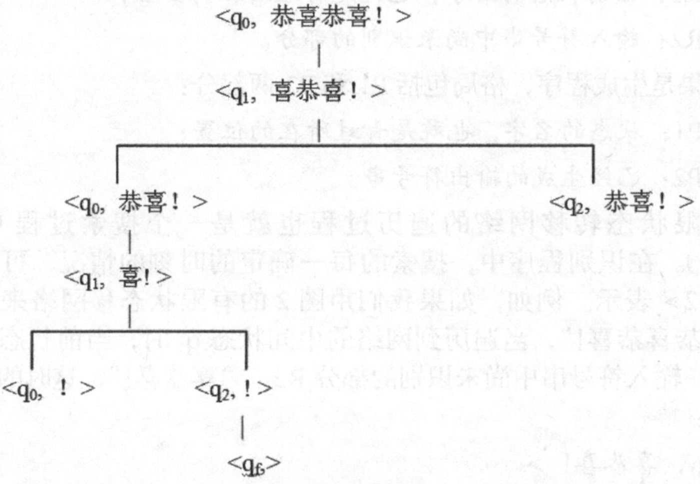

图 9 搜索树

从这个搜索树中可以看出，在状态 q_1，识别了语言符号“喜”之后，存在 <q_0，恭喜！> 和 <q_2，恭喜！> 两个待选格局，我们选择 <q_0，恭喜！> 为当前格局，当通过了状态 q_0，又回到状态 q_1 并识别了语言符号“喜”之后，又存在 <q_0，!> 和 <q_2，！> 两个待选格局，由于状态 q_0 之后的弧上的标记为“恭”，不能识别“!”，故选择 <q_2，!> 为当前格局，识别了输入符号串的最后一个符号“!”之后，进入终极状态，输入符号串“恭喜恭喜!”识别成功。

❧ 6. 用有限状态转移网络做形态分析

日语是一种黏着型语言。如果我们建立一部机器词典，把词干以及各种黏着成分所表示的词汇、语法、语义信息标注在机器词典上，然后用一个有限状态转移网络来描述形态分析的过程，便可实现对日语的形态分析（冯志伟，1997）。

例如，可以建立如图 10 的有限状态转移网络来分析日语短语“みじかくなります”（变短了）。

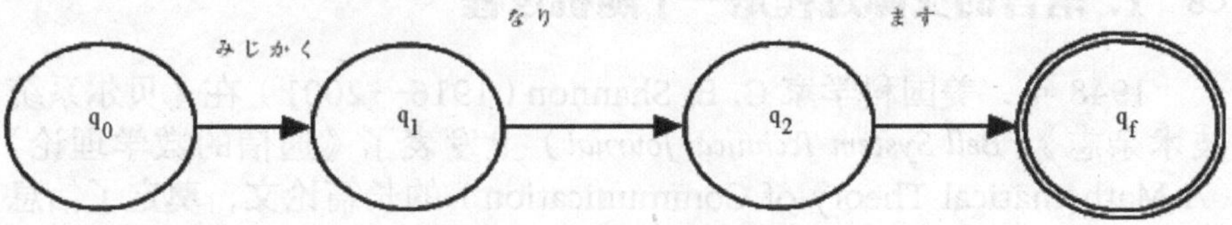

图 10　用 FSTN 分析日语

可以建立如下的词典：

みじかく：形容词みじかい（短的）的连用形；

なり：动词なる（变成）的连用形；

ます：表敬语的动词ます的终止形。

在对图 10 中的有限状态转移网络进行遍历时，词典中的信息被记录到“みじかくなります”上，可知这个短语是由形容词みじかい的连用形みじかく，加上动词なる的连用形なり，再加上表敬语的动词ます的终止形ます黏着而成，其含义是“变短了”。

英语是一种屈折型语言，用屈折词尾表示语法意义，词可以由词根、词缀和词尾构成，词根和词缀可以组成词干，词根也可以单独成为词干，因此，也可以用有限状态转移网络来表示英语单词的形态分析过程。

有限状态转移网络既可以生成语言中的符号串，又可以识别语言中的符号串，它兼具生成与识别的双重功能，是一种重要的语言形式模型。

参考文献

冯志伟. 1997. 日语形态的有限状态转移网络分析. 1997 年术语学与知识转播国际会议论文集，北京，20–23.

冯志伟. 1991. 数学与语言. 长沙：湖南教育出版社.

语言符号的熵

ENTROPY OF LANGUAGE SYMBOLS

在使用语言进行交际的过程中所传达的信息量的多少就是语言符号的熵。

语言符号的熵可以使用交际过程中信息不确定性消失的多少来表示。

☙ 1. 语言的交际过程是一个随机过程

1948 年，美国科学家 C. E. Shannon（1916—2001）在《贝尔系统技术杂志》（*Bell System Technical Journal*）上发表了《通信的数学理论》（A Mathematical Theory of Communication）的长篇论文，奠定了信息论（Information Theory）的理论基础，Shannon 被尊为“信息论之父”（Shannon & Weaver, 1948）。

从信息论的角度看来，用自然语言来交际的过程，也就是从语言的发送者通过通信媒介传输到语言的接收者的过程（如图 1 所示）。

图 1　交际过程示意图

语言的发送者（即信源）随着时间的顺序逐次地发出一个一个的语言符号，语言的接收者也随着时间的顺序逐次地接收到一个一个的语言符号。显而易见，这个过程是时间的函数，而每一时刻的值（即出现什么样的符号）又是随机的，因而这个过程是一个随机过程。

在这个随机过程中，如果我们做试验来确定语言中出现什么语言符号，那么，这样的试验就叫作随机试验，而所出现的语言符号就是随机试验的结局，语言可以看作是一系列具有不同随机试验结局的链。

如果在随机试验中，各个语言符号的出现彼此独立，不互相影响，那么这种链就是独立链。

如果在独立链中，每一个语言符号的出现概率相等，那么这种链就叫作等概率独立链。如果语言符号是英语字母（包括 26 个字母和空白），则英语字母的等概率独立链如下：

XFOML RXKHRJFFJUJ ZLPWCFWKCYJ FFJEYVKCQ SDHYD QPAAMKBZAACIBZLHJQD

如果在独立链中，各个语言符号的出现概率不相等，有的出现概率高，有的出现概率低，那么这种链叫不等概率独立链，英语字母的不等概率独立链如下：

OCRO HLIRGWR NMIELWIS EU LLNBNESEBYA TH EEI ALHENHTTPA OOBTTVA NAH BRL

在上述独立链信源中，前面的语言符号对于后面的语言符号没有影响，是无记忆的，因而它是由一个无记忆信源发出的。

如果在随机试验中，各个语言符号的出现概率不相互独立，每个随机试验的个别结局依赖于它前面的随机试验的结局，那么这种链叫作马尔可夫链（Markov chain）。在马尔可夫链中，前面的语言符号对于后面的语言符号是有影响的，它是由一个有记忆信源发出的。

语言显然就是这种由有记忆信源发出的马尔可夫链。例如，在英语中，当前面的字母是一串相互连接的辅音字母时，元音字母的出现概率就增长起来。这种链显然就是马尔可夫链。

如果只考虑前面一个语言符号对于后面一个语言符号出现概率的影响，这样得出的语言符号的链就是一重马尔可夫链。英语字母的一重马尔可夫链如下：

ON IE ANTSOUTINYS ARE TINCTORE BE S DEAMY ACHIND ILONASINE TUCDOWE AT TEASONARE FUSO TIZIN ANDY TOBE SEACE CTIBE

如果考虑到前面两个语言符号对于后面一个语言符号出现概率的影响，这样得出的语言符号的链，就是二重马尔可夫链。英语字母的二重马尔可夫链如下：

IN NO IST LAT WHEY CRATICT FROUREBIRS CROCID PONDENOME OF DEMONSTURES OF THE REPTAGIN IS REGOAQCTIONA OF CRE

如果考虑到前面三个语言符号对于后面一个语言符号出现概率的影响，这样得出的语言符号的链，就是三重马尔可夫链。类似地，我们还可以考虑前面四个语言符号、五个语言符号……对后面的语言符号出现概率的影响，分别得出四重马尔可夫链、五重马尔可夫链，等等。

随着马尔可夫链重数的增大，每个重数大的英语语言符号的链都比重数小的英语语言符号的链更接近于有意义的英语文本。

这种情况，当语言符号是单词的时候，可以看得更加清楚。

例如，如果语言符号是英语的单词，那么英语单词的不等概率独立链如下：

REPRESENTING AND SPEEDILY IS AN GOOD APT OR CAME CAN DIFFERENT NATURAL HERE HE THE A IN CAME THE TOOF TO EXPERT GRAY COME TO FURNISHES THE MESSAGE HAD BE THESE

英语单词的一重马尔可夫链如下：

THE HEAD AND IN FRONTAL ATTACK ON AN ENGLISH WRITER THAT THE CHARACTER OF THIS POINT IS THEREFORE ANOTHER METHOD FOR THE LETTERS THAT THE TIME OF WHO EVER TOLD THE PROBLEM FOR AN UNEXPECTED

英语单词的二重马尔可夫链如下：

FAMILY WAS LARGE DARK ANIMAL CAME ROARING DOWN THE MIDDLE OF MY FRIENDS LOVE BOOKS PASSIONATELY EVERY KISS IS FINE

英语单词的四重马尔可夫链如下：

ROAD IN THE COUNTRY WAS INSANE ESPECCIALLY IN DREARY ROOMS WHERE THEY HAVE SOME BOOKS TO BUY FOR STUDYING GREEK

不难看出，这个链已经很像英语了，尽管它仍然是没有意义的单词链，但是，它比起其他的单词链来，更容易记忆。

那么，马尔可夫链的重数究竟有多大，才能得出令人满意的英语句子呢？

我们来考虑如下的英语句子：

The people who called and wanted to rent your house when you go away next year are from California.

在这个句子中，语法上的相关性从第二个单词 people 一直延伸到第十七个单词 are，为了反映这种相关性，至少需要十五重马尔可夫链。

在一些情况下，马尔可夫链的重数可能还要更大。

随机过程的一个重要特征是前后符号的相关性，从语言文本产生的历史，预测这个语言文本的将来。马尔可夫链重数越大，我们越能根据前面的语言符号预测下一个语言符号的出现情况，也就是说，随着马尔可夫链重数的增大，我们根据前面的语言符号来预测下一个语言符号出现的这个随机试验的不肯定性越来越小，至于那些不是马尔可夫链的独立链，其语言符号的出现情况是最难预测的，也就是说，每一个语言符号出现的不定度是很大的。

2. 语言符号熵的计算方法

在信息论中，信息量的大小，恰恰就是用在接到消息之前，随机试验不定度的大小来度量的。随机试验不定度的大小，叫作“熵”（entropy）。在接收到语言符号之前，熵因语言符号数目和出现概率的不同而不同，在接收到语言符号之后，不定度被消除，熵等于零。可见，信息量等于被消除的熵，因此，只要测出了语言符号的熵，就可以了解该语言符号所负荷的信息量是多少了（冯志伟，1989）。

早在 1928 年，L. Hartley 就提出了如何测量信息量大小的问题。他认为，如果某个装置有 D 个可能的位置或物理状态，那么，两个这样的装置组合起来工作就会有 D^2 个状态，三个这样的装置组合起来工作就会有 D^3 个状态，随着装置数量的增加，整个系统的可能的状态数目也相应地增加。为了测定其信息能力，要使 2D 个装置的能力恰恰为 D 个装置的能力的 2 倍。因此，Hartley 把一个装置的信息能力定义为 logD，其中，D 是整个系统可以进入的不同的状态数目。

在信息论中，Shannon 采用了 Hartley 的这种办法来测定熵值。

Shannon 提出，如果做某一有 n 个可能的等概率结局的随机试验（例如，掷骰子，n=6），那么，这个随机试验的熵就用 $\log_2 n$ 来度量。这种度量熵的方法是合理的。理由如下：

第一，随机试验的可能结局 n 越大，这个随机试验的不定度也就越大，因而它的熵也就越大。

第二，如果同时做包含两个随机试验的复合试验，每一个随机试验有 n 个可能的结局（例如，同时掷两颗骰子），那么，这个复合试验有 n^2 个结局，其熵等于 $\log_2 n^2=2\log_2 n$，即其熵等于只掷一颗骰子时的熵的二倍，这与 Hartley 的看法完全一致。

第三，如果同时做包含两个随机试验的复合试验，一个随机试验有 m 个可能结局，另一个随机试验有 n 个可能结局（例如，投硬币时，m=2；掷骰子时，n=6），那么，这个复合试验有 m·n 个可能的等概率结局，也就是说，这个复合试验的熵应该等于 $\log_2 mn$，另一方面，又可以认为，这个复合试验结局的熵应该等于构成这个复合试验的两个随机试验结局的熵之和，即等于 $\log_2 m+\log_2 n$。但是，我们知道，

$$\log_2 mn=\log_2 m+\log_2 n$$

可见，复合试验结局的熵，不论是把它看成一个统一的试验，还是看成两个随机试验的总和，都是相等的。

这些事实都说明了用 $\log_2 n$ 来度量熵的合理性。

把有 n 个可能的等概率结局的随机试验的熵记为 H_0，

$$H_0=\log_2 n \tag{1}$$

在这个公式中，当 n=2 时，

$$H_0=\log_2 2=1$$

这时的熵，叫作 1 比特（bit）。

这意味着，如果某一消息由两个等概率的语言成分构成，那么，包含于每一个语言成分中的熵就是 1 比特。

如果随机试验有 n 个结局，而且，它们是不等概率的，那么，第 i 个结局的概率为 p_i，那么，这个随机试验的熵 H_1 用下面的公式来计算：

$$H_1=-\sum_{i=1}^{n} p_i\log_2 p_i \tag{2}$$

随机试验结局不等概率，减少了这个随机试验的不定度，因此，有不等式：

$$\log_2 n\geqslant-\sum_{i=1}^{n} p_i\log_2 p_i$$

$$H_0\geqslant H_1 \tag{3}$$

当 $p_1=p_2=\ldots=p_n=\dfrac{1}{n}$ 时，

$$H_0=H_1$$

对于计算机科学工作者来说，定义熵的最直观的办法，就是把熵想象成在最优编码中一定的判断或信息编码的比特数的下界。

根据这样的原理，Shannon 首先计算出英语文本中，一个英语字母

包含的信息量的大小，也就是英语字母的熵。

计算字符熵的关键就是如何获得字符的概率，这个概率也就大约等于字符在文本中实际出现的频率。Shannon 根据小样本的英语文本，通过手工查频的方法，统计出英语 26 个字母的每个字母在英语文本中的出现频率，也就相当于字符的概率 p_i，在世界上首次计算出英语字母的熵是 4.03 比特。这意味着，每当我们读到一个英文字母的时候，我们就获得了 4.03 比特的信息。英语的字母只有 26 个，区分大小写也只有 52 个。通过手工查频的方法来统计出每一个字母的出现频度，尽管比较麻烦，但是做起来并不困难。作为一个大数学家，Shannon 亲手逐字逐句地做了这项极为辛苦的手工查频的统计工作，确实是难能可贵的。

☙ 3. 语言符号的二进制编码表示

德国学者 Leibniz 发明了二进制运算法则，采用 0 和 1 两个符号，采用逢二进一的进位方式进行数学运算，简便而有效。二进制运算法则可以使用在数字电路中，用 0 表示电路关断，用 1 表示电路开通，只要设置一个微型开关，就可以方便地控制电路的开通与关断。

在电子计算机中，也使用二进制来表示各种符号，进行符号的运算，采用 8 个二进制代码来表示数字和符号，这种 8 位的二进制符号叫作 1 个“字节”（byte）。

图 2 是 10 个阿拉伯数字和加减运算符的二进制表示。

阿拉伯字符	二进制表示（1 字节）
0	00000000
1	00000001
2	00000010
3	00000011
4	00000100
5	00000101
6	00000110
7	00000111
8	00001000
9	00001001
+	00101011
–	00101101

图 2　阿拉伯数字的二进制表示

采用这种二进制的编码表示，每一个符号被转换成一个字节的二进制字符，每一个字节包含 8 位二进制代码，也就是 8 比特，计算机便可以对于数字进行数学运算。这样的编码是用一个字节表示的，所以叫作“单字节编码”（one-byte encoding）。

类似地，英文的 26 个拉丁字母也可以采用这种 8 位二进制的单字节进行编码。26 个拉丁字母分为大写和小写，一共有 52 个字符。每一个字符对应于一个二进制的符号串，这样相应地一共就有 52 个符号串。每一个符号串由 8 位 0 或 1 的代码组成，表示一个字节，与阿拉伯数字和数学运算符号相同，也采用了单字节编码（如图 3 所示）。

英文大写字母	二进制表示（1 字节）	英文小写字母	二进制表示(1 字节)
A	01100001	a	01000001
B	01100010	b	01000010
C	01100011	c	01000011
D	01100100	d	01000100
E	01100101	e	01000101
F	01100110	f	01000110
G	01100111	g	01000111
H	01101000	h	01001000
I	01101001	i	01001001
J	01101010	j	01001010
…	…	…	…
Z	01111010	z	01011010

图 3　英文字母的二进制表示

计算机不认识也不处理英文字母，这些英文字母只是刻在计算机的键盘上，作为“外码”处理。在我们敲击字母键时，即与相应的二进制字符串相对应，计算机就可以动用二进制运算法则，进行英文的信息处理。在计算机键盘上，只设置了 26 个字母键，另设一个切换键；切换前是小写字母，切换之后就变成了大写字母。

针对字符的编码问题，Shannon 提出了“编码定理”，他指出：在编码时，码字的平均长度不能小于字符的熵。由于英语字母的熵为 4.03 比特，根据 Shannon 提出的这个“编码定理”，如果要给英文字母编码，码字的长度不能小于 4.03 比特。

一个比特相当于二进制代码中的一位，在英语字母的编码中，码字的长度是 1 个字节，也就是 8 个二进制代码，相当于 8 比特，而英语字母的熵是 4.03 比特，码字的长度大于英语字母的熵，符合 Shannon 的“编码定理”。因此，采用八位的单字节来给英语字母编码，在数学原理上是正确的、科学的。

☙ 4. 汉字熵的手工估测

在20世纪70年代，国外已经广泛地使用计算机了，中国人当然也要使用计算机。但是，计算机是使用英文字母的，不使用汉字，中国人要使用计算机，必须要给汉字进行编码，使得汉字可以在计算机上自由地输入、输出和传递。

但是，汉字究竟要使用多少字节来编码呢？这是一个关键性的问题。

根据Shannon的“编码定理”，要给汉字编码，首先就要计算汉字的熵，从而决定汉字编码时的码字长度究竟是多少。

英语字母的熵是4.03比特，其数值小于1个字节（8比特），因此，英语可以采用八位的单字节编码。

那么，汉字是不是也可以使用单字节编码呢？如果汉字的熵小于8比特，那将来当然可以像英语那样使用八位的单字节编码，但是，如果汉字的熵大于8比特，那显然就不能采用八位的单字节编码了，我们中国人就必须另辟蹊径，研制新的编码方式了。

这样，在20世纪70年代，冯志伟就有了计算汉字熵的打算，他要设法计算出我们中国人在读汉字的书时，每读到一个汉字究竟得到了多少信息量。

根据Shannon的经验，要计算汉字符号的熵，首先就要统计出每一个汉字在文本中出现的概率。Shannon测定英语字母的熵只需要计算26个英文字母的出现概率，而汉字有6万多个字符，如果要计算汉字的熵，面临的工作量远远超过了当年Shannon的工作量。

冯志伟使用手工查频、手工计算的方法，经过了极为艰苦的努力，在1974年估测出汉字的熵为9.65比特。这是世界上首次测出的汉字熵值（冯志伟，1984）。

汉字熵的估测解决了将来汉字进入计算机时，汉字编码究竟是否可以采用八位的单字节编码的问题。

根据Shannon的编码定理，在给汉字编码时，码字的长度不能小于9.65比特，英语字母的熵是4.03比特，小于单字节编码的八位码字长度（也就是8比特），因而可以采用八位的单字节编码。而汉字的熵为9.65比特，大于8比特，因此，汉字编码不能采用八位码字长度的单字节编码，这样，我们中国人只好采用双字节（2字节=16比特）来编码了，这意味着，每一个汉字要采用包含16位0和1代码的符号串来表示。所以，冯志伟的这项工作，为后来在20世纪80年代的汉字的多八位双字节编码（two-byte encoding）提供了一个理论基础。

汉字的熵值测定对于通信技术和自然语言处理也有重要作用。这是中文信息处理的一项基础性研究。

参考文献

冯志伟. 1984. 汉字的熵. 文字改革，（4）：12–17.

冯志伟. 1989. 现代汉字和计算机. 北京：北京大学出版社，192–209.

Shannon, C. E. & Weaver, W. 1948. A mathematical theory of communication. *Bell System Technical Journal*, *27*(3): 379–423.

语言形式模型 LANGUAGE FORMAL MODEL

语言形式模型是自然语言处理中模拟语言客观事实的抽象的形式模型。

在计算语言学中，由于现实的自然语言非常复杂，难以直接作为计算机的处理对象，为了使现实的自然语言成为可以由计算机直接处理的对象，需要把语言学问题用数学方法加以形式化，并表示为算法，建立语言的形式模型，简称语言模型。

语言模型不完全等同于语言客观事实，它只是语言客观事实的某种近似物。在语言模型与语言客观事实之间，可以建立某种对应关系，但语言模型不能完全充分地描写语言客观事实，它只是抽象地描写语言中个别成分（单词、短语、句子等）的性质及关系（句法、形态、语义等）。语言模型与语言客观事实之间的关系，如同数学上抽象直线与具体直线之间的关系一样。语言模型是一个抽象的、单纯的、统一的形式系统，语言客观事实经过语言模型的描述之后，就比较适合于计算机进行自动处理，因而语言模型的研究对于计算语言学的发展是举足轻重的。

在计算语言学的研究中，算法取决于语言模型，语言模型才是自然语言处理的本质，而算法只不过是实现语言模型的手段而已。这种建立语言模型的研究是跨学科的研究，应当融合不同学科的知识来进行（冯志伟，2017）。

从科学研究方法论的角度来看，语言模型的研究实质上是一个"强不适定问题"（strongly ill-posed problem）。

从理论上说，一个好的模型应当具有如下三个特性：

- 存在性：应当确保语言模型中存在问题的解；
- 唯一性：应当确保语言模型中问题的解只有一个，是唯一的；
- 稳定性：应当确保语言模型中问题的解是稳定的。

然而在用语言模型建立算法来解决自然语言处理的问题时，往往难以满足问题解的存在性、唯一性和稳定性这三个条件，有时不能满足其中的一条，有时不能满足其中的两条，有时甚至三条都不能满足。因此，语言模型的研究就成了一个强不适定问题。

为了求解这样的强不适定问题，应当加入适当的约束条件，使问题的一部分在一定的范围内变成"适定问题"（well-posed problem），从而顺利地求解这个问题；在计算语言学中，可以通过语言学、数学、计算机科学等多学科的通力合作，把人类丰富多彩的语言知识与数学的形式化手段和计算机的计算能力结合起来，给语言模型提供大量的、丰富的约束条件，从而为解决这样的强不适定问题提供有力的手段。由此可见，语言模型的研究，对于计算语言学的研究具有重要的理论意义和应用价值。

计算语言学中的语言模型可以分为基于规则的语言模型（rule-based language model）、基于统计的语言模型（statistics-based language model）、基于深度学习和神经网络的语言模型（deep-learning-and-neural-network-based language model）三大类型。

1. 基于规则的语言模型

基于规则的语言模型可以归纳为如下几种：

基于短语结构语法的形式模型：主要有 Chomsky 的短语结构语法、递归转移网络、扩充转移网络、自底向上分析法、自顶向下分析法、通用句法处理器、线图分析法、伊尔利算法、左角分析法、CYK 算法、Tomita 算法、Chomsky 的管辖 - 约束理论与最简方案，Joshi 的树邻接语法等。

基于合一运算的形式模型：主要有 Kaplan 的词汇功能语法、Martin Kay 的功能合一语法、Gazdar 的广义短语结构语法、Shieber 的 PATR 算法、Pollard 的中心语驱动的短语结构语法、Pereira 的定子句语法等。

基于依存和配价的形式模型：主要有 Tesnière 的依存语法、Helbig 的配价语法、Hudson 的词语法等。

基于格语法的形式模型：主要有 Fillmore 的格语法和框架网络。

基于词汇主义的形式模型：主要有 Gross 的词汇语法、Sleator 和 Temperley 的链语法、词网（WordNet）等。

语义自动处理的形式模型：主要有义素分析法、语义场理论、语义网络理论、Montague 的蒙塔鸠语法、Wilks 的优选语义学、Schank 的概念依存理论、Mel'chuk 的意义文本理论等。

语用自动处理的形式模型：主要有 Mann 和 Thompson 的修辞结构理论，文本连贯中的常识推理技术等。

这些基于规则的语言形式模型基本上都是使用数学或计算机科学的方法对于语言学规则建模的结果，它们融合了不同学科的知识和技术，其突出特点在于这些形式模型都是以语言学规则作为基础的。这种基于规则的语言形式模型研究不仅推动了自然语言处理的理论进步，而且还开发出一些应用系统，在某些受限“子语言”的应用系统中，曾经获得一定程度的成功。

但是，要想进一步扩大这些应用系统的覆盖面，用它们来处理大规模的真实文本，仍然有很大的困难。因为在大规模的真实文本的处理中，从自然语言系统所需要装备的语言知识来看，其数量之浩大和颗粒度之精细，都是以往的任何系统所远远不及的。而且，随着系统拥有的知识在数量上和质量上发生的巨大变化，系统在如何获取、表示和管理知识等基本问题上，都感到力不从心，逐渐地陷入了困境，不得不探索新的途径。

☙ 2. 基于统计的形式模型

针对这些基于规则的语言形式模型的局限性，研究人员试图探索新的途径，一些来自统计学专业和电子学专业的研究人员使用贝叶斯方法解决了最优字符识别的问题，建立了用于文字识别的贝叶斯系统，该系统使用了一部大词典，计算词典的单词中所观察的字母系列的概率，把单词中每一个字母的概率相乘，就可以求出整个字母系列的概率。这种统计方法的使用一下子就把文字识别的研究提高到了实用化的水平。

在文字识别中建立贝叶斯系统的同时，在语音识别和语音合成算法的研制中，这样的统计方法也发挥了重要的作用。其中特别引人瞩目的是隐马尔可夫模型（hidden Markov model）和噪声信道模型（noisy channel model）。这些语言形式模型使用统计的方法，把语音识别和语音合成的研究成果提高到实用的水平，很快走出实验室进入市场，实现了语音研究成果的商品化。

统计方法在文字识别、语音识别和语音合成研究中的巨大成功，使那些试图采用基于规则方法的计算语言学家在进退维谷的困境中受到极大的鼓舞，他们也开始采用统计方法来进行研究，从而另辟蹊径，摆脱困境，建立基于统计（statistics-based）的形式模型。

在这种情况下，在自然语言处理中，除了上面所述的基于规则的语言形式模型之外，又建立了一些基于统计的语言形式模型，主要有：N-元语法、隐马尔可夫模型、噪声信道模型、最大熵模型、条件随机场、概率上下文无关语法、词汇化的概率上下文无关语法、贝叶斯模型、动态规划算法、最小编辑距离算法、决策树模型、加权自动机、韦特比（Viterbi）算法、向前算法等。这些语言形式模型，都十分重视统计在语言形式模型构建中的作用，语言学知识主要使用概率和统计的计算通过语料库去获取，语言学家根据内省或调查得出的那些语言学规则逐渐退居到次要的位置。

3. 基于深度学习和神经网络的语言模型

21 世纪以来，深度学习和神经网络方法在自然语言处理中取得了巨大的成功，预训练模型一举把机器翻译推向了实用的水平，这种基于深度学习和神经网络的语言形式模型，占据了自然语言处理研究的主流地位，在机器翻译、信息检索、信息抽取、自动文摘、数据挖掘、词类标注、参照消解、话语分析中，都采用了基于深度学习和神经网络的语言模型。

目前，基于变换器的双向编码器表示模型（Bidirectional Encoder Representation from Transformers，简称 BERT）和生成式预训练模型（Generative Pre-Training，简称 GPT）已经成为当前自然语言处理研究的核心技术。BERT 和 GPT 从语言大数据中获取了丰富的词汇、语法和语义知识，BERT 在自然语言理解任务上，其准确率已经接近人类，可以自动地对文本数据进行阅读和理解；GPT 在自然语言生成任务上也达到了较高的水平，使用 GPT 自动生成的新闻甚至达到了以假乱真的程度（冯志伟、丁晓梅，2021）。

基于深度学习和神经网络的语言形式模型在数学上是完美的，可是它的运行机理却不容易从语言学和普通常识的角度得到理性的解释，而且人工神经网络也难以应用人类在长期的语言学研究中积累起来的丰富多彩的语言知识来改进自身的不足，为了进一步推动自然语言处理的发展，我们不能忽视人类在历史长河中积累的语言知识和语言规则，我们应当把基于语言规则的理性主义方法与基于语言大数据的经验主义方法结合起来，使用语言规则来弥补人工神经网络的不足，使用人工神经网络来增强语言规则的研究，使之取长补短，相得益彰。在自然语言处理的研究中，我们在大力推广人工神经网络的经验主义方法的同时，也要逐步复兴近年来受到冷落的理性主义方法，让神经网络从语言的理性规则中吸取营养，不断完善，增强它的可解释性。神经网络（NN）与语言学（linguistics）应当相互促进，如图 1 所示：

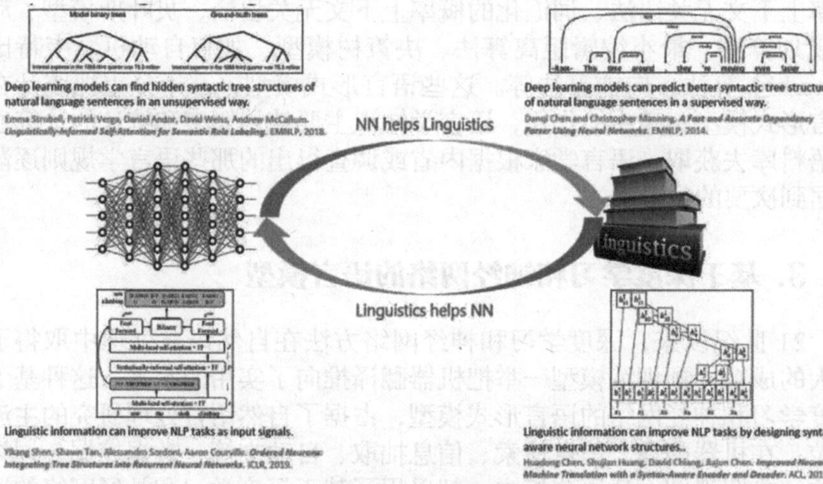

图 1　神经网络与语言学相互促进

目前基于深度学习和神经网络的语言形式模型为自然语言处理中基于语言大数据的经验主义方法添了一把火，预计这样的热潮还会继续主导自然语言处理领域很多年。然而，在自然语言处理的研究中，基于语言规则的理性主义方法复兴的历史步伐不会改变，基于语言数据的经验主义方法一定要与基于语言规则的理性主义方法结合起来，才是自然语言处理的必由之途，也是当代人工智能发展的金光大道。

参考文献

冯志伟. 2017. 自然语言计算机形式分析的理论与方法. 合肥：中国科学技术大学出版社.

冯志伟，丁晓梅. 2021. 计算语言学中的语言模型. 外语电化教学，（6）: 17–24.

预训练语言模型

PRE-TRAINED LANGUAGE MODEL

预训练语言模型是采用预训练方法、基于神经网络的一种新的自然语言处理范式（冯志伟、李颖，2021）。

☙ 1. 神经机器翻译的新范式

在当前的神经机器翻译研究中，语言数据资源的贫乏是一个非常严重的问题，对于神经机器翻译而言，几百万个句子的语料都不能算作是大数据（big data），商用神经机器翻译系统基本上都要数千万个句子甚至数亿个句子的大数据作为训练语料。如果语言数据贫乏，神经机器翻译的译文质量是难以保证的。为了解决语言数据贫乏的问题，学者们开始探讨小规模语言数据资源下神经机器翻译的可行性问题，最近已经形成一种神经机器翻译的新范式，叫作“预训练语言模型”（pre-trained language model）。如图 1 所示。

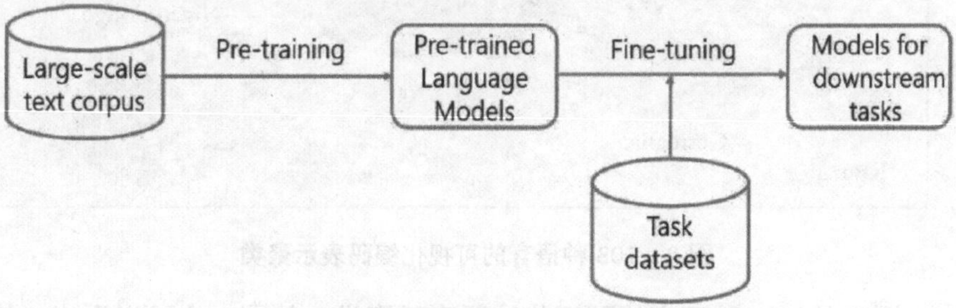

图 1　神经机器翻译的新范式：预训练语言模型

预训练语言模型的原理如图 1 所示。在图 1 中，这样的语言模型使用大规模的文本语料库数据（large-scale text corpus）进行“预训练”（pre-training），建立“预训练语言模型”，然后使用面向特定任务的小规模语言数据集（task dataset），根据迁移学习的原理进行“微调”（fine-tuning），形成“下游任务的模型”（model for downstream tasks），这是神经机器翻译的新范式。

这样的预训练语言模型新范式使得研究者能够专注于特定的任务，而适用于各种任务的通用的预训练语言模型可以降低神经机器翻译系统的研制难度，从而加快了神经机器翻译研究创新的步伐。

最近，谷歌公司比较了基于预训练模型的、不同语言的多语言模型（multilingual model）的表示形式。研究人员发现，多语言模型无须外部约束即可学习到相似语言的共享表示，证明了这样的学习表示在下游任务的跨语言迁移中是非常有效的。

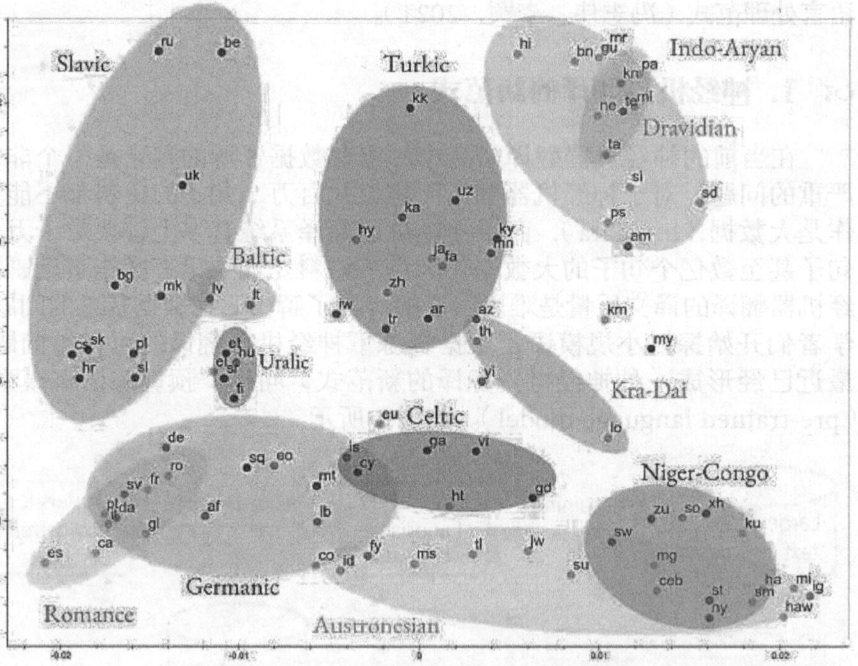

图 2　103 种语言的可视化编码表示聚类

图 2 是 103 种语言的可视化编码表示聚类。从图 2 中可以看出，这

个包含 103 种语言的多语言模型不需要外部的约束就可以学习到相似语言的共享表示。例如，不需要任何的外部约束，这个多语言模型就可以学习到俄语（ru）、白俄罗斯语（be）、乌克兰语（uk）、保加利亚语（bg）、波兰语（pl）、克罗地亚语（hr）、斯洛文尼亚语（sl）等语言的共享表示，如图 2 左上角所示，它们都属于印欧语系的斯拉夫语族（Slavic languages）；不需要任何的外部约束，这个多语言模型还可以学习到爱尔兰语（ga）、威尔士语（cy）、冰岛语（is）、苏格兰盖尔语（gd）、海地克里奥尔语（ht）等语言的共享表示，它们都属于印欧语系的凯尔特语支（Celtic languages），而且其中的威尔士语（cy）和冰岛语（is）还与日耳曼语族（Germanic languages）发生交叉，如图 2 中下方所示。不难看出，通过这样的预训练模型学习到的语言规律，与传统语言学研究的结论是非常接近的。

2009 年，谷歌公司在覆盖 100 多种语言的超过 250 亿句子偶对、超过 500 亿参数语言资源的基础上，训练了一个神经机器翻译模型，突破了多语言神经机器翻译研究的极限。他们研制了一种用于“大规模多语言的大规模神经机器翻译”（Massively Multilingual, Massive Neural Machine Translation，简称 M4）的方法，这样的 M4 方法在资源丰富的语言和资源贫乏的语言中都表现出了巨大的质量提升，可以轻松地适应不同的领域以及不同语言的要求，同时在跨语言下游迁移任务上表现出很高的效率。这样的新进展是令人振奋的。

预训练语言模型主要有 Transformer 模型和 Bert 模型。下面分别介绍。

☙ 2. Transformer 模型

2017 年 6 月，谷歌公司在他们发表的论文《注意力就是你们所需要的一切》（Attention Is All You Need）中提出了一个完全基于“注意力机制”的预训练语言模型，叫作 Transformer，这个模型抛弃了在此之前的其他采用注意力机制的模型保留的循环神经网络结构，其核心完全使用注意力机制。

这个完全基于注意力机制的 Transformer 系统，在各项任务的完成方面表现优秀，在性能发挥方面表现突出，因此成了自然语言理解和神经机器翻译的重要基准模型。

在 Transformer 出现之前，基于循环神经网络模型的机器翻译原理如图 3 所示：

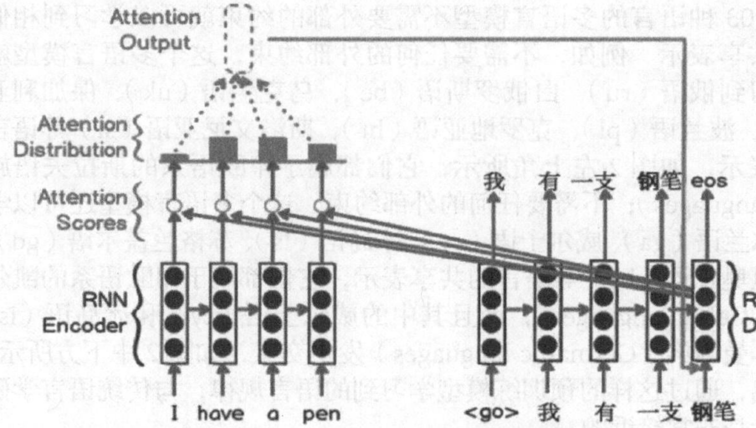

图 3　用循环神经网络做机器翻译

这样的循环神经网络采用的是一种异步的序列到序列模式（sequence-to-sequence model）。

例如，在英汉机器翻译中，循环神经网络的编码器（RNN Encoder）对于输入的英语句子“I have a pen.”进行编码，使用注意力打分（attention score）给注意力分派权重，再经过注意力分布（attention distribution）得到注意力输出（attention output），最后由循环神经网络的解码器（RNN decoder）参照前面得到的注意力打分进行解码，得到汉语译文“我有一支钢笔”。

循环神经网络的隐藏层信息不仅取决于当前的输入层信息，也包括输入层前一步的信息，也就是要把输入层前一步的信息灌给当前的输入层。虽然循环神经网络的建模序列很强大，但是，这种异步的序列到序列模式训练起来非常缓慢，如果文本中的长句子很多，则需要更多的处理步骤，并且其繁复循环的结构也使模型的训练变得很困难，因而机器翻译效果欠佳。

与循环神经网络相比，Transformer 不需要循环，而是并行地处理序列中所有的单词或符号，同时使用“自注意力机制”（self-attention mechanism），把上下文与比较远的单词结合起来。通过并行地处理所有的单词，并且让每一个单词在多个处理步骤中都注意到句子中的其他单词，Transformer 的训练速度比循环神经网络快得多，而且它的机器翻译效果也比循环神经网络好得多。

Transformer 的结构如图 4 所示：

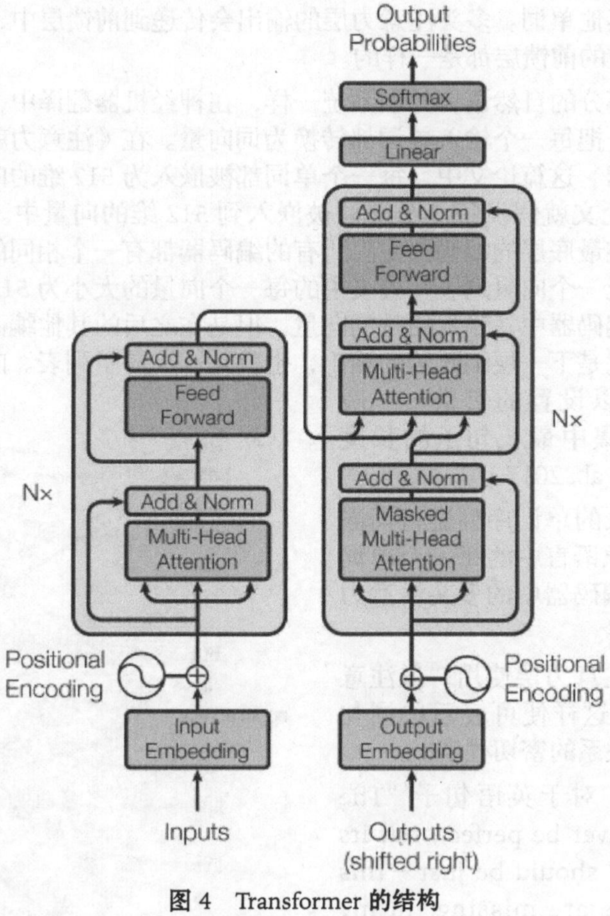

图 4　Transformer 的结构

在图 4 中，左半部分是编码器，右半部分是解码器。

先来讨论左半部分的编码器。

这个编码器的 N=6，也就是说，这个编码器由 6 个相同的层（layer）组成，每一层包括两个子层（sub-layer），第一个子层包括一个多头注意力层（Multi-Head Attention）和一个前馈层（Feed Forward），其中每个子层都加了“求和”（Addition，简写为 Add）与“归一化”（Normalization，简写为 Norm）的功能。

在神经机器翻译时，从编码器输入的源语言句子首先经过多头注意力层，这一层帮助编码器在对于每一个单词进行编码时关注输入源语言句子中的其他单词。多头注意力层的输出会传递到前馈层中，每个位置的单词对应的前馈层都是一样的。

像大部分的自然语言处理系统一样，在神经机器翻译中，首先使用词嵌入算法把每一个输入单词都转换为词向量。在《注意力就是你们所需要的一切》这篇论文中，每一个单词都被嵌入为 512 维的向量，我们这里根据论文就假设每一个单词被嵌入到 512 维的向量中。词嵌入过程只发生在最底层的编码器中。所有的编码器都有一个相同的特点，它们都要接受一个向量列表，列表中的每一个向量的大小为 512 维。在最底一层的编码器中，输入的是词向量，但是在之后的其他编码器中，这个词向量就是下一层编码器的输出，也就是一个向量列表。向量列表的大小是可以设置的参数，一般就是训练集中最长句子的长度（Vaswani et al., 2017）。

将输入的单词序列进行词嵌入之后，源语言中的每一个单词都会流经编码器中的多头注意力层和前馈层。

多头注意力层使用“自注意力机制”，这样便可表示单词与单词之间联系的密切程度。

例如，对于英语句子 “The law will never be perfect, but its application should be just—this is what we are missing, in my opinion.”，自注意力机制可以建立句子中单词之间的如下联系（图 5）：

从图 5 中可以看出，在这个句子中，表示 law、application、missing、opinion 等单词与其他单词联系的线条比较粗，说明这些单词之间的联系最为密切。

多头注意力层还可以把相关的单词融入正在处理的单词中，

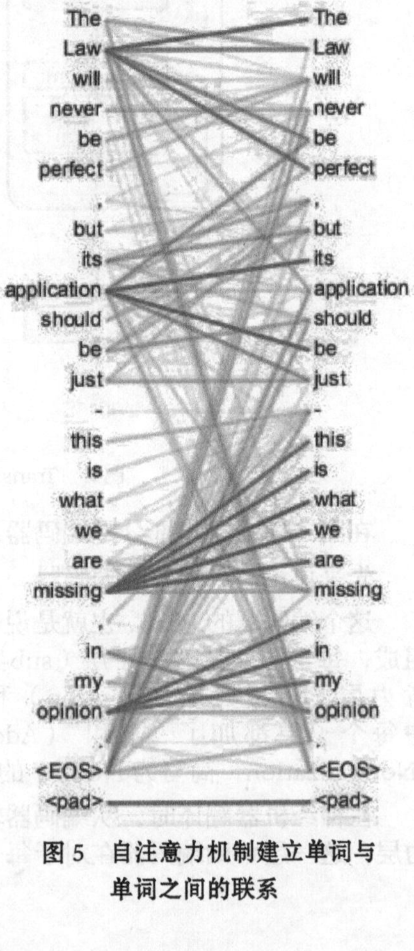

图 5 自注意力机制建立单词与单词之间的联系

从而拓展了模型专注于不同位置的能力。

例如，我们输入英语句子“The animal didn’t cross the street because it was too tired.”。这个句子中的 it 是指什么呢？对于我们人类来说，这是一个很简单的问题，it 显然应当指 animal，因为根据我们的常识，只有 animal 这种动物才会有 tired 的感觉，不过对于计算机算法来说，这却是一个相当困难的问题，因为 it 的前面除了单词 animal 在之外，还有另外的单词 street，这个单词也可能成为 it 的所指对象。但是，由于 Transformer 有“多头注意力层”，当模型在处理 it 这个单词的时候，多头注意力层会把所有相关的单词融入到正在处理的单词 it 中，从而使得 it 与 animal 之间建立起比与单词 street 更加密切的联系。如图 6 所示。

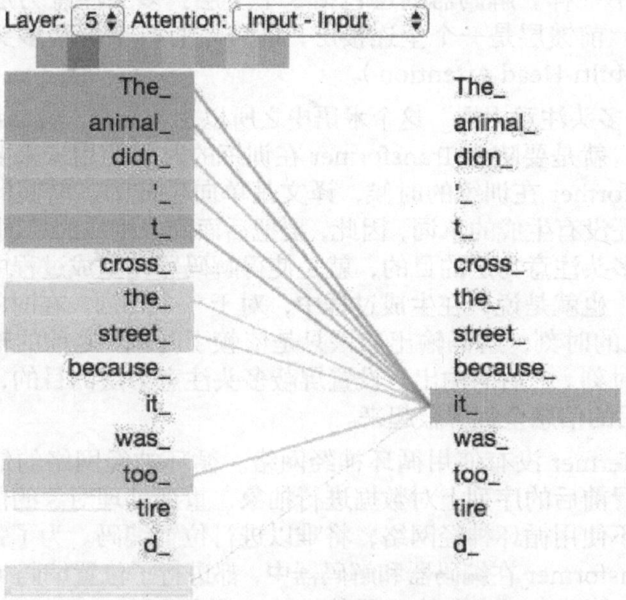

图 6　自注意力机制建立 it 和其他词的联系

在图 6 中，可以看出自注意力机制建立起来的 it 和相关单词之间的联系。当在编码器的第 5 层 #5 中对 it 这个单词进行编码时，自注意力机制会关注 The animal，把 The animal 的一部分表示编入 it 的编码中。从图 6 中不难看出，尽管 it 与很多单词（如 street、cross、too 等）都有或亲或疏的联系，但是，it 与 The animal 的连线最粗，因而它与 The animal 的联系最为密切。

在自注意力机制中，自注意力的强度要根据“查询向量”（Quiry vector，简写为Q）、“键向量”（Key vector，简写为K）和“值向量”（Value vector，简写为 V）等因素来计算。计算公式如下：

$$Attention(Q, K, V) = soft\max\left(\frac{QK^T}{\sqrt{d_k}}\right)V$$

这个公式中，Q 表示查询向量，K 表示链向量，V 表示值向量，d 表示 Transformer 的维度。

再来讨论前面图 4 右半部分的解码器。

这个解码器也由 6 个相同的层组成（N=6），但是解码器的层与编码器的层不一样。解码器的层包括 3 个子层：多头注意力层是一个自注意力层，前馈层是一个全连接层，此外还有一个屏蔽多头注意力层（Masked Multi-Head Attention）。

“屏蔽多头注意力层”这个术语中之所以用“屏蔽”（Masked）这样的修饰语，就是要防止 Transformer 在训练的时候使用未来要输出的单词。Transformer 在训练的时候，译文是单向生成的，前面的单词不能参考后面还没有生成的单词，因此，要把后面尚未生成的单词屏蔽起来。设置屏蔽多头注意力层的目的，就是使得解码器在生成过程中看不见未来的信息。也就是说，在生成过程中，对于一个序列，在时间步（time step）为 t 的时刻，解码输出应该只是依赖于时刻 t 之前的输出，而不能够依赖时刻 t 之后的输出。设置屏蔽多头注意力层的目的，就是要把时刻 t 之后的信息全都屏蔽起来。

Transfermer 没有使用循环神经网络。循环神经网络的最大优点是能够在位置前后的序列上对数据进行抽象，重视处理对象的前后位置顺序，如果不使用循环神经网络，将难以进行位置编码。为了弥补这样的缺憾，Transformer 在编码器和解码器中，都进行了位置编码（positional encoding，简称 PE），在编码器的“输入嵌入”（input embedding）和解码器的“输出嵌入”（output embedding）时，使用三角正弦（sin）与余弦（cos）来计算位置，计算公式如下：

$$PE(pos, 2i) = \sin(pos/10000^{2i}/^{d_{\text{model}}})$$

$$PE(pos, 2i+1) = \cos(pos/10000^{2i}/^{d_{\text{model}}})$$

在上述两个公式中使用了正弦三角函数 sin 和余弦三角函数 cos，pos 表示单词的位置，i 表示维度，PE 表示位置编码，d_{model} 表示模型的维（dimension of model），在位置编码时，这样的三角函数 sin 和 cos

是可以通过线性关系互相表达的。

在机器翻译时，输入的源语言数据经过编码器和解码器处理之后，再经过线性变换层（linear）和 Softmax 层的归一化处理，得到目标语的输出概率（output probability）。如图 7 所示：

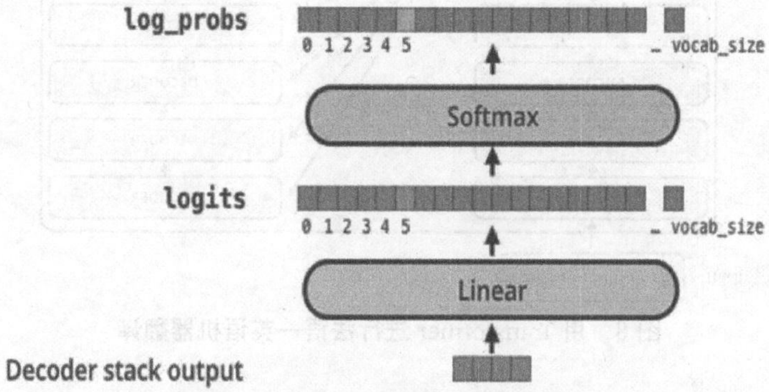

图 7　解码器中的线性变化层和 Softmax 层

线性变换层是一个简单的全连接神经网络，它可以把解码器产生的向量投射到一个叫作“对数概率”（logits）的向量里。如果预训练模型从训练集当中学习 10 000 个不同的英语单词，因而对数概率向量就是 10 000 个单元格长度的向量，每一个单元格对应于某个英语单词的分数。接下来的 Softmax 层把这些分数转化成对数概率（log_probs）。对数概率最高的单元格被选中，它对应的单词就作为这个时刻的输出译文。

在 Transformer 中，6 个编码器与 6 个解码器的协作方式如图 8 所示。例如，在法语 – 英语的机器翻译中，输入法语句子“Je suit étudiant”（我是一个学生），经过 Transformer 处理，在输出端就可以得到英语的译文“I am a student”（如图 8 所示）。

2018 年 7 月，谷歌公司发布的《通用 Transformer》（Universal Transformer）一文中对上述的这个 Transformer 进行了改进，进一步提升了机器翻译速度，其速度比循环神经网络更快，也比上述的 Transformer 更加强大，而且具有通用性。

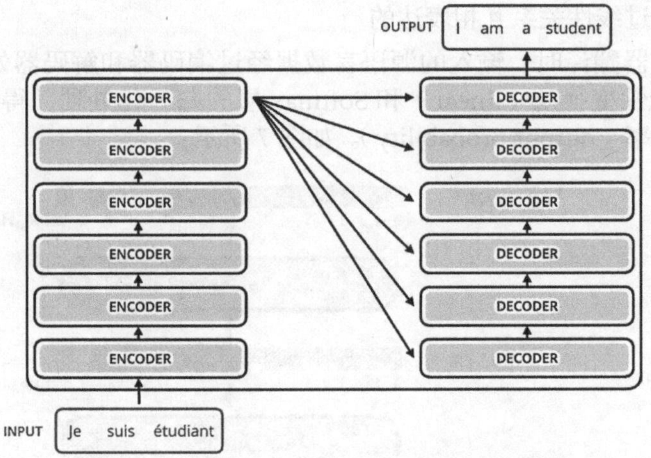

图 8 用 Transformer 进行法语—英语机器翻译

☙ 3. BERT 模型

2019 年，谷歌公司在 Transformer 的基础上，研制成功 BERT 模型。BERT 在 11 项不同的自然语言处理测试中创造出最佳成绩，为自然语言处理带来了里程碑式的改变。这是近年来自然语言处理的巨大成就。

BERT 是一种 Transformer 的双向编码器，它是以 Transformer 的结构为基础的，其目标在于通过左右双向上下文共有的条件计算来预训练无标记文本的深度双向表示。因此，经过预训练的 BERT 模型，只需要一个额外的输出层就可以进行“微调”，从而为各种自然语言处理任务生成最新的模型。BERT 的预训练是在包含整个维基百科的大规模语料库（25 亿单词）和图书语料库（8 亿单词）中进行的。BERT 是一个“深度双向”模型，所谓“深度双向”就意味着 BERT 在预训练时要进行深度学习，要从所选文本的左右双向的上下文中提取信息。因此，双向性是 BERT 模型最显著的特点。

例如，我们来看下面两个英语句子：

We went to the river bank.

I need to go to bank to make a deposit.

其中的 bank 是一个多义词，它有两个含义，一个是“银行”，一个是“河岸”。

如果我们只看上面两个句子中 bank 的左边部分，也就是：

We went to the river—

I need to go to—

我们可以预测出在第一个句子"—"处的 bank 的意思应当是"河岸"，因为第一个句子中有 river 这个单词，但是第二个句子的"—"处，如果预测为"河岸"，则是错误的。可见，只根据左侧上下文是不能做出正确判断的。

如果我们只看上面两个句子中 bank 的右边部分，也就是：

—.

—to make a deposit.

我们可以预测出在第二个句子"—"处的 bank 的意思是"银行"，因为第二个句子中有 deposit 这个单词，但是第一个句子"—"处，如果预测为"银行"，则是错误的。因此只根据右侧上下文也不能做出正确判断。

由此可见，仅仅根据 bank 一个方向的上下文，是不能确定多义词 bank 的准确含义的，必须根据 bank 左侧和右侧双向的上下文，才有可能准确地预测 bank 的含义。这就是 BERT 采用双向性的原因所在。显然，这个原因的深层根据来自语言学。

BERT 提供了简单（$BERT_{base}$）和复杂（$BERT_{large}$）两个模型，如图 9 所示：

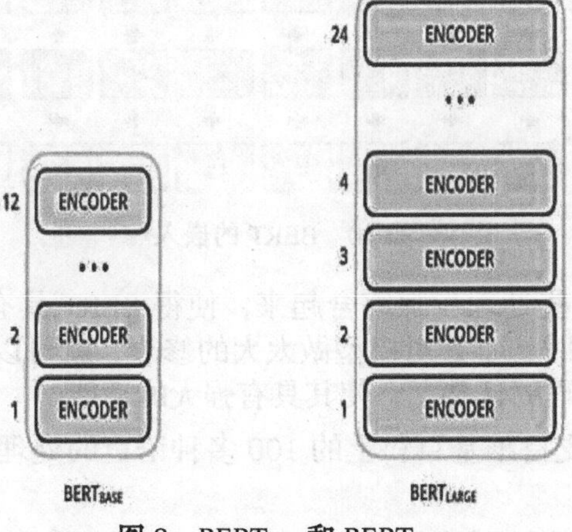

图 9　$BERT_{base}$ 和 $BERT_{large}$

这两个模型对应的参数分别如下：

- $BERT_{base}$: L=12，H=768，A=12，参数总量为 110M（1.1 亿）；
- $BERT_{large}$: L=24，H=1024，A=16，参数总量 340M（3.4 亿）。

在上面的参数中，L 表示层数（layer number），也就是 Transformer 模块（简写为 Trm）的数量，A 表示多头注意力（Multi-Head Attention）中的自注意力（self-attention）的数量，H 表示隐藏层（hidden layer）的数量。

在图 10 中，每一个嵌入 E 都由三个嵌入组成：

- 位置嵌入（position embedding）：BERT 学习并使用位置嵌入来表示单词在句子中的位置，如 E_0、E_1、E_2、E_3 等。
- 片段嵌入（segment embedding）：BERT 还可以将句子偶对的片段作为问答任务的输入，BERT 在学习了第一个句子的嵌入 E_A 和第二个句子的嵌入 E_B 之后，就可以帮助模型把二者区分开来。
- 标记嵌入（token embedding）：BERT 从标记词汇表（word piece）中学习特定的形符标记（token）的嵌入，如 my、dog、is、cute 等。

对于特定的标记，BERT 的输入表示就是位置嵌入、片段嵌入和形符标记嵌入的总和，如图 10 所示：

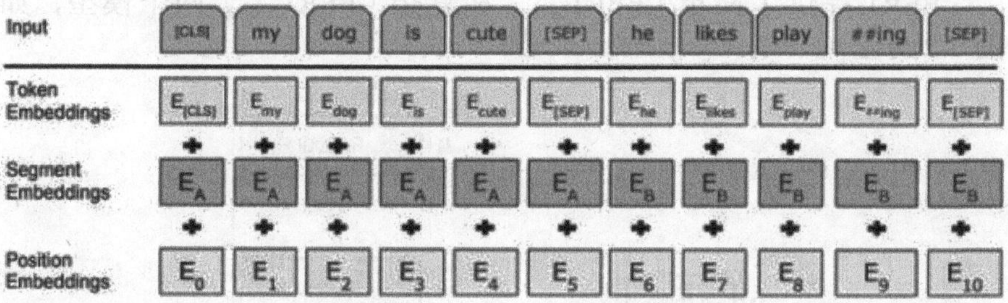

图 10　BERT 的嵌入

把上述的这些处理步骤综合起来，使得 BERT 具有极强的通用性，因此，在预训练时，不必对模型做太大的修改，就可以把 BERT 训练到多种自然语言处理的任务上，使其具有强大的功能。

BERT 可以支持维基百科上的 100 多种语言的处理，其中也包括支持中文处理。

BERT 在工作时，首先使用标记词汇表和 30 000 个形符标记（token）

的词汇表进行嵌入。用 ## 表示分词。然后进行位置嵌入（positional embedding），支持的序列长度最多为 512 个形符标记。每个序列的第一个形符标记始终是特殊分类嵌入（记为 [CLS]）。句子偶对被打包成一个序列。以两种方式区分句子。首先，用特殊标记（[SEP]）将它们分开。然后，添加一个句子 A 嵌入到第一个句子的每个形符标记中，再添加一个句子 B 嵌入到第二个句子的每个形符标记中。对于单个句子输入，只使用句子 A 嵌入。在图 10 中，我们得到的输入形式为：

"[CLS] my dog is cute [SEP] he likes play ##ing [SEP]"。

BERT 进行预训练时，使用了"屏蔽语言模型"。

为了训练深度双向表示（deep bidirectional representation），BERT 采用了一种简单的方法：随机地屏蔽（masking）部分输入的形符标记，然后只预测那些被屏蔽的形符标记。这样的机制就是"屏蔽语言模型"(MLM)，又叫作"完形模型"（Cloze）。

就像在标准的语言模型（Language Model, LM）中那样，在预训练时，与"屏蔽形符标记"（masked token）对应的最终隐藏向量被输入到词汇表上的输出 softmax 中。在 BERT 的所有实验中，随机地屏蔽了每个序列中 15% 的词汇表形符标记（Word Piece token），记为"[MASK]"。预训练时，只预测被屏蔽的单词（masked word），而不必重建整个输入。

虽然使用"屏蔽形符标记"确实能使 BERT 实现双向预训练，但是这种方法有两个缺点。

第一个缺点是预训练和微调之间不匹配，因为在微调期间看不到被屏蔽的标记（[MASK]）。为了解决这个问题，BERT 并不总是用实际的 [MASK] 形符来替换被屏蔽掉的词汇，而是从训练数据生成器中随机地选择 15% 的形符标记。例如，在英语句子"My dog is hairy."中，它选择屏蔽的形符标记是"hairy"。

然而，BERT 不是始终用 [MASK] 来替换所选单词"hairy"，而是让数据生成器执行以下操作：

① 80% 的时间用 [MASK] 形符标记替换单词。例如，用 [MASK] 来替换单词"hairy"：

My dog is hairy → My dog is [MASK]。

② 10% 的时间用一个随机的单词替换该单词。例如，用单词 apple 来替换单词 hairy：

My dog is hairy → My dog is apple。

③ 10% 的时间保持单词不变。例如，始终保持单词“hairy”：

My dog is hairy → My dog is hairy。

这样做是为了表示偏向于实际观察到的单词“hairy”。

Transformer 编码器并不知道它将被用来预测哪些单词，它也不知道哪些单词已经被随机的单词所替换，因此，它只好尽量保持每个输入形符标记的分布式上下文表示。此外，因为随机替换的发生率只占所有形符标记的 1.5%（即 15% 的十分之一），这样微乎其微的比例并不会影响到 BERT 模型的语言理解能力。

使用屏蔽语言模型的第二个缺点是在预训练时每次只预测了 15% 的形符标记，因而 BERT 模型可能需要更多的预训练步骤才能收敛，这样收敛的速度就比较慢。实验证明，BERT 的屏蔽语言模型的收敛速度确实比从左到右（left-to-right）来预测每个形符标记的模型要慢一些，不过，屏蔽语言模型在总体上获得的提升已经远远地超过了由于使用这个模型而增加的预训练成本，所得大于所失。

BERT 还有预测下一个句子的功能。自然语言处理的许多重要的下游任务，如智能问答（Question-Answering，简称 QA）和自然语言推理（Natural Language Inference，简称 NLI）都需要理解前后两个句子之间的关系。为了理解前后两个句子之间的关系，可以预先训练一个下句预测（Next Sentence Prediction，NSP）任务，这一任务可以使用单语语料库来实现。

具体地说，当选择句子 A 和句子 B 作为预训练样本时，句子 B 有 50% 的可能是句子 A 的下一个句子，也有 50% 的可能是来自语料库中的随机句子。

例如，如果我们有如下的句子偶对：

Input=[CLS] The man went to [MASK] store [SEP]

He bought a gallon [MASK] milk [SEP]

由于后一个句子“He bought a gallon [MASK] milk [SEP]”可能与前一个句子“[CLS] The man went to [MASK] store [SEP]”在语义上有联系，BERT 可以打上标签 Label=IsNext，表示后一个句子可能是前一个句子的 Next。

如果我们有如下的句子偶对：

Input=[CLS] The man [MASK] to the store [SEP]

Penguin [MASK] are flight ##less birds [SEP]

由于后一个句子“Penguin [MASK] are flight ##less birds [SEP]”与前一个句子“Input=[CLS] The man [MASK] to the store [SEP]”在语义上没有什么联系，BERT 可以打上标签 Label=NotNext，表示后一个句子不可能是前一个句子的 Next。

使用这种下句预测的方法，BERT 可以完全随机地选择 NotNext 语句，最终的预训练模型在这个下游任务中取得了 97% ~ 98% 的准确率。

把这些预处理步骤综合起来，使得 BERT 具有很强的通用性，如果不对模型的结构进行重大更改，BERT 就可以轻松地将其应用到多种自然语言处理的下游任务之中。

最近，BERT 在机器阅读理解顶级水平测试 SQuAD1.1 中取得出色的成绩：它在衡量指标上全面超越了人类！并且还在 11 项不同的自然语言处理测试中创造了最佳的成绩，包括把 GLUE 基准推进到了 80.4%（绝对改进率为 7.6%），把自然语言推理 MultiNLI 准确度推进到了 86.7%（绝对改进率为 5.6%）。这是自然语言处理研究最为激动人心的成就！

BERT 的预训练是在大数据上进行的，BERT 所用的语言数据包含整个维基百科的大规模语料库和图书语料库，单词总数达 33 亿之多。这充分地说明了在大数据时代语言数据资源对于神经网络自然语言处理具有举足轻重的作用。

参考文献

冯志伟，李颖. 2021. 自然语言处理中的预训练范式. 外语研究，(1): 1–14.

Vaswani, A. Shazeer, N. & Parmar, N. 2017. Attention is all you need. *Proceedings of Advances in Neural Information Processing Systems*, 5998–6008.

知识本体 ONTOLOGY

知识本体是明确的、形式化的、可共享的概念体系规范。

如果对于一个领域中的客体进行分析，找出这些客体之间的关系，获得了这个领域中不同客体的集合，这一个集合可以明确地、形式化地、可共享地描述这个领域中各个客体所代表的概念体系，那么这个概念体系的规范就可以看成这个领域的知识本体（冯志伟，2005）。

☙ 1. 哲学中的知识本体

历史上很早就开始研究知识本体，因此，知识本体有很多不同的定义，这些定义有的是从哲学思辨出发的，有的是从知识的分类出发的，最近的一些定义则是从实用的计算机推理出发的。

牛津英语词典对于知识本体的定义是："对于存在的研究或科学"（the science or study of being），这个定义显然是非常广泛的，因为它试图研究存在的一切事物，为存在的一切事物建立科学。不过，这个定义确实是关于知识本体的经典定义，它来自古典哲学研究。

什么是事物？什么是本质？当事物发生改变时，本质是否仍然存在于事物之中？概念是否存在于我们的心智之外？怎样对世界上的实体进行分类？这些都是知识本体要回答的问题，所以，知识本体是"对于存在（being）的研究或科学"。

远在古希腊时代，哲学家就试图研究当事物发生变化时，如何去发现事物的本质。例如，当植物的种子发育变成树时，种子不再是种子了，而树开始成为树。那么，树还包含着种子的本质吗？古希腊哲学家Parmenides认为，事物的本质是独立于人们的感官的，种子在表面上虽然变成了树，但是，它的本质是没有改变的，所以，在实质上种子并没有转化为树，只不过是人们的感官原来感到它是种子，后来感到它是树。古希腊哲学家Aristotle认为，种子只不过是还没有完全长成的树，在发育过程中，树的本质并没有改变，只是改变了它存在的形式，从没有完全长成的树变成了完全长成的树，从潜在的树变成了实在的树。因此，种子和树的本质都是一样的。

知识本体就要研究关于事物的本质的问题。Aristotle还把存在区分为不同的模式，建立了一个范畴系统（system of categories），包含的范畴有10个：substance（实体）、quality（质量）、quantity（数量）、relation（关系）、action（行动）、passion（感情）、place（空间）、time（时间）、主动（active）、被动（passive）。这个范畴系统是最早的知识本体的体系。

在中世纪，哲学家们研究事物本身和事物的名称之间的关系，分为唯实论（realism）和唯名论（nominalism）两派。唯实论主张，事物的名称就是事物本身，而唯名论主张，事物的名称只不过是引用事物的词而已。在中世纪晚期，大多数哲学家都倾向于认为，事物的名称只是表示事物的符号（symbol），例如，book 这个名称只不过是用来引用一切作为实体的“书”的一个符号。唯名论的这种研究是现代物理学的一个起点，在现代物理学中，采用不同符号来表示物理世界的各种特征（如速度的符号为 V，长度的符号为 L，能量的符号为 E，等等）。这些用符号表示的特征，实际上都是物理学中的概念或范畴。

1613 年，德国哲学家 R. Goclenius 在他用拉丁文编写的《哲学辞典》中，把希腊语的 on（也就是 being）的复数 onta（也就是 beings）与 logos（含义为“学问”）结合在一起，创造出 ontologia 这个术语。ontologia 也就是英文的 ontology，这是西方文献中最早出现的 ontology 这个术语。1636 年，德国哲学家 A. Calovius 在《神的形而上学》中，把 ontologia 看成“形而上学”（metaphysica；英文为 metaphysics）的同义词，这样，他便把 ontologia 与 Aristotle 的“形而上学”紧密地联系起来了。法国哲学家 R. Descartes 更是明确地把研究本体的第一哲学叫作“形而上学的 ontologia”，这样，ontologia 便成为形而上学的一个部分了。德国哲学家 G. von Leibniz 和他的继承者 C. Wolff 更是从学科分类的角度，把 ontologia 归属为形而上学的一个分支，使 ontologia 成为哲学中一个相对独立的分支学科。ontologia 这个术语，在哲学中翻译为“本体论”，在自然语言处理中，从应用的角度出发，我们认为翻译为“知识本体”更为恰当。在本书中，我们统一使用“知识本体”这个术语。

德国哲学家 Emmanuel Kant 也研究知识本体，他认为，事物的本质不仅仅由事物本身决定，也受到人们对于事物的感知或理解的影响。

Emmanuel Kant 提出这样的问题：人们的心智究竟是采用什么样的结构来捕捉外在世界的呢？为了回答这个问题，Emmanuel Kant 对范畴进行了分类，建立了 Kant 的范畴框架，这个范畴框架包括四个大范畴：quantity（数量）、quality（质量）、relation（关系）和 modality（模态）。每个大范畴又分为三个小范畴。quantity 又分为 unity（单量）、plurality（多量）、totality（总量）三个范畴；quality 又分为 reality（实在质）、negation（否定质）和 limitation（限度质）三个范畴；relation 又分为 inherence（继承关系）、causation（因果关系）和 community（交互关系）三个范畴；modality 又分为 possibility（可能性）、existence（现实性）和 necessity（必要性）三个范畴。

根据这个范畴框架，人们的心智就可以给事物进行分类，从而获得对于外界世界的认识。在数据库中，可以根据 Kant 的方法给事物建立一些范畴，从而根据这些范畴来管理数据。例如，可以给人事管理数据库建立“姓名，性别，籍贯，职业”等范畴，使用这些范畴进行人事管理。可以看出，Kant 对于范畴框架的研究，为知识本体的研究奠定了坚实的基础。不过，他的这个范畴框架不同于 Aristotle 的范畴系统，Kant 在他的《纯粹理性批判》的著作中明确地反对 Aristotle 的十个范畴。

☙ 2. 计算机科学中的知识本体

1991 年，美国计算机专家 R. Niches 等在完成美国国防部高级研究计划局（Defense Advanced Research Projects Agency，简称 DARPA）的一个关于知识共享的科研项目时，提出了一种构建智能系统方法的新思想，他们认为，构建的智能系统由两个部分组成，一个部分是“知识本体”（Ontology），一个部分是“问题求解方法”（Problem Solving Methods，简称 PSMs）。知识本体涉及特定知识领域共有的知识和知识结构，它是静态的知识，而 PSMs 涉及在相应知识领域中进行推理的知识，它是动态的知识，PSMs 使用知识本体中的静态知识进行动态的推理，就可以构建一个智能系统。这样的智能系统就是一个知识库，而知识本体是知识库的核心，这样，在计算机科学中，知识本体就引起了学者们的极大关注。

1990 年，冯志伟提出了“双态理论”（bi-states theory）。这种“双态理论”认为，在自然语言处理系统中，要把自然语言的静态特征和动态特征结合起来，静态特征要表示存储在机器词典中的单词的词类特征和单词固有的语义特征，它们是与单词所在的上下文语境无关的，动态特征是使用静态特征经过计算机运算求出来的句法功能特征、语义关系特征、逻辑关系特征，它们是要根据单词的上下文语境来确定的。静态特征的制定要根据词类和语义系统的规范，动态特征的求解要根据产生式规则，产生式规则的基本形式是“条件 - 动作”偶对，因此，面向自然语言处理的语言学研究要着重阐明规则的条件。冯志伟所说的词类规范，实际上就是语法信息的规范，冯志伟所说的语义系统的规范，实际上就是概念系统的规范，也就是“知识本体”。

冯志伟的“双态理论”构想可以表示为：

基于语法信息和知识本体的静态特征标注的机器词典 + 基于产生式规则的动态特征求解规则 = 自然语言处理系统

Niches 的构想可以表示为：

静态的“知识本体”+ 动态的“问题求解方法”= 知识库

通过比较可以看出：冯志伟关于静态特征与动态特征相结合的“双态理论”构想，与 Niches 关于静态的“知识本体”与动态的“问题求解方法”相结合的构想是非常相似的。

在 20 世纪末和 21 世纪初，知识本体的研究开始成为计算机科学的一个重要领域。它的主要任务是研究世界上的各种事物（例如，物理客体、事件等）以及代表这些事物的范畴（例如，概念、特征等）的形式特性和分类。计算机科学对于知识本体的研究是建立在上述的经典的知识本体研究的基础之上的，不过，有了很大的发展。因此，有必要重新给知识本体下新的定义。

下面是计算机科学中对于知识本体的几个新的定义。

在人工智能研究中，Gruber 在 1993 年给知识本体下的定义是：“知识本体是概念体系的明确规范。”这个定义比较具体，也比较便于操作，在知识本体的研究中广为传播。

1997 年，Borst 对 Gruber 的定义做了很小修改，提出了如下的定义：“知识本体是可以共享的概念体系的形式规范。”

1998 年，Studer 等在 Gruber 和 Borst 的定义的基础上，对于知识本体给出了一个更加明确的定义：“知识本体是对概念体系的明确的、形式化的、可共享的规范。”

在这个定义中，所谓“概念体系”是指所描述的客观世界的现象中有关概念的抽象模型；所谓“明确”是指对于所使用的概念的类型以及概念用法的约束都明确地加以定义；所谓“形式化”是指这个知识本体应该是计算机可读的；所谓“共享”是指知识本体中所描述的知识不是个人专有的而是集体共有的。

具体地说，如果我们把每一个知识领域抽象成一个概念体系，再采用一个词表来表示这个概念体系，在这个词表中，要明确地描述词的语义、词与词之间的关系、并在该领域的专家之间达成共识，使得大家能够共享这个词表，那么，这个词表就构成了该领域的一个知识本体。知识本体已经成为提取、理解和处理领域知识的工具，它可以被应用于任何具体的学科和专业领域，知识本体经过严格的形式化之后，借助于计算机强大的处理能力，可以对人类的全部知识进行整理和组织，使之成为一个有序的知识网络。

ᘓ 3. 知识本体的类型

人们对于知识本体的认识可能存在差别，因此，有下列不同类型的知识本体。

- 通用知识本体（common ontology）：常常从哲学的认识论出发，概念的根节点往往是很抽象的，例如，时间、空间、事件、状态、对象等。
- 领域知识本体（domain ontology）：对领域的知识进行抽象，概念比较具体，容易进行形式化和共享。例如，我国学者最近研制的植物学领域知识本体（domain-specific ontology of botany）、考古学领域知识本体（domain-specific ontology of archeology）都是领域知识本体。
- 语言知识本体（language ontology）：常常表现为一个词表，其中要描述单词和术语之间的概念关系，词网（WordNet）就是一个语言知识本体。如果语言知识本体中的概念节点是专业术语，那么这样的语言知识本体就叫作术语知识本体（terminology ontology）。因为术语是科学技术知识在自然语言中的结晶，哪里有科学技术，哪里就有术语，所以术语知识本体对于领域知识的处理是非常重要的。
- 形式知识本体（formal ontology）：对于概念和术语的分类很严格，要按照一定的原则和标准，明确地定义概念之间的显性和隐性关系，明确概念的约束和逻辑联系。领域知识本体或术语知识本体经过进一步的抽象和提炼，就可能发展成形式知识本体。

知识本体可以帮助我们对领域知识进行系统的分析，把领域知识形式化，使之便于计算机处理。知识本体还可以实现人与人之间以及人与计算机之间知识的共享，实现在一定领域中知识的重复使用。在自然语言处理的语义分析中，知识本体可以给我们提供单词的各种信息，帮助我们揭示单词之间的各种语义关系，是语义分析的知识来源。

目前，支持知识本体的开发工具已经有数十种，功能各不相同，对于知识本体语言的支持能力、表达能力各有差别，可扩展性、灵活性、易用性也不一样。其中比较著名的有 Protégé-2000、OntoEdit、OilEd、Ontolingua 等。Protégé-2000 是使用比较广泛的知识本体工具，是可以免费获得的开放软件，它用 Java 语言开发，通过各种插件支持多种知识本体格式。

4. 知识本体系统 ONTOL-MT

冯志伟在日汉机器翻译的研究中，设计了一个知识本体系统 ONTOL-MT。这个知识本体的初始概念有事物（entity）、时间（time）、空间（space）、数量（quantity）、行为状态（action-state）和属性（attribute）六个。在这六个初始概念之下，还有不同层次的下位概念。

ONTOL-MT 的基本结构如下图所示：

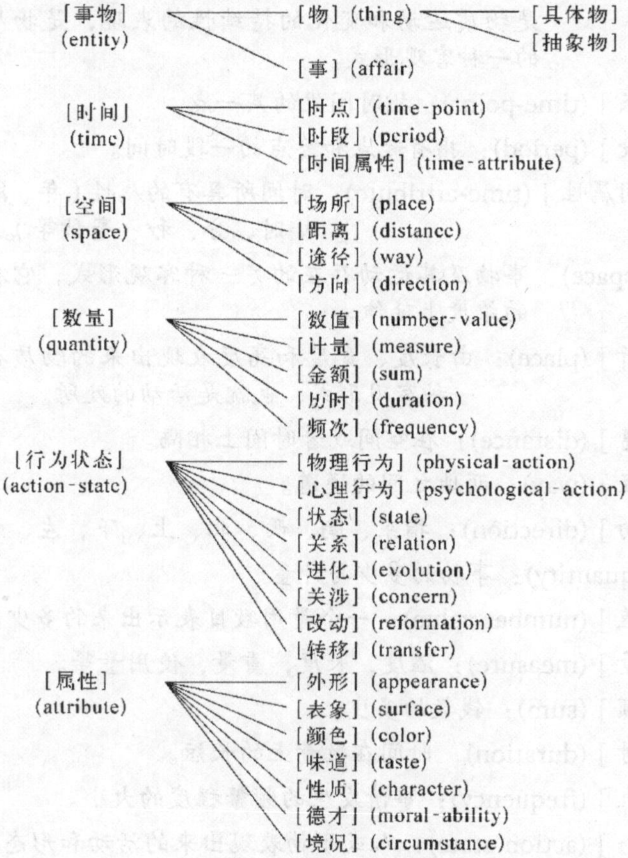

图　知识本体 ONTOL-MT

ONTOL-MT 中的上述主要概念的语义定义如下：

[事物] (entity)：在空间（包括思维空间）上和时间上延展的事物本体。

[物] (thing)：主要在空间（包括思维空间）上延展的事物本体。

[具体物] (concrete)：有形、有色、有质量的物。

[抽象物] (abstract)：无形、无色、无质量的物。

[事] (affair)：主要在时间上延展的事物本体。包括人类生活中的一切活动和所遇到的一切社会现象（政治、军事、法律、经济、文化、教育）或与人有关联的自然现象。

[时间] (time)：由过去、现在和将来构成的连绵不断的系统，它是物质运动和变化的持续性的表现，是物质存在的一种客观形式。

[时点] (time-point)：指时间里的某一点。

[时段] (period)：指有起点和终点的一段时间。

[时间属性] (time-attribute)：时间所具有的属性（年、月、日、小时、分、秒、毫秒等）。

[空间] (space)：事物及其运动存在的另一种客观形式，它在不同的维度上延伸。

[场所] (place)：由长度、宽度和高度表现出来的物质存在的一种客观形式，也就是活动的处所。

[距离] (distance)：在空间或者时间上相隔。

[途径] (way)：两地之间的通道。

[方向] (direction)：指东、南、西、北、上、下、左、右等。

[数量] (quantity)：事物的多少与计量。

[数值] (number-value)：一个量用数目表示出来的多少。

[计量] (measure)：温度，长度，重量，使用量等。

[金额] (sum)：钱数的多少。

[历时] (duration)：时间在数量上的长短。

[频次] (frequency)：事情发生的频繁程度的大小。

[行为状态] (action-state)：人或事物表现出来的活动和形态。

[物理行为] (physical-action)：人或事物在物理上表现出来的活动。

[心理行为] (psychological-action)：人或动物在心理上表现出来的活动。

[状态] (state)：人或事物表现出来的形态。

[关系] (relation)：事物之间相互作用、相互影响的状态。

[进化] (evolution)：事物由简单到复杂、由低级到高级的变化。

[关涉] (concern)：一事物关联或牵涉到另一事物。

[改动] (reformation)：使事物发生变化或者差别。

[转移] (transfer)：使事物从一方改动到另一方。

[属性] (attribute)：事物所具有的特性和关系。

[外形] (appearance)：人或事物的外部形体属性。

[表象] (surface)：从外表可以观察到的现象的属性。

[颜色] (color)：由物体发射、反射或者透过的光波通过视觉所产生的印象。

[味道] (taste)：能使舌头得到某种味觉的特性。

[性质] (character)：一个事物区别于另一个事物的属性。

[德才] (moral-ability)：人的道德和才能表现出来的属性。

[境况] (circumstance)：外界环境所具有的属性。

这里只是列出了 ONTOL-MT 中主要的上层概念，在这些概念的下层，还有很多其他的概念，限于篇幅，这里就不列出了。可以看出，ONTOL-MT 中的初始概念与 Aristotle 的范畴系统中的范畴很接近，明显地受到了 Aristotle 的范畴系统的影响。这个知识本体也反映了我们的世界观：万事万物都是在时间和空间中运动和存在的，它们都具有一定的属性和数量。所以，ONTOL-MT 虽然是为机器翻译的技术而设计的，但是它继承了 Aristotle 的范畴系统，反映了我们的世界观，具有鲜明的人文性。

ONTOL-MT 知识本体中的语义特征对于区分同形词和辨别歧义非常有用。这样的语义特征信息还可以用在语音识别和语音机器翻译中。知识本体的研究和设计是机器翻译的基础性工程之一，应该给予足够的重视。

参考文献

冯志伟. 2005. 从知识本体看自然语言处理的人文性. 语言文字应用，(4)：100–107.

知识图谱 KNOWLEDGE GRAPH

知识图谱用节点（vertex）表示语义符号，用边表示符号与符号之间的语义关系，使用三元组构成一种通用的语义知识形式化描述框架。

☙ 1. 知识图谱的三元组表示

知识图谱中的三元组用（h, r, t）表示，其中，h表示“头实体”（head），r表示“关系”（relation），t表示“尾实体”（tail）。知识图谱的三元组结构可以表示为：

(head, relation, tail)

用首字母表示为：

(h, r, t)

例如，我们有如下的三元组：

（马克斯·普朗克，国籍，德国）
（马克斯·普朗克，出生，丹麦基尔）
（马克斯·普朗克，获奖，诺贝尔奖）
（马克斯·普朗克，专业，物理学家）

在三元组（马克斯·普朗克，国籍，德国）中，h= 马克斯·普朗克，r= 国籍，t= 德国，通过这些不同的三元组，可获得关于马克斯·普朗克（Max Planck）的比较全面的知识。显而易见，这样的知识图谱是一种简单明了的描述知识的手段。通过这个知识图谱，我们知道马克斯·普朗克是一个德国人，他出生于丹麦基尔（Kiel，现在属于德国的Holstein），他的专业是物理学家，他曾经获得诺贝尔奖。在此基础上，再与其他的结构化数据进行关联，就可以进一步了解到马克斯·普朗克其他方面的信息，使我们对马克斯·普朗克有更加全面的认识。例如，通过“丹麦基尔”的类型，可以知道“丹麦基尔”是一个“城市”，通过“城市”的语言说明，可以进一步知道“城市”的德语是Stadt，等等。通过“物理学家”的上位节点，可以知道它的父类属性是“科学家”，而“科学家”的父类属性是“人”。当三元组中的关系r不明确时，知识图谱还允许加入其他信息作为“额外资源”，以补充信息的不足。例如，我们可以给出生信息引入“出生时间”作为“额外资源”，从而知道“马克斯·普朗克于 1858 年出生在丹麦基尔”。还可以给获奖信息引入“获奖时间”作为“额外资源”，从而知道“马克斯·普朗克于 1919 年获诺贝尔奖”。

这样一来，就可得到更多的三元组：

（丹麦基尔，类型，城市）

（丹麦基尔，位置，德国）

（城市，德语，Stadt）

（物理学家，父类，科学家）

（科学家，父类，人）

（出生时间，额外资源，1858）

（获奖时间，额外资源，1919）

根据上述的三元组，就可以得到关于德国物理学家马克斯·普朗克的知识图谱。如图 1 所示：

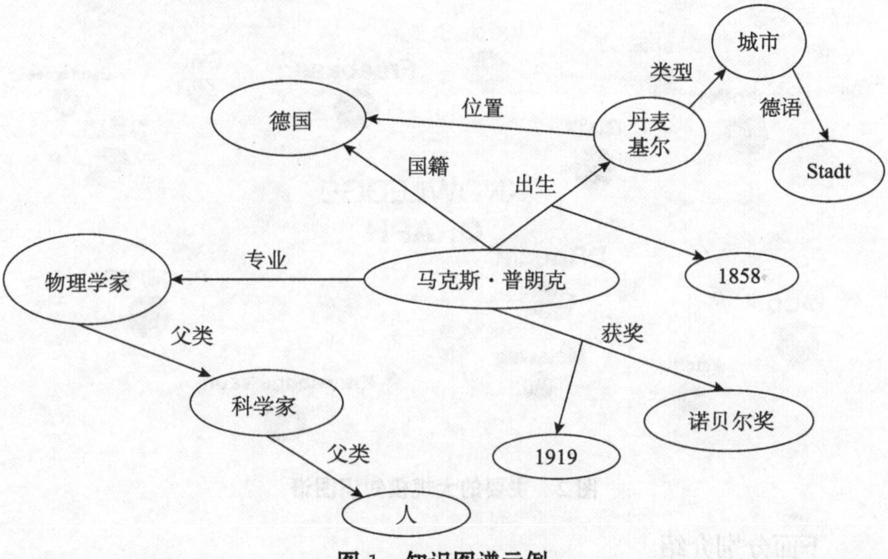

图 1　知识图谱示例

这个知识图谱以三元组的方式描述出德国著名物理学家马克斯·普朗克的国籍、出生、获奖、专业等信息，这些知识都非常有用。根据约定的框架对数据进行结构化描述，并与已有的结构化数据进行关联，由此而形成的知识图谱可以描述相当完整的知识。在实际应用时，知识图谱往往需要把自身的框架结构映射到某种数据库所支持的框架上，必要时可以对数据库进行专门的扩展。这样一来，知识图谱的功能就更加强大了。在知识图谱中，知识是认知，图谱是载体，数据库是实现，知识图谱就是在数据库系统上利用图谱这种抽象载体表示知识这种认知内容的系统。

☙ 2. 大规模的知识图谱

目前已经建立了一些大规模的知识图谱。这些大规模的知识图谱用丰富的语义表示能力和灵活的结构来描述认知世界和物理世界中的信息和知识，成为知识的有效载体。

图 2 显示主要的大规模的知识图谱有 Wikipedia、DBpedia、YAGO、Freebase、NELL、Knowledge Vault 等。

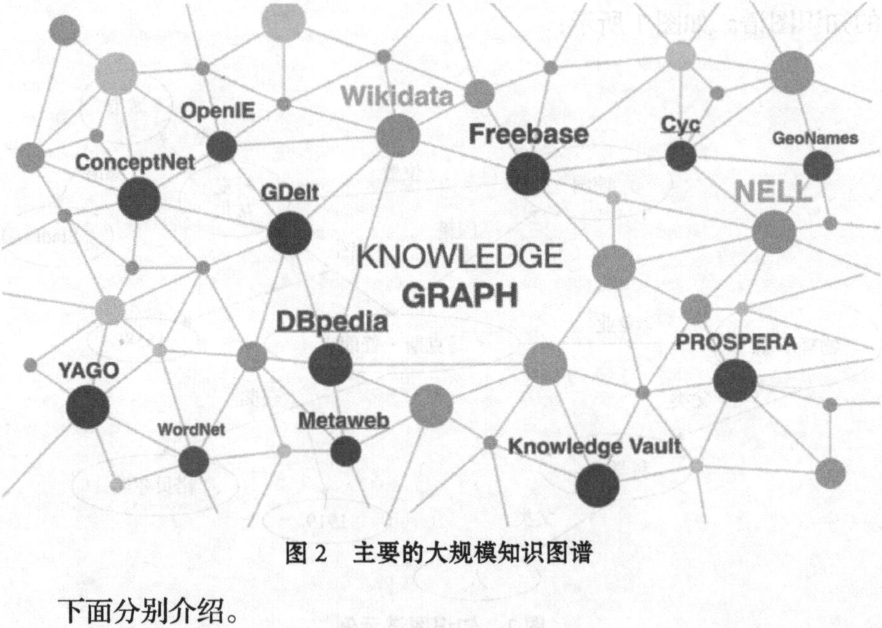

图 2　主要的大规模知识图谱

下面分别介绍。

2.1　Wikipedia

2001 年，开始全球性多语言百科全书协作计划 Wikipedia（维基百科）的研制，其宗旨是为全人类提供自由的百科全书，在短短几年的时间里，利用全球用户的通力协作，Wikipedia 完成数十万词条的知识的编写，至今已经发展到上百万个词条的大规模知识图谱。Wikipedia 的出现推动了很多基于百科全书的结构化知识库的构建。

2.2 DBpedia

2006 年，Tim Berners Lee 在他创立的 World Wide Web（互联网）的基础上，提出“链接数据”（Linked Data）的构想，鼓励大家将数据公开并遵循一定的原则将其发布在语义网（Semantic Web）中，链接数据的宗旨是希望不仅仅把数据发布于语义网中，而且还要建立数据与数据之间的链接，从而形成一张巨大的链接数据网。其中，最具代表性的链接数据网就是 2007 年开始运行的 DBpedia，这是目前已知的第一个大规模开放域链接数据网。这个系统最初是由德国柏林自由大学和莱比锡大学的学者发起研制的，其初衷是缓解当时语义网所面临的窘境，DBpedia 于 2007 年发布了第一份公开数据集，通过自由授权的方式允许他人使用。DBpedia 的开发者认为，在大规模网络信息的环境下，采用传统的“自顶向下”的方法在数据之前设计知识本体是不切实际的，数据及其元数据应当随着信息的增加而不断完善。数据的增加和完善可以通过社区成员合作的方式来完成，因此应当以数据为基础，“自底向上”地设计知识本体，但是，这种自底向上的方式涉及数据的一致性、不确定性以及隐式知识的统一表示等诸多问题。他们认为，探寻这些问题最高效的方式就是提供一个内容丰富的多元数据语料，有了这样的语料便可以极大地推动诸如知识推理、数据不确定管理技术的研制，并开发面向语义网的运营系统。

基于“链接数据”的构想，DBpedia 知识库利用语义网技术，使用语义网中的资源描述框架（Resource Description Frame，简称 RDF），与 WordNet、Cyc 等众多的知识库建立链接关系，构建一个规模巨大的链接数据网，如图 3 所示：

DBpedia 主要通过社区成员来定义和撰写准确地抽取模板，从 Wikipedia 中抽取结构化信息来构建大规模知识库，另外，DBpedia 本体的构建也是通过社区成员的合作来完成的。

DBpedia 可以支持 127 种语言，总共描述 1 731 万个实体。DBpedia 一共抽取 95 亿个三元组，其中 13 亿个三元组的数据抽取自英文版的 Wikipadia，50 亿个三元组的数据抽取自其他语言版的 Wikipedia，而其他的 32 亿个三元组的数据也是从 Wikipedia 中抽取的，这样一来，DBpedia 便拥有大量的跨语言知识。

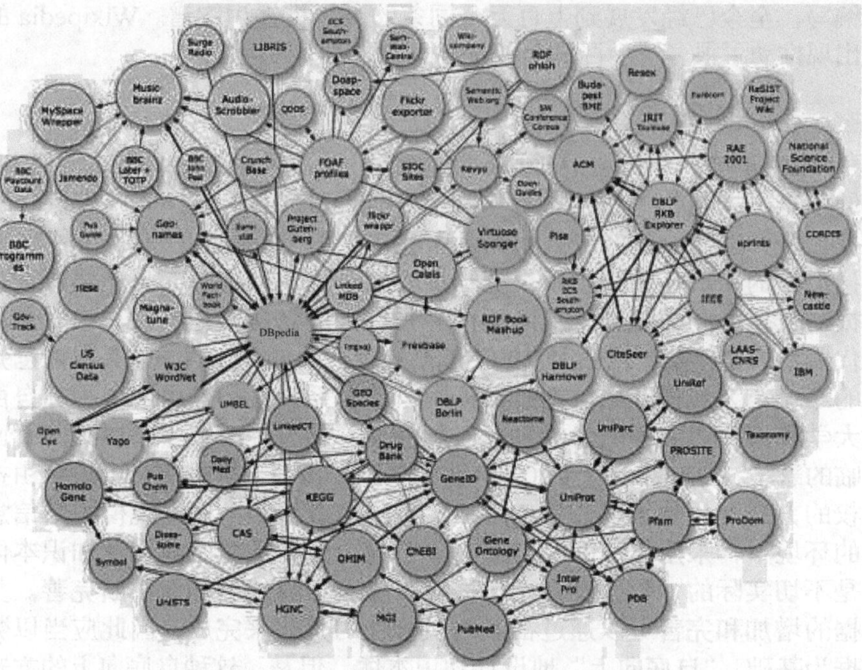

图 3　以 DBpedia 为核心的链接数据网

2.3　YAGO

这个系统是由德国马克斯·普朗克研究所（Max Planck Institute）于 2007 年开始研制的项目，针对当时的应用仅只使用单一的源背景知识（mono source background knowledge）的缺憾，YAGO 建立了一个高质量、高覆盖的基于多源背景知识（multiple source background knowledge）的知识库。词网 WordNet 是一个拥有极高准确率的本体知识库，但其中的知识只是覆盖日常语言中一些常见的概念或实体；而 Wikipedia 蕴含比 WordNet 更加丰富的实体知识，但 Wikipedia 提供的概念层次结构类似标签结构，这种结构精确性差，不适合直接用于构建本体。YAGO 将 WordNet 与 Wikipedia 二者结合起来，取长补短，利用 WordNet 的知识本体信息来补充 Wikipedia 中实体的上位词知识，从而构建成一个大规模、高质量、高覆盖的知识库。截至目前，YAGO 拥有超过 1 千万个实体的 1.2 亿条事实知识，同时还与其他知识库构建了链接关系。

2.4 Freebase

这个系统是基于 Wikipedia 的、使用“众包”的群体智能方法建立的结构化知识资源，包含 5 813 万个实体、32 亿个三元组的结构化知识资源，是公开可获取的大规模的知识图谱。Freebase 在 2010 年 7 月 16 日被 Google 公司收购，并被纳入 Google 的知识图谱中，2015 年，Google 关闭 Freebase，并把 Freebase 的数据转移到 Wikipedia 中。

2.5 NELL

这个系统是美国卡内基梅隆大学基于 Read the Web 项目开发的机器学习系统，NELL 的英文含义就是 Never-Ending Language Learning（永无止境的语言学习）。NELL 每天不间断地执行自动阅读和自动学习两项任务。自动阅读任务是从 Web 文本中获取知识，并把阅读到的知识添加到 NELL 的内部知识库中，自动学习任务是使用机器学习算法获取新的知识，巩固和扩展对于知识的理解。NELL 可以抽取大量的三元组，并标注出所抽取的迭代轮数、时间和置信度，还可以进行人工校验。NELL 系统从 2010 年开始机器自动学习，经过半年的学习之后，总共抽取了 35 万条实体关系三元组，经过人工标注和校正之后，进一步抽取更多的事实，知识抽取的正确率可以达到 87%（如图 4 所示）。

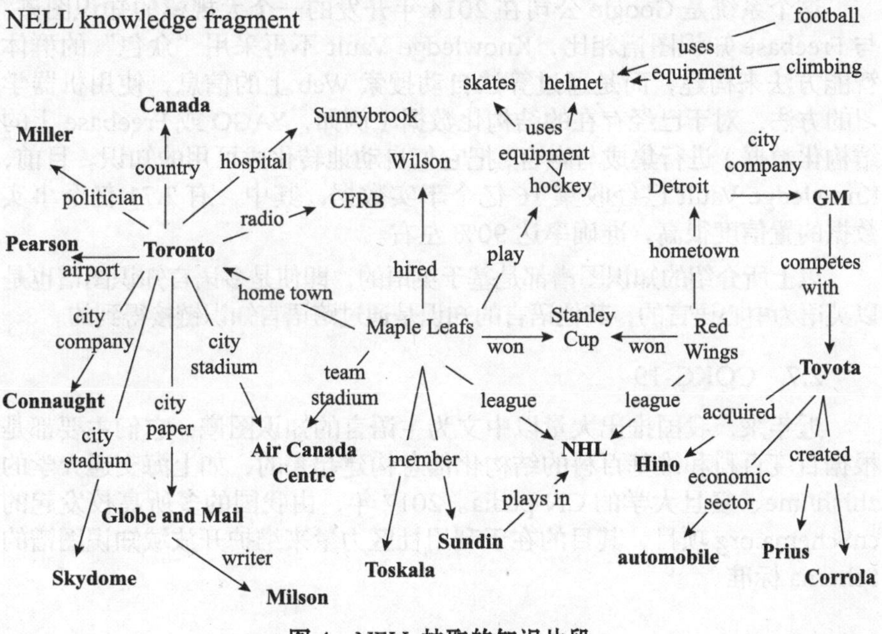

图 4　NELL 抽取的知识片段

图4是NELL抽取的有关Maple Leafs球队（枫叶球队）的知识片段，片段由很多三元组构成。例如，

(Maple Leafs, play, hockey)

(Maple Leafs, won, Stanley Cup)

(Maple Leafs, hired, Wilson)

(Maple Leafs, member, Toskals)

(Maple Leafs, member, Sundin)

(Maple Leafs, home town, Toronto)

(Toronto, country, Canada)

从这些三元组中可以知道，Maple Leafs这个球队是打（play）曲棍球（hockey）的，这个球队曾经获奖（won），得过Stanley奖杯（Stanley Cup），这个球队的雇主（hired）是Wilson，这个球队的成员（member）有Toskals和Sundin，这个球队所在的城市（home town）是Toronto，而多伦多所在的国家（country）是Canada，这些知识构成一个非常复杂的知识系统。

2.6 Knowledge Vault

这个系统是Google公司在2014年开发的一个大规模的知识图谱。与Freebase知识图谱相比，Knowledge Vault不再采用“众包”的群体智能方法来构建，而是通过算法自动搜索Web上的信息，使用机器学习的方法，对于已经存在的结构化数据（例如，YAGO或Freebase上的结构化数据）进行集成与融合，把它们自动地转化成可用的知识。目前，Knowledge Vault已经收集16亿个事实数据，其中，有2.71亿个事实数据的置信度很高，准确率达90%左右。

以上所介绍的知识图谱都是基于英语的，即使是多语言知识图谱也是以英语为中心语言的，其他语言的知识是通过跨语言知识链接得到的。

2.7 COKG-19

近年来，我国推出大量以中文为主语言的知识图谱，它们主要都是根据百度百科和维基百科的结构化信息构建起来的，如上海交通大学的zhishi.me、复旦大学的CN-pedia。2017年，由我国的多所高校发起的cnSchema.org项目，其目的在于利用社区力量来维护开放域知识图谱的Schema标准。

为了对抗新型冠状病毒（COVID-19），全世界的科研人员、医疗人员、政府工作人员和公众都渴望获得开放、全面的关于新冠病毒的知识。为了满足这样的需求，清华大学开始了 ArnetMiner 知识图谱工程研究。ArnetMiner 收集整理现有的有关 COVID-19 的开放知识图谱，并进一步融合它们，构建成一个大规模、结构化的新冠知识图谱 COKG-19，如图 5 所示：

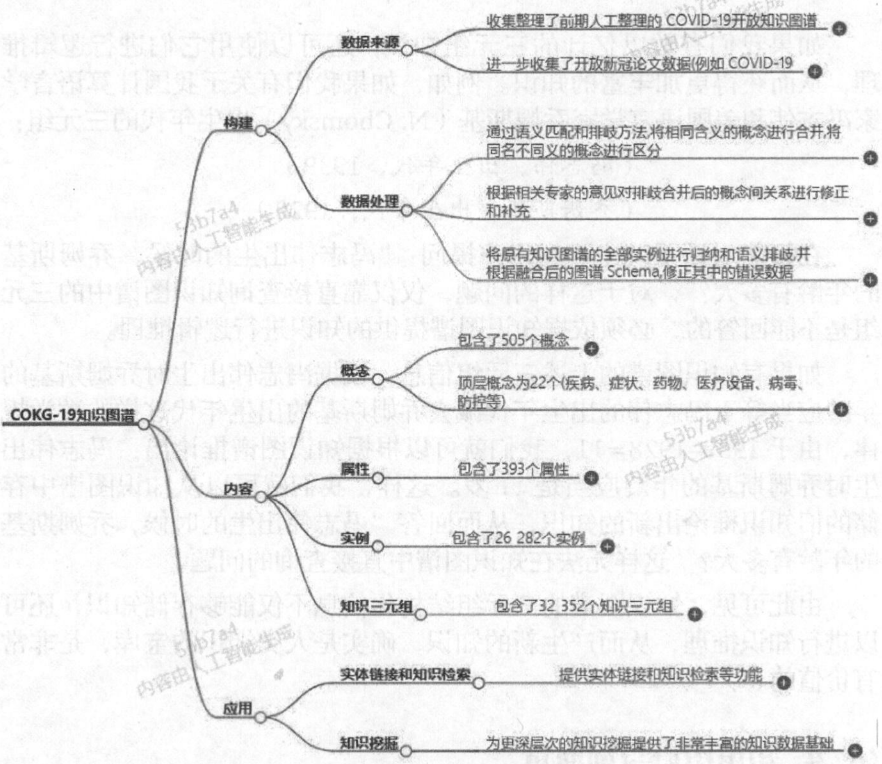

图 5　COKG-19 知识图谱

目前，COKG-19 包含 505 个概念、393 个属性、26 282 个实例和 32 352 个知识三元组，覆盖医疗、健康、物资、防控、科研和人物等。COKG-19 的目的在于帮助发布者和科研人员识别和链接文本中的语义知识，并提供更多的智能服务和应用。

人们可以通过 COKG-19 这个大型的知识图谱获得关于 COVID-19 的全面知识。COKG-19 是一个中英文双语知识图谱，可以提供中文和英文的双语查询，因此也可以为国外的用户提供服务。

由此观之，知识图谱的三元组结构化信息积累起来的知识，成了人工智能时代最为宝贵的知识财富。

3. 知识图谱与推理

如果我们有数以亿计的三元组知识，还可以使用它们进行逻辑推理，从而获得更加丰富的知识。例如，如果我们有关于我国计算语言学家冯志伟和美国语言学家乔姆斯基（N. Chomsky）出生年代的三元组：

（冯志伟，出生年代，1939）

（乔姆斯基，出生年代，1928）

在智能对话系统中，当用户提问："冯志伟出生的时候，乔姆斯基的年龄有多大?"，对于这样的问题，仅仅靠直接查询知识图谱中的三元组是不能回答的，必须依据知识图谱提供的知识进行逻辑推理。

如果有知识图谱的上述三元组信息，根据冯志伟出生时乔姆斯基的年龄应当等于冯志伟的出生年代减去乔姆斯基的出生年代这样的数学规律，由于 1939–1928=11，我们就可以根据知识图谱推论出：冯志伟出生时乔姆斯基的年龄应当是 11 岁。这样，我们就可以从知识图谱中存储的旧知识推论出新的知识，从而回答"冯志伟出生的时候，乔姆斯基的年龄有多大?"这样无法在知识图谱中直接查询的问题。

由此可见，知识图谱的三元组结构化信息不仅能够存储知识，还可以进行知识推理，从而产生新的知识，确实是人类知识的宝库，是非常有价值的。

4. 知识图谱与词向量

我们还可以把知识图谱与神经网络深度学习中的词向量结合起来，增强神经网络的解释力。近年来，在神经网络深度学习中，学者们把离散的语言符号转换为词向量的实数值，通过数学方法来进行自然语言处理，把自然语言处理提升到一个新的阶段。但是，词向量不是自然语言的符号而是实数值，难以从实数值中看到自然语言所表示的语言规律，缺乏可解释性。如果有了知识图谱，就可以使用知识图谱所表示的语言事实来整理通过神经网络的深度学习得到的单词的词向量表示的意义。例如，如果神经网络通过深度学习得到如下的词向量数据：

北京：[270]

首都：[319]

城市：[327]

汉堡：[348]

港口城市：[300]

斯德哥尔摩：[368]

这些词向量数据是一些实数值，仅仅根据这些词向量，是很难判断它们之间的关系的，因而缺乏可解释性。但是，如果在我们的知识图谱中有如下的三元组：

（北京，是，首都）

（斯德哥尔摩，是，首都）

（汉堡，是，港口）

（斯德哥尔摩，是，港口）

（首都，是一种，城市）

（港口，是一种，城市）

那么，就可以根据这个知识图谱中的符号所表示的语言事实，把神经网络中的词向量提升为“域表示”（field representation），并与几何空间中的符号表示结合起来，既可以保持神经网络的向量特征，又可以通过域表示空间中不同区域之间的拓扑关系，学习到由知识图谱驱动的知识结构，通过符号投射和向量区域化进行符号的空间化，形成一个用区域来融合词向量数字和知识图谱符号的直观表示，从而实现词向量与自然语言符号的融合，提升了词向量的解释力，如图 6 所示：

图 6 中的左侧是通过神经网络深度学习获得的词向量数字表示，右侧是知识图谱的语言符号表示，把左侧的词向量提升为圆形的区域，其中半径 r=88 的圆形区域表示“首都”，半径 r=100 的圆形区域表示“港口城市”，根据知识图谱中的符号信息，把语言符号投射到圆形区域中，就可以知道北京是“首都”，汉堡是“港口城市”，而斯德哥尔摩兼具“首都”和“港口城市”的双重性质，它被纳入半径 r=178 的圆形区域中，这样一来，我们就得到一个由“域表示”来融合词向量数字与语言符号的具有认知功能的知识图谱，通过向量区域化和语言符号投射，实现了

符号的空间化，这样融入知识图谱的符号空间化方法具有认知功能，清楚地描述了关于这些城市在性质方面的各种知识，大大增强了词向量的解释力（冯志伟，2021）。

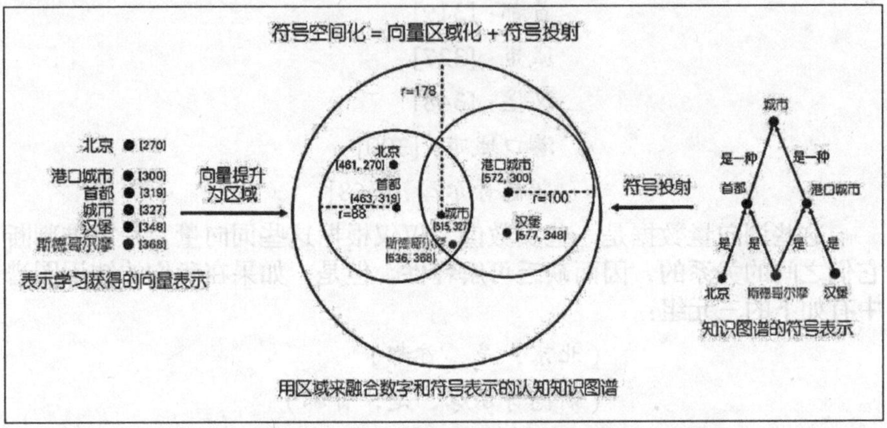

图 6　融合词向量数字与知识图谱符号的知识表示和推理

5. 认知图谱

然而，知识图谱中的三元组是建立在两个事件或实体的一阶谓词逻辑基础上的，这样的三元组表示方式是有局限性的。长期以来，知识图谱研究者孜孜不倦地追寻探索的问题，完全依靠 (h, r, t) 这样由头实体、关系和尾实体构成的三元组命题，尽管能够表示大部分简单的事件或者实体的属性，但是，对于复杂的知识却束手无策，在对于知识理解的颗粒度要求越来越精细的人工智能时代，这样的缺点成了知识图谱的软肋。

例如，对于“李政道和杨振宁共同提出宇称不守恒的理论”这样的事实，如果要纳入知识图谱，采用三元组 (h, r, t) 来表示，我们不得不记为如下的格式：

（李政道和杨振宁，共同提出，宇称不守恒理论）

然而这样一来，头实体“李政道和杨振宁”就无法单独地表达这两位科学家分别进行的其他活动。如果把头实体“李政道和杨振宁”拆开来，则又与三元组关系中“共同提出”的事实发生矛盾。因此，这样的事实无法用知识图谱直接表示出来。

又如，“克隆羊的各项属性都与本体相同”这个命题，如果用知识图谱来表示也很困难。这样的命题在更为宽泛的知识库理论中，通常被称为“规则”（rule），需要进行大量的简单枚举操作来分别说明各项属性的具体内容，从而推导出克隆羊的各项属性，而这会涉及关于克隆羊的海量的实体，使得知识图谱难以表达出来。为了改进知识图谱的这些不足，学者们提出“认知图谱”（cognitive graph）。

在认知科学中，有一个著名的“双过程理论”，这种理论认为，人的认知可分为两个系统：“系统1”和“系统2”。系统1是基于直觉的（intuitive-based），系统2是基于理性分析的（analytic-based）。系统1进行“快思维”，是建立在直觉基础上的、无知觉的思考系统，其运作依赖于经验和关联，它的基本功能是激活情感、记忆、经验等相关的对象，这些都是无意识的、可以快速激活的对象，把激活的信息构成一个彼此和谐的故事，这将导致系统1容易造成误判，只要相关对象是彼此和谐的，系统1就认为是正确的，因此，系统1可以自动地、轻易地、快速地相信任何东西，容易被欺骗，从而导致误判。而系统2进行“慢思维”，是人类特有的逻辑思维能力，它利用工作系统中的知识进行慢速而可靠的逻辑推理，需要意识控制，是人类高级智能的表现，它的基本功能是数学计算和逻辑推理，进行有意识的推理，循规蹈矩地进行深思熟虑，就像“慢诸葛”（慢条斯理的诸葛亮）。系统2可以改变系统1的工作方式，彼此之间进行协调，从而修正系统1的误判，如图7所示：

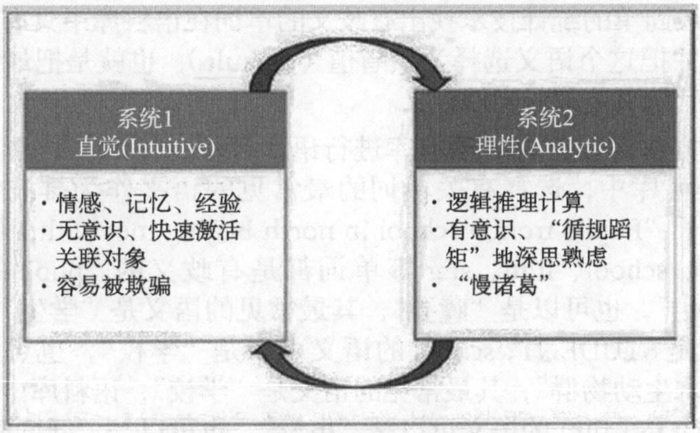

图7　系统1与系统2相互协调

目前的神经网络和深度学习基本上还是在系统1的基础上进行的，主要靠大规模的数据来支持，今后，自然语言处理的研究需要从系统1的深度学习发展到系统2的深度学习，实现系统2的逻辑推理功能，除了需要大规模数据的支持之外，更需要丰富知识（rich knowledge）的支持，显而易见，在系统 1 的深度学习向系统 2 的深度学习的发展过程中，负载着人类丰富知识的知识图谱将会起着举足轻重的关键性作用。

参考文献

冯志伟. 2021. 自然语言处理的重要资源 —— 知识图谱. 外语学刊，（5）：146–154.

自动词义排歧

AUTOMATIC WORD SENSE DISAMBIGUATION

使用计算机自动地排除多义词中的歧义叫作自动词义排歧，简称 WSD。主要有如下的方法（冯志伟，2004）：

1. 选择最常见语义的词义排歧法

使用最简单的统计技术找出有歧义的单词在语料库中具有最高频度的语义，并把这个语义选择为缺省值（default），也就是把最常见的语义选择为有歧义单词的当前语义。

这种方法需要首先对语料库进行语义标注，然后从这个具有语义标注的语料库中，选择有关单词的最常见的语义作为排歧结果。例如，在句子“Pupils from a school in north Beijing met with a film star.”中，pupil、school、film、star 等单词都是有歧义的。pupil 的语义可以是“学生”，也可以是“瞳孔”，其最常见的语义是“学生”，语料库中的标记是 STUDENT；school 的语义可以是“学校”，也可以是“鱼群”或“水生动物群”，其最常见的语义是“学校”，语料库中的标记是 INSTITUTION；film 的语义可以是“电影”，也可以是“纤维薄膜”，其最常见的语义是“电影”，语料库中的标记是 SHOW；star 的语义可以是“电影明星”，也可以是“天上的星星”，其最常见的语义是“电影明星”，语料库中的标记是 ENTERTAINER。根据语料库选择最常见的语义，得出如下的标注结果：

Pupils/STUDENT from/SOURCE a school/INTITUTION

in north/POSITION Beijing/CITY met/COME_TOGETHER with/PARTICIPANT a film/SHOW star/ENTERTAINER.

根据句子中多义词的最常见语义，这个句子的意思应该是：

“来自北京北部学校的学生们与电影明星见面。”

这样便得到了这个句子中的多义词词义排歧的结果。

有的学者通过试验证明，使用这种简单的方法给通用英语做语义标注，其准确率大约为70%。严格地说，对于封闭文本，准确率为67.5%，对于开放文本，准确率为64.8%。

2. 基于规则的词义排歧法

根据规则来排除单词歧义。

基于规则的词义排歧的方法主要有：

2.1 利用词类进行词义排歧的方法

有些多义词的词义与它们所属的词类有关。不同的词义往往属于不同的词类。如果能够确定这些多义词的词类，词义排歧的问题也就迎刃而解了。例如，

英语的 face 是一个多义词，当 face 是动词时，它的词义是“面对”；当 face 是名词时，它的词义是“面孔”。在“The house faces the park.”中，faces 前面为名词词组“the house”，后面也为名词词组“the park”，可判定 faces 为动词，因而它的词义是“面对”，整句的意思是“房子面对公园”。在“She pulled a long face.”中，face 前面是形容词，可判定其为名词，它的词义是“面孔”，整句的意思是“她拉长了脸”。

2.2 利用选择限制进行词义排歧的方法

单词与单词之间的语义搭配时是要进行选择的，因此形成选择限制。选择限制可以用来给多义词选择恰当的语义从而减少歧义的数量。

例如，形容词 handsome 有三个意思：一是“美观的”，二是“慷慨的”，三是“相当大的”。

第一个意思只能指人（Human）或指人工制品（Artifact），例如，可以说handsome fellow（英俊的人）、handsome building（美观的房子），因此，其选择限制为 <(Human)∨(Artifact)>，其中，“∨”表示逻辑析取（“或”）。

第二个意思只能指行为（Conduct），例如，可以说 handsome treatment（慷慨的待遇），其选择限制为 <(Conduct)>。

第三个意思只能指数量（Amount），例如，可以说 handsome sum（相当大的数目），其选择限制为 <(Amount)>。

如果把 handsome fellow 理解为"相当大的人"，就违反了选择限制。

2.3 利用优选关系进行词义排歧的方法

在词义排歧的过程中，语义的取舍不要看成是完全的接受或完全的拒绝，而应该看成是在各种可能的语义中进行优选。当单词彼此结合的时候，优选程度最高的那些语义被确定为可接受的语义，而优选程度低的语义则被拒绝。

例如，在英语句子"The policeman interrogated the crook."中，crook 是一个多义词，它的语义可以是"牧羊杖"，也可以是"骗子"，而动词 interrogated 优选主语为 human，优选宾语也为 human，表示如下：

Interrogate (subject: human, object: human)

当计算机处理这个句子的时候，因为宾语的语义类型以 human 为优选，所以，crook 的语义应该是"骗子"，而不是"牧羊杖"。

3. 自立的词义排歧法

这种自立（stand-alone）的词义排歧方法，要求对词义排歧系统进行训练，使得系统能够自行进行词义排歧，而不必依靠事先设定的规则。

用来训练词义排歧系统的语言学特征可以粗略地分为两类：一类是搭配特征（collocation feature）；一类是共现特征（co-occurrence feature）。

搭配特征对目标词左右的上下文进行编码，要求指出特定的、能反映这些单词的语法性质的位置特征。典型的特征是单词、词根形式、词类等。这样的特征往往能把目标词特定的含义孤立起来以便处理。

例如，bass 的语义可以是"低音乐器"，也可以是"鲈鱼"，是一个多义词，需要进行词义排歧，如果 bass 出现在下面的句子中，

An electric guitar and bass player stand off to one side, not really part of the scene, just as a sort of nod to gringo expectations perhaps.（电吉他和低音乐器演奏者站在一旁，他并不是站在舞台的一部分，大概只是为了等待外国佬的到来。）

可以取目标词 bass（低音乐器）的左侧的两个词“guitar and”和右侧的两个词“player stand”以及这些词的词类标记为特征向量，作为搭配特征表示如下：

[guitar, NN1, and, CJC, player, NN1, stand, VVB]

根据这样的搭配特征，可以判定这个 bass 的词义是“低音乐器”。

共现特征不考虑相邻单词的精确的位置信息，单词本身就可以作为特征。特征的值就是单词在围绕目标词周围环境中出现的次数。目标词的环境一般定义为以目标词为中心的一个固定窗口，要计算出在这个窗口中实词的出现频度，根据共现词的出现频度，判定目标词的含义。

例如，对于目标词 bass，从语料库中选出它的 12 个共现词。然后标出这些共现词在特定窗口中的出现频度。

这 12 个共现词是：fishing、big、sound、player、fly、rod、pound、double、runs、playing、guitar、band。

在上面句子中选取反映搭配特征的 guitar and bass 和 player stand 作为窗口，在这个窗口中，这 12 个共现词出现的特征向量为（player 和 guitar 的出现次数为 1，其他共现词的出现次数都为 0）：

[0, 0, 0, 1, 0, 0, 0, 0, 0, 0, 1, 0]

根据这样的特征向量，由于第 4 个共现词 player 和第 11 个共现词 guitar 在特征向量中的值都是 1，因此可以确定这个 bass 的词义是“低音乐器”。

4. 基于机器学习的词义排歧法

使用机器学习来自动进行词义排歧。

机器学习方法可以分为有指导的机器学习方法（supervised learning approach）、半指导的机器学习方法（semi-supervised learning approach）和无指导的机器学习方法（unsupervised learning approach）。

4.1　有指导的学习方法

这种方法依据词义标注的数据来训练分类器，并获取相关参数，进而对测试语料中的词语进行排歧。

目前在有指导的学习方法排歧中，主要的方法有朴素 Bayes 分类法（naïve Bayes classifier，简称 NB）和决策表分类法（decision list classifier）两种。

使用朴素 Bayes 分类法时，不是去寻找某个特定的特征，而是在综合考虑多个特征的基础上进行词义排歧。这种方法实际上是在给定的上下文环境下，计算一个多义词的各个义项中概率最大的义项。计算公式如下：

$$s = \underset{s \in S}{\operatorname{argmax}}\, P(s|V)$$

其中，S 是词义的集合，s 表示 S 中的每一个可能的义项，V 表示输入上下文中的向量（Vector）。

根据 Bayes 公式把上面的公式改写，我们可以得到直接根据向量的计算公式：

$$s = \underset{s \in S}{\operatorname{argmax}} P(s) \prod_{j=1}^{n} p(v_j|s)$$

例如，在英语句子“An electric guitar and bass player stand off to one side, not really part of the scene, just as a sort of nod to gringo expectations perhaps.”中，我们需要计算在 bass 左边 guitar 的出现概率和 bass 右边的 player 的出现概率，从而得出 bass 的含义为“低音乐器”，达到排歧的目的。

1992 年，Gale 等使用这个方法试验了 6 个英语的多义词（duty, drug, land, language, position, sentence）的词义排歧，正确率达到 90% 左右。

决策表分类法根据共现词的等价类的不同制定决策表，然后利用这个决策表于输入向量，确定最佳的词义。

例如，Yarowsky 在 1996 年制定如下的决策表来确定 bass 的词义：

规则		词义
窗口中出现 fish	→	bass 1
窗口中出现 striped bass	→	bass 1
窗口中出现 guitar	→	bass 2
窗口中出现 bass player	→	bass 2
窗口中出现 piano	→	bass 2
窗口中出现 tenor	→	bass 2
窗口中出现 sea bass	→	bass 1

窗口中出现 play/V bass → bass 2
窗口中出现 river → bass 1
窗口中出现 violin → bass 2
窗口中出现 salmon → bass 1
窗口中出现 on bass → bass 2
窗口中出现 bass are → bass 1

其中，bass 1 表示 fish 的含义，bass 2 表示 music 的含义。如果检测成功，就选择相应的词义，如果检测失败，那就进入下一个检测。这样一直检测到决策表的末尾，其缺省值就是具有最大可能性的词义。

这个决策表可用于从 bass 的 music 含义中消除 fish 的含义。第一项检测说明，如果在输入中出现 fish，那么，就选择 bass 1 为正确的答案。如果不是这样，那么，就检测下一项一直到返回值为 True，在决策表末尾的缺省值的检测，其返回值为 True。

决策表中项目的排列可以根据训练语料的特征来决定。

1994 年，Yarowsky 提出一种方法来计算决策表中的每个特征值偶对的对数似然比值 (log-likelihood ratio)，根据计算所得的比值调整语义 $Sense_1$ 和语义 $Sense_2$ 在决策表的顺序，从而确定整个决策表中特征值的排列顺序。计算公式如下：

$$abs\left(\log\left[\frac{P(Sense_1|f_i=v_j)}{P(Sense_2|f_i=v_j)}\right]\right)$$

其中，v 表示 Sense 的特征向量，f 表示该 Sense 的绝对频度。

根据这个公式来比较各特征值偶对，便可以获得一个排列最佳的决策表。1996 年，Yarowsky 采用这样的方法进行词义排歧，得到了 95% 的正确率。

此外还有基于最大熵模型（MaxEnt）的排歧方法、基于支持向量机的排歧方法。

4.2 半指导的学习方法

有指导的学习方法的问题是需要训练大量的标注语料。M. A. Hearst 和 Yarowsky 分别在 1991 年和 1995 年提出“自举的方法”（Bootstrapping Approaches），这种方法又可以翻译为“自力更生的方法”。这种方法不需要训练大量的语料，而只需要依靠数量相对少的实例，每个词目的每一个义项都依靠少量的标记好的实例来判别。

以这些实例作为种子（seed），采用有指导的学习方法来训练语料从而得到初始的分类。然后，利用这些初始的分类，从未训练的语料中抽取出大量的训练语料，反复进行这个过程一直到得到较满意的精确度和覆盖率为止。

这个方法的关键是从较小的种子集合出发，创造出大量的训练语料。然后再利用这些得出的大量的训练语料来创造出新的、更加精确的分类。每重复一次这样的过程，所得到的训练语料就越来越大。而未标注的语料则越来越少。所以这是一种半指导的学习方法。

自举的词义排歧法的初始种子可以使用不同的方法来产生。

1991 年，M. A. Hearst 用简单的手工标记方法从初始语料中获得一个小的实例集合。他的方法具有如下三个优点：

- 种子实例可靠，保证了机器学习有正确的立足点；
- 分析程序选出的实例不仅是正确的，而且可以作为每个义项的义原型；
- 训练简单可行。

1995 年，Yarowsky 提出“一个搭配一个义项”（One Sense per Collocation）的原则，效果良好。他的方法是为每一个义项选择一个合理的标示词（indicator）作为种子。例如，选择 fish 作为识别 bass1 这个义项的种子标示词，选择 play 作为识别 bass2 这个义项的种子标示词。

下面是例子：

play—bass2

We need more good teachers—right now, there are only a half a dozen who can play the free bass with ease.

An electric guitar and bass player stand off to one side, not really part of the scene, just as a sort of nod to gringo expectation perhaps.

fish—bass1

The researchers said the worms spend part of their life cycle in such fish as Pacific salmon and striped bass and pacific rockfish or snapper.

Saturday morning I arise at 8:30 and click on “America’s best known fisherman,” giving advice on catching bass in cold weather from the seat of a bass boat in Louisiana.

在图 1 中所示的是使用“fish”和“play”这两个种子标示词，在从华尔街杂志抽出的 bass 例句库中查找而得到的部分结果。

Klucevsek plays Giulietti or Titano piano accordions with the more flexible, more difficult free bass rather than the traditional Stradella bass with its preset chords designed mainly for accompaniment. We need more good teachers – right now, there are only a half a dozen who can play the free bass with ease. An electric guitar and bass player stand off to one side, not really part of the scene, just as a sort of nod to gringo expectations perhaps. When the New Jersey Jazz Society, in a fund-raiser for the American Jazz Hall of Fame, honors this historic night next Saturday, Harry Goodman, Mr. Goodman’s brother and bass player at the original concert, will be in the audience with other family members.
The researchers said the worms spend part of their life cycle in such fish as Pacific salmon and striped bass and Pacific rockfish or snapper. Associates describe Mr. Whitacre as a quiet, disciplined and assertive manager whose favorite form of escape is bass fishing. And it all started when fishermen decided the striped bass in Lake Mead were too skinny. Though still a far cry from the lake’s record 52-pound bass of a decade ago, “you could fillet these fish again, and that made people very, very happy,” Mr. Paulson says. Saturday morning I arise at 8:30 and click on “America’s best-known fisherman,” giving advice on catching bass in cold weather from the seat of a bass boat in Louisiana.

图 1　利用 play 和 fish 与 bass 的相关性从 WSJ 抽取的 bass 例句，上半部的句子中 bass 的含义为“低音乐器”，下半部句子中 bass 的含义为“鲈鱼”

Yarowsky 选择种子的途径有两条：一是机器可读词典；二是利用统计方法根据搭配关系来选择。他对 12 个多义词的歧义消解正确率为 96.5%.

显而易见，这种自举的方法是一种半指导的学习方法。

4.3　无指导的学习方法

无指导的学习方法避免使用通过训练得出义项标注（sense tagging）

的语料，只使用无标记的语料作为输入，这些语料根据它们的相似度进行聚类。这样的类聚可以作为成分的特征向量的代表。根据相似度得出的聚类再经过人工的词义标注后，就可以用来给没有特征编码的实例进行分类。显而易见，这是一种向量聚类的方法。

例如，英语多义词 bank 的义项分别为 bank1 和 bank2，在没有经过训练的语料中，在第一个上下文中出现了 money，在第二个上下文中出现了 loan，在第三个上下文中出现了 water，它们在不同上下文中与其他词的共现次数也就是它们的关联向量，如图 2 所示：

	bank	building	loan	money	mortgage	river	water
loan	150	20	70	100	50	10	40
money	600	500	100	400	50	30	70
water	15	400	40	70	1	400	500

图 2　共现次数的分布

其中，mortgage 的含义是“抵押”。

从共现次数的分布（关联向量）可以看出这三个词的相似度的接近程度：water 与 loan 或者 money 的相似度远远小于 money 与 loan 的相似度。也就是说，money 和 loan 的关联向量大于 money 与 water 的关联向量，也大于 loan 与 water 的关联向量。这样，我们就可以把 money 与 loan 类聚在一起，这个类聚是 bank1 的标示，bank1 的语义显然应该是“银行”；把 water 单独算为一个类聚，这个类聚是 bank2 的标示，bank2 的语义显然应该是“岸边”。

经常采用的方法是凝聚法（agglomerative clustering）。N 个训练实例中的每一个实例都被指派给一个类聚，然后用自底向上的方式陆续地把两个最相似的类聚结合成一个新的类聚，直到达到预期的指标为止。

由于无指导的学习方法不使用人工标注的数据，它存在如下的不足：

- 在训练语料中，无法知道什么是正确的义项；
- 所得到的类聚往往与训练实例的义项在性质上差别很大，各不相同；
- 类聚的数量几乎总是与需要消解歧义的目标词的义项的数量不一致。

Schütze 在 1992 年和 1998 年，先后使用无指导的学习方法来进行多义词的歧义消解，其结果与有指导的学习方法和自举的半指导的学习方法很接近，达到了 90% 的正确率。不过，这种方法所试验的多义词的数量规模都很小。

Schütze 在 1992 年还使用向量聚类的方法进行词义排歧，比较了向量聚类的词义排歧与只选择最常见义项的歧义消解结果。从而证明了向量聚类的效果比之于早期机器翻译系统使用的选择最常见语义的方法的效果好得多。

单词	义项数目	向量类聚方法的正确率	选择最常见涵义方法的正确率
tank/s	8	95	80
plant/s	13	92	66
interest/s	3	93	68
capital/s	2	95	66
suit/s	2	95	54
motion/s	2	92	54
ruling	2	90	60
vessel/s	7	92	58
space	10	90	59
train/s	10	89	76

图 3　向量聚类方法与选择最常见语义方法比较

5. 基于词典的词义排歧法

使用机器可读词典提供义项以及相应义项的定义上下文来进行词义排歧。

机器可读词典中词典条目的定义实际上就是一种既存的知识源，当判断两个单词 A 和 B 之间的亲和程度时，可以比较这两个单词 A 和 B 在机器可读词典的定义中同时出现的词语的情况，如果在 A 和 B 两个单词的定义中都出现共同的词语，便可推断它们之间的亲和程度较大，从而据此来进行优选，把多义词的各个义项的定义进行比较，选择具有最大覆盖上下文的义项为正确的义项。

例如，在词组 pine cone（松球）中，cone 是多义词，把词典中 pine 的定义与 cone 的定义进行比较如下：

pine	1	kinds of evergreen tree with needle-shaped leaves
	2	waste away through sorrow or illness
cone	1	solid body which narrows to a point
	2	something of this shape whether solid or hollow
	3	fruit of certain evergreen trees

在 cone3 的定义中，evergreen 和 tree 两个词与 pine1 定义中的词 evergreen 和 tree 相重合，因此选择 cone3 作为 pine cone 中多义词 cone 的正确义项，它的意思是“某些常绿树的果实”，这样一来，便可以知道词组 pine cone 的意思是“松球”。

参考文献

冯志伟. 2006. 词义排歧方法研究. 俄语语言文学研究，哈尔滨：黑龙江人民出版社，1–13.

自动语音合成 AUTOMATIC SPEECH SYNTHESIS

自动语音合成的核心任务是以文本中词的序列作为输入，产生声学波形作为输出，简称 ASS，也叫作文本语音转换（Text to Speech，简称 TTS）。

语音自动合成要把文本自动地映射为波形。例如，有如下的文本：

PG&E will file schedules on April 20.

语音合成系统要把这个文本自动地映射为如下的波形（如图 1 所示）：

图 1　由文本映射成的波形

语音合成系统把这样的映射分为两个步骤来实现：首先把输入文本转换成语音内部表示（phonemic internal representation），然后再把这个语音内部表示转换成波形。第一个步骤叫作文本分析（text analysis），第二个步骤叫作波形合成（waveform synthesis）。

现在文本分析算法已经有了相对稳定的标准，而波形合成还存在三个彼此有很大区别的范式，这三个范式是：毗连合成（concatenative synthesis），共振峰合成（formant synthesis），发音合成（articulatory synthesis）。

☙ 1. 语音合成的体系结构

很多自动语音合成系统的体系结构是建立在毗连合成的基础之上的，在毗连合成时，语音样本先被切分为碎块，存储在数据库中，然后把它们结合起来进行重新组合，造出新的句子。

图 2 说明了毗连合成的自动语音合成体系结构，该图使用了 Taylor 在 2008 年提出的玻璃漏壶比喻（hourglass metaphor），把毗连合成的自动语音合成体系结构分为文本分析和波形合成两个步骤，文本分析在上端，波形合成在下端，形成一个玻璃漏壶的形状。文本分析又可以分为文本归一化（text normalization）、语音分析（phonetic analysis）、韵律分析（prosodic analysis）等部分；波形合成又可以分为单元选择（unit selection）、单元数据库（unit database）等部分（冯志伟，2017）。

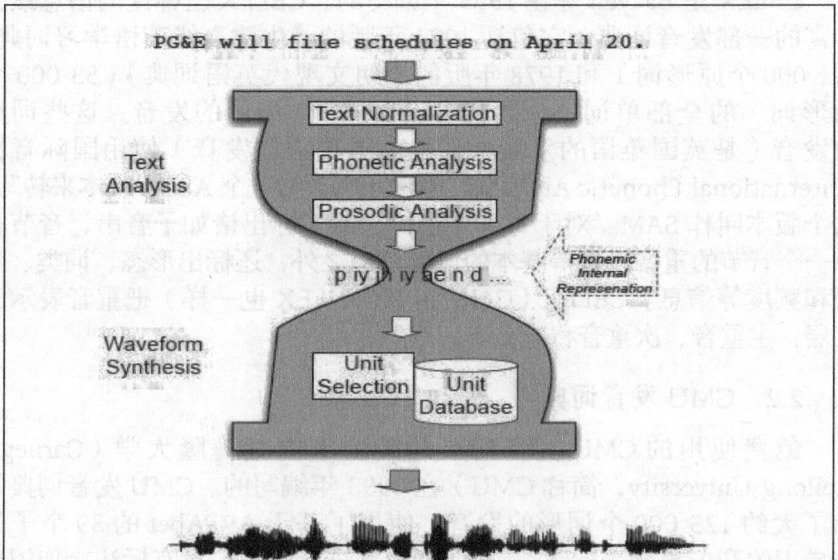

图 2　语音合成体系的玻璃漏壶比喻

语音合成时，对于在文本分析中得到的已经归一化的单词符号串中的每一个单词，要生成单词的发音。这需要有单元数据库来支持，这种单元数据库就是大规模的发音词典。

☙ 2. 发音词典

在语音合成时，可以把各种不同的语音资源抽取出来进行计算。一种最重要的语音资源是发音词典（Pronunciation Dictionary）。在线的发音词典对于其中的每一个单词都给出相应的语音转写。通用的在线英语发音词典有三部，它们是 PRONLEX、CMU 和 CELEX；语言数据联盟还可以提供埃及阿拉伯语、德语、日语、韩国语、汉语普通话和西班牙语的发音词典。所有的这些发音词典既可以用于语音识别，也可以用于语音合成。

在线英语发音词典分别介绍如下：

2.1 CELEX 发音词典

CELEX 是 Baayen 等在 1995 年编写的。CELEX 是标注的信息最为丰富的一部发音词典。它包括 1974 年版的《牛津高级英语学习词典》（41 000 个原形词）和 1978 年版的《朗文现代英语词典》（53 000 个原形词）的全部单词，总共包含 160 595 个词形的发音。这些词形的发音（是英国英语的发音，不是美国英语的发音）使用国际音标（International Phonetic Alphabet，简称 IPA）的一个 ASCII 版本来转写，这个版本叫作 SAM。对于每一个单词，除了标出诸如子音串、音节和每一个音节的重音级别等基本的语音信息之外，还标出形态、词类、句法和频度等信息。CELEX（CMU 和 PRONLEX 也一样）把重音表示为三层：主重音、次重音和无重音。

2.2 CMU 发音词典

免费使用的 CMU 发音词典是美国卡内基梅隆大学（Carnegie Meilong University，简称 CMU）在 1993 年编写的。CMU 发音词典收录了大约 125 000 个词形的发音，使用了基于 ARPAbet 的 39 个子音推导出的音位集合来标注[1]，按照音位来进行转写，没有标注诸如闪音化、弱化元音等表层的弱化特征，但是，CMU 发音词典对于每一个元音都标注了数字 0（无重音）、1（重音）或 2（次重音）。因此，单词

1 ARPAbet 是为了给美国英语注音而设计的一种语音字母表，使用 ASCII 字符，可以看成是 IPA 的美国英语子集的 ASCII 表示法。为了排印方便，本书不采用国际音标注音，而采用 ARPAbet 注音。

tiger 标注为 [T AY1 G ER0]，单词 table 标注为 [T EY1 B AH0 L]，单词 dictionary 标注为 [D HI1 K SH AH0 N EH2 R IY0]，等等。尽管 CMU 发音词典没有标注音节，但是，使用带数字的元音隐性地显示了音节的核心。图 3 是 CMU 发音词典标音的一些样本：

ANTECEDENTS	AE2 N T IH0 S IY1 D AH0 N T S	*PAKISTANI*	P AE2 K IH0 S T AE1 N IY0
CHANG	CH AE1 NG	*TABLE*	T EY1 B AH0 L
DICTIONARY	D IH1 K SH AH0 N EH2 R IY0	*TROTSKY*	T R AA1 T S K IY2
DINNER	D IH1 N ER0	*WALTER*	W AO1 L T ER0
LUNCH	L AH1 N CH	*WALTZING*	W AO1 L T S IH0 NG
MCFARLAND	M AH0 K F AA1 R L AH0 N D	*WALTZING(2)*	W AO1 L S IH0 NG

图 3　CMU 发音词典中标音的一些样本

2.3　PRONLEX 发音词典

PRONLEX 是为语音识别而设计的，由语言数据联盟于 1995 年编写。PRONLEX 包含 90 694 个词形的发音。它可覆盖多年来在华尔街杂志和 Switchboard 语料库（Switchboard Corpus）中使用的单词。PRONLEX 的优点是它收录了大量的专有名词（大约收录了 20 000 个专有名词，而 CELEX 只收录了大约 1 000 个专有名词）。

2.4　UNISYN 发音词典

这部发音词典包含 110 000 个单词，可以免费提供做研究之用，这部发音词典是专门为语音合成而编制的。UNISYN 给出了音节、重音以及形态边界。另外，UNISYN 中单词的读音还可以用很多方言读出来，包括通用的美式英语、RP 英式英语、澳大利亚英语等。UNISYN 使用的子音集稍微有些不同。

↻ 3. 语音标注语料库

另外一种有用的语音资源是语音标注语料库（phonetically annotated corpus），在语音标注语料库中，所有的语音波形都是使用相应的子音串手工标注的。重要的英语语音标注语料库有三个，它们是 TIMIT 语料库、Switchboard 语料库和 Bukeye 语料库。

3.1　TIMIT 语料库

这个语料库是美国的德州仪器公司（Texas Instruments，简称 TI）、MIT 和 SRI 联合研制的，由 NIST 于 1990 年公布。这个语料库包括

6 300 个朗读的句子，由 630 个发音人来朗读，每一个发音人朗读 10 个句子。这 6 300 个句子是从事先设计好的 2 342 个句子中抽取出来的，有的抽取出来的句子带有特殊的方言语音惯用色彩，其他的一些句子尽可能地把双音素的语音也包含进来了。语料库中的每个句子都是用手工进行语音标注的，子音的序列自动地与句子的波形文件对齐，然后再对于已经自动标注过的子音的边界进行手工修正。修正的结果形成时间对齐的转写（time-aligned transcription）。在这种时间对齐的转写中，每一个子音都与波形的开始时间和结束时间相对应。

下面是 TIMIT 语料库和 Switchboard 转写语料库中的子音集，它比 ARPAbet 的最小的音位版本更加细致。具体地说，这个语音转写使用了各种弱化的子音或少见的子音，例如，颤音 [dx]，喉塞音 [q]，弱化元音 [ax]、[ix] 和 [axr]，音位 [h] 的浊化变体 [hv]，成阻的塞音子音 [dcl] 和 [tcl]，除阻的塞音子音 [d] 和 [t] 等。图 4 是一个转写的实例。

she	had	your	dark	suit	in	greasy	wash	water	all	year
sh iy	hv ae dcl	jh axr	dcl d aa r kcl	s ux q	en	gcl g r iy s ix	w aa sh	q w aa dx axr q	aa l	y ix axr

图 4　取自语料库 TIMIT 中的语音转写例子

3.2　Switchboard 转写语料库

TIMIT 语料库是建立在朗读语音的基础之上的，Switchboard 转写语料库则是建立在对话语音的基础之上的。语音标注的部分包括从各种对话中抽取出来的大约 3.5 个小时的句子。这个语料库与 TIMIT 语料库一样，每个标注的话段也包含时间对齐的转写。不过，Switchboard 语料库是在音节的平面上进行转写，而不是在子音的平面上进行转写；因此，一个转写包含一个音节序列以及在相应的波形文件中每个音节的开始时间和结束时间。图 5 是 Switchboard 转写语料库中句子“They're kind of in between right now.”的语音转写：

0.470	0.640	0.720	0.900	0.953	1.279	1.410	1.630
dh er	k aa	n ax	v ih m	b ix	t w iy n	r ay	n aw

图 5　Switchboard 语料库中句子“They're kind of in between right now.”的语音转写

3.3　Buckeye 语料库

这是 Pitt 等在 2005 年新近研制的美国英语自发语音的转写语料库，包含来自 40 个谈话者的 300 000 个单词。

其他的语言也建立了语音转写语料库。例如，德国建立了通用的德语 Kiel 语料库，中国社会科学院语言研究所建立了若干个汉语普通话的转写语料库。

该语料库除了语音词典和语音语料库之类的语言资源之外，还有很多有用的语音软件工具。其中用途最广、功能最丰富的是免费的 Praat 软件包。这个 Praat 软件包可以做声谱和频谱的分析，音高的抽取，共振峰的分析，还可以作为自动控制中的嵌入式脚本语言（embedded scripting language）。Praat 软件包可以在 Microsoft、Macintosh 和 Unix 等环境下使用。

☙ 4. 未知词

在语音合成中，仅仅依靠发音词典还是不够的，因为实际的文本中总是包含一些在词典中没有出现的单词，叫作未知词。例如，1998 年，Black 等曾经把《牛津高级英语学习词典》（OALD）用于检验宾州 *Wall Street Journal* 树库的第一部分。这一部分中共包括 39 923 个单词（词例），有 1 775 个单词（词例）是词典中没有的，占 4.6%，这 1 775 个词例（token）包括 943 个词型（type）。这些在词典中看不到的未知词分布如下：

专有名称	未知词	其他类型
1360	351	64
76.6%	19.8%	3.6%

未知词主要是名称（name），因此需要处理名称来加强发音词典的功能。

名称也叫作命名实体（naming entity，简称 NE），包括人名（人的名字和人的姓氏）、地理名称（城市名、街道名和其他的地名）和商业机构名称等。

这里仅考虑人名，Spiegel 在 2003 年估计，仅仅在美国，大约有 200 万个不同的姓氏和 10 万个名字。200 万是一个非常大的数字，比 CMU 发音词典的整个容量大一个数量级。正是由于这样的原因，大规模的 TTS 系统都包含一部很大的名称发音词典。

Liberman 和 Church 发现，在容量为 4 400 万单词的 AP Newswire 语料库中，包含 5 万个名称的词典覆盖名称的词例数可以达到 70%。很多不包含在词典中的其他名称（占这个语料库中的词例高达 97.43%）

可以通过简单地修改这5万个名称得到，例如，给词典中的名称 Walter 或 Lucas 加上带中重音的后缀，就可以得到新的名称 Walters 或 Lucasville。其他的发音还可以通过韵律类推的方法得到。例如，如果我们知道名称 Trotsky 的发音，而不知道名称 Plotsky 的发音，我们用词首的 /pl/ 来替换 Trotsky 词首的 /tr/，就可以得到 Plotsky 的发音（冯志伟，2010）。

5. 语音合成的发展历程

语音合成是自然语言处理中最早的研究领域。早在18世纪，就出现了关于发音过程的一些物理模型，Von Kempelen 设计的肯普棱机（Kempelen machine）以及1773年 Kratzenstein 在哥本哈根使用管风琴的管子模拟的元音模型。

不过，语音合成的现代化的新时代在20世纪50年代初才开始，这个时期提出了波形合成的三种主要的范式：毗连合成、共振峰合成、发音合成。

毗连合成似乎最早是1953年由 Harris 在贝尔实验室（Bell laboratory）提出的，他的方法是把与子音对应的磁带片段按照字面的顺序拼接在一起。Harris 提出的这种方法实际上更接近于单元选择合成，而不同于双子音合成。他建议，对于每一个子音都要存储多个复本，并且使用连接代价来进行选择（选择转移到相邻单元时具有最为平滑的共振峰的那些单元）。Harris 的模型是建立在单子音基础上的，而不是建立在双子音基础上的，由于存在协同发音，毗连时显然会产生一些问题。

1958年，Peterson 等对于单元选择合成提出了一些基础性的思想。他们提出，要使用双子音，使用数据库，对于每个子音都要存储多个具有不同韵律的复本，而每个复本都要标注韵律特征，如共振峰、重音、时延等，并且还要使用基于共振峰和相邻单元共振峰距离的连接代价来进行选择。他们还提出了给波形加窗的毗连技术。Peterson 等提出的模型是纯理论的模型，直到20世纪六七十年代，毗连合成还没有得到实现，而与此同时，双子音合成却首次得到实现了。后来的双子音合成系统可以包含如像辅音聚类这样大的单元。1992年，学者们又提出了单元选择合成技术的理论，包括非均匀长度大单元的理论，使用目标代价的理论，后来他们把这样的理论形式化了，变成了语音合成的形式模型。1996年，Donovan 把语音识别中使用的决策树聚类算法引入到语音合成中来。很多关于单元选择的创新都作为 AT&T 公司的 NextGen 语音合成器的一部分被采用了。

语音合成目前主要采用毗连合成范式，此外，还有两个语音合成的范式：一个是共振峰合成，一个是发音合成。共振峰合成范式试图建立规则来生成人工声谱，其中包括生成共振峰的规则。发音合成范式试图直接给声道和发音过程的物理机制建模。

共振峰合成器（formant synthesizer）来源于采用生成人工声谱的方法惟妙惟肖地模仿人类话语的尝试。哈斯金实验室（Haskin laboratory）的模式反演机器使用在运动的透明带子上印出声谱模式的方法以及使用反光过滤波形谐波的方法来生成声音的波形。其他早期的共振峰合成器还有 1951 年 Fant 的合成器和 1953 年 Lawrence 的合成器。最为著名的共振峰合成器大概应当算 Klatt 共振峰合成器（Klatt formant synthesizer）及其后续系统，例如，MITalk 系统，数字设备公司 DECtalk 使用的 Klattalk 软件。

发音合成器（articulatory synthesizer）试图把声道作为一个开放的管道模拟其物理机制，从而合成语音。早期的以及较为近期的有代表性的模型有 1953 年 Stevens 等的模型，1975 年 Flanagan 等的模型，1986 年 Fant 的模型。

自动语音合成中的文本分析部分的研制出现得比较晚，作为一种技术，文本分析是从自然语言处理的其他领域中借用过来的。早期的语音合成系统的输入不是文本，而是一些音位（使用穿孔卡片键入）。第一个采用文本作为输入的语音识别系统似乎是 Umeda 等的系统。这个系统包括一个词汇化的剖析器，可以给文本指派韵律边界以及重读和重音；在 Coker 等扩充的系统中，还增加了更多的规则，例如，没有重读的轻动词规则，以及他们研制的发音模型规则等。这些早期的语音合成系统使用带有单词发音的发音词典。为了进一步扩充使其具有更多的词汇，诸如 MITalk 这样的早期基于共振峰的语音合成系统，还使用字母 – 发音的转换规则来代替发音词典，因为要存储大型的发音词典，计算机的存储开销是非常大的。

现代的字符 – 音位转换模型来自 Lucassen 和 Mercer 早期的概率字符 – 音位转换模型，这个模型本来是在语音识别的背景下提出来的。不过，目前广为使用的机器学习模型出现得比较晚，这是因为早期传闻的一些证据认为，手写的规则会工作得更好。1999 年，Damper 等经过仔细的比较之后说明，在一般情况下，机器学习方法更具优越性。一些这样的模型使用类比方法来发音，此外还提出了潜在类比的方法、隐马尔可夫模型的方法。最新的研究是使用联合字符模型（joint grapheme model），在联合字符模型中，隐藏变量是音位－字符偶对，概率模型与其说是基于联合概率的，不如说是基于条件似然度的。

在韵律研究方面，有一个重要的计算模型叫作“藤崎模型”（Fujisaki model），是由日本东京大学的藤崎博也（Fujisaki Hiroya）提出的。IViE 是 ToBI 的扩充，其重点在于标注英语的各种变体。关于语调结构的单元存在着不少的争论，包括语调短语（intonational phrase）、语调单元（intonation unit 或 tone unit）的争论，以及它们与从句和其他句法单元的关系的争论。

语音合成的一些最新的工作重点是研究如何生成有情感的话语。语音合成的一个极为引人注目的新的范式是隐马尔可夫模型合成（HMM synthesis），最近学者们对这个范式做了进一步的加工。

为了推动语音合成的研究，会举行一年一度的语音合成比赛，这个比赛叫作“暴风雪挑战”（Blizzard Challenge），我国科大讯飞公司每年都参加这个比赛。

参考文献

冯志伟. 2017. 自然语言计算机形式分析的理论与方法. 合肥：中国科学技术大学出版社.

冯志伟. 2010. 语音合成中的文本归一化问题. 北华大学学报，（2）：41–47.

自动语音识别

AUTOMATIC SPEECH RECOGNITION

自动语音识别的核心任务是以语音的声学波形作为输入，产生单词串作为输出，简称 ASR。

1. 语音识别的可变维度

影响语音识别效果的四个因素，叫作语音识别的“可变维度”（冯志伟，2017）。

1.1 词汇量的大小

影响语音识别的第一个可变维度是词汇量的大小。如果要识别的话语中不同单词的数量比较小，语音识别就会容易一些。只有两个单词的词汇量的语音识别，例如，辨别 yes 还是 no，或者识别只包括 11 个单词的词汇量的数字序列（从英语的 zero 到 nine 再加上 oh），也就是所谓的数字识别工作，这样的语音识别是比较容易的。对于那些包含 20 000 到 60 000 个单词的大词汇量语音识别，例如，识别人与人之间的电话会话，或者识别广播或电视中的新闻节目，语音识别就困难得多。

1.2 语音的流畅度和自然度

影响语音识别的第二个可变维度是语音的流畅度、自然度以及是否为对话语音。在孤立单词（isolated word）的识别中，每个单词被它前后的停顿所包围，孤立单词的识别就比连续语音的识别容易得多，因为在连续语音的识别中，单词是前后彼此连续的，必须进行自动切分。连续语音识别的工作本身的困难程度也各有不同。例如，人对机器说话的语音识别就比人对人说话的语音识别容易得多。识别人对机器说话的语音，或者是以阅读语音（read speech）的方式来大声地朗读（例如，模拟听写的工作），或者使用语音对话系统来进行转写，都是比较容易的。在会话智能代理系统中，当人对机器讲话的时候，人们似乎总是把自己说出来的语音加以简化，尽量说得慢一些，说得清楚一些，这样的语音也就比较容易识别。识别两个人以对话语音的方式彼此随意地谈话的语音，例如，转写商业会谈的语音，这样的语音识别就困难得多。

1.3 信道和噪声

影响语音识别的第三个可变维度是信道和噪声。听写以及语音识别的很多实验研究都是在高质量的语音以及头戴扩音器的条件下进行的。头戴扩音器可以消除把扩音器放在桌子上时所发生的语音失真，因为把扩音器放在桌子上时，说话人的头会动来动去而造成语音失真。任何类型的噪声都会使语音识别的难度加大。因此，在安静的办公室中识别说话人一板一拍的口授比较容易，而识别在高速公路上开着窗子飞快驰行的充满噪声的汽车中说话人的声音，那就要困难得多。

1.4 人的语音特征

影响语音识别的最后一个可变维度是说话人的口音特征和类别特征。如果说话人说的是标准的语音，或者在总的情况下，说话人的语音与系统训练时的数据比较匹配，那么，语音识别就比较容易。如果说话人操陌生的口音或者方言，或者是儿童的语音，那么，语音识别就比较困难（除非语音识别系统是特别地根据这些类型的语音来训练的）。

图 1 中的数据来自一些最新的语音识别系统，说明了在不同的语音识别任务中，误识单词的大致百分比，这个百分比叫作词错误率（Word Error Rate，简称 WER）。

Task	Vocabulary	Error Rate %
TI Digits	11 (zero–nine, oh)	.5
Wall Street Journal read speech	5,000	3
Wall Street Journal read speech	20,000	3
Broadcast News	64,000+	10
Conversational Telephone Speech (CTS)	64,000+	20

图 1　2006 年公布的 ASR 在不同的任务（Task）中的词汇量（Vocabulary）和词错误率（Error Rate %）

在图 1 中，广播新闻节目（Broadcast News）和电话对话语音（Conversational Telephone Speech，简称 CTS）的错误率是根据特定的训练和测试方案得到的，可以作为一种粗略的估计数字；在这些以不同方式确定的任务中，词错误率的数值变化范围的差别可以达到 2 倍之多。

由于噪声和口音而造成的变化会使错误率增加很多。据报道，对于相同的识别任务，带有浓重日本语口音或西班牙语口音的英语的词错误率比母语为英语的人说英语的词错误率大约高出 3 至 4 倍。把汽车噪声的信噪比（signal-to-noise ratio，简称 SNR）提高 10 分贝，可能导致语音识别的词错误率上升 2 至 4 倍。

一般说来，语音识别的词错误率每年都在降低，这是因为语音识别的性能在不断改进中。由于语音识别算法改进和摩尔定律（Moor's Law）[1] 双重因素结合起来的影响，有人估计，在过去的十年内，语音识别性能的改进比例大约是每年提高 10%。

1　摩尔定律指出，当价格不变时，集成电路上可容纳的晶体管数目，约每隔 18 个月便会增加一倍，性能也将提升一倍。

☙ 2. 语音识别的阶段

语音识别可以分为三个阶段：特征抽取阶段（feature extraction stage）、声学建模阶段（acoustic modeling stage）和解码阶段（decoding stage），如图 2 所示（冯志伟、詹宏伟，2018）：

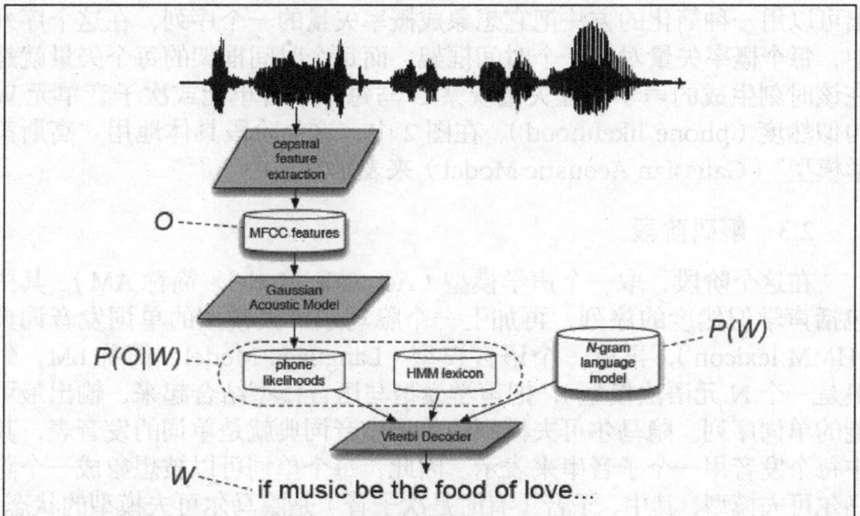

图 2　语音识别的三个阶段

从隐马尔可夫模型的观点来看，在特征抽取阶段可获取观察值 O，在声学建模阶段可获取观察似然度 P(O|W) 和先验概率 P(W)，在解码阶段可获取文本 W。图 2 中，输入的是语音波形，经过这三个阶段的处理之后，输出的是语音识别结果："if music be the food of love..."。

2.1　特征抽取阶段

语音的声学波形按照音片的时间框架（通常是 10、15 或 20 毫秒）来抽样，把音片的时间框架转换成声谱特征（spectral feature）。每个时间框架的窗口用矢量来表示，每个矢量包括大约 39 个特征，用以表示声谱的信息以及能量大小和声谱变化的信息。特征信息最普通的表示方法是 Mel 频度倒谱系数（Mel frequency cepstral coefficient，简称 MFCC）。在图 2 中，这个阶段具体地用"倒谱特征抽取"（cepstral feature extraction）表示，抽取到的倒谱特征 MFCC，就是 HMM 中的观察值 O。

2.2 声学建模阶段

对于给定的语言单位（单词、子音、次子音），要计算观察到的声谱特征矢量的似然度。例如，使用高斯混合模型（Gaussian Mixture Model）分类器，对于隐马尔可夫模型中与一个子音或一个次子音 W，计算给定子音与给定特征矢量的观察似然度 P(O|W)。在这个阶段的输出可以用一种简化的方法把它想象成概率矢量的一个序列，在这个序列中，每个概率矢量对应一个时间框架，而每个时间框架的每个矢量就是在该时刻生成的声学特征矢量观察 O 与每个子音单元或次子音单元 W 的似然度（phone likelihood）。在图 2 中，这个阶段具体地用“高斯声学模型”（Gaussian Acoustic Model）来表示。

2.3 解码阶段

在这个阶段，取一个声学模型（Acoustic Model，简称 AM），其中包括声学似然度的序列，再加上一个隐马尔可夫模型的单词发音词典（HMM lexicon），再取一个语言模型（Language Model，简称 LM，一般是一个 N 元语法模型），把声学模型与语言模型结合起来，输出最可能的单词序列。隐马尔可夫模型的单词发音词典就是单词的发音表，其中每个发音用一个子音串来表示。因此，每个单词可以被想象成一个隐马尔可夫模型，其中，子音（有时是次子音）是隐马尔可夫模型的状态，对于每个状态，高斯似然度评估器给出隐马尔可夫模型的输出似然度函数。大多数语音自动识别系统使用韦特比算法来解码，还采用各种精心设计的提升方法来加快解码的速度，这些方法有剪枝、快速匹配和树结构的词典等。

☙ 3. 语音识别的类型

语音的自动识别可以分为如下九种类型：

3.1 特定说话者小词汇量离散单词识别

预先由说话者发出几十个离散单词的声音，并将其记录在计算机中，作为标准模式。计算机只能识别这个特定说话者的声音。识别时，首先对输入的特定说话者的声音进行语音分析，抽出其特征参数，然后把这些特征参数同已存贮在计算机中的标准模式相匹配，从而达到自动识别的目的。

3.2　特定说话者大词汇量离散单词识别

这种类型的语音识别有一定的难度，词汇量从几千到几万，识别时容易混淆。

3.3　非特定说话者小词汇量离散单词识别

这种类型的语音识别是不认人的，可以识别不同的说话者的声音。由于说话者个人的语音音色和方言的差别，研制起来有相当的难度。由于说话者的发音各有差别，识别系统要做到不论谁说都能听懂，应该具备特殊的功能，使得系统能够获取众多说话者的共性特征，并在处理中加以强化，使同一语音的特征（不管是谁说的）有尽可能高的稳定性，对不同的语音有尽可能高的区别度。

3.4　非特定说话者大词汇量离散单词识别

这种类型的语音识别与 3.3 相比，由于要识别的词汇量大，其难度又上了一个台阶。

3.5　特定说话者小词汇量连续语音识别

这种类型的语音识别与上述孤立词识别的最大区别是，特定说话者不是一词一顿地发音，而是整个句子连续地发音。系统“听”到的不是个别的字或词，而是整句话。这就要求系统起码要具备两种能力：一是处理“音变”问题的能力，因为音变是由连读造成的；二是使用语法、语义的语言知识分析句子从而得出正确识别结果的能力。

3.6　特定说话者大词汇量连续语音识别

这种类型的语音识别在难度上又比 3.5 上了一个台阶。这样的语音识别系统的构词量与造句量数以万计，需要有强大的知识库来支撑。

3.7　非特定说话者小词汇量连续语音识别

3.8　非特定说话者大词汇量连续语音识别

与 3.5 相比，由于 3.7、3.8 两种类型的语音识别是不认人的，其难度更大。

3.9　说话者辨认

这方面的研究可以分为说话者识别（speaker identification）和说话

者检验（speaker verification）两种。说话者识别就是把未知的声音同预先登录在计算机中的各说话者的声音相比较，判定这未知的声音是哪一个说话者的声音。说话者检验就是把未知的声音同预先登录在计算机中的某个说话者的标准模式相比较，判明这未知的声音是不是这个说话者的声音，这就是所谓的“声纹判定”。声音中所含的个人特征的信息，起因于声带等先天发音器官的个人差别，也起因于方言、土语等后天的发音因素，这些个人特征信息主要表现为振幅、基频、短时间波谱等特征参数，而这些特征参数常常会随着时间的变化而变化。为了提高识别率，必须尽量排除时间变化对特征参数的影响。

目前的语音自动识别选择把重点放在大词汇量连续语音识别（Large-Vocabulary Continuous Speech Recognition，简称 LVCSR）这个关键性领域。所谓“大词汇量”，是指系统包含大约 20 000 到 60 000 个单词的词汇；所谓“连续”，是指所有单词是自然、连续地说出来的。另外，这样的方法一般是“不依赖于说话人”的（speaker-independent）；这意味着，这样的方法可以识别人的真实语音。由于坚持“大词汇量连续语音识别”这个原则，语音识别取得了长足的进展，目前，语音自动识别系统已经走出了实验室，实现了实用化和商品化，给现代人的生活和工作带来极大的方便（赵力，2003）。

语音自动识别在技术上需要解决两个主要问题：

- 语音自动识别系统要抽取能够表征语音的参数，目前使用较多的语音特征参数有带通滤波器组输出的频谱、线性预测参数、倒谱系数、短时能量和短时过零率等。
- 建立语音识别系统的数学模型，寻找优化的识别方法和处理手段。目前使用的语音自动识别方法有三种：一是基于动态规划（Dynamic Programming，简称 DP）的模式匹配方法，二是基于概率统计理论的隐马尔可夫模型方法，三是人工神经网络方法，这是一种深度学习的方法，大大地提高了语音识别的正确率。

4. 语音识别的发展历程

早在 20 世纪初，国外就有学者研究过语音自动识别问题。20 世纪 40 年代电子计算机还没有出现时，Potter 就提出了“看得见的语音”（visible speech）的概念，他用电子仪器把语音表示为肉眼可见的声谱，使人们能够根据声谱来辨识不同的语音，这可以说是语音识别的先声。

电子计算机问世后，20 世纪 60 年代进行过英语离散单词的识别研究，取得了初步的成绩。但是，用电子计算机进行大规模的语音识别研究，则是从 20 世纪 70 年代才开始的。1971 年，美国国防部的高级研究规划署（Advanced Research Projects Agency，简称 ARPA）提出了为期五年的英语语音识别大型研究计划，这个计划叫作 SUR（Speech Understanding Research 的简称，含义为“口语理解研究”），ARPA 的 SUR 计划委托卡内基 - 梅隆大学（Carnegie-Mellon University）和 BBN（Bolt, Beranek & Newman）公司负责，分别进行系统的开发。卡内基 - 梅隆大学研制出 HEARSAY、DRAGON、HARPY 等系统，BBN 公司研制出 SPEECHLIS、HWIM 等系统。这些系统都达到了预定的有限的目标。例如，HWIM 系统可以识别三个男性发音人的英语语音，包含单词 1 097 个，应用于旅游管理中。HEARSAY 有两个系统，先建成 HEARSAY I，随后进一步改进，于 1976 年建成 HEARSAY II，以文件检索为主题，包含单词 1 011 个，可以识别一个男性发音人的英语语音。HARPY 的主题是口语文件检索，包含单词 1 011 个，可以识别三个男性发音人和两个女性发音人的英语语音。此外，美国的 SRI 公司、SDC 公司、IBM 公司、贝尔实验室、林肯实验室、言语通信研究实验室，法国的南锡大学，意大利的都灵大学，日本的京都大学、京都工艺纤维大学，山梨大学等，也都开展了语音识别的研究。近年来，语音识别采用深度学习和神经网络的方法，把语音识别的水平推到了一个崭新的阶段。

我国在语音识别方面也取得了很好的成绩和应用效果。1999 年 6 月 9 日成立的安徽科大讯飞公司是一家专业从事智能语音及语音技术研究、软件及芯片产品开发、语音信息服务的国家级骨干软件企业，以科大讯飞公司为核心的中文语音产业链已初具规模。

参考文献

冯志伟. 2017. 自然语言计算机形式分析的理论与方法. 合肥：中国科学技术大学出版社.

冯志伟，詹宏伟. 2018. 智能会话系统与语音自动识别. 外语学刊，(21)：13–23.

赵力. 2003. 语音信号处理. 北京：机械工业出版社.

自然语言处理（计算语言学）

NATURAL LANGUAGE PROCESSING (COMPUTATIONAL LINGUISTICS)

自然语言处理是用计算机研究和处理自然语言的一门新兴的交叉学科，又叫作计算语言学。

由于自然语言处理的研究对象是自然语言，因此，语言学家把它作为语言学的一个分支；由于自然语言处理采用先进的计算机科学技术来研究和处理自然语言，因此，计算机科学家把它作为计算机科学的一个分支；由于自然语言处理要研究自然语言的形式结构和自然语言处理的算法，因此，数学家把它算为应用数学的一个分支。这种情况说明，自然语言处理不是一门单纯的学科，而是一门交叉学科，具有明显的跨学科特点（Jurafsky & Martin，2005）。

1. 计算机对自然语言处理的过程

为什么自然语言处理会出现这样的跨学科特点呢？这是它的研究目标决定的。自然语言处理的目标既然是研究和处理自然语言，那么，它必定要认真细致地研究计算机处理自然语言的整个过程，提出行之有效的理论和方法。

一般地说，计算机对自然语言的研究和处理应当经过如下四个方面的过程：

① 把需要研究的问题在语言学上加以形式化，建立语言的形式化模型，使之能以一定的数学形式严密而规整地表示出来；这个过程叫作“形式化”。

② 把这种严密而规整的数学形式表示为算法，这个过程叫作“算法化”。

③ 根据算法编写计算机程序，使之在计算机上加以实现，建立各种实用的自然语言处理系统；这个过程叫作“程序化”。

④ 对于所建立的自然语言处理系统进行评测，使之不断地改进质量和性能，以满足用户的要求；这个过程叫作“实用化”。

因此，为了从事自然语言处理的研究，研究人员不仅要具备语言学知识，而且还要具备数学和计算机科学方面的知识，这样，自然语言处理就成了介于语言学、数学和计算机科学之间的边缘性的交叉学科，它同时涉及文科、理科和工科三大领域，使得它具有跨学科的性质，是典型的“新文科”（冯志伟，2017）。

2. 自然语言处理需要的知识

一般地说，自然语言处理需要如下九个不同平面的知识：

- 声学和韵律学的知识：描述语言的节奏、语调和声调的规律，说明语音怎样形成音位。
- 音位学的知识：描述音位的结合规律，说明音位怎样形成语素。
- 形态学的知识：描述语素的结合规律，说明语素怎样形成单词。
- 词汇学的知识：描述词汇系统的规律，说明单词本身固有的语义特性和语法特性。
- 句法学的知识：描述单词（或词组）之间的结构规则，说明单词（或词组）怎样形成句子。
- 语义学的知识：描述句子中各个成分之间的语义关系，说明怎样从构成句子的各个成分推导出整个句子的语义。
- 话语分析的知识：描述句子与句子之间的结构规律，说明怎样由句子形成话语或对话。
- 语用学的知识：描述与情景有关的情景语义，说明怎样推导出句子具有的与周围话语有关的各种语义。
- 外界世界的常识性知识：描述关于语言使用者和语言使用环境的一般性常识。

上述九个平面的知识主要涉及语言学知识，所以我们认为自然语言处理实质上是一个语言学问题。除了语言学之外，自然语言处理还涉及如下的知识领域：

- 计算机科学：给自然语言处理提供模型表示、算法设计和计算机实现的技术。
- 数学：给自然语言处理提供形式化的数学模型和形式化的数学方法。
- 心理学：给自然语言处理提供人类言语行为的心理模型和理论。

- 哲学：给自然语言处理提供关于人类的思维和语言的哲学层次的理论。
- 统计学：给自然语言处理提供基于样本数据来预测统计事件的技术。
- 电子工程：给自然语言处理提供信息论的理论基础和语言信号处理技术。
- 生物学：给自然语言处理提供大脑中人类语言行为机制的理论。

因此，自然语言处理的研究，应该把这些学科的知识结合起来。

☙ 3. 自然语言处理的四大方向

自然语言处理的范围涉及众多的领域，如机器翻译、信息自动检索、信息自动抽取、自动文摘、自动阅读理解、文本数据挖掘、智能问答、人机接口、计算机辅助语言教学、用户偏好分析、情感分析和聊天机器人等。这些领域可以归纳为如下四个大的方向：

3.1 语言学方向

这个研究方向把自然语言处理作为语言学的分支来研究，只研究语言及语言处理与计算相关的方面，而不管其在计算机上的具体实现。这个研究方向的最重要的研究领域是语法形式化理论、语言特征理论和自然语言处理的数学理论。

3.2 数据处理方向

这个研究方向把自然语言处理作为开发语言研究相关程序以及语言数据处理的学科来研究。这一方向早期的研究有术语数据库的建设、各种机器可读电子词典的开发，近年来随着大规模语料库的出现，这个方向的研究显得更加重要。

3.3 人工智能和认知科学方向

这个研究方向把自然语言处理作为在计算机上实现自然语言能力的学科来研究，探索自然语言理解的智能机制和认知机制。这一方向的研究与人工智能以及认知科学关系密切。

3.4 语言工程方向

这个研究方向把自然语言处理作为面向实践的、工程化的语言软件开发来研究。这一方向的研究一般称为“人类语言技术（Human Language Technique，简称 HLT）”，或者称为“语言工程”（Language Engineering）。

计算语言学这个术语是 1962 年才出现的。

早期的自然语言处理研究主要是基于规则的，也就是根据语言学规则来编写程序，带有理性主义的色彩，用这种方法研制出来的系统难以应用于大规模、真实文本的处理。20 世纪 80 年代后期自然语言处理开始战略转移，采用经验主义的方法，从大规模、真实的语料库中获取语言知识，提高了处理的效果。进入 21 世纪之后，自然语言处理使用神经网络的方法，不再用手工获取自然语言的特征，而是通过深度学习，让计算机自动地从语料库中获取自然语言的特征，处理的效果进一步提高。随着人工智能的发展，自然语言处理成了人工智能皇冠上的一颗璀璨的明珠。

☙ 4. 自然语言与人工语言的不同

自然语言处理的难度很大，在下面四个方面与人工语言大相径庭。

第一，自然语言中充满着歧义，而人工语言中的歧义则是可以控制的。

第二，自然语言的结构复杂多样，而人工语言的结构则相对简单。

第三，自然语言的语义表达千变万化，迄今还没有一种简单而通用的途径来描述它，而人工语言的语义则可以由人来直接定义。

第四，自然语言的结构和语义之间有着千丝万缕的、错综复杂的联系，一般不存在一一对应的同构关系，而人工语言则常常可以把结构和语义分别进行处理，人工语言的结构和语义之间有着整齐的一一对应的同构关系。

自然语言的这些独特性质，使得自然语言处理成为人工智能的一大难题。

近年来，由于互联网和手机的普及，自然语言处理成了人们从互联网上获取知识的重要手段，生活在信息网络时代的现代人，几乎都要与互联网打交道，都要或多或少地使用自然语言处理的研究成果来帮助他们获取或挖掘在广阔无边的互联网上的各种知识和信息，因此，世界各国都非常重视自然语言处理的研究，投入了大量的人力、物力和财力。

5. 当前自然语言处理发展的特点

当前自然语言处理发展的特点表现在如下的五个方面：

（1）基于句法-语义规则的理性主义方法受到质疑，随着语料库建设和语料库语言学的崛起，大规模真实文本的处理成为自然语言处理研究的主要战略目标，基于语言大数据的经验主义方法在自然语言处理中独占鳌头。

在过去的六十多年中，从事自然语言处理的绝大多数学者，基本上都采用基于规则的理性主义方法，这种方法的哲学基础是逻辑实证主义，他们认为，智能的基本单位是符号，认知过程就是在符号的表征下进行符号运算，因此，思维就是符号运算。

理性主义方法的另一个弱点是在实践方面的。从事自然语言处理的理性主义者把自己的目标局限于某个十分狭窄的专业领域之中，他们采用的主流技术是基于规则的句法-语义分析，尽管这些应用系统在某些受限的“子语言”中也曾经获得一定程度的成功，但是，要想进一步扩大这些系统的覆盖面，用它们来处理大规模的真实文本，仍然有很大的困难。因为从自然语言处理系统所需要装备的语言知识来看，其数量之浩大和颗粒度之精细，都是以往的任何系统所远远不及的。而且，随着自然语言处理系统拥有的知识在数量上和程度上发生的巨大变化，系统在如何获取、表示和管理知识等基本问题上，不得不另辟蹊径。这样，在自然语言处理中就提出了大规模真实文本的处理问题。当前语料库的建设和语料库语言学的崛起，正是自然语言处理战略目标转移的一个重要标志。随着人们对大规模真实文本处理的日益关注，越来越多的学者认识到，基于语料库的分析方法（即经验主义的方法）至少是对基于规则的分析方法（即理性主义的方法）的一个重要补充。因为从“大规模”（large-scale）和“真实”（authentic）这两个因素来考察，语料库才是最理想的语言知识资源。目前，基于语言大数据的经验主义方法在自然语言处理中独占鳌头。句法剖析、词类标注、指代参照消解、话语分析、机器翻译的技术全都开始引入概率，并且采用从语音识别和信息检索中借用来的基于概率和数据驱动的评测方法。这种基于大数据的经验主义方法也影响到了语言材料的搜集、整理和加工，促进了语言学研究方法的变革。理论语言学的研究必须以语言事实为根据，必须详尽地、大量地占有材料，才有可能在理论上得出比较可靠的结论。传统的语言材料的搜集、整理和加工完全是靠手工进行的，这是一种枯燥无味、费力费时的语言特征工程。现在，人们可以把这些工作交给计算机去做，大大减轻了人们的劳动。

（2）自然语言处理中越来越多地使用机器学习的方法来获取语言知识，基于神经网络的深度学习方法成了自然语言处理的主流方法。

在新的 21 世纪，20 世纪 90 年代后期开始的自然语言处理中经验主义倾向进一步以惊人的步伐加快了它的发展速度。这样的加速发展在很大程度上受到下面三种彼此协同的趋势的推动。

首先是建立带标记语料库的趋势，使得自然语言处理的算料（data）越来越丰富。在语言数据联盟和其他相关机构的帮助下，研究者们可以获得口语和书面语的大规模的语料。重要的是，这些语料中还包括一些标注过的语料。这些语料库是带有句法、语义和语用等不同层次标记的标准文本语言资源。这些语言资源的存在大大推动了人们使用有监督的机器学习方法来处理那些在传统上非常复杂的自动剖析和自动语义分析等问题。这些语言资源也推动了有竞争性的评测机制的建立，评测的范围涉及自动剖析、信息抽取、词义排歧、问答系统和自动文摘等领域。

第二个趋势是统计机器学习的趋势，使得自然语言处理的算法日益先进。机器学习日益重视，导致自然语言处理的研究者与统计机器学习的研究者更加频繁地交互，彼此之间互相影响。对于支持向量机技术、最大熵技术以及与它们在形式上等价的多项逻辑回归、图式贝叶斯模型等技术的研究，都成了自然语言处理的标准研究实践活动。

第三个趋势是高性能计算机系统发展的趋势，使得自然语言处理的算力（power）进一步提高。高性能计算机系统以及 GPU（Graph Processing Unit）的广泛应用，为机器学习系统的大规模训练和效能发挥提供了有利的条件，而这些在 20 世纪是难以想象的。

当前的自然语言处理使用机器学习方法，让计算机自动地从浩如烟海的语料库中获取准确的语言知识。机器词典和大规模语料库的建设，成了当前自然语言处理的热点。这是语言学获取语言知识方式的巨大变化。进入 21 世纪之后，传统的机器学习方法进一步发展成为基于神经网络的深度学习方法。这种深度学习方法独立于具体的语言，只要有足够大的语言数据，即使研究者不懂有关的语言，仍然可以使用深度学习技术，让计算机自动地从海量的大数据中学习到语言的各种特征，完全用不着采用手工的方法来设计语言特征，把研究人员从艰苦琐碎的语言特征工程中解放出来，而且，这种深度学习方法达到的分析精确度还大大超过了基于规则的方法或基于传统的机器学习方法所能达到的精确度。

（3）数学方法越来越受到重视。

自然语言处理中越来越多地使用统计数学方法来分析语言数据，使用人工观察和内省的方法，显然不可能从浩如烟海的语料库中获取精确可靠的语言知识，必须使用统计数学的方法。目前，自然语言处理中的深度学习语言模型已经相当成熟。研究这样的深度学习语言模型需要具备丰富的数学知识，因此，我们应当与时俱进，努力进行知识更新，认真地学习数学。如果我们认真地学会了数学，熟练地掌握了数学，我们在获取语言知识的过程中就会如虎添翼。

（4）自然语言处理中越来越重视词汇的作用，出现了强烈的“词汇主义”的倾向。

自然语言中充满了歧义，自然语言处理的学者们注意到，自然语言中歧义问题的解决不仅与概率和结构有关，还往往与词汇的特性有关；英语中的介词短语附着问题和并列结构歧义问题，都必须依靠词汇知识才能解决。事实证明，尽管在自然语言处理中使用了概率的方法，在遇到词汇依存问题时往往显得捉襟见肘、无能为力，还需要探索其他的途径来进一步提升概率语法的功能，其中的一个有效途径就是在概率语法中引入词汇信息。当前，词汇知识库的建造成了研究者普遍关注的问题。各种语法知识库和语义知识库的建设，都反映了这种强烈的“词汇主义”的倾向。

（5）多语言在线自然语言处理技术迅猛发展。随着网络技术的进步，互联网逐渐变成一个多语言的网络世界，互联网上的机器翻译、信息检索和信息抽取等自然语言处理研究的需要变得更加紧迫。

在这个信息网络时代，科学技术的发展日新月异，新的信息、新的知识如雨后春笋般不断增加，出现了“信息爆炸”的局面。而所有的这些信息主要都以语言文字为载体，也就是说，网络世界主要是由语言文字构成的。由于互联网上使用英语之外的其他语言的人数越来越多，英语在互联网上独霸天下的局面已经彻底打破，互联网确实已经变成了“多语言的网络世界”。“多语言”这个特性使得互联网变得丰富多彩，同时也造成了不同语言之间交流和沟通的困难，互联网上的语言障碍问题显得越来越突出，变得越来越严重。因此，网络上的不同自然语言之间的自然语言处理研究也就越来越迫切了。网络上多语言的机器翻译、信息检索、信息抽取正在迅猛地发展。语种辨认、跨语言信息检索、双语言术语对齐和语言理解助手等自然语言处理的多语言在线处理技术已经成了互联网技术和语义网技术的重要支柱。

从自然语言处理的这些特点可以看出，自然语言处理已经成了当代语言学百花园中一个非常重要的学科。

参考文献

冯志伟. 2017. 自然语言计算机形式分析的理论与方法. 合肥：中国科学技术大学出版社.

Jurafsky, D. & Martin, J. 2005. *Speech and Language Processing: An Introduction to Natural Language Processing, Computational Linguistics and Speech Recognition*. 北京：电子工业出版社.

最小编辑距离 MINIMUM EDIT DISTANCE

把一个符号串转换为另一个符号串所需要的最小编辑操作的次数，叫作最小编辑距离。

❧ 1. 最小编辑距离的实例

在词汇自动处理中，判断两个单词中的哪一个在拼写上更接近于第三个单词，是字符串距离（string distance）这个一般问题的一个特例。两个字符串之间的编辑距离可以根据这两个字符串彼此近似的程度来度量。最小编辑距离为计算两个字符串之间的编辑距离提供了一种有效的手段（Wagnner & Fischer, 1974）。

例如，在进行符号串转换时，英语的 intention 和 execution 之间的距离是 5 个操作，它们之间的最小编辑距离就是 5。

具体说明如下：把这两个符号串之间的最小编辑距离表示为对齐（alignment）。在图 1 中，I 与空符号对齐，N 与 E 对齐，T 与 X 对齐，E 与 E 对齐，空符号与 C 对齐，N 与 U 对齐，T 与 T 对齐，I 与 I 对齐，

O 与 O 对齐，N 与 N 对齐。对齐的符号串下边的标记说明从上面的符号串转换为下面的符号串要做的操作，符号的一个序列就表示一个操作表（operation list）。最下面一行给出了从上面的符号串到下面的符号串转换时的操作表：d 表示删除（delete），s 表示替代（substitute），i 表示插入（insert）。I 与空符号对齐时要把 I 删除，所以用 d 表示；N 与 E 对齐时要用 E 来替代 N，所以用 s 表示；T 与 X 对齐时要用 X 来替代 T，所以也用 s 表示；E 与 E 对齐时，不进行任何操作；空符号与 C 对齐时要插入 C，所以用 i 表示；N 与 U 对齐时要用 U 来替代 N，所以用 s 表示；T 与 T 对齐，I 与 I 对齐，O 与 O 对齐，N 与 N 对齐，都不进行任何操作。这样便得到 intention 和 execution 对齐时的操作表 dssis，也就是"删除 - 替代 - 替代 - 插入 - 替代"（如图 1 所示）。

```
INTE*NTION
||||||||||
*EXECUTION
dss  is
```

图 1　从 intention 到 execution 的转换

也可以把 intention 和 execution 对齐过程看成是从 intention 到 execution 的转换过程：

第 1 步：删除 intention 中的第一个字母 i，得到 ntention；

第 2 步：用 e 替代 ntention 中的第一个字母 n，得到 etention；

第 3 步：用 x 替代 etention 中的第二个字母 t，得到 exention；

第 4 步：在 exention 中的第四个字母 n 和第五个字母 t 之间插入字母 u，得到 exenution；

第 5 步：用 c 替代 exenution 中的第四个字母 n，得到 execution。

转换过程如图 2 所示：

```
intention
              ← delete i
ntention
              ← substitute n by e
etention
              ← substitute t by x
exention
              ← insert u
exenution
              ← substitute n by c
execution
```

图 2　转换过程

这样得到的从 intention 转换为 execution 时的操作表也是 dssis。

✂ 2. Levenshtein 提出的两种度量方法

我们可以给每个操作一个代价值（cost）或权值（weight）。

1966 年，苏联科学家 V. I. Levenshtein 建议，在上面删除、替代和插入三种方法中的每个操作的代价值都为 1，而用同样的字母来替代它自己的代价值为零（例如，用字母 T 来替代字母 T 的代价值为零）。两个序列之间的列文斯坦距离（Levenshtein distance）是最简单的加权因子，也就是最小编辑距离。所以，根据 intention 和 execution 对齐时的操作表 dssis，这两个单词之间的列文斯坦距离为 1+1+1+1+1=5，这意味着，这两个单词之间的最小编辑距离为 5。

V. I. Levenshtein 还提出了另一种不同的度量方法，这种方法规定，插入或脱落操作的代价值为 1，不容许替代操作，但是，V. I. Levenshtein 认为，可以把替代操作表示为一个插入操作加上一个脱落操作，这样，替代操作的代价值为 2，这实际上也就等于容许了替代操作。使用这样的度量方法，根据 intention 和 execution 对齐时的操作表 dssis，这两个单词之间的列文斯坦距离应该是 1+2+2+1+2=8，根据这样的度量方法，这两个单词之间的最小编辑距离为 8。

✂ 3. 动态规划算法

最小编辑距离可以通过动态规划算法来计算。

用于序列比较的动态规划算法工作时要建立一个编辑距离矩阵，目标序列的每一个符号记录在矩阵的行上，源序列的每个符号记录在矩阵的列上，也就是说，目标序列的字母沿着底线排列，源序列的字母沿着侧线排列。对于最小编辑距离来说，这个矩阵就是编辑距离矩阵（edit distance matrix）。每一个编辑距离单元 [i, j] 表示目标序列头 i 个字符和源序列的头 j 个字符之间的距离。每个单元可以作为周围单元的简单函数来计算。

计算每个单元中的值的时候，我们取到达该单元时插入（ins）、替代（sub）、删除（del）三个可能的路径中的最小路径为其值，计算公式如下：

$$\text{distance}[i, j] = \min \begin{cases} \text{distance}[i-1, j] + \text{ins-cost}(\text{target}_{i-1}) \\ \text{distance}[i-1, j-1] + \text{sub-cost}(\text{source}_{j-1}, \text{target}_{i-1}) \\ \text{distance}[i, j-1] + \text{del-cost}(\text{source}_{j-1})) \end{cases}$$

图 3 中的伪代码（pseudo code）对于这个最小编辑距离算法做了归纳。

```
function MIN-EDIT-DISTANCE(target, source) returns min-distance

  n ← LENGTH(target)
  m ← LENGTH(source)
  Create a distance matrix distance[n+1,m+1]
  Initialize the zeroth row and column to be the distance from the empty string
    distance[0,0] = 0
    for each column i from 1 to n do
       distance[i,0] ← distance[i-1,0] + ins-cost(target[i])
    for each row j from 1 to m do
       distance[0,j] ← distance[0,j-1] + del-cost(source[j])
  for each column i from 1 to n do
    for each row j from 1 to m do
      distance[i, j] ← MIN( distance[i−1,j] + ins-cost(target_{i−1}),
                            distance[i−1,j−1] + sub-cost(source_{j−1},]target_{i−1}),
                            distance[i,j−1] + del-cost(source_{j−1}))
  return distance[n,m]
```

图 3　最小编辑距离算法的伪代码

在图 3 的伪代码中，各种代价值可以是固定的（例如，x, ins-cost(x)=1），也可以针对个别的字母特别地说明（例如，说明某些字母比另外的一些字母更容易被替代）。我们假定相同的字母进行替代时，其代价值为零。

☙ 4. 计算步骤

图 4 是应用最小编辑距离算法计算 intention 和 execution 之间的距离的结果，计算时采用了 V. I. Levenshtein 提出的第二种度量方法：插入和删除的代价值分别取 1，替代的代价值取 2，当相同的字母进行替代时，其代价值为零。在每一个单元，都存在插入、脱落和替代三个可能性，最小编辑距离算法以这三个可能的路径中的最小路径为其值，采用这样的计算方法，从矩阵的开始点出发，每一个单元都在插入、脱落和替代三个可能性之间进行选择，因此就能够把矩阵中的所有单元都填满。

计算时采用了 Levenshtein 距离。斜体字符表示从空符号串开始的距离的初始值，矩阵中的所有的单元都填满了。

采用最小编辑距离算法，在图 4 中，首先要删除 intention 中的 i，从第 1 列第 0 行开始计算。

n	9	8	9	10	11	12	11	10	9	8
o	8	7	8	9	10	11	10	9	8	9
i	7	6	7	8	9	10	9	8	9	10
t	6	5	6	7	8	9	8	9	10	11
n	5	4	5	6	7	8	9	10	11	10
e	4	3	4	5	6	7	8	9	10	9
t	3	4	5	6	7	8	7	8	9	8
n	2	3	4	5	6	7	8	7	8	7
i	1	2	3	4	5	6	7	6	7	8
#	0	1	2	3	4	5	6	7	8	9
	#	e	x	e	c	u	t	i	o	n

图 4　应用上面的算法计算 intention 和 execution 之间的最小编剧距离

图 4 中的一种可行的计算步骤如下：

- 首先删除 i，在第 1 列第 0 行，得 1 分，积累为 1 分；
- 用 e 替换 n，在第 1 列第 2 行，得 2 分，积累为 1+2=3 分；
- 用 x 替换 t，在第 2 列第 3 行，得 2 分，积累为 3+2=5 分；
- e 不变，在第 3 列第 4 行，不得分，积累为 5 分；
- 用 c 替换 n，在第 4 列第 5 行，得 2 分，积累为 5+2=7 分；
- 在 c 后插入 u，在第 5 列第 5 行，得 1 分，积累为 7+1=8 分；
- t 与 t 完全相同，在第 6 列第 6 行，不得分，积累为 8+0=8 分；
- i 与 i 完全相同，在第 7 列第 7 行，不得分，积累为 8+0=8 分；
- o 与 o 完全相同，在第 8 列第 8 行，不得分，积累为 8+0=8 分；
- n 与 n 完全相同，在第 9 列第 9 行，不得分，积累为 8+0=8 分；

总积累为 8 分。

为了扩充最小编辑距离算法使得它能够进行对齐，我们可以把对齐看成是通过编辑距离矩阵的一条路径（path）。图 5 中使用带阴影的小方框来显示这条路径。路径中的每一个小方框表示两个符号串中的一对字母对齐的情况。如果两个这样带阴影的小方框连续地出现在同一个行中，那么从源符号串到目标符号串就会有一个插入操作；如果两个这样带阴影的小方框连续地出现在同一个列中，那么从源符号串到目标符号串就会有一个删除操作。

图 5 从直觉上说明了如何来计算这种对齐路径。计算过程分为两步，分述如下：

第 1 步，我们在每一个方框中存储一些指针来提升最小编辑距离算法的功能。方框中指针要说明当前的方框是从前面的哪一个（或哪些个）方框来的方向。在图 5 中，我们分别说明了这些指针的情况。某些方框中出现若干个指针，是因为在这些方框中最小的扩充可能来自前面若干个不同的方框。图 5 中，指针“←”表示插入操作，指针“↓”表示删除操作，指针“↙”表示替换操作。

第 2 步，我们要进行追踪（backtrace）。在追踪时，我们从最后一个方框（处于最后一行与最后一列的方框）开始，沿着指针箭头所指的方向往后追踪，穿过这个动态规划矩阵。在最后的方框与初始的方框之间的每一个完整的路径，就是一个最小编辑距离对齐。

n	9	↓8	↙←↓9	↙←↓10	↙←↓11	↙←↓12	↓11	↓10	↓9	↙8
o	8	↓7	↙←↓8	↙←↓9	↙←↓10	↙←↓11	↓10	↓9	↙8	←9
i	7	↓6	↙←↓7	↙←↓8	↙←↓9	↙←↓10	↓9	↙8	←9	←10
t	6	↓5	↙←↓6	↙←↓7	↙←↓8	↙←↓9	↙8	←9	←10	←↓11
n	5	↓4	↙←↓5	↙←↓6	↙←↓7	↙←↓8	↙←↓9	↙←↓10	↙←↓11	↙↓10
e	4	↙3	←4	↙←5	←6	←7	←↓8	↙←↓9	↙←↓10	↓9
t	3	↙←↓4	↙←↓5	↙←↓6	↙←↓7	↙←↓8	↙7	←↓8	↙←↓9	↓8
n	2	↙←↓3	↙←↓4	↙←↓5	↙←↓6	↙←↓7	↙←↓8	↓7	↙←↓8	↙7
i	1	↙←↓2	↙←↓3	↙←↓4	↙←↓5	↙←↓6	↙←↓7	↙6	←7	←8
#	0	1	2	3	4	5	6	7	8	9
	#	e	x	e	c	u	t	i	o	n

图 5　计算 intention 和 execution 之间最小编辑距离的追踪路径

在图 5 中，在每一个方框中输入一个值，并用箭头标出该方框中的值是来自与之相邻的三个方框中的哪一个方框，一个方框最多可以有三个箭头（“←”“↓”“↙”）。当这个表填满之后，我们就使用追踪的方法来计算对齐的结果（也就是最小编辑路径），计算时，从右上角代价值为 8 的方框开始，顺着箭头所指的方向进行追踪。图 5 中灰黑色的方框序列表示在两个符号串之间一个可能的最小代价对齐的结果。

在图 5 中，根据灰黑色方框序列中的结果，计算最小编辑距离的值。首先要删除 intention 中的 i，从第 1 列第 0 行开始计算，计算步骤如下：

- 首先删除 i，在第 1 列第 0 行，得 1 分，积累为 1 分；
- 用 e 替换 n，在第 1 列第 2 行，得 2 分，积累为 1+2=3 分；
- 用 x 替换 t，在第 2 列第 3 行，得 2 分，积累为 3+2=5 分；
- e 不变，在第 3 列第 4 行，不得分，积累为 5 分；

- 在 e 后插入 c，在第 4 列第 4 行，得 1 分，积累为 5+1=6 分；
- 用 u 替换 n，在第 5 列第 5 行，得 2 分，积累为 6+2=8 分；
- t 与 t 完全相同，在第 6 列第 6 行，不得分，积累为 8+0=8 分；
- i 与 i 完全相同，在第 7 列第 7 行，不得分，积累为 8+0=8 分；
- o 与 o 完全相同，在第 8 列第 8 行，不得分，积累为 8+0=8 分；
- n 与 n 完全相同，在第 9 列第 9 行，不得分，积累为 8+0=8 分；

总积累仍然为 8 分。

最小编辑距离对于发现诸如潜在的拼写错误更正算法等工作是很有用的。对于最小编辑距离做一些轻微的改动，还可以用来做两个符号串之间的最小代价对齐。在语音识别中，可以使用最小编辑距离对齐来计算单词的错误率。在机器翻译中，因为双语并行语料库中的句子需要彼此匹配，对齐也起着很大的作用（冯志伟，2020）。

有各种已经公布的软件包可以用来计算最小编辑距离。例如，UNIX diff 和 NIST sclite 程序。

最小编辑距离还可以使用各种办法来扩充其功能。韦特比算法就是最小编辑距离算法的扩充。不过，韦特比算法不计算两个符号串之间的最小编辑距离，而是计算一个符号串与另一个符号串之间的最大概率对齐。

参考文献

冯志伟. 2020. 自然语言处理简明教程. 上海：上海外语教育出版社.

Wagnner, R. A. & Fischer, M. J. 1974. The string-to-string correction problem. *Journal of the Association for Computing Machinery*, (21): 168–173.

关键术语篇

成分结构树 CONSTITUENT STRUCTURE TREE

由带有成分标记的节点和连接节点的枝（branch）组成的树形图叫作成分结构树。成分结构树中每一个节点都有一个标记（1abel），这个标记是从语法范畴（如 S、NP、VP 等）和符号串元素（如 my、sister 等）的有限集合中选出的。

习惯上把成分结构树看成是在书页上竖直正立的，标有 S 的节点在树的顶上，标有符号串元素的节点在树的底部。由于树的枝总是从较高的节点连接到较低的节点，因此，它是有固定的连接方向的，这个方向在一般情况下不必用箭头标出，只需要规定在树的竖直方向上，枝总是从较高的节点向较低的节点延伸就行了。

英语句子“My sister found a unicorn.”的成分结构如图所示：

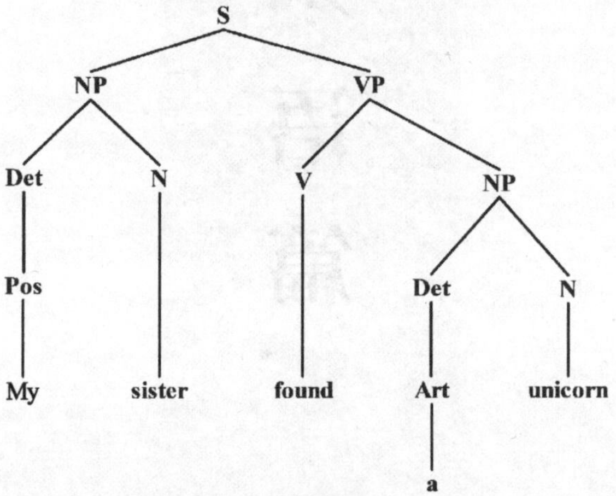

图 成分结构树

成分结构树表示了关于句子的句法结构的三种信息：

- 句子中各成分的层级分组；
- 各成分的语法类型；
- 成分从左到右的序。

从上图中的这个成分结构树上可以看出，标有 S（Sentence）的最大成分由 NP（Noun Phrase）和 VP（Verb Phrase）两个成分组成，而

NP 又由 Det（Determiner）和 N（Noun）组成，等等。S 表示句子，NP 表示名词词组，VP 表示动词词组，Det 表示限定词，N 表示名词，V 表示动词，Art 表示冠词，Pos 表示物主代词。从成分结构树上还可以看出，在句子这个成分中，名词词组前于动词词组，在名词词组这个成分中，限定词前于名词，等等。

成分结构树中的每一个节点有一个相应的标记，用标记函数 L 来表示节点与标记之间的配对情况。这个标记函数的定义域是树中节点的集合，而其值域是有限的语法范畴和符号串元素的集合。

语法范畴 S、NP、VP 等，适于描写各种自然语言，它们对于各种自然语言是通用的。而符号串元素则因语言而异，数量又很多，因此，把标记函数 L 分为 L_1 和 L_2 两部分：L_1 把叶的节点映入符号串元素 F，L_2 把非叶的节点映入语法范畴 G，并且，G 与 F 是不相交的。

成分结构树中有两种重要的关系：一种是支配关系，一种是前于关系。

我们说节点 x 支配节点 y，如果在成分结构树中，有从 x 延伸到 y 的一系列的枝把它们连接起来，这时，系列中所有的枝从 x 到 y 要有同一个方向。

例如在图 1 中，标有 VP 的节点支配着标有 Art 的节点，因为连接它们的一系列的枝都一律地从较高的节点 VP 降到较低的节点 Art。但是，标有 VP 的节点不支配标有 Pos 的节点，因为连接这两个节点的路径首先要从 VP 升到 S，然后再从 S 通过 NP 和 Det 降到 Pos。

给定一个成分结构树，我们可以用有序对（x, y）来表示 x 支配 y 这一事实。对于一个给定的成分结构树，所有这样的有序对的集合构成了对该树的支配关系，记为 D（x, y）。

对于每一个合格的树，应满足单根条件：在每一个成分结构树中，恰好只有一个节点是支配每一个节点的，这个节点就是根节点。

形式地说，单根条件可写为：

$$(\exists x \in N)(\forall y \in N)(x, y) \in D$$

其中，N 表示节点的有限集合，$(x, y) \in D$ 表示单根节点 x 支配节点 y。

树中的两个节点，只有当它们之间没有支配关系的时候，才能够在从左到右的方向上排序，形成前于关系。图 1 中，标有 V 的节点前于标有 NP 的节点以及所有被 NP 支配的节点，但它不能前于或后于标有 S，VP、V 及 found 等的节点，即那些支配 V 以及被 V 支配的节点。由此可见，支配关系同从左到右的前于关系是相互排斥的。

给定一个树，所有使得 x 前于 y 的有序对（x, y），构成了该树的一个前于关系，记为 P（x, y）。

为了保证前于关系和支配关系没有共同的有序对，树应该满足如下的互斥条件：

在任何成分结构树中，对于任何的两个节点 x 与 y，x 与 y 处于前于关系 P(x, y) 中，即或者 $(x, y)\in P$，或者 $(y, x)\in P$，当且仅当 x 与 y 不处于支配关系中，即 $(x, y)\in D$ 且 $(y, x)\in D$。

形式地说，互斥条件可写为：

$$(\forall x, y\in N)\{[(x, y)\in P\vee(y, x)\in P]\Leftrightarrow[(x, y)\notin D\vee(y, x)\notin D]\}。$$

前于关系显然是传递的，但它是反自反的，因为有互斥条件，对于任何的节点 x，$(x, x)\in D$，所以 $(x, x)\notin P$。前于关系是反对称的，因为如果 x 前于 y，则 y 必不能前于 x。可见，前于关系在树的节点这个集合上定义了一个严偏序。

据此我们给出成分结构树的如下定义：

成分结构树是一个代数系统 T=（N, Q, D, P, L），其中：

N 是一个有限集，即节点的集合；

Q 是一个有限集，即标记的集合；

D 是一个在 N×N 上的弱偏序，即支配关系；

P 是一个在 N×N 上的严偏序，即前于关系；

L 是 N 到 Q 的一个函数，即标记函数。

在这个代数系统中，下列条件成立：

- $(\exists x\in N)(\forall y\in N)(x, y)\in D$，即单根条件；
- $(\forall x, y\in N)\{[(x, y)\in P\vee(y, x)\in P]\Leftrightarrow[(x, y)\notin D\vee(y, x)\notin D]\}$，即互斥条件；
- $(\forall w, x, y, z\in N)\{[(w, x)\in P\wedge(w, y)\in D\wedge(x, z)\in D]\Rightarrow(y, z)\in P\}$，即非交条件。

词汇歧义 LEXICAL AMBIGUITY

一个单词具有多个语义而导致的歧义叫作词汇歧义。词汇歧义是自然语言中普遍存在的现象。英语中的名词、代词、动词、形容词、连接词、介词都存在歧义，这里举例介绍如下。

☙ 1. 名词中的歧义

（1）多义词：具有多个语义的词位叫作多义词，多义词中的各个语义是有联系的。

例如，在句子“John is a bachelor.”中，bachelor 有两个不同的意思，一个意思是“单身汉”（unmarried man），一个意思是“学士”（first university degree），从而造成歧义。我们可以把这种情况写为如下的形式：

John is an unmarried man.

John holds a first university degree.

→ John is a <u>bachelor</u>.

这表示，bachelor 是一个多义词，它的不同的意思，由箭头前面的两个句子表示出来。

（2）同形异义词：词形相同而意思不同的词叫同形异义词，同形异义词中的各个语义之间没有联系。例如，

He looked at the river bank.

He looked at the money bank.

→ He looked at the <u>bank</u>.

bank 的语义可以是“河岸”，也可以是“银行”，从而造成歧义。据词源学家考证，“河岸”的意义来自斯堪的纳维亚语，“银行”的意义来自意大利语。

（3）名词的单数形式和复数形式相同而造成的歧义。例如：

I saw this sheep graze in the field.

I saw these sheep graze in the field.

→ I saw the <u>sheep</u> graze in the field.

sheep 的单数形式和复数形式相同，所以，难以辨别它的数，从而造成歧义。

（4）缩写词造成的歧义。例如：

He is a news reporter from Australian Broadcasting Company.

He is a news reporter from American Broadcasting Company.

→ He is a news reporter from ABC.

缩写词 ABC 的语义可以是澳大利亚广播公司，也可以是美国广播公司，从而造成歧义。

☙ 2. 代词中的歧义

例如：

Nobody said he himself was wrong.

Nobody said the person in question was wrong.

→ Nobody said he was wrong.

代词 he 究竟是指“说话人自己”还是指“所说的另一个人”，难以分辨，从而造成歧义。

☙ 3. 动词中的歧义

例如：

I heard the child weeping.
I heard the child shouting.
→ I heard the child crying.

Crying 的语义可以使“哭”，也可以是“喊叫”，从而造成歧义。

☙ 4. 形容词中的歧义

例如：

John is a mechanic with little money.

John is a mechanic who lacks competence.

→ John is a poor mechanic.

poor 的语义可以是“贫穷的”，也可以是“糟糕的”，从而造成歧义。

☙ 5. 连接词中的歧义

例如：

(1) When it becomes cold, we do not go outside.

Because it became cold, we do not go outside.

→ As it became cold, we do not go outside.

as 的语义可以是“当什么时候”，也可以是“因为”，从而造成歧义。

(2) When I was working at night in the library, I saw Mary often.

Although I was working at night in the library, I saw Mary often.

→ While I was working at night in the library, I saw Mary often.

while 的语义可以是“当什么时候”，也可以是“尽管”，从而造成歧义。

(3) From the time when I lost my glasses yesterday till now, I haven't been able to do any work.

Because I lost my glasses yesterday, I haven't been able to do any work.

→ Since I lost my glasses yesterday, I haven't been able to do any work.

since 的语义可以是“从什么时候”，也可以是“因为”，从而造成歧义。

☙ 6. 介词中的歧义

例如：

The reminiscence written by my father was very interesting.

The reminiscence about my father was very interesting.

→ The reminiscence of my father was very interesting.

of my father 的语义可以是“我父亲写的”，也可以是“关于我父亲的”，从而造成歧义。

由以上的分析可以看出，英语中的词汇歧义现象分布很广，涉及各主要的词类，而且，不同的歧义都有很强的特异性，很不容易发现一般性的规律。

当然，对于人来说，要判定词汇歧义并不困难，人们可以根据语言环境或上下文，在多义词的多个语义中选择最恰当的语义。但是，对于计算机来说，要从多个语义中进行正确的选择，却是非常困难的事情。词义排歧（Word Sense Disambiguation，简称 WSD）是自然语言处理中的一个难题。

词汇增长模型

VOCABULARY GROWTH MODEL

用于描述在语言习得中词汇数量随着文本容量的增加而增加的规律的数学模型，叫作词汇增长模型，主要有如下几种。

1. 梅拉词汇习得模型（Meara vocabulary acquisition model）

1997 年，美国人 P. Meara 在语言教学中发现，学生的习得词汇量由三因素决定——累积输入的文本容量 N，学生的习得词汇量 V(N)，以及学生习得词汇的概率 p。这三个因素的关系如下面公式所示：

$$V(N)=p\cdot\sum_{i=1}^{n}V(N)_i$$

公式中，V(N) 表示学生的习得词汇量，$V(N)_i$ 表示累积输入文本提供的新增词汇量，p 表示学生习得新词汇的概率。这是一个词汇习得模型。

因为 p 是一个经验参数，其具体取值由老师或学生根据经验确定，所以上面的公式实际上是由累积文本容量 N 和学生习得词汇量 V(N) 两个因素决定的；而这两个因素以某种复杂的函数关系相互制约，构成了学生现有的词汇量。换言之，只要模拟出 N 和 V(N) 的函数关系，就可以计算出学生词汇习得的增长率。

☙ 2. 布鲁奈词汇增长模型（Brunet vocabulary growth model）

1978 年，法国人 E. Brunet 提出如下的模型表达式来描述文本中的词汇增长情况：

$$V(N)=(\log_N W)^{-\frac{1}{a}}$$

由此推导得出：

$$\log_w V(N)=\frac{1}{a}\log_w(\log_w N)$$

其中，N 是文本容量，V(N) 是容量为 N 的文本中不同单词的数量，a 是参数，W 是布鲁奈常量，作为对数函数的底。

E. Brunet 推导得出的公式是一个复杂的对数函数关系式，以 $\log_w N$ 为自变量，$\log_w V(N)$ 为因变量，W 为对数函数的底数，a 为表达式的参数。W 虽然被称作布鲁奈常量（Brunet constant），实际上却并不是一个常数，其取值随文本容量 N 的变化而变化；参数 a 通常默认取值 0.17，这是一个经验值，不存在理论解释，其目的是确保 $\log_w V(N)$ 和 $\log_w N$ 的常量函数关系。根据布鲁奈词汇增长模型，可以根据文本容量 N，计算出容量为 N 的文本中不同单词的数量 V(N)，再根据 V(N) 随着文本容量 N 的增长而增长的情况，就可以估计出文本中词汇增长的趋势。

☙ 3. 基罗词汇增长模型（Guiraud vocabulary growth model）

1990 年，法国人 H. Guiraud 提出如下的模型表达式来描述文本中的词汇增长情况：

$$R=\frac{V(N)}{\sqrt{N}}$$

由此可以推出：

$$V(N)=R\sqrt{N}$$

其中，N 是文本容量，V(N) 是容量为 N 的文本中不同单词的数量，R 是基罗常量（Guiraud constant），作为表达式的系数。

在统计语言学中，要把语言成分的类别与实例区分开来，类别称为类符（type），实例称为形符（token），文本中出现的单词的总数叫作文内形符数（the number of text tokens），而不同单词的总数叫作文内类符数（the number of text types）。例如，在英文句子“She asked the visitor to come into the hall.”中，文内形符数是 9，而文内类符数则是 8，因为形符“the”出现了两次。文内的类符数与形符数之比，叫作类符－形符比（type-token ratio）。如果我们用 V(N) 表示类符数，用 N 表示形符数，则类符－形符比为 V(N)/N。在句子“She asked the visitor to come into the hall.”中，类符－形符比为 8/9=0.888 9。

显而易见，基罗词汇增长模型的表达式是由类符－形符比演变而成的。其中的系数 R 虽然被称作基罗常量（Guiraud constant），事实上却并不是一个常数，其取值会随文本容量的增加呈现出系统性的变化。根据基罗词汇增长模型，可以根据文本容量 N，计算出容量为 N 的文本中不同单词的数量 V(N)，再根据 V(N) 随着文本容量 N 的增长而增长的情况，就可以估计出文本中词汇增长的趋势。

☙ 4. 图尔塔瓦词汇增长模型（Tuldava vocabulary growth model）

1996 年，俄罗斯人 J. Tuldava 发现，本文中不同单词的数量 V(N) 与文本容量 N 之比呈近似幂函数关系，即：

$$\frac{V(N)}{N}=aN^{\beta}$$

将变量 N 和 V(N) 分别取对数，得到：

$$V(N)=\mathrm{N}\mathrm{e}^{-a(lnN)^{\beta}}$$

其中 e 是自然底数，2.718 28。

这个公式是图尔塔瓦词汇增长模型的数学表达式，这个表达式是一个复杂的指数函数关系式。其中的参数 α 和 β 为经验系数，不存在概率解释，其取值与所选文本的容量、语体、类型等因素有关。根据图尔塔瓦词汇增长模型，可以根据文本容量 N，计算出容量为 N 的文本中不同单词的数量 V(N)，再根据 V(N) 随着文本容量 N 的增长而增长的情况，就可以估计出文本中词汇增长的趋势。

☙ 5. 赫丹词汇增长模型（Herdan vocabulary growth model）

1964 年，英国人 G. Herdan 研究发现，词汇增长曲线在双对数平面上呈近似线状，因此，他推论 logV(N) 和 logN 之间存在着线形关系，即：

$$\log V(N)=\log a+\beta\log N=log(aN^{\beta})$$

所以得出：

$$V(N)=aN^{\beta}$$

这个公式为赫丹词汇增长模型的数学表达式。其中 V(N) 为文本中不同单词的数量，N 为文本容量，参数 α 和 β 同样为经验系数，不存在概率解释。赫丹词汇增长模型的数学表达式是一个简单的指数函数关系式。根据赫丹词汇增长模型，可以根据文本容量 N，计算出容量为 N 的文本中不同单词的数量 V(N)，再根据 V(N) 随着文本容量 N 的增长而增长的情况，就可以估计出文本中词汇增长的趋势。

6. 李 - 冯词汇增长模型（Li-Feng vocabulary growth model）

2008 年，李晶洁和冯志伟使用美国布朗大学建立的布朗英语语料库和中国大连海事大学建立的 DMMEE 英语语料库（DMMEE 是 Dalian Maritime University Marine Engineering English Corpus 的简称），构建了一个词汇增长模型，叫作李 - 冯词汇增长模型，并应用此模型推导出包含大量术语的科技英语理论词汇增长曲线及其 95% 双向置信区间。李 - 冯词汇增长模型表达式如下：

$$V(N)=a\times\log N\times N^{\beta}$$

李 - 冯词汇增长模型的数学表达式是对数函数与幂函数的乘式，以文本容量 N 为自变量，以文本中的不同单词数 V(N) 为因变量。参数 α 和 β 均为经验系数，不存在概率解释，其取值会随文本容量的变化呈现出细微差别。

使用李 - 冯词汇增长模型，可以根据文本容量 N，计算出容量为 N 的文本中不同单词的数量 V(N)。再根据 V(N) 随着文本容量 N 的增长而增长的情况，就可以估计出文本中词汇增长的趋势。

通过拟合度检验证明，李 - 冯词汇增长模型能够精确地描述包含大量术语的科技英语的词汇增长情况，尤其是在增长曲线开始和接近结束时准确地预测出词汇量的实际观察值，精确地反映出英语的词汇增长规律，因此，对教材编写、大纲设计、第二语言习得研究以及外语教学实践等都有一定的意义。

词间关系 RELATION BETWEEN WORDS

词间关系就是在一种语言中单词与单词之间的关系。主要有同形关系、同义关系、上下位关系、整体部分关系和集合元素关系等。

1. 同形关系（homonymy）

同行关系是指形式相同而意义上没有联系的单词之间的关系。具有同形关系的单词叫作同形词（homonym）。

例如，bank 有两个不同的意思：

- 银行（financial institution）。在句子“A bank can hold the investments in an account in the client's name.”中的 bank 就具有这个意思，把它叫作 bank1。
- 倾斜的堤岸（sloping mound）。在句子“As the agriculture development on the east bank, the river will shrink even more.”中的 bank 就具有这个意思，把它叫作 bank2。

bank1 和 bank2 在意义上没有联系，在词源上，bank1 来自意大利语，而 bank2 来自斯堪的纳维亚语。

同形词可以分为两种：

- 同音异义词（homophone）：发音相同但是拼写法不同的单词。例如，wood—would；be—bee；weather—whether。
- 同形异义词（homograph）：拼写形式相同但是发音不同的单词。例如，bass [bæs]—bass [beis]。bass [bæs] 是一种皮肤带刺可食用的鱼，叫作“狼鲈”，而 bass [beis] 表示低音。

在自然语言处理中应该重视同形关系的研究。

- 在拼写校正时，同音异义词可能会导致单词的拼写错误。例如，把“weather”错误地拼写成“whether”。
- 在语音识别时，同音异义词会引起识别的困难。例如，“to”“two”和“too”发音相同，在语音识别时难以区分。
- 在文本 – 语音转换系统中，同形异义词由于发音不同，会引起转换的错误，例如，bass [bæs] 和 bass [beis]。

一个单词具有若干个彼此关联的语义的现象，叫作多义关系现象（polysemy），多义关系也是一种同形关系。

具有多义关系的单词叫作多义词，这意味着，在一个多义词中的各个语义是彼此相关的，而同形词的各个语义是不相关的。

例如，英语的 head 是一个多义词。它具有如下语义：

- 包括大脑、眼睛、耳朵、鼻子和嘴的身体部分。
- 物品的最前端。例如，“the head of the bed”（床头）。
- 头脑。例如，“Can't you get these facts into your head?” 中的 head。

②的语义是①的语义的引申，③的语义是①的语义的缩小。各个语义之间是有联系的。

☙ 2. 同义关系（synonymy）

如果两个单词具有相同的意义，那么，就说它们之间具有同义关系。具有同义关系的词叫作同义词。

汉语中存在大量的同义词。例如，“电脑 - 电子计算机”“甘薯 - 白薯 - 红薯 - 红苕 - 番薯 - 山芋 - 香薯 - 地瓜 - 山药 - 芋头 - 苕 - 山药蛋”等。

在机器翻译中，同义词的意义色彩差别、搭配约束和使用领域对于译文的质量有明显的影响，应该考虑到这些因素，正确地选择恰当的同义词。

☙ 3. 上下位关系（hyponymy）

如果有两个单词，其中一个单词是另一个单词的次类，那么就说它们之间存在上下位关系。

英语中，car（小汽车）和 vehicle（交通工具）间的关系就是一种上下位关系。上下位关系是不对称的，把特定性较强的单词称为概括性较强的单词的下位词（hyponym），把概括性较强的单词称为特定性较强的单词的上位词（hypernym）。因此，可以说，car 是 vehicle 的下位词，而 vehicle 是 car 的上位词。

可以使用受限的替换来探讨上下位关系的概念。

例如，考虑下面的蕴涵式

This is an X≥That is a Y

在这个蕴涵式中，如果 X 是 Y 的下位词，则在任何情形下，当左边的句子为真时，右边新产生的句子也必须为真。

例如，可以有如下的蕴含式：

This is a car≥That is a vehicle

在这里，新生成句子的目的并不是作为原句的替换，而仅仅是作为对是否存在上下位关系的一种诊断测试。所以，这只是一种受限的替换。

☙ 4. 整体 - 部分关系（meronymy）

如果有两个单词，其中一个单词的语义是另一个单词的语义的部分，那么，它们之间就存在整体 - 部分关系（whole-part）。

例如，"手"和"虎口、手臂、手掌、手指"之间就存在整体 - 部分关系。"手"是整体，"虎口、手臂、手掌、手指"是"手"的部分。"键盘"和"键"之间也存在整体 - 部分关系，"键盘"是整体，"键"是"键盘"的部分。"汽车"和"方向盘、底盘、车轮"之间也存在整体 - 部分关系，"汽车"是整体，"方向盘、底盘、车轮"是部分。

整体 - 部分关系不仅仅存在于物体和空间中，也可以存在于时间、过程中。有时它们也与上下位一样构成较深的等级。例如，"宇宙≥总星系≥银河系≥太阳系≥地球≥东半球≥亚洲≥中国≥南海≥南沙群岛≥曾母暗沙"。

从这个意义上说，整体 - 部分关系是一种特殊的上下位关系。它们之间的区别在于，在整体部分关系中，部分词往往不继承整体词的属性，而在上下位关系中，下位词往往继承了上位词的某些属性，因此，如果 X 是部分词，Y 是整体词，整体 - 部分关系一般不能满足下面的蕴涵式

This is an X≥That is a Y

的要求。

整体 - 部分关系在英语中也叫作 meronymy。"meros"来自希腊语，它的意思是"部分"。

在整体 - 部分关系中，表示"整体"（whole）的词叫作"整体词"（holonym），记为 S_h，表示"部分"（part）的词叫作"部分词"（meronym），记为 S_m。显而易见，如果 S_h 是 S_m 的整体词，那么，S_m 就是 S_h 的部分词。

☙ 5. 集合 - 元素关系（set-element relation）

如果有两个单词，其中的一个单词是另一个单词所包含的元素，那么它们之间就存在集合 - 元素关系。

例如，“五岳”是集合，“泰山、华山、嵩山、恒山、衡山”是“五岳”的元素；“孔孟”是集合，“孔子、孟子”是“孔孟”的元素；“师生”是集合，“教师、学生”是“师生”的元素。

在计算语言学中，词间关系的研究有助于自动语义分析。

词类歧义 POS AMBIGUITY

一个单词兼有若干个词类的现象，叫作词类歧义，也叫作兼类现象。

一般地说，现代汉语的词可分为 15 类：名词、时间词、方位词、数词、量词（包括名量词和动量词）、代词、区别词、动词、趋向动词、能愿动词、形容词、副词、介词、连词、助词（包括结构助词、动态助词、语气助词）。

据东北大学姚天顺统计，汉语中各种兼类现象有 37 种；山西大学全玮统计，《现代汉语八百词》一书所收的 800 多个词中，22.5% 的词有兼类现象，约 50 多种类型。

清华大学孙茂松等根据《中学生词典》14 000 个词条，统计得出共有 27 种兼类现象。下面是这 27 种兼类现象的词条数以及它们在兼类现象中所占的比例。

- “动 - 名”兼类：408 个，占 49.8%；
- “动 - 形”兼类：167 个，占 20.4%；
- “名 - 形”兼类：128 个，占 15.6%；
- “形 - 副”兼类：32 个，占 3.9%；
- “动 - 副”兼类：18 个，占 2.2%；
- “名 - 副”兼类：16 个，占 2.0%；

- “副 - 连”兼类：5 个，占 0.60%；
- “代 - 副”兼类：3 个，占 0.37%；
- “代 - 形”兼类：2 个，占 0.24%；
- “动 - 连”兼类：2 个，占 0.24%；
- “形 - 连”兼类：2 个，占 0.24%；
- “数 - 副”兼类：2 个，占 0.24%；
- “量 - 名”兼类：2 个，占 0.24%；
- “动 - 代”兼类：1 个，占 0.12%；
- “代 - 名”兼类：1 个，占 0.12%；
- “动 - 趋向（动词）”兼类：1 个，占 0.12%；
- “动 - 介”兼类：1 个，占 0.12%；
- “名 - 形 - 动”兼类：13 个，占 1.6%；
- “名 - 形 - 副”兼类：5 个，占 0.60%；
- “动 - 副 - 名”兼类：3 个，占 0.37%；
- “动 - 形 - 副”兼类：2 个，占 0.24%；
- “形 - 名 - 量”兼类：1 个，占 0.12%；
- “动 - 介 - 副”兼类：1 个，占 0.12%；
- “名 - 动 - 介”兼类：1 个，占 0.12%；
- “名 - 连 - 副”兼类：1 个，占 0.12%；
- “动 - 连 - 名”兼类：1 个，占 0.12%；
- “动 - 连 - 形”兼类：1 个，占 0.12%；

14 000 个词条中，兼类词条共 800 个，占总词条数的 5.86%。

孙茂松等还统计了陈均周的《兼类词选释》一书中所收的 396 个兼类词，共 33 种兼类现象。前 8 种兼类现象是：

- “动 - 名”兼类：146 个，占 37.6%；
- “动 - 形”兼类：96 个，占 24.3%；
- “名 - 形”兼类：41 个，占 10.4%；
- “形 - 副”兼类：18 个，占 4.55%；
- “动 - 介”兼类：16 个，占 4.04%；
- “动 - 副”兼类：9 个，占 2.27%；

- “名-形-动”兼类：9 个，占 2.27%；
- “名-副”兼类：8 个，占 2.02%.

前 8 种兼类现象共有兼类词 346 个，占该书所收兼类词总数的 87.45%。

由于收词原则不同，词的分类标准不同，上述的统计并不是完全的、精确的，它们仅仅反映了汉语兼类现象的大致情况，实际情况恐怕要复杂得多。

但是，从上述统计中至少可以看出如下的一些规律。

- 兼类词只占汉语词汇的很小一部分。《现代汉语八百词》只收了一些最常用的词，因而兼类词所占的比例高达 22.5%。但是，如果扩大词汇容量，则这个比例将会大大下降。《中学生词典》收词 14 000 条，兼类词所占的比例仅为 5.86%。因为词典收词越多，兼类词的比例还要下降；所以从汉语词汇的总体来考虑，兼类词所占的比例是不大的。
- 常用词兼类现象严重。往往越是常用的词，不同的用法就越多，兼类现象也就越多。所以，尽管兼类现象只占了汉语词汇的很小一部分，但兼类词使用的频繁程度并不是很低。
- 兼类现象纷繁，覆盖面很广，涉及了汉语中的大部分词类。
- 兼类现象的分布很不一致。《中学生词典》中含 10 个词条以上的兼类现象只有 7 种：“动-名”兼类、“动-形”兼类、“名-形”兼类、“形-副”兼类、“动-副”兼类、“名-副”兼类、“名-形-动”兼类，但是它们却占了 820 个兼类词的 95.5%。《兼类词选释》中的前 8 种兼类词占了 396 个兼类词的 87.45%。在各种兼类现象中，“名-动”兼类现象最为普遍，在《中学生词典》中占兼类词总数的 49.8%，在《兼类词选释》中占了兼类词总数的 37.6%，而有些兼类现象，如“动-介”兼类、“动-代”兼类，包含的词条数寥寥无几，所占的比例微乎其微。

上面情况说明，不同的词类在兼类问题中的地位不是等同的。有些词类，兼类现象严重，解决其兼类问题比较困难，而这些困难的兼类问题，恰恰是兼类现象中最基本的问题，可以把这些词类叫作“基本兼类词类”。它们是：名词、方位词、代词、动词、能愿动词、形容词、副词、介词和连词等九类词。另一些词类，或者其兼类问题的解决比较容易，或者其兼类现象极少，如时间词中，仅“过去”一词兼属“时间（词）-

趋向（动词）-动（词）”三类，可以把这些词类叫作“非基本兼类词类”。它们是：时间词、数词、量词、区别词、趋向动词和助词等六类词。

兼类词所含兼类词类的个数各有不同，有的兼类词只含两个兼类词类，有的兼类词含有三个兼类词类。某一类兼类现象所含兼类词类的个数叫作兼类长度。兼类长度等于 2 而且所含兼类词类均属基本兼类词类的兼类类型，叫作“兼类基本型”。如果我们解决了兼类基本型的兼类问题，实际上就等于解决了大部分的兼类问题，而其他的兼类问题，也可设法将其转化为兼类基本型，这样，就可以抓住兼类现象中的核心问题，通过少量的规则来处理尽可能多的兼类现象。

词例还原 TOKENIZATION

词例是文本中独立的词汇单元。在自动形态分析中，计算机把句子中的单词作为独立的词例切分出来的过程，叫作词例还原。

英语文本中的单词一般是界限分明的，单词与单词之间存在空白，单词的切分不像汉语书面文本那样困难，所以英语的词例还原比汉语的词例还原容易。

但是，下列情况仍需要对英语进行切分，把独立的“词例”找出来：

- 缩写：

  —缩写“字母 + 圆点 + 字母 + 圆点”算一个词例。例如，“U.S.”“i. e.”“U.K.”都算一个词例。

  —缩写“字母串 + 圆点”算一个词例。例如，“Mr.”“Mrs.”“Eds.”“Prof.”“Dr.”“Co.”“Jan.”“A.”“b.”都算一个词例。

- 连续的数字：例如，“123,456.78”是一个独立的词例。“90.7%”带百分符号，也应该算一个独立的词例。分数“3/8”算一个独立的词例。日期“15/04/1939”也算一个独立的词例。
- 含有非字母符号的缩写算一个词例：例如，“AT&T”“Microsoft”都算一个词例。
- 带连字符的词串算一个词例：例如，“three-years-old”“one-

third”“so-called”都算一个词例。

- 带空白的某些习用符号串算一个词例：例如，“and so on”“ad hoc”都算一个词例。
- 带省略符号（’）的符号串，要还原成不同的词例：例如，
  —Let’s 还原成 let+us
  —I’m 还原成 I+am
  —{it, that, this, there, what, where}’s 还原成 {˜}+is
  —He’s 还原成 (He+is) 或者 (He+has)

英语句子的词例还原是有一定难度的，因为句子的边界不总是用小圆点来标识，有时也可以用像问号、惊叹号、冒号这样的标点符号来标识。

当以缩写词来结束句子的时候，还会出现一个附带的问题，这时，缩写词结尾处的小圆点会起双重的作用。例如，在句子“The group included Dr. J. M. Freeman and T. Boone Pickens Jr.”中，“Jr.”最后的小圆点，既可以表示Junior的缩写（T. Boone Pickens Jr. 表示“小 T. Boone Pickens”），又可以表示句末的句号。这个小圆点产生了歧义，需要进行排歧。小圆点的排歧问题是英语句子词例还原的一个关键问题。

大多数英语句子词例还原的算法都比通用的确定性算法（deterministic algorithm）更加复杂，而且这些算法都是通过机器学习的方法来训练的，而不是用手工建立的。在进行这样的训练时，首先要手工标注带有句子边界的一个训练集，然后使用任何一种有指导的机器学习方法（supervised machine learning）训练一个分类器（classifier）来判定并标注句子的边界。

更加具体地说，在开始的时候，可以把输入文本还原成彼此之间有空白分隔开的词例，然后，选择包含惊叹号“!”句号“.”问号“?”三个符号中的任何一个符号（也可能包含冒号“:”）的词例作为句子的结尾。在手工标注了一个包含这些词例的语料库之后，就可以使用这个语料库训练一个分类器，对于这些词例中潜在的句子边界字符进行二元判定，也就是判定某个词例是 EOS（end-of-sentence，句子结尾），还是 not-EOS（非句子结尾）。这样就可以达到分割词例的目的。

汉语书面文本是连续的汉字流，单词与单词之间没有空格，因此需要采用切分的方法实现词例还原，这样的方法叫作自动切词。汉语的词例还原比英语困难得多。

词目还原 LEMMATIZATION

在自动形态分析中，计算机将文本中的变形词还原为原形词的过程，叫作词目还原。原形词就是词目（lemma）。词目还原是自动形态分析的重要内容。

词目还原可以采用有限状态转移网络来进行。

英语的屈折词尾表示语法意义，词可以由词根、词缀和词尾构成，词根和词缀可以组成词干，词根也可以单独成为词干，可以使用如下的有限状态转移网络来进行英语单词的词目还原如下图：

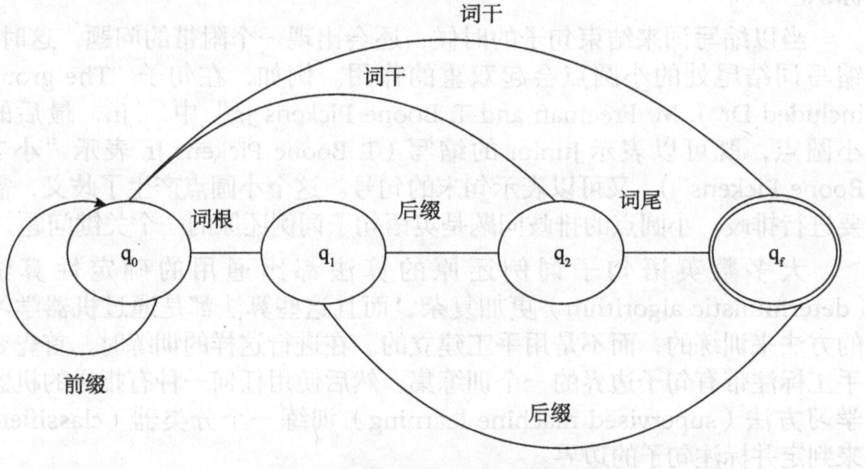

图　英语单词的词目还原

在图中，如果一个单词只包含词干，则其遍历过程是：$q_0 \rightarrow q_f$，如英语的 form（形式）。

如果一个单词包含前缀、词干，则其遍历过程是：$q_0 \rightarrow q_0 \rightarrow q_f$，如英语的 reform（改革，re- 是前缀，form 是词干）。

如果一个单词包含词根、后缀，则其遍历过程是：$q_0 \rightarrow q_1 \rightarrow q_f$，如英语的 formation（形成，form 是词根，-ation 是后缀）。

如果一个单词包含前缀、词根、后缀，则其遍历过程是：$q_0 \rightarrow q_0 \rightarrow q_1 \rightarrow q_f$，如英语的 reformation（革新，re- 是前缀，form 是词根，-ation 是后缀）。

如果一个单词包含词干、词尾，则其遍历过程是：$q_0 \rightarrow q_2 \rightarrow q_f$，如英语的 forms（form 是词干，-s 是词尾）。

如果一个单词包含前缀、词干、词尾，则其遍历过程是：$q_0 \rightarrow q_0 \rightarrow q_2 \rightarrow q_f$，如英语的 formations（form 是词根，-ation 是后缀，-s 是词尾）。

如果一个单词包含前缀、词根、后缀、词尾，则其遍历过程是：$q_0 \rightarrow q_0 \rightarrow q_1 \rightarrow q_2 \rightarrow q_f$，如英语的 reformations（re- 是前缀，form 是词根，-ation 是后缀，-s 是词尾）。

由此可见，采用有限状态转移网络，可以非常清楚地描述英语单词的形态分析过程。

在词根与后缀相连接时，有时会发生音变。如英语的词根 decide 与后缀 -ion 连接成 decision 时，-de- 变为 -s-，decide 中的元音 i 读为 [ai]，在 decision 中变为 [i]。对于这些问题，在用有限状态转移网络来进行单词的词目还原时，应该建立相应的音变规则来处理。

词性标注集　TAG SET OF POS

用于标注自然语言词性（part of speech）的标记的集合叫作词性标注集。

通行的英语标记集有三个：

- 宾州树库的标记集包含 45 个标记，是小标记集；
- 兰卡斯特大学（Lancaster University）UCREL 计划的成分似然性自动词性标注系统 CLAWS（the Constituent Likelihood Automatic Word-tagging System,）使用的标记集 C5 包含 61 个标记，是中型的标记集，C5 标记集用于标注英国国家语料库（the British National Corpus，简称 BNC）；
- 第三个标记集是包含 146 个标记的大型标记集 C7。

宾州树库的 45 个标记如下图：

标记	描述	例子	标记	描述	例子
CC	coordin. conjunction	and, but, or	SYM	symbol	+, %, &
CD	cardinal number	one, two, three	TO	"to"	to
DT	determiner	a, the	UH	interjection	ah, oops
EX	existential 'there'	there	VB	verb, base form	eat
FW	foreign word	mea culpa	VBD	verb, past tense	ate
IN	preposition/sub-conj	of, in, by	VBG	verb, gerund	eating
JJ	adjective	yellow	VBN	verb, past participle	eaten
JJR	adj., comparative	bigger	VBP	verb, non-3sg pres	eat
JJS	adj., superlative	wildest	VBZ	verb, 3sg pres	eats
LS	list item marker	1, 2, One	WDT	wh-determiner	which, that
MD	modal	can, should	WP	wh-pronoun	what, who
NN	noun, sing. or mass	llama	WP$	possessive wh-	whose
NNS	noun, plural	llamas	WRB	wh-adverb	how, where
NNP	proper noun, singular	IBM	$	dollar sign	$
NNPS	proper noun, plural	Carolinas	#	pound sign	#
PDT	predeterminer	all, both	"	left quote	' or "
POS	possessive ending	's	"	right quote	' or "
PRP	personal pronoun	I, you, he	(	left parenthesis	[, (, {, <
PRP$	possessive pronoun	your, one's	)	right parenthesis	],), }, >
RB	adverb	quickly, never	,	comma	,
RBR	adverb, comparative	faster	.	sentence-final punc	. ! ?
RBS	adverb, superlative	fastest	:	mid-sentence punc	: ; ... – -
RP	particle	up, off			

图　宾州树库的 45 个标记

这个宾州树库标记集应用于 Brown 语料库、*Wall Street Journal* 语料库，Switchboard 语料库等，在英语计算机处理中普遍采用。

这里是 Brown 语料库中一些标注了句子的例子（标记标在每一个单词之后，中间用斜线隔开）：

(1) The/DT grand/JJ jury/NN commented/VBD on/IN a/DT number/NN of/IN other/JJ topics/NNS ./.

(2) There/EX are/VBP 70/CD children/NNS there/RB

(3) Although/IN preliminary/JJ findings/NNS were/VBD reported/VBN more/RBR than/IN a/DT year/NN ago/IN,/, the/DT latest/JJS results/NNS appear/VBP in/IN today/NN 's/POS New/NNP England/NNP Journal/NNP of/IN Medicine/NNP,/,

例子（1）说明了限定词 the 和 a 标注为 DT，形容词 grand 和 other 标注为 JJ，普通名词 jury、number 和 topic 标注为 NN，过去时态的动词 commented 标注为 VBD。例子（2）说明了标记 EX 的用法，这个标记用于表示英语中带 there 的存在结构，为了便于对比，另外一个 there 则标注为 RB（副词）。例子（3）说明了表示所属的语素 's 应单独切分，并说明了被动结构的一个例子 were reported，其中动词 reported 标注为 VBN（过去分词），而不是标注为 VBD（简单过去时）。注意，专有名词 New England 标注为 NNP。另外，由于 New England Journal of Medicine 是专有名词，该树库在标注时选择了给每一个名词都分别标为 NNP，包括 Journal 和 medicine 在内，不然的话，这两个名词很可能被标注为普通名词（NN）。

有一些标注的区分不论对于人还是对于计算机都是相当困难的。例如，介词（IN）、小品词（RP）和副词（RB）就有大量的交叉现象。如像 around 这个单词就要分别给三个不同的标记：

(4) Mrs./NNP Shaefer/NNP never/RB got/VBD around/RP to/TO joining/VBG

(5) All/DT we/PRP gotta/VBN do/VB is/VBZ go/VB around/IN the/DT corner/NN

(6) Chateau/NNP Petrus/NNP costs/VBZ around/RB 250/CD

要正确地做出这样的判定，需要有精细的句法知识。美国宾州大学的计算语言学家 B. Santorini 在 1990 年制定的标注手册做出了很多提示，告诉编码的人怎么做出这样的判定，标注手册也可以为自动标注提供一些有用的特征。

词语法 WORD GRAMMAR

词语法是建立在依存语法基础上的一种形式语法。在词语法里，语言是词与词之间相互关联而形成的概念网络，这样的概念网络可以使用词与词之间的依存连接来表征，概念网络是节点与节点连接而构成的，节点上的概念是用词来表示的，因此，这样的概念网络是建立在词的基础之上的，所以叫作词语法，简称 WG。

词语法是英国语言学家 Richard Hudson 于 1984 年提出的。Hudson 认为，语法没有天然的边界，不存在语法甚至语言模块，语法网络只是有关词汇知识的整个概念网络的一部分，语法网络是与这个概念网络中有关百科知识、社会结构、语音等子网络密切相关的。因此，语法和词汇在描写上并没有什么本质的区别，只不过语法处理的是一般性的模式，而词汇描述的是在概念网络节点上有关单个词的具体事实。从形式上看，概念网络的一般语法模式虽然涉及有关词类方面的现象，但在表现方式上以及描写单个词的方法上，并没有实质性的差别。因此，Hudson 主张把语法与单词的描写结合起来成为词语法。

在词语法中，概念网络中单词与单词之间的关系有 isa 关系（is-a 关系）、part 关系（部分 - 整体关系）和各种依存关系，“依存”（dependency）是词语法的概念网络中最重要的关系。从这个意义上说，词语法也可以看成是依存语法的一个分支。使用依存语法可以对语言进行词语法的分析，形成词语法分析图。

图 1 是使用依存语法对一个包含了 put 的英语句子“Fred put it there.”得到的词语法分析图：

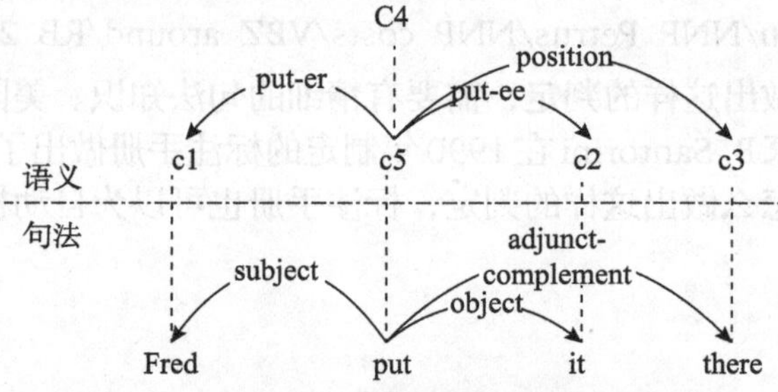

图 1　词语法分析图

在这个例句的词语法分析图中，虚线的下层表示句法分析的结果，虚线的上层表示语义分析的结果。句法分析结果通过句子成分表示出来，语义分析结果通过依存关系表示出来。从这个词语法分析图中可以看出，在英语句子“Fred put it there.”中，中心动词是 put，在句法上，Fred 是 put 的 subject（主语），语义依存关系是 put-er（Fred 是 put 的施事）；在句法上，it 是 put 的 object（宾语），语义依存关系是 put-ee（it 是 put 的受事）；在句法上，there 是 put 的 adjunct-complement（说明补足语），语义依存关系是 position（there 是 put 的位置）。由此可见，对句法分析得到的每个句法成分，都可以得到一个相应的语义依存关系分析结果。在整个的词语法中，句法分析和语义依存关系分析是紧密联系在一起的，因此，单词与单词之间的语义依存关系的分析和描述是词语法最为关键的内容。

词语法是一种非模块化的语言学理论，在词语法中，句法、语义等语言层面之间是没有明确边界的。

图 2 为英语句子“The dog hid a bone for a week.”的句法和语义结构图。

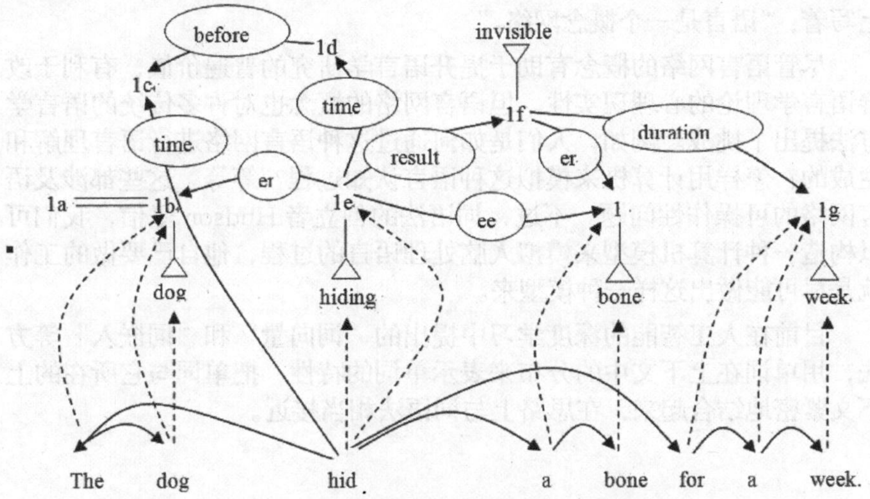

图 2　一个英语句子的句法语义结构图

与句法结构相比，语义结构更为复杂，因为一个词的意义不仅需要通过其他概念来限定，而且语义分析还涉及使用者的认知结构。在图 2 中，紧挨着词上面的实线弧所构成的依存关系表示句子的句法结构，从每个词引出来的虚线把词与其语义结构连在一起。尽管图 2 中所表示的语义结构经过了简化，但仍保留了词语法中语义描述的主要成分。图 2 中的“1”用来表示单个词次，1 后面标的 a、b、c、d、e、f、g 只是为了便于区分所指的成分。虚线有两种，直的虚线表示单词的意义，曲的虚线表示单词的所指。这种方法最重要的特点是，同一方法可用于所有词类的分析，包括动词。例如，“1b”表示只有一只“狗”（dog），“1e”表示只“藏”（hiding）了一次。有定性（definiteness）是用长等号“==”表示的，它是定冠词 the 的主要语义构成，用于表明 the 和其后面的名词 dog 共享网络中的相关节点。为了说明时间状语 for a week 的功能，把“藏”（hiding）这个单词分解为“活动”（er 是活动者的后缀）和“结果”（result）两种意义是很有必要的。因为 hiding 本身作为一种活动是不能持续一星期的，这一星期的“持续时间”（duration）针对的是“藏”（hiding）的“结果”。而“藏”的结果是使得“骨头”（bone）成为“不可见”（invisible）的。

虽然词间依存是构成词语法的基础，但不能把词语法理论简单地看成是一种句法理论，它是一种几乎涵盖了共时语言学各个分支的语言学理论。词语法将这些研究领域统一在一面旗帜之下，而且在这一面旗帜上写着：“语言是一个概念网络。”

尽管语言网络的概念有助于提升语言学研究的普遍价值，有利于改善语言学理论的心理现实性，但语言网络的概念也对许多传统的语言学方法提出了挑战。例如，人们是如何通过这种语言网络进行语言理解和生成的？怎样用计算机来模拟这种语言认知过程？等等。这些都涉及语言网络的可操作性问题。不过，词语法的创立者 Hudson 坚信，我们可以构造一种计算机模型来模拟人脑处理语言的过程，他自己要做的工作就是尽可能做出这样一种模型来。

目前在人工智能的深度学习中提出的“词向量”和“词嵌入”等方法，用单词在上下文中的分布来表示单词的特性，把单词与它所在的上下文紧密地结合起来，在思路上与词语法相当接近。

错拼检查更正

SPELLING ERROR DETECTION AND CORRECTION

错拼检查更正就是用计算机来检查和更正单词的拼写错误。

在计算语言学中把拼写错误的检查和更正分解为如下三个大问题：

- 非词错误检查（non-word error detection）：检查会导致非词的拼写错误。例如，在英语中把 giraffe（长颈鹿）拼写成 graffe，而 graffe 是一个英语中不存在的单词。

- 孤立词错误更正（isolated-word error correction）：把非词的错误拼写更正为合法的单词。例如，把非词 graffe 更正为正确的单词 giraffe，但是在更正时只是在孤立的环境中来判断这个词，不考虑上下文环境。
- 依赖于上下文的错误检查和更正（context-dependent error detection and correction）：如果错误的拼写恰好是一个英语中真实存在的单词，就需要使用上下文来检查和更正这样的拼写错误。这种情况常常来自打字操作时的错误（例如插入、脱落、改变位置），这时会偶然地产生出一个真词（例如，把 three 错拼为 there），或者由于书写者错误地拼写同音词和准同音词（例如，用 dessert 替换 desert，或者用 piece 替换 peace）。

一些研究说明，25%~40% 的拼写错误是真正的英语单词的错误，如下面的例子所示：

- They are leaving in about fifteen *minuets* to go her house.
- The design *an* construction of the system will take more than a year.
- Can you *lave* him my messages?
- The study was conducted mainly *be* John Black.

上述例子中斜体字表示的拼写错误（*minuets*、*an*、*lave*、*be*），都是真词错误。

检查文本中的非词错误最通常的做法是使用词典，把那些在词典中查不到的单词标记出来。例如，上面所举的错误拼写的单词 graffe 是不可能在词典中出现的。早期的一些研究曾经建议，这样的拼写词典规模应该比较小，因为规模太大的词典可能包含一些罕用词，它们容易与其他词的错误拼写形式相混淆。例如，won't 和 very 如果被错误地拼写成合法的罕用词 wont（习惯）和 veery（一种画眉鸟），这样的罕用词也是真词。如果词典规模很大，在错拼检查时，这些罕用词就会把错拼隐藏起来。

在实际的工作中我们发现，在大规模的词典中，尽管某些错误的拼写会被真词隐藏起来，但是，由于大规模的词典可以避免把罕用词标记为错误，使用大规模的词典仍然是利多弊少。概率拼写更正算法要使用词频作为计算的一个因素，更说明了这样的观点是正确的。因此，现代的拼写检查系统都倾向于使用大规模的词典。

有限状态形态分析器提供了实现这种大规模词典的技术手段。这种分析器对于每个单词都可以给出一个形态分析的结果，因此，有限状态形态分析器在本质上就是单词的识别器，它可以表示那些能产生的形态变化，如英语的 -s 或 -ed 等屈折变化。这对于处理那些词干和屈折词尾的合法的新组合是非常重要的。例如，当把一个新的词干加到词典中之后，如果使用有限状态形态分析器，该词的所有屈折形式就变得容易识别了。这就使得用有限状态形态分析器编制的词典显得非常有用，特别是对那些形态丰富的语言进行拼写检查时，其中一个单词的词干往往会有数十或数百个可能的表层形式，有限状态形态分析器编制的词典显示出它强大的威力。早期的拼写检查器容许任何一个单词具有任何后缀，例如，早期的 Unix spell 版本可以接受一些诸如 misclam 和 antiundoggingly 等奇奇怪怪的单词以及 the 加后缀构成诸如 thehood 和 theness 等怪异形式，使用有限状态形态分析器就可以检查出各种各样怪异的错误拼写形式。

有限状态形态分析器编制的词典可以帮助检查非词错误，但是，怎样来进行错误更正呢？孤立词错误更正的算法要发现某个单词的错误形式的来源。例如，要更正 graffe 的拼写错误，要求搜索如像 giraffe、graf、craft、grail 等单词，从中找出最为可能的来源。为了在这些潜在的来源中进行选择，我们需要进行来源和表层错误之间的距离计算（distance metric）。从直觉上说，与 grail 相比，giraffe 更像 graffe 的来源，因为 giraffe 在拼写上比 grail 更加接近 graffe，这可以通过计算来源和表层错误之间的最小编辑距离来证实这样的直觉。当然，也可以使用统计方法从各种可能的拼写形式中选择概率最大的拼写形式，从而进行错误拼写的更正。

检查和更正拼写错误的算法至少从 20 世纪 60 年代就开始研究了。大多数早期的算法都是基于相似度的，例如 Soundex 算法。1964 年，美国计算语言学家 Damerau 提出了一种基于词典的算法来进行拼写错误的检查，从此以后，大多数的错误检查算法都是基于词典的。Damerau 还提出了一种单一错误的更正算法。从 1974 年开始，大多数的算法就采用动态规划算法了，现代的错拼检查和更正算法都是建立在统计或机器学习算法的基础之上的。

关于拼写问题的最新的方法进一步扩充了噪声信道模型，并且提出了很多其他的机器学习技术，例如贝叶斯分类器、决策表、基于转换的学习、潜伏语义分析等。

CKY 算法 CKY ALGORITHM

CKY 算法是 Cocke-Kasami-Younger 算法的缩写，这种算法是由 Cocke、Kasami、Younger 分别提出的，是一种并行的句法剖析算法。

CKY 算法是以乔姆斯基范式为描述对象的句法剖析算法。乔姆斯基范式的重写规则形式为：

$$A \rightarrow BC$$

其中，A、B、C 都是非终极符号。乔姆斯基范式把单个的非终极符号重写为两个非终极符号 B 和 C，反映了自然语言的二分特性，在自然语言处理中便于用二叉树来表示自然语言的数据结构，更加适合于描述自然语言。

乔姆斯基范式的重写规则是上下文无关的短语结构语法的重写规则 $A \rightarrow \omega$ 中，当 ω=BC 时的一种特殊情况。

由于任何的乔姆斯基范式与上下文无关的短语结构语法都是等价的，因此，这样的限制并不失一般性。

例如，对于英语句子“The boy hits a dog.”，使用 CKY 分析法，可以得到图 1：

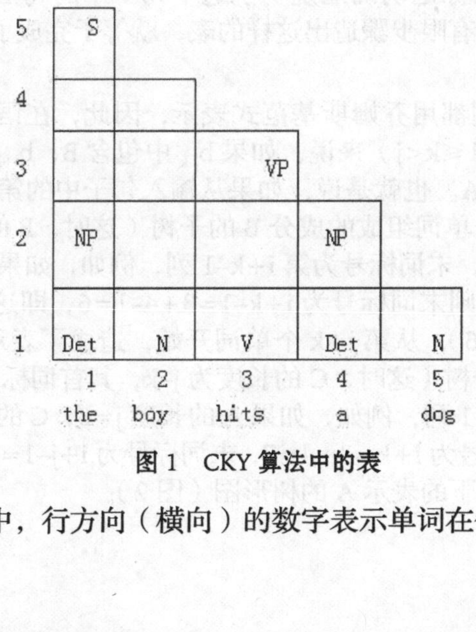

图 1 CKY 算法中的表

在这个表中，行方向（横向）的数字表示单词在句子中的位置，列方向（纵向）的数字表示该语言成分所包含的单词数。语言成分都装在框子（box）内，用 $b_{i\,j}$ 来表示处于第 i 列第 j 行的框子的位置。这样，每一个语言成分的位置就可以确定下来。例如：

- Det∈$b_{1\,1}$ 表示 Det 处于第 1 列第 1 行；
- N∈$b_{2\,1}$ 表示 N 处于第 2 列第 1 行；
- V∈$b_{3\,1}$ 表示 V 处于第 3 列第 1 行；
- Det∈$b_{4\,1}$ 表示 Det 处于第 4 列第 1 行；
- N∈$b_{5\,1}$ 表示 N 处于第 5 列第 1 行。

因此，处于第 1 列第 2 行的 NP 的位置可用 $b_{1\,2}$ 表示（NP∈$b_{1\,2}$），这种记法说明，这个 NP 处于句首，包含 2 个单词（the 和 boy），也就是说，这个 NP 是由 Det 和 N 组成的；处于第 4 列第 2 行的 NP 的位置可用 $b_{4\,2}$ 表示（NP∈$b_{4\,2}$），这种记法说明，这个 NP 处于第 4 个词的位置，包含 2 个单词（a 和 dog），也就是说，这个 NP 是由 Det 和 N 组成的；处于第 3 列第 3 行的 VP 的位置可用 $b_{3\,3}$ 表示（VP∈$b_{3\,3}$），这种记法说明，这个 VP 处于第 3 个词的位置，包含 3 个单词（hits、a 和 dog），也就是说，这个 VP 是由 V（包含 1 个词）和 NP（包含 2 个词）组成的；处于第 1 列第 5 行的 S 的位置可用 $b_{1\,5}$ 表示（S∈$b_{1\,5}$），这种记法说明，这个 S 处于句首，包含 5 个单词（the、boy、hits、a 和 dog），也就是说，这个 S 是由 NP（包含 2 个单词）和 VP（包含 3 个单词）组成的。

这些框子里的标记明确地说明了这个句子中的句法结构关系，因此，如果能够通过有限步骤造出这样的表，就等于完成了句子的句法结构分析。

由于语法规则都用乔姆斯基范式表示，因此，在语法规则 A→BC 中，对于某个 k（1≤k<j）来说，如果 $b_{i\,k}$ 中包含 B，$b_{i+k\,j-k}$ 中包含 C，则 $b_{i\,j}$ 中必定包含 A。也就是说，如果从输入句子中的第 i 个单词开始，造成了表示由 k 个单词组成的成分 B 的子树（这时，B 的长度为 k，其首词标号为第 i 列，末词标号为第 i+k–1 列，例如，如果 B 的长度为 4，如首词标号为 3，则末词标号为 i+k–1=3+4–1=6，即这 4 个词的标号分别为 3、4、5、6），从第 i+k 个单词开始，造成了表示由 j–k 个单词组成的成分 C 的子树（这时，C 的长度为 j–k，其首词标号为第 i+k 列，末词标号为第 i+j–1 列，例如，如果 A 的长度 j=6，C 的长度为 j–k=6–4=2，则其首词标号为 i+k=3+4=7，末词标号为 i+j–1=3+6–1=8），那么，就可以作出如下的表示 A 的树形图（图 2）：

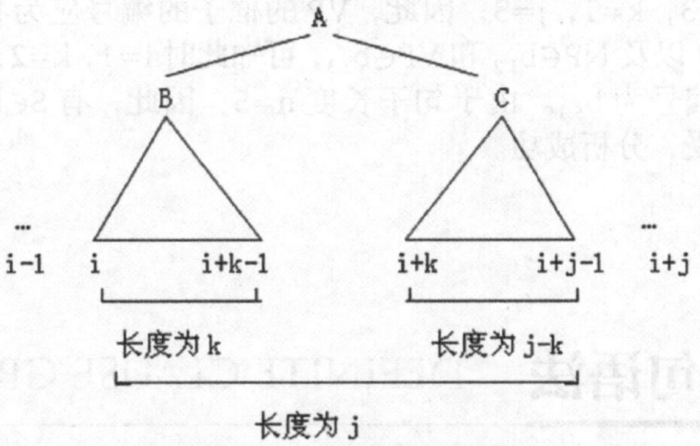

图 2 CKY 算法中的标号

例如，在上表的 b_{12} 中包含 NP，b_{11} 中包含 Det，b_{21} 中包含 N，这反映了语法规则 NP→Det N 的情况。这时，k=1, i=1, j=2。

CKY 算法就是顺次构造上述表的算法，当输入句子的长度为 n 时，CKY 算法可分为如下两步。

第一步：从 i=1 开始，对于长度为 n 的输入句子中的每一个单词 W_i，显然都有重写规则 A→W_i，因此，顺次给每一个单词 W_i 相应的非终极符号 A 记入框子 b_{i1} 中。在我们的例句 "The boy hits a dog." 中，根据相应的重写规则，顺次把 Det 记入 b_{11} 中，把 N 记入 b_{21} 中，把 V 记入 b_{31} 中，把 Det 记入 b_{41} 中，把 N 记入 b_{51} 中。

第一步相当于确定输入句子中各个单词所属的词类。如果一个单词属于若干个词类，可以把它所属的词类都记入表中。

第二步：对于 1≤h<j 以及所有的 i，造出 b_{ih}，这时，包含 b_{ij} 的非终极符号的集合定义如下：

b_{ij}={A| 对于 1≤k<j，B 包含在 b_{ik} 中，C 包含在 b_{i+kj-k} 中，并且，存在语法规则 A→BC}。

第二步相当于构造句子的句法结构。根据语法的重写规则，从句首开始，顺次由 1 到 n 取词构造框子 b_{ij}，如果框子 b_{1n} 中包含开始符号 S，也就是说，S∈b_{1n}，那么，就说明输入句子是可以接受的。

例如，根据规则 NP→Det N 以及 Det∈b_{11} 和 N∈b_{21}，可知此时 i=1，k=1，j=2，因此，NP 的框子的编号应为 b_{12}；根据规则 NP→Det N 以及 Det∈b_{41} 和 N∈b_{51}，可知此时 i=4，k=1，j=2，因此，这个 NP 的框子的编号应为 b_{42}；根据规则 VP→V NP 以及 V∈b_{31} 和 NP∈b_{42}，

可知此时 i=3，k=1，j=3，因此，VP 的框子的编号应为 $b_{3\,3}$；根据规则 S→NP VP 以及 NP∈$b_{1\,2}$ 和 VP∈$b_{3\,3}$，可知此时 i=1，k=2，j=5，因此，S 的框子的编号为 $b_{5\,1}$。由于句子长度 n=5，因此，有 S∈$b_{n\,1}$，所以输入句子被接受，分析成功。

定子句语法 DEFINITE CLAUSE GRAMMAR

采用“定子句”（definite clause）表述语法规则的扩充的上下文无关语法叫作定子句语法，简称 DCG。

定子句语法的基本思想是：语法的符号不仅仅是原子符号，而且可以是广义的逻辑项。例如，上下文无关语法的规则

sentence → noun_phrase, verb_phrase

表示一个句子由名词短语和动词短语两个部分组成。而在定子句语法中，这个规则可以表示：如果存在一个名词短语和一个动词短语，那么，就存在一个句子的推理过程，用一阶谓词逻辑公式表示如下：

(∀U) (∀V) (∀W) [np(U)∧vp(V) ∧concatenate (U, V, W)→S(W)]

这里，∀ 表示全称量词，∧ 表示逻辑合取，→ 表示蕴涵。具有三个变元的谓词 concatenate (U, V, W) 取真值，当且仅当词串 W 是词串 U 词串 V 经过毗连运算的结果。

因此，上述逻辑公式的含义是：对于任意的词串 U、V 和 W 来说，如果 U 是一个名词短语，V 是一个动词短语，而且，W 是 U 和 V 顺序毗连而成的，则 W 是这条语法规则定义的一个合法的陈述句。

这种逻辑演绎的实质相当于证明如下的定理：“存在一个句法结构 S，使词串 W 成为满足语法规则集 P 的一个分析。”

从逻辑程序设计的角度来解释，可以把定子句看成是左部至多只含有一个谓词的规则。

例如，上面的上下文无关语法的规则用定子句语法可以写为如下的定子句规则：

sentence (s0, s): -noun_phrase (s0, s1), verb_phrase (s1, s)

这里，s0、s1 和 s 为字符串的指针，这个定子句规则可这样来解释：如果 s0 到 s1 之间是一个名词短语（noun_phrase），s1 到 s 之间是一个动词短语（verb_phrase），那么，s0 到 s 之间就是一个句子（sentence）。可见，定子句规则具体地表示了句子的推理过程。

定子句由一个头（head）和一个体（body）组成，定子句的“头”只能包含零个或一个谓词，定子句的“体”则可以包含零个或多个谓词。这样定义的定子句有以下三种形式：

- 头和体非空的定子句：其一般形式为

  P: -Q, R, S.

  其中，分隔头和体的原子“:-”读作“if（如果）”，其右部的谓词 Q、R 和 S 是这个定子句的条件，谓词之间的逗号“,”表示合取，其左部的单个谓词 P 是该定子句的结果，每条定子句都以句号“.”结束。这种定子句的头最多只能含有一个谓词。

  这样的定子句实际上是一个规则，它可以陈述性地解释为：“如果 Q、R 和 S 均为真，则 P 为真”。它也可以像解释一条程序那样，用过程性的方式解释为：“为了满足目标 P，必须同时满足目标 Q、R 和 S”。

- 体为空的定子句，记为：

  P.

  显然，这样的定子句是规则的一个特例，表示 P 的成立是无条件的，所以，它是一个事实。可以陈述性地解释为：“P 为真”。也可以过程性地解释为：“目标 P 必然满足”。

- 头为空的定子句，记为：

  ?: -P, Q.

  它可以陈述性地解释为：“P 和 Q 是否为真?”，或者过程性地解释为：“试满足目标 P 和 Q”。

一般说来，定子句都含有变量，在不同的定子句中出现的变量即使取名相同，它们也是相互独立的，因此，一个变量管辖的领域仅仅限于它所在的那个定子句。定子句的逻辑意义清晰、形式简明，给程序设计带来很大的方便。

定子句语法虽然使用了上下文无关语法，它的描述能力已经相当于 N. Chomsky 所定义的 0 型语法。定子句语法是用逻辑程序设计的观点对 N. Chomsy 的上下文无关语法的重要改进。

范畴语法 CATEGORY GRAMMAR

对于句法类型（范畴）进行的演算的形式语法叫作范畴语法，又叫作句法类型演算（syntactic type calculus）。

任何词都可以根据它在句子中的功能归入一定的句法类型(syntactic type)，也就是范畴（category）。如果用 n 表示名词的句法类型，用 S 表示句子，则一些其他的句法类型都可以用 n 和 S 以不同的方式结合起来表示。规则是：

- 如果有某个词 B，其后面的词 C 的句法类型是 γ，而它们所构成的词的序列 BC 的功能与 β 相同，则这个词 B 的句法类型记为 β/γ；
- 如果有某个词 B，其前面的词 A 的句法类型为 α，而它们所构成的词的序列 AB 的功能与 β 相同，则这个词 B 的句法类型记为 α\β；
- 如果有某个词 B，其前面的词 A 的句法类型为 α，其后面的词的句法类型为 γ，而它们所构成的词的序列 ABC 的功能与 β 相同，则这个词 β 的句法类型为 α\β/γ。

根据这种记法，可以写出自然语言中词的句法类型。

例如，在英语中，John 的句法类型为 n.

poor John（可怜的约翰）中的 poor，它后面出现名词 John，而它所构成的 poor John，功能与名词相同，故其句法类型为 n/n。

John works（约翰工作）中的 works，它前面出现名词 John，而它所构成的 John works，功能与句子相同，故其句法类型为 n\S。

John likes Jane（约翰喜欢珍妮）中的 likes，它前面为名词 John，后面为名词 Jane，而它所构成的 John likes Jane 功能与句子相同，故其句法类型为 n\S/n。

John slept soundly（约翰睡熟了）中的 soundly，它前面的 slept 为 n\S，而它所构成的 slept soundly，功能与 n\S 相同，故其句法类型为 (n\S)\n\S。

John works here（约翰在这里工作）中的 here，能够把 John works 这

个句子 S 转换成一个新的句子 John works here，故 here 的句法类型为 S\S。

John never works（约翰从不工作）中，由于 John 的句法类型为 n，故 never works 的句法类型为 n\S，可见，句法类型为 n\S 的 works 前面加了 never 构成 never works 之后，其句法类型仍然为 n\S，所以，never 的句法类型为 n\S/(n\S)。

John works for Jane（约翰为珍妮工作）中，for 的作用与 John works here 中的 here 作用相似，但其后还有一个名词 Jane，故 for 的句法类型为 S\S/n。

John works and Jane rests（约翰工作而珍妮休息）中 and 是一个连接词，它把前后两个句子连接起来，构成一个新的句子，故其句法类型为 S\S/S。

于是可得到如图 1 的英语的句法类型表：

	词	句法类型	词类
(1)	John	n	名词
(2)	poor	n/n	形容词
(3)	works	n/S	不及物动词
(4)	likes	n\S/n	及物动词
(5)	soundly	(n\S)\n\S	副词
(6)	here	S\S	副词
(7)	never	n\S/(n\S)	副词
(8)	for	S\S/n	介词
(9)	and	S\S/S	连接词

图 1　英语的句法类型表

从上图可以看出，句法类型大致相当于传统语法中的词类。（1）中的 John 是名词，（2）中的 poor 是形容词，（3）中的 works 是不及物动词，（4）中的 likes 是及物动词，（5）中的 soundly，（6）中的 here，（7）中的 never 是功能不尽相同的副词，（8）中的 for 是介词，（9）中的 and 是连接词。这样，句法类型便把英语的词类用 S 和 n 两个最基本的范畴表示出来。S 和 n 是原子范畴，而用它们表示出来的其他的词类则可以看成复合范畴。在逻辑语义的层面上，S 代表了陈述句所表示的真值命题（proposition），n 代表了该命题中的论元，这是一种非常简捷的句子的表示方法。

在数学上，如果把句子中除了 S 和 n 之外的语言单位都看成是函数，把将和它们结合成新结构的那些语言单位看成该函数的变元，那么，函数的值便是两者合成所得到的那个新的结构。这样，任何一个单词的语法特征便都可以通过这些原子范畴和复合范畴表示出来。

对于语言中的词列出了一个完整的句法类型清单之后，便可根据如下规则进行句法类型演算：

如果有形如 α，α\β/γ，γ 的符号序列，那么，就用 β 来替换它。

这个规则同时也包括下面两个规则：

- 用 β 替换形如 α，α\β 的符号序列，即 (α) (α\β) → β
- 用 β 替换形如 β/γ，γ 的符号序列，即 (β/γ) (γ) → β

如果把语言中的词标上句法类型，通过有穷的演算步骤，可把词的序列转化为 S，则这个词的序列便是该语言中的合格句子。这样一来，语言中各种成分的句法行为，便都可以通过原子范畴和复合范畴的句法类型演算来描述了。

例 1：

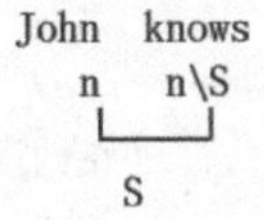

例 2：

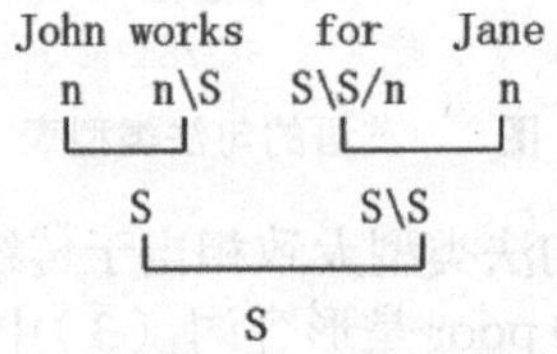

例 3：

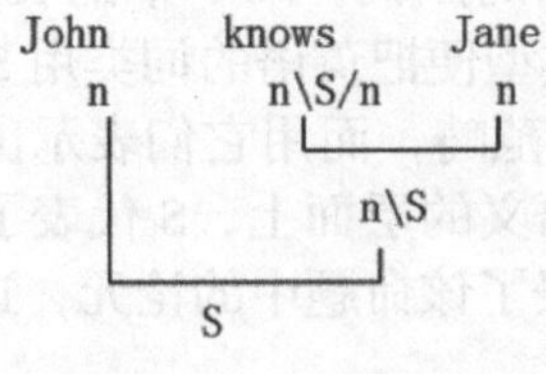

例 4：

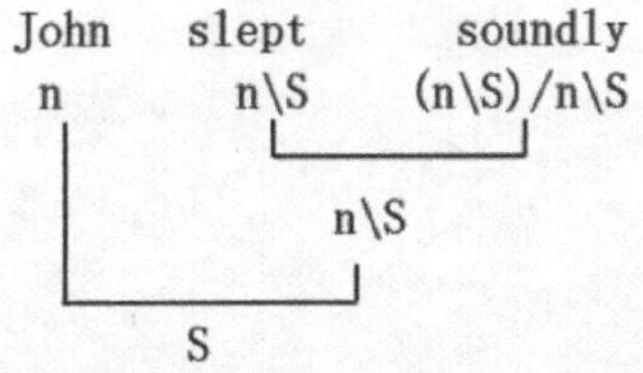

范畴语法在确定句法演算规则时显然考虑到了语义，不过，范畴语法的语义是通过句法类型以及反映这些句法类型的语义连锁的演算规则潜在地表示出来的。这种别具一格的表达方式，使得范畴语法的风格与短语结构语法的风格迥然不同。短语结构语法力图对句子进行切分，采用的是一种解析模式（analytic pattern），而范畴语法则力图反映句法类型的语义连锁，采用的是一种构造模式（constructive pattern）。范畴语法尽量设法把语义直接表示于句法之中，因而受到了自然语言处理研究者的欢迎，其算术上的透彻性和模型的简明性，始终保持着其旺盛的生命力。

复杂特征 COMPLEX FEATURES

用若干个特征对于语法规则中的单词进行描述，这些特征叫作复杂特征。

采用复杂特征来描述单词，可以简化语法的规则。

在短语结构语法中描述一个语言成分（词、词组）时，是使用单一特征来进行的，在对应于短语结构语法的树形图中，每一个节点只有一个特征作为标记与之对应。使用单一特征时，语言成分的描述比较简单，但规则的描述就比较复杂，而且规则的数量也比较多。

例如，使用单一特征，提出如下的短语结构语法来描述法语的一个片断。

规则：

S → NPa VPa

S → NPb VPb

S → NPc VPc

S → NPd VPd

S → NPe VPe

其中，构成句子 S 的 NP 与 VP 之间有着对应关系，它们在性、数、人称等方面要保持一致。

单词：

je: <cat>=NPa

tu: <cat>=NPb

elle: <cat>=NPa

nous: <cat>=NPc

vous: <cat>=NPd

ils: <cat>=NPe

tombe: <cat>=VPa

tombes: <cat>=VPb

tombons: <cat>=VPc

tombez: <cat>=VPd

tombent: <cat>=VPe

其中，je（我），tu（你），elle（她），nous（我们），vous（你们），ils（他们）等人称代词要求的动词形式不完全相同。

例如，动词 tomber（跌倒）与 je、elle 连用时其形式为 tombe:

je tombe（我跌倒）

elle tombe（她跌倒）

因此，在语法中，把 je 和 elle 的范畴定为 NPa: <cat>=NPa，而动词 tombe 的范畴也相应地定为 VPa: <cat>=VPa.

动词 tomber 与 tu 连用时，其形式为 tombes:

tu tombes（你跌倒）

因此，在语法中，把 tu 的范畴定为 NPb: <cat>=NPb，而动词 tombes

的范畴也相应地定为 VPb: <cat>=VPb.

动词 tomber 与 nous 连用时，其形式为 tombons:

nous tombons（我们跌倒）

因此，在语法中，把 nous 的范畴定为 NPc: <cat>=NPc，而动词 tombons 的范畴也相应地定为 VPc: <cat>=VPc.

动词 tomber 与 vous 连用时，其形式为 tombez:

vous tombez（你们跌倒）

因此，在语法中，把 vous 的范畴定为 NPd: <cat>=NPd，而动词 tombez 的范畴也相应地定为 VPd: <cat>=VPd.

动词 tomber 与 ils 连用时，其形式为 tombent:

ils tombent（他们跌倒）

因此，在语法中，把 ils 的范畴定为 NPe: <cat>=NPe，而动词 tombent 的范畴也相应地定为 VPe: <cat>=VPe.

这样一来，语法规则也就相应地有五条：

S → NPa VPa

S → NPb VPb

S → NPc VPc

S → NPd VPd

S → NPe VPe

然而，从语言现象的实质上来说，这五条规则涉及的都是同样的语法结构，用五条规则来描述同样的语法结构，真是极大的浪费！

如果还要进一步描述更多的法语语法现象，如未完成过去时

je tombais（我跌倒了）

和

elle tombait（她跌倒了），

这时，je 和 elle 的相应的动词形式变得不同了，势必又要增加新的规则。

如果再进一步描述复合过去时

elle est tombée（她跌倒过了），

由于 elle 是阴性，tomber 的过去时也要用阴性形式 tombée，而且

tombée 的前面还要加上助动词 être 的单数第三人称形式 est，这样，语法规则就要变得更加复杂了。可见，用单一特征的办法来描述语言现象会使语法规则变得非常之复杂。

为了避免这种过于复杂的规则，学者们提出如下的语法来描写同样的语法现象。

规则：

S → NP VP

<NPper>=<VPper>

<NPnum>=<VPnum>

其中，per 表示人称，num 表示数。<NPper>=<VPper> 表示 NP 的人称与 VP 的人称一致，<NPnum>=<VPnum> 表示 NP 的数与 VP 的数一致。

单词：

je: <cat>=NP

<per>=1

<num>=sing

其中，1 表示第一人称，sing 表示单数（singular）。

tu: <cat>=NP

<per>=2

<num>=sing

elle: <cat>=NP

<per>=3

<num>=sing

nous: <cat>=NP

<per>=1

<num>=plur

其中，2 表示第二人称，3 表示第三人称，plur 表示复数（plural）。

vous: <cat>=NP

<per>=2

<num>=plur

ils: <cat>=NP
<per>=3
<num>=plur

tombe: <cat>=VP
<per>=1
<num>=sing

tombe: <cat>=VP
<per>=3
<num>=sing

注意: tombe 的 <per> 可以是 1，又可以是 3。

tombes: <cat>=VP
<per>=2
<num>=sing

tombons: <cat>=VP
<per>=1
<num>=plur

tombez: <cat>=VP
<per>=2
<num>=plur

tombent: <cat>=VP
<per>=3
<num>=plur

这个语法与前面的那个用单一特征描述的语法的功能是一样的，但是，它只用了一条规则，比前面那个语法的规则简明得多。不过，这个语法对单词的描述却比前面的那个语法复杂，单词的描述不是用单一的特征，而是用复杂特征。

由此可见，如果采用复杂特征来描述单词，就可以大大地简化语法的规则。

概率配价模型

PROBABILISTIC VALENCY PATTERN

概率配价模型是刘海涛、冯志伟于 2007 年提出的一种基于配价语法的语言形式模型，简称 PVP。

概率配价模型认为，配价是词的一种根本属性，广义的配价是指词具有的一种和其他词结合的能力，这种能力是一种潜在的能力，它在语句中的实现受句法、语义和语用等因素的限制；狭义的配价指动词等词类要求补足语的能力。图 1 是一个配价模式示意图：

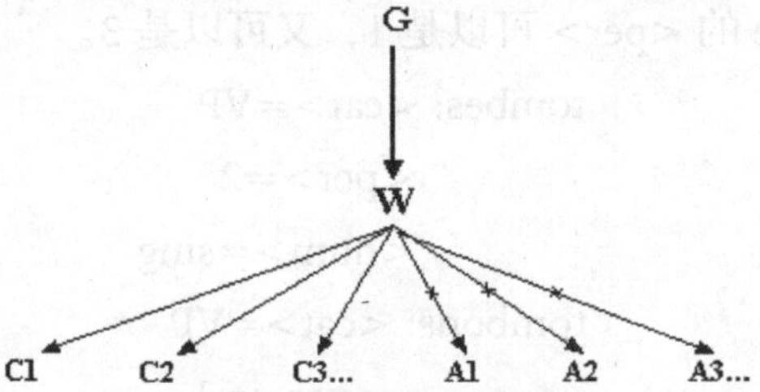

图 1　配价模式示意图

其中 W 表示一个词（word），C1–C3 是为了完善或明确 W 的意义所需要的补足语（complement），A1–A3 是可对 W 进一步做出说明或限定的说明语（adjunct），G 为 W 潜在的支配词类（governor）。

这个示意图也显示，一个词的结合力，可以分为向心（输入）和离心（输出）两类，向心力表示词受别的词的支配能力，离心力则是它支配其他词的能力。一旦 W 出现在真实的文本之中，那么它就打开了一些需要填补的空位，换言之，在单词 W 开辟具体空位的同时，它也预言了所需要补足语的数量和类型。同时，W 在进入具体文本时也显现了它是否能满足别的词依存者的需要。至于真正的结合能否发生，则要看句法、语义等方面的结合要求是否能得到满足，这样一来，句法、语义特征限制也就成为配价的一部分了。

在配价词表中的词项里，不但应该对该词的价进行量的描述，还应该进行质的研究。具体来说，需要研究价的数量、种类、性质、实现的条件等。在数量方面，不但应该包括传统配价必需的名词性补足语，也需要考虑其他能够完善该词的成分；在性质方面，还要考虑语义格关系和语义特征；在实现方面，还要考虑句法、语义乃至语用的模式。在此基础上构造出来的配价词项具有分级或分层次的特性，依据应用领域的不同，可以使用句法、语义和语用等配价属性来限制价的实现。图 2 是一种类似于树结构的配价表示框架：

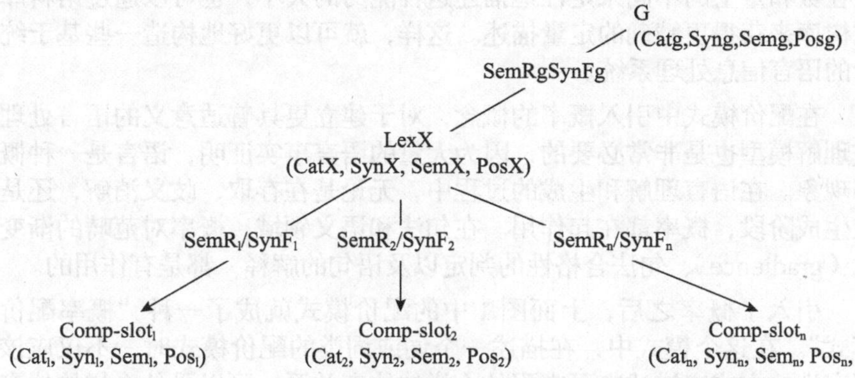

图 2　配价表示框架

在图 2 中，LexX 表示当前单词，CatX 表示范畴，SynX 表示句法特征，SemX 表示语义特征，PosX 表示词类特征，Comp-slot 表示补足语的槽。在这个配价表示的框架中，也可以将所有与语义相关的因素刨除，这样就形成了一个纯形式的基于配价的依存语法分析模型。这样的纯句法模型在生成依存结构树后，需要一套语义机制从有歧义的结构中选择最适宜的结果。配价属于语义 – 句法范畴。语义不但在决定配价时有作用，而且在配价的实现过程中也有约束作用。语义和句法的结合，使得分析和理解结果更加明确，而且在理解的过程中可以边处理、边消歧，这也符合人类的语言理解机制。在配价词表模式中，可以只含有简单的句法信息，也可以含有语义信息，甚至语用信息和场景信息，这些信息决定了词与词组合时的约束级别。依据不同应用领域和理解精度的需要，这几个层面的信息，可以单独使用，也可以联合起来使用，因此，这个配价模式可以看成为一种多层级的词类组合信息描写格式。

配价是一种词与其他词结合的潜在能力，它是对词汇的一种静态描述。当词汇进入具体语境时，这种潜在能力得以实现，也就形成了依存关系。显然，一个词类可支配的依存关系不是均衡的，虽然某个词类从理论上说可以通过若干依存关系支配其他若干类词，但是这些依存关系出现的可能性是不一样的。例如，名词作为主语和宾语的可能性明显要远远大于它作谓语的时候。这意味着，可以在词类的句法配价模式中引入量的概念，通过语料库来标注依存关系的强度，出现多的数值就高，出现少的数值就低。一个词的结合力（配价）可以分为向心力（输入）和离心力（输出）两类，向心力表示词受别的词的支配能力，离心力则是它支配其他词的能力。可以用一个词类所能支配或者被支配的依存关系在数和量上的不同来定性地描述这种能力的大小，也可以通过语料库或树库来获得更精确的定量描述。这样，就可以更好地构造一些基于统计的语言信息处理系统。

在配价模式中引入概率的概念，对于建立更具普适意义的语言处理或理解模型也是非常必要的，因为大量的语言事实证明，语言是一种概率现象。在语言理解和生成的过程中，无论是在存取、歧义消解，还是在生成阶段，概率都在起作用。在句法和语义领域，概率对范畴的渐变性（gradience）、句法合格性的判定以及语句的解释，都是有作用的。

引入了概率之后，上面图 1 中的配价模式就成了一种“概率配价模式”。在这个模式中，在描述一个词或词类的配价模式时，不仅应该用定性的方式来描述它可支配什么样的依存关系，可以受什么样的依存关系的支配，而且还要用定量的方式给出这些依存关系的权重或概率分布，如：名词作主语的概率是多少，作宾语的概率又是多少等等。

采用概率配价模式 PVP 来描述图 3 中的配价模式示意图，可以得到图 3：

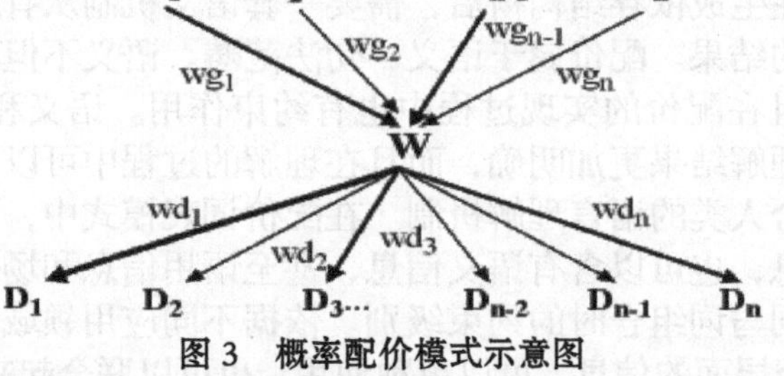

图 3　概率配价模式示意图

图 3 中的 W 仍为一种词类或一个具体的词，G_1, G_2, ...G_n 为 n 种可以支配单词 W 的依存关系，D_1, D_2,...D_n 为 n 种单词 W 可以支配的依存关系；wg_1, wg_2, ...wg_n 为相应的依存关系在 W 的总被支配能力中所占的概率，也就是权重，显然有：$wg_1+wg_2+...+wg_n=1$；wd_1, wd_2, ...wd_n 为相应的依存关系在 W 的总支配能力中的概率，同样也有：$wd_1+wd_2+...+wd_n=1$。在采用配价模式驱动的句法分析中，可支配的成分能多于一个，而被支配者只能接受一个在它上面的词的支配。也就是说，虽然一个词或一种词类的支配与被支配能力都不是呈均匀分

布的，但被支配关系具有排他性，即一个词不能同时有两个或两个以上的支配者。

概念依存理论 DEPENDENCY THEORY

概念依存理论是一种基于概念依存关系的句法、语义和推理相互融合的一体化自然语言处理的理论。

1973 年，R. Schank 提出了概念依存理论，用于描述自然语言中短语和句子的意义。他还使用概念依存理论设计了一个德英机器翻译系统。

概念依存理论有两条重要的原理：

- 对于任何两个意义相同的句子，不管这两个句子属于什么语言，在概念依存理论中，它们的语义表达式只有一个。
- 蕴涵在一个句子中的任何为理解所必需的信息都应该在概念依存理论中得到显式的表达。

这样的显式表达一般使用概念依存表达式。概念依存表达式由数量有限的若干个语义基元（semantic primitive）组成，这些语义基元可以分为基本行为和基本状态两种。

基本行为主要有：

- PTRANS：表示物体的物理位置的转移。例如，go 就是行为者自己要进行 PTRANS，也就是 PTRANS 自身到某处，put 一个物体在某处，就是把一件物体 PTRANS 到某处。
- ATRANS：表示占有、物主或控制等抽象关系的转移。例如，give 就是占有关系或所有权的 ATRANS，也就是把某物 ATRANS 给某人，take 就是把某物 ATRANS 给自己，buy 是由两个互为因果的概念构成的，一个是钱的 ATRANS，一个是商品的 ATRANS。
- INGEST：表示使某种东西进入一个动物的体内。INGEST 的宾语通常是食物、流体或气体。例如，eat，drink、smoke、breathe 等都是 INGEST。

- PROPEL：表示在某物上使用体力。例如，push、pull、kick 都是 PROPEL。
- MTRANS：表示人与人之间或者在一个人身上的精神信息的转移。例如，tell 是人们之间的 MTRANS，see 则是个人内部从眼睛到大脑的 MTRANS，类似的还有 remember，forget，learn 等。
- MBUILD：表示人根据旧信息加工成新信息。例如，decide、conclude、imagine、consider 等都是 MBUILD。

1977 年 Schank 共列出了 11 个基本行为。除了上述的 6 个之外，还有 MOVE、GRASP、EXPEL、SPEAK、ATTEND 等 5 个。另外，还有一个用于表示行为哑元的 DO（泛指一般的行为）。

这些基本行为的概念之间的关系，叫作依存。

概念依存理论中的基本状态的数量比较多。这里举出几种：

- HEALTH 表示健康状态，取值从 −10 到 +10：

死 (−10)　　重病 (−9)　　病 (−9 到 −1)　　不舒服 (−2)
正常 (0)　　好 (+7)　　完全健康 (+10)

- FEAR 表示害怕状态，取值从 −10 到 0:

毛骨悚然 (−9)　　惶恐 (−5)　　担心 (−2)　　平静 (0)

- MENTAL-STATE 表示精神状态，取值从 −10 到 +10:

发狂 (−9)　　沮丧 (−5)　　心烦 (−3)　　忧愁 (−2)
正常 (0)　　愉快 (+2)　　高兴 (+5)　　心醉神怡 (+10)

- PHYSICAL-STATE 表示物理状态，取值从 −10 到 +10:

死 (−10)　　重伤 (−9)　　轻伤 (−5)　　物体破碎 (−5)
受伤 (−1 到 −7)　　正常 (+10)

例如，

Mary HEALTH(−10)	Mary is dead.
John MENTAL-STATE(+10)	John is ecstatic.
Vase PHYSICAL-STATE(−5)	The vase is broken.

此外，还有 CONSCIOUSNESS、ANGER、HUNGER、DISGUST、SURPRISE 等也都表示基本状态。

另外一些基本状态用来表示物体之间的关系，它们不能用数值标尺来度量。例如，CONTROL、PART-OF、POSSESSION、OWNERSHIP、

CONTAIN、PROXIMITY、LOCATION、PHYSICAL-CONTACT 等。

基本行为和基本状态可以结合起来。例如，“John told Mary that Bill was happy.” 这个句子，可以用基本行为和基本状态表示如下：

John MTRANS (Bill BE MANTAL-STATE(+5)) to Mary

其中，MTRANS 表示 John 把某种精神信息转移给 Mary，也就是 “John told Mary”，MENTAL-STATE(+5) 表示精神状态还好，也就是说，“Bill was happy”，这是精神信息转移的内容。

这样的表示还可以进一步改写为如下的概念依存表达式：

```
(MTRANS (ACTOR John)
        (OBJECT (MENTAL-STATE (OBJECT BILL)
                              (VALUE 5)))
        (TO Mary)
        (FROM John)
        (TIME PAST))
```

推理在语义分析过程中是非常重要的，这不仅是由于句子中个别单词或句法结构的歧义需要借助于推理来排除，而且我们还希望挖掘出句子中蕴涵的信息。

Schank 等人为概念依存理论建立了如下 5 条推导因果关系的规则：

- 行为可以引起状态的改变；
- 状态可以使行为成为可能；
- 状态可以使行为成为不可能；
- 状态可以激发一个精神事件，行为也可以激发一个精神事件；
- 精神事件可以成为行为的原因。

例如. 如果有

(ATRANS (ACTOR *x*) (OBJECT *y*) (TO *z*) (FROM *w*))，

则可以进行如下的推理：

前提：*w* 拥有 *y* [相当于 (POSSESSES (ACTOR *w*)
(OBJECT *y*))]

结果：*z* 拥有 *y*;

允许 *z* 利用 *y* 的某些功能；

w 不再拥有 *y*。

第三，在句子的意义表达式中，必须把隐晦地存在于句子中的信息尽量地显现出来。这样的表达式还可以把意思表示得更加精细入微。

例如，“John eats the ice cream with a spoon.” 这个句子还可以解释为：

“John INGESTs the ice cream by TRANSing the ice cream on a spoon to his mouth, by TRANSing the spoon to the ice cream, by GRASPing the spoon, by MOVing his hand to the spoon, by MOVing his hand muscles.”

（约翰把冰淇淋**纳入**其体内，把匙里的冰淇淋**转移**到他的口中，把匙**转移**到冰淇淋上，**抓住**匙，把他的手往匙那边**移动**，并且使他手上的肌肉**动**起来。）

感知机 PERCEPTRON

只有一个神经元的最简单的人工神经网络，叫作感知机。

1957 年，美国康奈尔航天实验室的心理学家 Frank Rosenblatt 根据大脑神经元的原理与赫布规则[1]，提出了感知机的数学模型。

感知机作为简化的数学模型可以解释大脑神经元是如何工作。感知机从附近的神经元取一组二进制输入值 x_1，x_2，x_3,…，x_n，将每个输入值乘以一个连续值权重（每个附近神经元的突触强度）w_1，w_2，w_3,…w_n，输入信息可以表示为：

$$\sum_{i=0}^{n} w_i x_i$$

感知机还要设立一个偏置的阈值 θ。如果加权输入值的和超过这个阈值 θ，就输出 1，y=1，神经元兴奋；否则输出 0，y=0，神经元抑制。

1 赫布规则指出，如果两个神经元总是相关联地受到刺激，那么，它们之间的突触强度会增加。

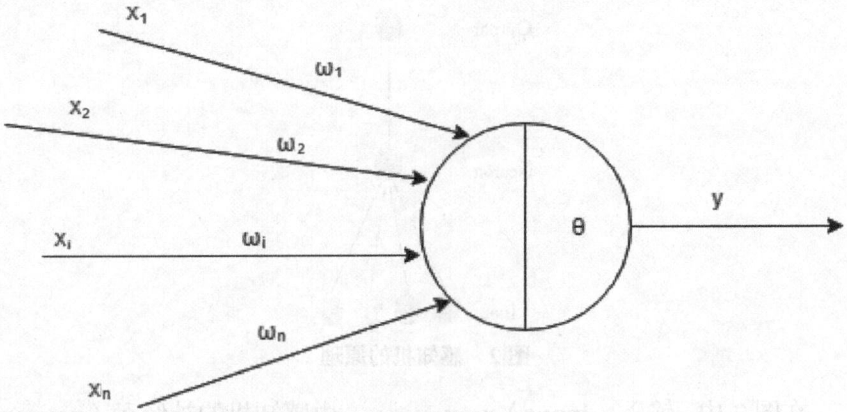

图 1　感知机的神经元

有了这样的神经元，感知机就可以进行分类了。因此，感知器是一种简单的线性分类模型。

感知机是只有一个神经元的人工神经网络，它是对大脑神经元的简单数学模拟，感知机有与大脑神经元相对应的部件，感知机的权重 w_i 相当于大脑神经元的突触，感知机阈值 θ 的控制机制相当于大脑神经网络细胞体的功能。这样的感知机是具有学习能力的。

感知机通过调整输入值的权重，提出了一个非常简单而直观的学习方案：给定一个有输入输出实例的训练集，感知机从实例中“学习”一个激励函数 f：对每个实例，若感知机的输出值比实例低太多，则增加它的权重；若感知机的输出值比实例高太多，则减少它的权重。

具体的算法如下：

① 从感知机的随机权重和一个训练集开始。

② 对于训练集中一个实例的输入值 x_1, x_2, x_3, x_4，计算感知机的输出值 y_1。

③ 如果感知机的输出值和实例中默认正确的输出值不同：(1) 若输出值应该为 0 但实际为 1，则减少输入值是 1 的实例的权重。(2) 若输出值应该为 1 但实际为 0，则增加输入值是 1 的实例的权重。

④ 对于训练集中下一个实例做同样的事，重复步骤②－④直到感知机不再出错。

如图 2 所示：

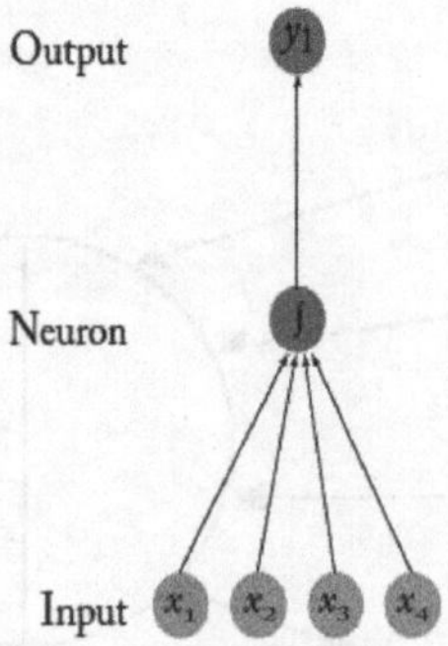

图 2　感知机的原理

在图 2 中，输入（input）x_1, x_2, x_3, x_4，由感知机的神经元（neuron）激励函数 f 控制，得到输出（output）y_1。

Rosenblatt 根据感知机的数学原理，制造出了感知机的硬件，图 3 是康奈尔航天实验室的 Mark I 感知机。

图 3　第一台感知机的硬件

Rosenblatt 用定制硬件的方法制造出了感知机，这种感知机可以用来对 20×20 像素输入中的简单形状进行正确分类。这台感知机硬件可以从已知的输入输出偶对中得出近似函数，因而实现了机器学习，这是世界上第一台可以进行机器学习的计算机，尽管它只学习了一个小玩具般的函数，但是从中不难想象出它广阔的应用前景。

Rosenblatt 最早提出了两类感知机算法，随后又给出了感知机收敛定理。但是由于感知机的输出是离散的，它的学习算法比较简单，限制了其应用范围。

直到 1980 年以后，加拿大人工智能专家 Geoffrey Hinton、美国人工智能专家 Yann LeCun 等人用连续输出代替离散的输出，并采用反向传播算法进行权重的自动学习，把反向传播算法引入到多层感知机中，人工神经网络才又重新引起人们的注意。

另外一方面，人们对感知机本身的认识也在不断发展。1999 年，美国学者 Freund 和 Schapire 提出了使用核技巧改进感知机学习算法，并用投票感知机来提高泛化能力。2002 年，美国学者 Collins 将感知机算法扩展到结构化学习，给出了相应的收敛性证明，并且提出一种更加有效并且实用的参数平均化策略。2010 年，美国学者 McDonald 又扩展了平均感知机算法，使得感知机可以在分布式计算环境中并行计算，这样感知机就可以用在大规模机器学习问题上了。

广义短语结构语法

GENERALIZED PHRASE STRUCTURE GRAMMAR

广义短语结构语法是一种改进了的短语结构语法，简称 GPSG，初创于 20 世纪 70 年代末。主要代表人物是英国语言学家 Gerald Gazdar、Ivan Sag、Ewan Klein 和美国语言学家 Geoffrey Pullum。

句法特征是广义短语结构语法进行特征制约的媒介，分为三类：

第一类是主特征（head feature），包括：N（名词），V（动词），SUBJ（主语），INV（倒置），AUX（助动词），AGR（一致），PRED（谓语），SUBCAT（次范畴化），BAR（阶数），SLASH（斜线），PLUR（复数），PERS（人称），VFORM（动词形式），PFORM（介词形式），PAST（过去时），ADV（状语），LOC（处所）。

第二类是次特征（foot feature），只有三个：SLASH（空位特征），WH（疑问词和关系代词特征），RE（反身代词和相互代词特征）。其中，SLASH 在主特征中用于描写斜线，在次特征中用于描写结构中的空位，既用于描写主特征，也用于描写次特征，这是唯一兼具主次两种不同性质的特征。当 SLASH 表示描写结构中的空位时，其特征值就是该空位所代表的范畴。

第三类是一般特征，包括：CASE（格），CONJ（连词），GER（动名词），NFORM（名词形式），NULL（空位），POSS（所属），COMP（补语成分），NEG（否定），REMOR（反身词），WHMOR（疑问词）。

把特征分为这三种不同的类型，是为了说明这些特征在句法描写中的不同属性，从而解释这些不同的特征受到不同规则制约的原因。

主特征在树形结构中可以从上而下地扩散，次特征在树形结构中可以自下而上地渗透，而一般特征不具备这种扩散性和渗透性。

广义短语结构语法采用了复杂特征来描述句法，所有的句法特征都由 < 特征，特征值 > 构成。特征有两种性质：一是它能有什么样的值；二是它与其他特征在分布上呈现什么样的规律性。

一些特征具有终极值。例如，在英语中有如下特征及其终极的特征值：

特征	特征值
BAR（阶）	{0, 1, 2}
PERS（人称）	{1, 2, 3}
PLUR（复数）	{+, –}
CASE（格）	{NOM, ACC}
VFORM（动词形式）	{FIN, INF, BAS, PAS, …}
PFORM（介词形式）	{to, by, for, …}

在 CASE 和 VFORM 的特征值中，NOM 表示主格，ACC 表示宾格，FIN 表示定式动词，INF 表示不定式动词，BAS 表示原形动词，PAS 表示被动式动词。

另一些特征以某个句法范畴为其值，因此它的特征值就是这个句法范畴所具有的特征及这个句法范畴特征值。例如，特征 AGR（一致关系特征）就以句法范畴 NP 为其值，如果句法范畴 NP 含有如下的特征：

{<N, +>, <V, –>, <BAR, 2>, <PER, 3>, <PLU, –>}

那么，表示一致关系的特征 AGR 的值就是：

{<AGR, {<N, +>, <V, –>, <BAR, 2>, <PER, 3>, <PLU, –>}>}

由于采用了这样的复杂特征，就能够充分地表达句子中所包含的各种信息，大大提高了广义短语结构语法的描述能力。

广义短语结构语法句法描写的一个特点就是给树形图中的各个节点

标上特征值。特征可以通过两种途径进入树形图中。一个途径是通过句法中的直接支配规则进入树形图，树形图节点上的特征来自直接支配规则。这种来自直接支配规则的特征叫作“继承性特征”（inherited feature）。另一个途径是不通过句法规则而直接进入树形图，这种特征叫作“获取性特征”（instantiated feature）。特征获取时要受到一定原则的制约，这些原则的作用一方面在于引导特征准确地进入树形图中合适的节点，另一方面在于制止各种错误的特征分配导致的不良情况的产生。把特征划分为继承性特征和获取性特征，有利于解释语言现象。因为有些制约原则只对获取性特征有作用，而对于继承性特征则无能为力。

广义短语结构语法通过短语结构规则来描述句子的树形结构，同时又通过特征系统对树形结构进行制约，使其在整体上正确反映语言的现实。这个树形结构又通过特定的语义解释系统而得到句子的模型论语义解释。

广义短语结构语法可以分为句法规则系统、特征制约系统和语义解释系统三部分，它们之间的关系如下所示（图 1）：

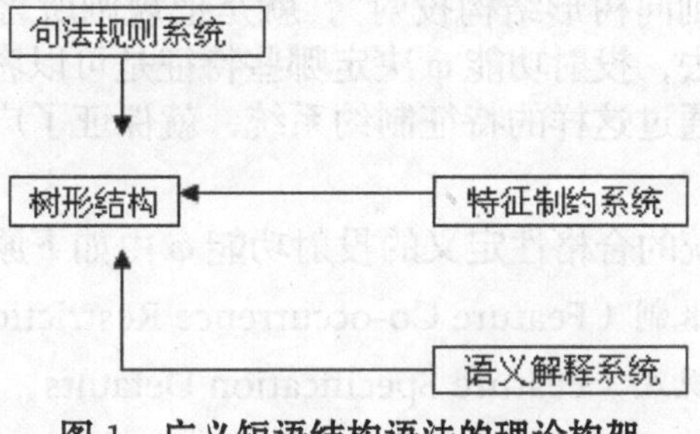

图 1　广义短语结构语法的理论构架

广义短语结构语法的句法规则系统是进行句法描写的主要依据。它由三部分组成：编号部分、直接支配规则部分、语义解释部分。句法规则的一般形式如下：

$$<n, C_0 \rightarrow C_1, C_2, \ldots C_n ; \alpha'(\beta')>$$

其中，n 是次范畴化的编号，中间部分是直接支配规则，$\alpha'(\beta')$ 是语义解释。由此可见，广义短语结构语法将词汇插入到成分结构中的主要根据是词汇次范畴化的编号而不是上下文语境，因此，这是一种上下文无关的短语结构语法。

为了限制传统的短语结构语法过强的生成能力，广义短语结构语法还提出了“合格性定义”（Well-formedness definition）来防止不合格结构的产生。这就是特征制约系统。

在由直接支配规则向树形结构投射时，要经过合格性条件的定义。这就是说，在规则和树形结构之间存在着某种投射功能 φ，这个 φ 联系着每个具体的规则来定义相应的各个局部的树形结构，最后才能得到合格的表层结构。这种特征制约的情况可图示如下（图 2）：

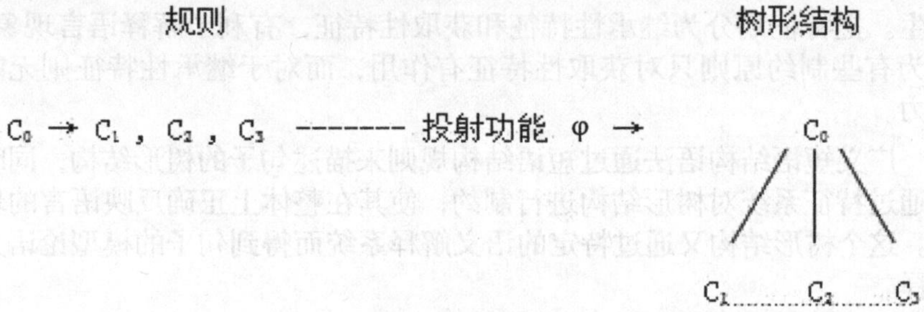

图 2　特征制约

这里，C 表示树形结构中的节点，它们对应于直接支配规则中的范畴 C。所谓“规则向树形结构投射”，就是把规则所含有的句法特征反映到树形结构上去，投射功能 φ 决定哪些特征是可以容许的，哪些特征是不能容许的。通过这样的特征制约系统，就保证了广义短语结构语法的正确性。

特征制约系统的合格性定义的投射功能 φ 由如下原则组成：

- 特征共现限制（Feature Co-occurrence Restriction，简称 FCR）
- 默认特征规定（Feature Specification Defaults，简称 FSD）
- 主特征规约（Head Feature Convention，简称 HFC）
- 次特征原则（Foot Feature Principle，简称 FFP）
- 控制一致原则（Control Agreement Principle，简称 CAP）
- 线性前置陈述（Linear Precedence Statement，简称 LPS）

由于广义短语结构语法设置了这些合格性条件检验的规定，有效地限制了短语结构语法过强的生成能力，提高了语法理论对语言事实的解释能力。

汉语拼音音节歧义指数

AMBIGUITY INDEX OF CHINESE PINYIN SYLLABLE

汉语拼音音节的歧义指数等于该拼音音节表示的语言单位数减 1，这是我国计算语言学家冯志伟在国际标准 ISO 7098: 2015《中文罗马字母拼写法》中提出的对于汉语拼音音节的歧义程度的数学描述。

如果不计声调，基本的汉语音节只有 405 个，这 405 个汉语音节可以表示全部汉字的读音。而《通用规范汉字表》包含了 8105 个通用汉字，在这种情况下，在一般使用中，一个汉语音节平均要表示 20 个以上的汉字（8,105/405=20.01），不可避免会出现歧义。

例 1：在《通用规范汉字表》中，拼音音节 /bei/ 可以表示如下 31 个汉字：

北 杯 卑 背 椑 悲 碑 鹎 贝 孛 邶 狈 备
钡 倍 悖 被 琲 棓 辈 惫 焙 蓓 碚 鞁 褙
糒 鞴 鐾 呗 臂

例 2：在《通用规范汉字表》中，拼音音节 /jing/ 可以表示如下 49 个汉字：

京 茎 泾 经 猄 荆 菁 旌 惊 晶 腈 鶄 睛
粳 兢 精 鲸 麖 鼱 井 阱 汫 刭 肼 颈 景
儆 憬 璥 璟 警 劲 径 净 迳 胫 倞 痉 竞
竟 竫 婧 靓 敬 靖 静 境 獍 镜

这意味着，在表示汉字的时候，汉语拼音音节是存在歧义性的。

拼音音节的歧义指数是汉语拼音音节的歧义程度的数学描述。汉语拼音音节的歧义指数 I 等于该拼音音节可以表示的语言单位数 N 减 1。计算公式如下：

$$I=N-1$$

这里所说的“语言单位”可以是单音节的汉字，也可以是单音节或多音节的单词。

这个公式说明，如果拼音音节可以表示 N 个语言单位，那么，它的歧义指数等于 N–1。

如果拼音音节可以表示一个语言单位，那么它的歧义指数为零。

如果拼音音节可以表示两个语言单位，那么，它的歧义指数为 2–1=1。

如果拼音音节可以表示三个语言单位，那么，它的歧义指数为3–1=2，等等。

在例1中，拼音音节 /bei/ 可以表示31个汉字，也就是31个语言单位，它的歧义指数为31–1=30；在例2中，拼音音节 /jing/ 可以表示49个汉字，也就是49个语言单位，它的歧义指数为49–1=48。

但是，如果把单音节 /bei/ 和单音节 /jing/ 结合形成一个双音节的单词 /beijing/，其歧义指数将明显地减少，因为 /beijing/ 只能表示3个双音节的语言单位，也就是3个单词：

北京，背景，背静

其歧义指数减少为3–1=2。

如果把 /beijing/ 的第一个字母进一步大写为 /Beijing/，那么，其歧义指数将减少到零：1–1=0。这说明，/Beijing/ 是一个没有歧义的语言单位，它的意思只有1个，这就是中国首都的名称：

北京

因此，如果把不同的单音节的拼音音节连接成多音节的汉语单词，那么，拼音音节的歧义指数将明显地减少。这是把不同的单音节连接成为多音节的汉语单词的优越之处。

合一运算 UNIFICATION

“合一”这个术语最初是在数理逻辑的一阶谓词演算中开始使用的。寻找某种项对变量的置换，从而使表达式一致的过程叫作合一。如果存在一个置换S，把它作用到表达式集 $\{E_i\}$ 中的每一个元素上，使得 $E_{1s}=E_{2s}=\ldots=E_{ns}$，那么，就说表达式集 $\{E_i\}$ 是可合一的，S就叫作 $\{E_i\}$ 的合一者（unifier），因为它的作用是使该集合简化为一致的形式。

例如，有两个逻辑项A: f(x,y) 和B: f(g(y,a,c),h(a,b))，如果用逻辑项C: x=g(h(a,b),a,c) 和D: y=h(a,b) 置换A、B中的变量x和y，则置换之后A、B均成为f(g(h(a,b),a,c),h(a,b))，使得A和B都成为一致的

形式，这个结果叫作 A、B 的合一，C 和 D 叫作 A、B 的合一者，A、B 叫作可合一的逻辑项。

目前，这种合一运算已经被广泛地应用于高阶逻辑、计算复杂性理论、可计算性理论、逻辑程序设计等领域，并进一步发展到计算语言学、机器翻译、自然语言理解和人工智能等领域。

在自然语言处理中，使用合一运算来把若干个功能描述 FD 合并成一个单独的功能描述 FD。具体地说，如果有两个或两个以上简单的功能描述 FD 是相容的，便可通过合一运算把它们合并成一个简单的功能描述 FD，使得这个功能描述 FD 所描述的对象正是前面若干个功能描述 FD 所共同描述的对象。

这样的合一运算与集合论中的求并运算十分类似，但合一运算与求并运算的不同之处在于，当合一被应用于不相容的项时，合一失败，并产生一个空集。

求并运算所得到的并集是参与运算的各个集合里所有不同元素组成的集合。例如，

$$\{A, B\}\cup\{C, B\}=\{A, B, C\}$$

在求并运算时，总是把集合中的元素看成是不可分解的原子。即使元素是有序的偶对，如 (f_i, v_i) 表示特征 f_i 的值为 v_i，求并运算时仍然把它们看成是不可再分解的个体，而不考虑它们的内部结构。假设

$$\alpha=\{(f_1, v_1),(f_2, v_2)\}$$

$$\beta=\{(f_1, v_1')\}$$

即使 $v_1 \neq v_1'$，α 与 β 所表达的信息互相抵触，在进行求并运算之后，其并集 ∪ 仍然为

$$\gamma=\alpha\cup\beta=\{(f_1, v_1),(f_1, v_1'),(f_2, v_2)\}$$

在并集中虽然保持了抵触的信息，不过，从信息组合和传递的角度来看，所求得的并集 γ 是没有意义的。

合一运算必须考虑运算结果的合理性，在合一运算中，当 α 与 β 所表达的信息相互抵触时，其合一结果为空集（记为 φ），表示合一失败。如果用符号 $\overline{U}$ 表示合一，则有

$$\alpha\overline{U}\beta=\varphi$$

下面给出合一运算的形式定义：

[定义] 合一运算（运算符号用 ∪ 表示）

1. 若 a 和 b 均为原子，则 $a\overline{U}b=a$，当且仅当 $a=b$；否则 $a\overline{U}b=\varphi$。

2. 若 α 和 β 均为多标记集合，则

- 若 $\alpha(f)=v$，但 $\beta(f)$ 的值未经定义，则 $f=v$ 属于 $\alpha\overline{U}\beta$；
- 若 $\beta(f)=v$，但 $\alpha(f)$ 的值未经定义，则 $f=v$ 属于 $\alpha\overline{U}\beta$；
- 若 $\alpha(f)=v_1$，$\beta(f)=v_2$，且 v_1 与 v_2 不相抵触，则 $f=(v_1\cup v_2)$ 属于 $\alpha\overline{U}\beta$；否则 $\alpha\overline{U}\beta=\varphi$。

从这个定义可以看出，集合论中的求并运算是合一运算的一种特殊情况。当合一的对象所含的元素为不可分解的原子时，合一的结果等于并集。当合一的对象是有结构的多标记集合时，就要检验标记的相容性，只有当标记相容时，相应的各个标记才能合一。因此，合一运算具有两种作用：一个是合并原有的标记信息，构造新的标记结构，这与集合论中的求并运算类似；另一个是检查标记的相容性和规则执行的前提条件，如果参与合一的标记相冲突，就立即宣布合一失败。可见，合一运算提供了一种在合并各方面来的标记信息的同时，检验限制条件的机制。

一般地说，两个复杂功能描述的合一结果仍然是复杂功能描述，其中，每一项代表原来的功能描述中的一对相容项。因此，

$$\{a_1, a_2, \ldots, a_n\}\ \overline{U}\ \{b_1, b_2, \ldots, b_m\}$$

就得到一个形式为 $\{c_1, c_2, \ldots, c_k\}$ 的功能描述，其中每一个 c_h $(1\leqslant h\leqslant k)$ 都是一对相容项的合一结果 $a_i=b_j$ $(1\leqslant i\leqslant n,\ 1\leqslant j\leqslant m)$。

如果把自然语言看作是一个传递和负载信息的系统，并且承认自然语言中的句法成分和语义成分都可由较小的成分合成较大的成分，那么，采用合一运算作为句法和语义分析的基本运算便是非常理想的了。这是因为，

- 一个语言单位（如句子或词组等）所负载的信息可以分布在各个成分之中，每个成分所负载的可以只是部分的信息。
- 通过合一运算，在小成分组合成大成分的过程中，小成分所负载的信息也同时被传递或累加为大成分所负载的信息，在合一运算过程中，信息只逐渐增加而不减少。
- 由于句法和语义分析都以合一作为基本运算，不仅句子的合法性可以通过语义手段来判断，而且，还可以把句子的句法结构和语义表示用合一运算这种方式更加自然地衔接起来。
- 不同的功能描述的合一运算结果，同这个运算所进行的先后次序无关，不论合一从哪个方向开始，也不论是先合一还是后合一，

合一的结果都是相同的。合一运算的这种无序性非常便于进行并行处理，而且还有可能自由地选择分析算法和自然语言描述的语法理论。

花园幽径句 GARDEN PATH SENTENCE

前段有歧义而整个句子没有歧义的句子，在理解过程中会出现类似走入花园幽径那样的扑朔迷离之感，因此叫作花园幽径句。

1970 年，T. G. Bever 在《语言结构的认知基础》(The Cognitive Basis for Linguistic Structures)[1] 一文中指出，英语中的 "The horse raced past the barn fell."（跑过饲料房的马倒下了）这个句子，当人们读到前一段. "The horse raced past the barn"（马跑过了饲料房）的时候，绝大多数人都以为这已经是一个完整的句子了，raced 作为主要动词，是句子的谓语，只有极少数的人，才会想到 raced 还可能作为 horse 的定语，修饰名词 horse，但是，当继续往下读，读到另外一个动词 fell 的时候，才突然恍然大悟，raced 原来并不是句子中的主要动词，它是修饰名词 horse 的，而最后读到的 fell 才是这个句子中的主要动词。对于前一段句子，大多数人原来认为是正确的理解最后却是错误的，而少数人原来被认为可能是错误的理解最后却是正确的。人们理解这样的句子的过程真是一波三折，道路极为坎坷，犹如走进花园中的幽径，难免有迷茫之感。人们在理解这个句子的时候，正如他们走进一个风景如画的花园，要寻找这个花园的出口，大多数人都认为出口一定应该在花园的主要路径的末端，因此可以信步沿着主要路径悠然自得地走向花园的出口，正当他们沿着花园中的主要路径欣赏花园中的美景而心旷神怡的时候，突然发现这条主要路径居然是错的，它并不通向花园的出口，而能够通向花园出口的正确的路径，却是在主要路径旁边的另一条几乎被游人遗忘的毫不起眼的荒僻的幽径。因此 T.G. Bever 把这样的句子叫作 "花园幽径句"。

---

1 T. G. Bever. 1970. The cognitive basis for linguistic structures. In J. R. Hayes (Ed.), *Cognition and Development of Language*, New York: Wiley, 279–352.

对于这个花园幽径句的前一段的结构，大多数人都理解为图 1 中的（a），而正确的理解却应该是下图中的 (b)。

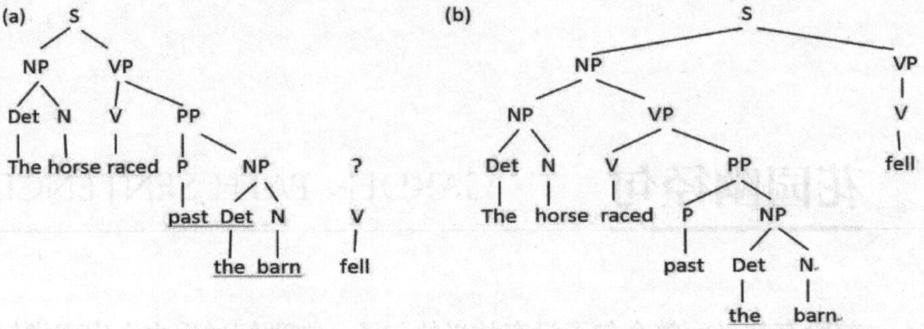

图　花园幽径句

对于这样的花园幽径句，人们在读到 fell 之前与读到 fell 以后，句子的结构发生了巨大的变化，因此在理解这种句子的过程中，起初人们往往会有扑朔迷离、难以捉摸的感觉，而当人们读到句子的结尾时才恍然大悟，这时人们又常常会产生"山穷水曲疑无路，柳暗花明又一村"的清新之感。

花园幽径句在句法语义方面有如下三个特性：

- 花园幽径句是临时的歧义句，整个句子是没有歧义的，但是，这个句子的前段是有歧义的。
- 当人在理解花园幽径句前面的歧义段的过程中，不同的歧义结果之间有优先性，有的歧义解释是人们乐于接受的，有的歧义解释是人们不太愿意接受的。
- 但是，人们不愿意接受的解释恰恰是这个句子的正确分析结果。

计量语言学 QUANTITATIVE LINGUISTICS

计量语言学是以真实语料为基础、用计量的方法来研究语言的结构和发展规律的一门语言学科。

计量语言学以真实的语言交际活动中呈现的各种语言现象、语言结构、结构属性以及它们之间的关系作为研究对象，使用概率论、随机过程、微分方程、函数论等统计的、非离散的数学定量方法，对其进行精确的度量、观察、模拟、建模和解释，以探索语言现象中隐藏的数学规律，刻画语言的数学面貌，揭示语言系统的自适应机制以及语言演化的动因，从而发现自然语言中存在的各种定律，如分布定律、函数定律、演化定律等。

计量语言学是在数理语言学中的语言统计研究的基础之上诞生的一个新的学科分支。

1935 年，美国语言学家 George Kingsley Zipf（1902—1950）有关语言统计的著作出版，提出了齐普夫定律（Zipf's law），这标志着一个新的语言学分支学科和一种新的研究方法的诞生。在这本书的前言中，Zipf 认为利用统计方法可以定量研究语言中的各种现象，这样语言学也可成为一门精确科学。这本书的标题 *The Psycho-Biology of Language*（《语言的心理生物学》）表达了结合人类的经验和功能来研究语言的意愿，书的副标题 *An Introduction to Dynamic Philology*（《动态语文学》）则强调了这种方法和其他方法的主要区别在于研究采用的是真实的语言样本，语言应用的变化也会导致理论研究结论的变化，因此这是一种动态的语言学研究方法。

1964 年，英国统计学家 Gustav Herdan 首次使用了“计量语言学”这个术语。他出版了 *Quantitative Linguistics*（《计量语言学》）、*The Advanced Theory of Language as Choice and Chance*（《语言作为选择和机会的理论》）等著作，产生了广泛的影响。

当代计量语言学的主要代表人物来自德国和东欧地区，其中最著名的是德国波鸿大学（Bochum University）的 Gabriel Altmann 和德国特里尔大学（Trier University）的 Reinhard Köhler。

目前关于计量语言学的国际学术刊物有两本，它们分别是 *Journal of Quantitative Linguistics*（《计量语言学杂志》）和 *Glottometrics*（《语言计量》），前者为 International Quantitative Linguistics Association（IQLA，国际计量语言学协会）的会刊，是 SSCI 的国际检索刊物。通过 IQLA 的网站，可以发现一些非常有用的关于计量语言学的网上资源，后者是关于语言计量研究的专业刊物。国际著名的语言学出版社 Mounton de Gruyter 出版了计量语言学图书系列。

齐普夫定律提出之后，各国计量语言学学者经过几十年的努力，又发现了不少普适的计量语言学定律。

齐普夫定律研究频率词典中单词的序号（rank）与频度（frequency）的分布规律。除了研究这样的分布规律之外，计量语言学还研究语言中各种特征之间的相依关系，以揭示语言中各个变量之间的函数关系，发现语言的函数定律。

语言是一个层级系统。一般来说，高一层级的语言学单位会包含多个低一层级的单位。在不同层级，语言学家都观察到在各个层级单位的长度之间似乎存在着相依的关系。一般说来，高一级单位的长度会随低一级单位长度的增加而减小。

1928 年，Paul Menzerath 在研究词和音节长度的关系时发现：随着一个词所含音节数的增加，这些音节的平均长度会减小。他将此种现象概括为“整体越大，部分越小”，这显然是一种函数关系。1980 年，R. Altmann 对 Paul Menzerath 的发现进行了数学描述。因而人们将这一定律称为“蒙采拉特 - 阿尔特曼定律”（Menzerath-Altmann law）。

为了用数学公式建立语言学单位间的这种部分和整体的函数关系，R. Altmann 将 Paul Menzerath 的假设做了更精确的表述：“一种语言结构越长，则构成它的部件（成分）越短”，即部件尺寸是结构尺寸的函数。所以，“蒙采拉特 - 阿尔特曼定律”是一个函数定律。

词长分布是计量语言学家关注的一个热点问题。尽管词长可以用字母、音素、词素、音节等单位来测量，但最常用的测量单位还是音节。

在语言学的历史上，曾经有不少学者对于词长分布进行过研究。

最早研究词长分布的学者是俄国科学家 Buljakovski，他于 1874 年发表过关于词长分布研究的一篇文章，但是此文已经无从考查了。

1947 年，S. G. Čebanov 发现词长分布遵循“单位移泊松分布”（1-displaced Poisson distribution）。

1955 年，W. Fucks 用概率方法研究不同语言中词长（单词中的音节数）的分布规律，得到了福克斯公式（Fuchs Formula）。

福克斯公式遵从“单位移泊松分布”的规律，这与 S. G. Čebanov 的研究结论不谋而合，因此，这个关于词长分布的定律被称为“福克斯 - 谢巴诺夫定律”（Fuchs-Čebanov law）。

20 世纪 90 年代中期，R. Altmann 等学者分析了现有关于词长分布的理论和实证研究后，提出了一种词长分布的一般模型。

语言中的一切都是变化的。如何用数学手段来描述这种变化，探索语言的演化规律，也是计量语言学家所关心的问题。1950 年，美国语言学家 M. Swadesh 提出了语言年代学（glottochronology），通过语言的词汇统计来测定语言存在的年代或亲属语言从共同原始语分化的年代。语言年代学又称为词源统计分析法，它也应当是计量语言学的一个研究方面。

1974 年，Rajmund Piotrovski 和他的夫人提出了用反正切函数来描述语言现象的演化规律。

1983 年，R. Altmann 等人在 Rajmund Piotrovski 发现的基础上，结合 Labov 等人的研究成果，提出了语言演化规律的三种变体。因此，后人将语言演化规律称为毕奥特洛夫斯基定律（Piotrowski law）或毕奥特洛夫斯基 - 阿尔特曼定律（Piotrowski-Altmann law）。这一定律认为，所有语言演化都是新老形式交互作用的结果。这一定律一般用来研究借词数量增加、形态变化等有关语言演化的问题。

中国学者多年前就关注到计量语言学的研究。冯志伟于 1974 年在世界上首次估测出汉字熵值为 9.65 比特，为汉字的多八位双字节编码提供了理论根据，后来他又提出了术语形成经济率和生词增幅递减率，改进了国外学者篇际英语词汇增幅率的公式，周有光提出了汉字效用递减率，刘海涛和冯志伟提出了概率配价模型，并利用汉语语料库的数据来计算依存距离，范凤祥研究了英语文本的随机词汇覆盖率。他们都使用计量的方法来探索汉语或英语的某些数学特性。

计算术语学 COMPUTATIONAL TERMINOLOGY

使用计算机对术语进行自动处理的学科叫作计算术语学。

计算术语学是一个新兴的术语学的学科，这个学科的出现，反映了信息网络时代对于术语学研究的新要求，是信息网络时代对于术语学的挑战。

计算术语学主要研究术语的自动分析、术语的自动发现和术语的自动标引三个方面。

☙ 1. 术语的自动分析

早在1986年，冯志伟就使用短语结构语法（phrase structure grammar）来自动分析中文名词词组术语的结构。他首先用计算机自动构造出中文名词词组术语的树形图，然后使用有限状态转移网络（Finite Transition Network）把树形图结构相似的名词词组术语进行归类，这样的描写有助于清楚地洞察中文名词词组术语的句法语义结构，对于自然语言处理和术语的标准化和规范化都具有重要的意义。

☙ 2. 术语的自动发现

自动发现候选术语的方法基本上分为符号法（symbolic approach）和统计法（statistical approach）两种。符号法根据术语（主要是名词词组）的句法描述来发现候选术语；统计法根据词组型术语中组成成分的互信息（Mutual Information）来发现术语，组成成分之间的互信息越大，它们组成术语的可能性也就越大。

具体地说，单语言的术语自动发现有如下方法：

- 基于语法的术语发现方法；
- 句法模式与机器学习的选择限制相结合的方法；
- 句法模式与统计过滤相结合的方法；
- 抽取搭配信息的方法；
- 非语言学的统计方法。

在用于单语言的术语发现的这五种方法中，前两种方法不使用统计，假定文本中符合条件的全部词语都是候选术语，哪怕只出现一次的“罕用词语”（hapax legomenon），只要它们符合条件，也都在候选术语的考虑范围之内。这两种方法是非统计的符号法。使用这样的符号法时，术语的判定要由用户来进行，需要给用户提供交互工具，以便用户对于候选术语进行选择。后面三种方法都要使用统计来进行过滤或排序，在这样的情况下，考虑候选术语出现的上下文环境就显得非常重要了，因为统计的数据需要在具体的文本或语料库中才可以计算出来，离开了具体的文本或语料库，不可能进行任何的统计，当然也就不可能发现术语了。

双语言的术语自动发现一般要分两步走。第一步是术语抽取，在双语言的语料库中分别进行术语自动抽取，找出每一种语言中的术语；第二步是术语对齐，找出在不同语言之间术语的对应关系。

双语言的语料库中术语的对齐有如下的方法。

- “从大到小”的对齐方法：先进行句子的对齐，然后再在已经对齐的句子中进行术语对齐，先处理大的语言单位，再处理小的语言单位的。
- “从小到大”的对齐方法：先进行单词型术语对齐，再进行术语抽取，最后进行词组型术语的对齐。单词型术语的对齐和词组型术语的对齐可使用无回溯的“贪心算法”（greedy algorithm）。先处理小的语言单位，后处理大的语言单位。

关于术语的自动发现，还可以研究如下问题；

- 建立大规模的专业语料库，开展专业语料库的研究，进行基于语料库的语义标注研究和语义关系自动获取的研究。
- 研究专业语料库构建的新技术。
- 在大规模的专业语料库中，获取更多的语义学资源和形态学资源，以便为术语或术语变体的自动发现提供可靠的数据。
- 把基于规则的方法、基于统计的方法以及机器学习的方法结合起来，研究术语发现的新的“混合方法”（hybrid solution）。
- 对专业语料库进行加工，使它带有更加丰富的信息，使普通的“上下文”（context）变成“富语境”（rich context），使语料库中的上下文更具有解释性和说明性，把一般上下文中的文本信息和富语境中包含的结构信息结合起来，进行术语的发现和辨识。
- 建立更加完善的交互界面（interface），以便专业人员更方便地对候选术语进行人工判定。

☙ 3. 术语的自动标引

传统的单语言术语自动标引主要使用“词袋”（bag-of-words，简称BOW）的方法，这种方法只是简单地把所标引的单词直接地与它们所在的文本联系起来，基本上不考虑这些单词的语言结构信息。这是“词袋”技术的缺点。实际上，在进行术语的自动标引时，应当保持术语中单词的顺序，还要反映出术语的结构以及术语中单词之间的依存关系，这时，“词袋”技术就显得不足了。为了反映单词的语言结构信息，需要对于术语进行自动剖析。术语自动剖析的深度取决于具体的需要，可以进行浅层的句法剖析，也可以进行比较深层的句法分析。

根据自动剖析的深度，单语言的术语自动标引可以分为基于浅层句法剖析的自动标引和基于深层句法剖析的自动标引。基于浅层句法剖析的自动标引使用的标引技术有文本简化（text simplification）、基于窗口的关键词识别（window-based keyword recognition）等。基于深层句法剖析的自动标引使用的标引技术有基于依存关系剖析的自动标引和基于转换剖析的自动标引。

计算术语学的研究要以真实的科学技术文本为依据，要对于文本中的术语和多种多样的术语变体进行深入的描写和分析。这样，术语学的研究就不能只停留在规范（normalization）的平面上，而要逐步地推进到描写（description）的平面上。在信息网络时代，术语学正在经历着从传统的“规范术语学”（prescriptive terminology）到现代的“描写术语学”（descriptive terminology）的转化过程。这是术语学发展的一个新的趋势。

结构歧义 STRUCTURE AMBIGUITY

如果同样的短语或句子存在着不同的句法解释，那么就说这样的短语或句子是有结构歧义的。

在自然语言处理中，如果把某个结构输入计算机进行分析，而这个结构存在着若干个不同的意义，从而得到不同的分析结果，那么就说这样的输入是有歧义的。

在自然语言处理的研究中，早在20世纪60年代，美国哈佛大学教授Susumu Kuno就提出了句法结构歧义的问题。

Susumu Kuno 指出，英语句子

Time flies like an arrow.

存在若干个歧义的分析结果。因为time可以为名词（词义为“时间”)，也可以为动词（词义为“测定、拨准”等)，还可以为形容词（词义为“定期的”)，flies 可以为动词现在时单数第三人称（词义为“飞”)，也可以为名词复数（词义为“苍蝇”)；like 可以为动词（词义为“喜欢”)，也可以为介词（词义为“如像”)。这样，这些词可以组成结构各不相同的句子，形成歧义句。其含义分别为：

- 时间像箭一样飞驰；
- 测量那些像箭一样的苍蝇；
- 叫作 Time 的那只苍蝇喜欢箭。

结构歧义是语言自动分析中的一个棘手问题。

英语中的结构歧义有如下几种类型：

1. PP 附着歧义（PP attachment ambiguity）

在英语的“VP+NP1+Prep+NP2”这样的结构中，介词词组 Prep+NP2 既可以作为名词词组 NP1 的定语，又可以作为动词词组 VP 的状语，这就产生了歧义。由于介词词组的英文是 Preposition Phrase，缩写为 PP，所以叫作 PP 附着歧义。

例如，英语句子“I saw a boy with a telescope.”中的 NP2“a telescope”，当它作为 NP1“a boy”的定语时，句子的含义是“我看到了一个带着望远镜的男孩”（试比较：“I lost the ticket to Berlin.”［我丢失了去柏林的车票］)；当它作为 VP“saw”的状语时，句子的含义是“我用望远镜看见了一个男孩”（试比较：“I send the ticket to Berlin.”［我往柏林寄出了车票］)。

英语句子“They made a report about the ship.”（他们做了一个关于船的报告）和“On the ship, they made a report”（在船上他们做了一个报告)，这两个句子是没有歧义的。但是，如果把它们改写成句子“They made a report on the ship.”，“on the ship”这个 PP 可以修饰动词 made，也可以修饰名词 report，就产生了 PP 附着歧义。这种歧义可用树形图直观地表示如下图：

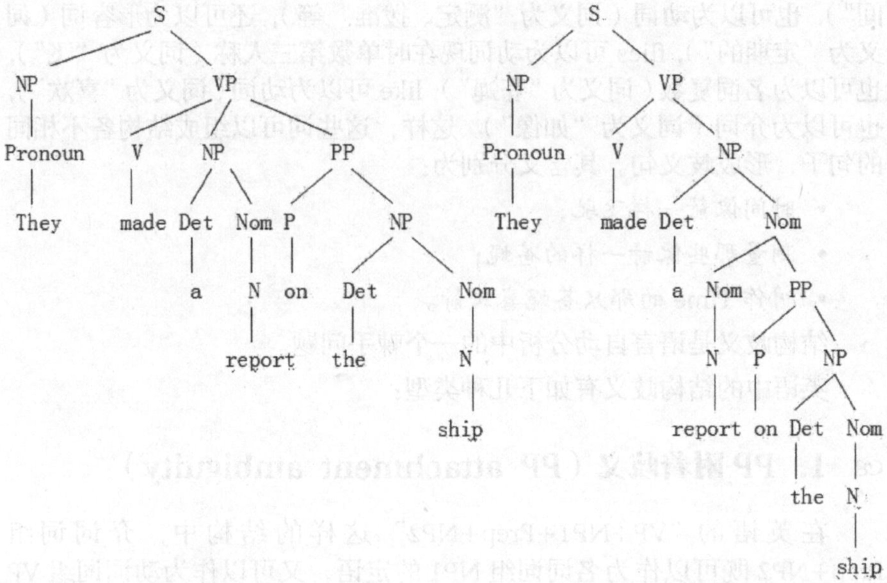

PP 修饰动词 V　　　　PP 修饰名词性成分 Nom

图　PP 附着歧义

☙ 2. 动名词附着歧义（gerundive attachment ambiguity）

英语句子中的动名词可能修饰中心动词，作为动词的状语，也可能作为动词宾语从句中的谓语，从而引起结构歧义。这样的结构歧义叫作动名词附着歧义。

例如，在英语句子“We saw the Eiffel tower flying to Paris”中，动名词短语“flying to Paris”可能修饰动词“saw”，作为“saw.”的状语，句子的意思是“我们飞到巴黎时看到了埃菲尔铁塔”；但是，“flying to Paris”也可能作为动词“saw”的从句“the Eiffel tower flying to Paris”中的谓语，句子的意思是“我们看到埃菲尔铁塔正向巴黎飞来”。当然，后面这种情况只在神话世界或者童话世界中才可能发生。

☙ 3. 并列歧义（coordination ambiguity）

并列歧义是英语中的并列连接词 and 引起的结构歧义。

在英语中，当若干个词与 and 连用时，由于 and 的管辖范围不同，而影响到层次结构的不同，从而产生结构歧义。

例如，“old men and women”可解释为“年老的男人和所有的女人”，这时，层次结构为 ((old men) and women)，and 与 old 无关；也可解释为“所有年老的男人和所有年老的女人”，这时，层次结构为 (old(men and women))，and 与 old 有关。

☙ 4. 名词短语括号歧义（noun-phrase bracketing ambiguity）

在英语中，当两个或两个以上的名词组成词组时，对整个名词词组的含义往往可以作不同的解释而产生结构歧义。这样的结构歧义叫作名词短语括号歧义。

例如，由名词 widget（作附件用的小机械）和名词 hammer（锤子）组成的名词词组 widget hammer，既可以理解为“widget used as hammer”（作锤子用的小机械），又可理解为“hammer for hitting widget”（锤击小机械的锤子），从而产生歧义。如果在前面再加上一个名词 town（城市），组成名词词组 town widget hammer，其层次结构可分析为 ((town widget) hammer)，又可分析为 (town (widget hammer))，这样的名词词组的歧义就更为严重了。这种结构歧义是由于层次不同造成的，而在结构分析中的层次可以使用括号来表示，因此把这种歧义叫作“名词短语括号歧义”。

当形容词修辞名词短语的时候，也会发生类似的结构歧义。

例如，在英语的名词短语“ADJ+N1+N2”中，形容词 ADJ 可能修饰 N1+N2，也可能只修饰 N1，从而形成歧义。第一种情况可用括号表示为 NP(ADJ(NP(N1 N2)))。第二种情况可用括号表示为 NP(NP(ADJ N1)N2)。

如果在一个英语句子中，既有“VP+NP1+Prep+NP2”这样的 PP 附着结构，其中的 NP1 或 NP2 又是由若干个名词组合而成的名词词组，并且还包含连接词 and，那么，这个句子的歧义将成倍地增长，其剖析的难度也就很大了。

自然语言的歧义问题，实质上是意义与形式之间的矛盾问题。同一形式与不同的意义相联系，就必然会产生歧义，这是自然语言不同于人工语言的特点之一。L. Thomas 指出，自然语言与其他任何二值逻辑通讯系统的根本区别，就在于自然语言有歧义。

句法结构歧义的研究有助于揭示同一句法结构隐含着的细微差异，从而提高人们对语言现象的认识，推动语言研究方法的改进。

在自然语言处理中，句法结构歧义是一个不能回避而且也无法回避的问题。句法结构歧义往往使得自然语言的自动剖析进退维谷，使其成为自然语言处理的巨大障碍。

卷积神经网络
CONVOLUTIONAL NEURAL NETWORK

卷积神经网络是一种具有局部连接、权重共享等特性的深层前馈神经网络，简称CNN。卷积神经网络最早主要用来处理图像信息。但是，用全连接前馈网络来处理图像时，会存在以下两个问题：

- 参数太多：如果输入图像大小为100×100×3（即图像高度为100，宽度为100，红绿蓝3个颜色通道：RGB），那么，在全连接前馈网络中，第一个隐藏层的每个神经元到输入层都有100×100×3=30000个相互独立的连接，每个连接都对应一个权重参数。随着隐藏层神经元数量的增多，参数的规模也会急剧增加。这会导致整个神经网络的训练效率非常之低，也很容易出现过拟合。
- 局部不变性特征：自然图像中的物体都具有局部不变性特征，比如在进行图像的尺度缩放、平移、旋转等操作时，不会影响其语义信息。而全连接前馈神经网络很难提取这些局部不变特征，一般需要进行数据增强来提高性能。

卷积神经网络是受生物学上"感受野"（receptive field）的机制启发而提出的。

感受野是指听觉、视觉等神经系统中某些神经元只接受其所支配的刺激区域内的信号，而这样的信号是这些神经元所具备的特性。在视觉神经系统中，视觉皮层中的神经细胞的输出依赖于视网膜上的光感受器。视网膜上的光感受器受刺激兴奋时，将神经冲动信号传到视觉皮层，但不是所有视觉皮层中的神经元都会接受这些信号。一个神经元的感受野是指视网膜上的特定区域，只有这个区域内的刺激才能够激活该神经元。

目前的卷积神经网络一般是由卷积层、池化层和全连接层交叉堆叠而成的前馈神经网络，使用反向传播算法进行训练。

卷积神经网络有三个结构上的特性：局部连接（local linking），权重共享（weight sharing）以及池化（pooling）。这些特性使得卷积神经网络在一定程度上可以平移、缩放和旋转，从而具有局部的不变性。与前馈神经网络相比，卷积神经网络的参数更少。

卷积神经网络主要使用于图像和视频分析的各种任务，比如图像分类、人脸识别、物体识别、图像分割等。其准确率远远超出了其他的神经网络模型。近年来，卷积神经网络也广泛地应用到计算语言学的领域中来。

卷积层具有局部连接和权重共享的特性，分述如下：

- 局部连接：在卷积层（假设是第 l 层）中的每一个神经元都只和下一层（第 l–1 层）中某个局部窗口内的神经元相连，构成一个局部连接网络。如图 1 所示，与全连接层相比，卷积层和下一层之间的连接数大大减少，由原来的 $n^l \times n^{l-1}$ 个连接变为 $n^l \times m$ 个连接，m 为卷积核大小，卷积核只在局部的窗口内进行局部的连接。在全连接层中，全连接层有 $n^l \times n^{l-1}=5\times7=35$ 个连接，而在卷积层中，卷积核为 3 个连接，这个卷积核为该层的神经元共享，因此卷积层只有 $n^l \times m=5\times3=15$ 个连接。可见卷积层的连接比全连接层的连接大大减少了。

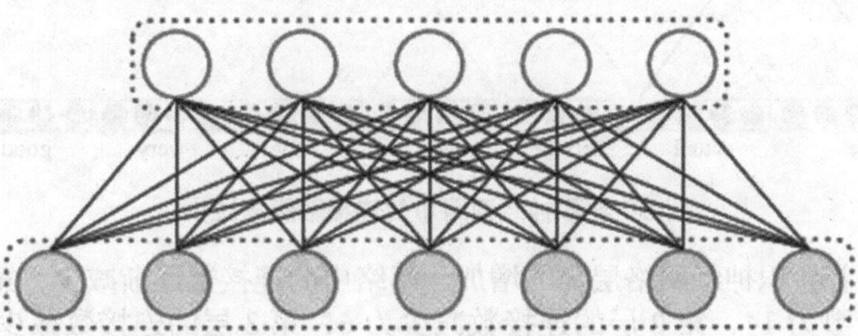

（a）全连接层

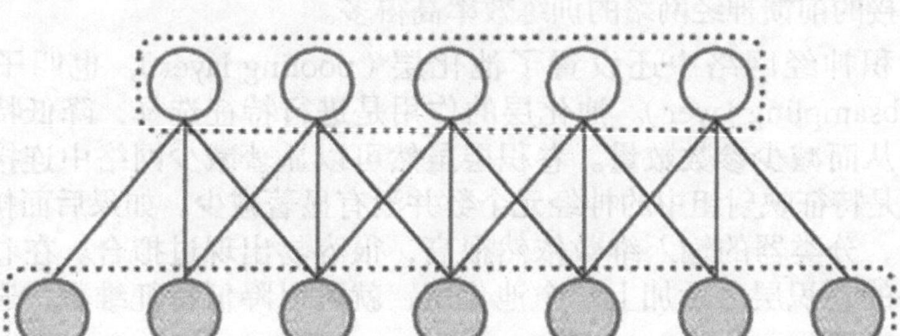

（b）卷积层

图 1　全连接层与卷积层比较

- 权重共享：从上面的公式可以看出，作为参数的卷积核 $w^{(l)}$ 对于第 l 层的所有的神经元都是相同的，这个权重为该层的所有神经元所共享。

在计算语言学中，使用卷积神经网络可以提高网络的训练效率。例如，如果给卷积神经网络输入英语句子 the actual service was not very good，这个句子一共有 7 个单词，经过卷积处理后，其双词组合为：the actual，actual service，service was，was not，not very，very good，连接数为 12。再进一步处理，其三词组合为：the actual service，actual service was，service was not，was not very，not very good，连接数减少为 10（如图 2 所示）。连接数的减少将有助于提高卷积神经网络的训练效率。

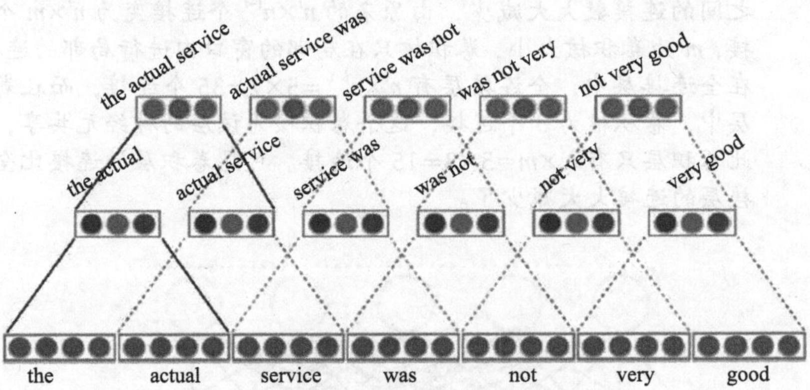

图 2　卷积神经网络中的连接数逐渐减少

随着卷积神经网络层数的增加，网络中的连接数逐渐减少，第 1 层的连接数为 14，第 2 层的连接数减少为 6，第 3 层的连接数减少为 2，层数越多连接数越少（如图 3 所示）。因此，卷积神经网络的训练效率比全连接的前馈神经网络的训练效率高得多。

卷积神经网络中还设置了池化层（pooling layer），也叫子采样层（subsampling layer）。池化层的作用是进行特征选择，降低特征数量，并从而减少参数数量。卷积层虽然可以显著减少网络中连接的数量，但是特征映射组中的神经元个数并没有显著减少。如果后面接一个分类器，分类器的输入维数依然很高，很容易出现过拟合。在卷积神经网络的卷积层之后加上一个池化层，就可以降低特征维数，避免过拟合。

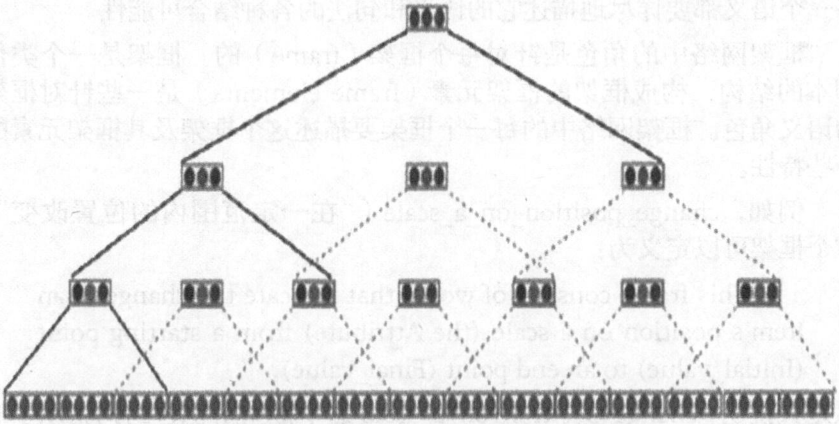

图 3　卷积神经网络的层数越多连接数越少

目前，整个卷积神经网络的结构趋向于使用更小的卷积核以及更深的结构。此外，由于卷积的操作性越来越灵活，池化层的作用也变得越来越小。因此，在目前比较流行的卷积神经网络中，池化层的比例逐渐降低，趋向于全卷积神经网络。

框架网络　FRAMENET

框架网络是美国语言学家 Fillmore（1929—2014）主持的一个课题。这个课题的目的在于研究英语中语法功能和概念结构（也就是语义结构）之间的关系，建立用于自然语言处理的词汇知识库。这个课题得到美国国家科学基金（U.S. National Scientific Foundation，简称 NSF）多年的持续资助。课题名称是 NSF ITR/HCI # 0086132:“框架网络 ++：一个在线的词汇语义资源及其在语音、语言科技方面的应用”。

这个框架网络的目标是根据框架语义学的理论，依靠语料库的支持，建立一个在线（online）的英语词汇资源。整个框架网络的框架词目包括动词，名词，形容词，覆盖很广的语义领域，对于每一个词目的每一个语义都要详尽地描述它的语义和句法的各种结合可能性。

框架网络中的角色是针对每个框架（frame）的。框架是一个类似脚本的结构，构成框架的框架元素（frame elements）是一些针对框架的语义角色。框架网络中的每一个框架要描述这个框架及其框架元素的一些特性。

例如，change_position_on_a_scale（“在一定范围内的位置改变”）这个框架可以定义为：

> This frame consists of words that indicate the change of an Item's position on a scale (the Attribute) from a starting point (Initial_value) to an end point (Final_value).

该定义说明：change_position_on_a_scale 这个框架所包含的词指示了一个物品的位置从起始点（初始值）到最终点（最终值）在某个规模（属性）上的改变。

框架中的语义角色（框架元素）可以分为**核心角色**（core-role）和**非核心角色**（non-core role）两大类。

例如，在 change_position_on_a_scale 这个框架中的核心角色有：ATTRIBUTE（属性），DIFFERENCE（差距），FINAL_STATE（最终状态），FINAL_VALUE（最终值），INITIAL_STATE（初始状态），INITIAL_VALUE（初始值），ITEM（物品），VALUE RANGE（值的范围）。这些核心角色的定义如图 1 所示：

核心角色	
ATTRIBUTE	The ATTRIBUTE is a scalar property that the ITEM possesses.
DIFFERENCE	The distance by which an ITEM changes its position on the scale.
FINAL_STATE	A description that presents the ITEM's state after the change in the ATTRIBUTE's value as an independent predication.
FINAL_VALUE	The position on the scale where the ITEM ends up.
INITIAL_STATE	A description that presents the ITEM's state before the change in the In the ATTRIBUTE's value as an independent predication.
INITIAL_VALUE	The initial position on the scale from which the ITEM moves away.
ITEM	The entity that has a position on the scale.
VALUE_RANGE	A portion of the scale, typically identified b its end points, along which the values of the ATTRIBUTE fluctuate.

图 1　核心角色的定义

在 change_position_on_a_scale 这个框架中的非核心角色有：

DURATION（发生改变的时间长短），SPEED（值改变的速率），GROUP（物品以特定方式改变其值的组别）。定义如图 2 所示：

一些非核心角色	
DURATION	**The length of time over which the change takes place.**
SPEED	**The rate of change of the VALUE.**
GROUP	**The GROUP in which an ITEM changes the value of an ATTRIBUTE in a specified way.**

图 2　非核心角色的定义

下面是一些例句：

（1）[$_{\text{ITEM}}$ Oil] *rose* [$_{\text{ATTRIBUTE}}$ in price] [$_{\text{DIFFERENCE}}$ by 2%].

（2）[$_{\text{ITEM}}$ It] has *increased* [$_{\text{FINAL\_STATE}}$ to having them 1 day a month].

（3）[$_{\text{ITEM}}$ Microsoft shares] *fell* [$_{\text{FINAL\_VALUE}}$ to 7 5/8].

（4）[$_{\text{ITEM}}$ Colon cancer incidence] *fell* [$_{\text{DIFFERENCE}}$ by 50%] [$_{\text{GROUP}}$ among men].

（5）a steady *increase* [$_{\text{INITIAL\_VALUE}}$ from 9.5] [$_{\text{FINAL\_VALUE}}$ to 14.3] [$_{\text{ITEM}}$ in dividends].

（6）a [$_{\text{DIFFERENCE}}$ 5%] [$_{\text{ITEM}}$ dividend] *increase*...

这些例句中的框架包括 rise、fall 和 increase 这些表示位置改变的目标词。

框架网络把框架和框架元素间的关系进行编码。不同的框架之间可以彼此继承，不同框架的元素可以通过继承的方式进行泛化。框架与框架之间的其他关系，例如因果关系也按照同样的方式来表示。因此，“在一定范围内位置改变的原因”（Cause_change_of_position_on_a_scale）这个框架可以通过因果（cause）关系与“在一定范围内的位置改变”（Change_of_position_on_a_scale）这个框架连接，但前者应当增添 AGENT（施事者）这个新的角色，说明引起“在一定范围内的位置改变”的原因。例如：

（7）[$_{\text{AGENT}}$ They] *raised* [$_{\text{ITEM}}$ the price of their soda] [$_{\text{DIFFERENCE}}$ by 2%].

把这两个框架合起来，就可以共同抽取动词、名词所描述的公共事件的语义关系。

框架网络的任务是：

- 描述给定的词目所隶属的概念结构或者框架；
- 从语料库中抽取包含某个词目的句子，并从中挑选能够说明所要分析的具有某种给定意义的有关词目的例子；

- 把框架元素指派到包含词目的句子中的有关短语上，使挑选出来的句子得到标注；
- 准备最终的标注报告，简明地显示每个词目在组合上的可能性。

框架网络数据库的格式是独立于开发平台的，因而可以通过网络和其他交互手段进行显示。

标注好的句子是数据库的一个组成部分。它们是用 XML 语言置标的，这些句子是词汇条目的基础。这样的格式可以支持采用框架、框架元素以及它们的组合来进行搜索。

框架网络既可以作为词典来使用，也可以作为叙词表来使用。

作为词典来使用时，词典中单词条目的信息包括：

- 该单词的定义：大部分的定义来自简明牛津词典（*Concise Oxford Dictionary*，第 10 版，简称 *COD*）。
- 标注好的例句：这些例句来自语料库，它们应该是语言学家精选过的，在词典的“标注报告”中加以说明。
- 框架元素表：这个表中要说明框架元素在标注报告中的出现情况以及它们表示的句法关系。
- 配价模式：要说明该单词可以具有的配价模式，并说明每个配价模式中的框架元素相应的词组类型和句法功能。
- 索引：按照字母顺序排列。

作为叙词表来使用时，每个单词都与它们所参与的语义框架相链接，而框架反过来又与叙词表和其他相关的框架相链接。

框架网络所使用的语料库是包含 1 亿词的英国国家语料库，取得了牛津大学出版社（Oxford University Press，简称 OUP）的使用许可。语义标注是使用 MITRE 公司的 Alembic 工作台（Alembic Workbench）进行的，句法标注是使用他们自己的标注程序进行的，这个程序可以给每个短语标注上语法功能信息和短语类型信息。框架网络中的每个条目都可以与其他的词汇资源相链接。框架网络课题组还开发了一个强大的以网络为基础的数据库查询工具，叫 FrameSQL，可通过链接框架网络的网页得到。FrameSQL 能够帮助使用者实现多个搜索参数的数据库查询，如框架名称、框架元素名称、语法功能等。

扩充转移网络

AUGMENTED TRANSITION NETWORK

设有寄存器（register）的递归转移网络叫作扩充转移网络，简称ATN。

在英语中，形容词修饰名词时，形容词在名词之前。而在法语中，形容词修饰名词时，形容词却在名词之后。例如，在英法机器翻译中，英语“a short name”（短名字）译为法语时，其词序为“un nom court”，形容词 court（短）在名词 nom（名字）的后面。因此，在把英语译为法语时，必须进行词序的调整。

在递归转移网络中增设寄存器，把递归转移网络加以扩充，就成为了扩充转移网络，这样的扩充转移网络就可以把有关的信息记录在寄存器中。寄存器中的信息，是以“条件 - 动作”偶对的方式来工作的，在扩充转移网络中每搜索一个弧上的符号，都要首先检查与此符号有关的寄存器，看其是否符合寄存器中条件的规定，并执行相应的动作，才能通过这个符号进入下一个状态。有了这样的寄存器，扩充转移网络就能够在英法机器翻译中进行词序的调整。

具体地说来，可以在扩充转移网络的 NP-子网络的最后状态设置寄存器 FNP。在机器翻译中，如果英译法时译的是人名，则将英语的人名直接译为法语的人名，如果英译法时译的是由形容词与名词构成的名词词组，那么，还要设置 FDET, FADJS 和 FNOUN 等寄存器来记录名词词组翻译中要用的有关信息。

扩充转移网络的 NP-子网络如图 1 所示。

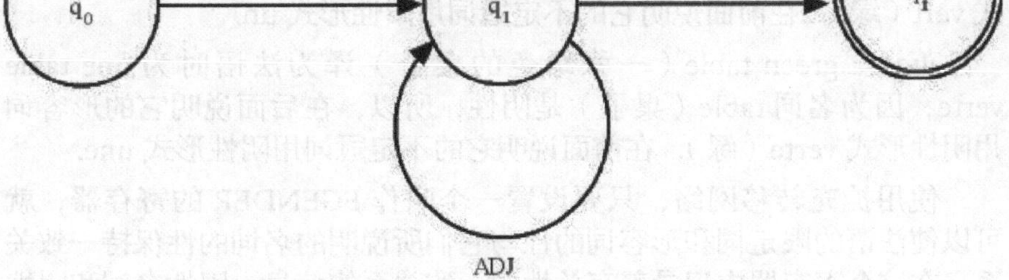

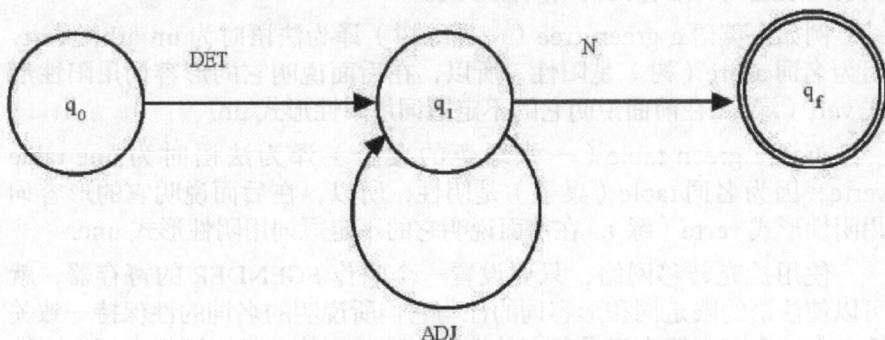

图 1　寄存器：FADJS, FNOUN, FDET, FNP

这个扩充转移网络设置了 FADJS, FNOUN, FDET 和 FNP 四个寄存器。它们的作用如下：

- 在初始状态 q_0，置寄存器 FADJS 为空符号串；
- 在最后状态 q_f，返回寄存器 FNP；
- 从状态 q_0 到状态 q_1，搜索 DET，置寄存器 FDET 为 French(*), (*) 表示当前词；
- 从状态 q_1 返回到状态 q_1，搜索 ADJ，置寄存器 FADJS 为 FADJS+French(*)；
- 从状态 q_1 到状态 q_f，搜索 N，置寄存器 FNOUN 为 French(*)，由于 q_f 是最后状态，返回寄存器 FNP，再置寄存器 FNP 为 FDET+FNOUN+FADJS。

在上述式子中，"+"号表示是符号串的毗连，也就是把"+"号前后的单词连起来并在其间加一个空白。French 是一个函数，它把英语词译成相应的法语词。French(*) 表示把当前的英语词译成相应的当前法语词。寄存器 FADJS 用来存储将要翻译的形容词符号序列，当在名词词组中发现还有更多的形容词时，就把与它们相应的法语形容词逐一地加到该寄存器当前值的尾部。由于在最后状态置寄存器 FNP 为 FDET+FNOUN+FADJS，这样，就可以把英语名词词组中处于名词前面的形容词在法语译文中加到名词的后面去，从而实现词序的调整。

扩充转移网络还可以处理一致关系的问题。在法语中，限定词和形容词的性必须与它们所说明的名词的性保持一致关系。如果名词为阳性，则说明它的限定词和形容词就用阳性形式，如果名词为阴性，则说明它的限定词和形容词就用阴性形式。

例如：英语 a green tree（一棵绿树）译为法语时为 un arbre vert，因为名词 arbre（树）是阳性，所以，在后面说明它的形容词用阳性形式 vert（绿），在前面说明它的不定冠词用阳性形式 un.

英语 a green table（一张绿色的桌子）译为法语时为 une table verte，因为名词 table（桌子）是阴性，所以，在后面说明它的形容词用阴性形式 verte（绿），在前面说明它的不定冠词用阴性形式 une.

使用扩充转移网络，只要设置一个叫作 FGENDER 的寄存器，就可以使法语的限定词和形容词的性与它们所说明的名词的性保持一致关系。在这个寄存器中记录着有关性的一致关系的信息，阳性名词和阴性名词共同使用一个弧，只要在寄存器中根据阳性名词和阴性名词的不同而使相应的限定词和形容词取不同的值，在遍历过程中，如果是阳性名词，则限定词和形容词的性就取阳性形式为其值，如果是阴性名词，则限定词和形容词就取阴性形式为其值。

这样的扩充转移网络中的 NP-子网络的寄存器中增加了 FGENDER，如图 2 所示：

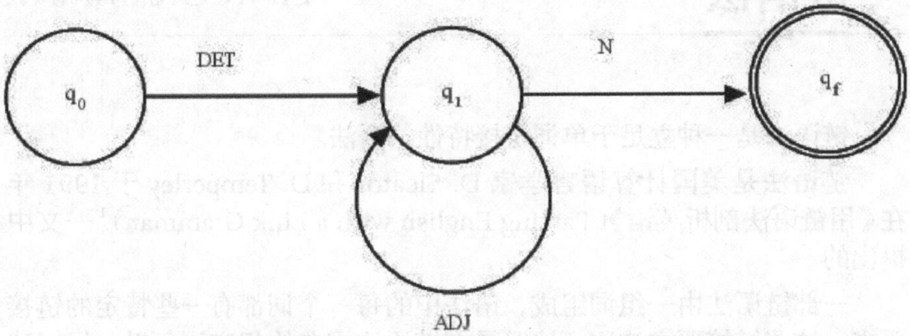

图 2 寄存器：FADJS, FDET, FNP, FNOUN, FGENDER

这个扩充转移网络中设置了 FADJS, FDET, FNP, FNOUN, FGENDER 五个寄存器。

这五个寄存器的作用如下：

- 在最后状态 q_f，返回 FNP；
- 从状态 q_0 到状态 q_1，搜索 DET，置寄存器 FGENDER 为“masculine”（阳性），置寄存器 FDET 为 French(*, “masculine”)；
- 从状态 q_0 到状态 q_1，搜索 DET，置寄存器 FGENDER 为“feminine”（阴性），置寄存器 FDET 为 French(*, “feminine”)；
- 从状态 q_1 返回到状态 q_1，置寄存器 FADJS 为 FADJS+French(*, FGENDER)；
- 从状态 q_1 到最后状态 q_1，置寄存器 FNOUN 为 French(*)，FNOUN 的性必须与 FGENDER 的性一致，并置 FNP 为 FDET+FNOUN+FADJS。

French 是一个函数，它的作用是把英语词翻译成相应的法语词，French(*) 表示把当前的英语词翻译成当前的法语词。由于使用了寄存器 FGENDER，就可以根据不同的条件来决定所取法语词的性，从而在名词词组中，保持名词与说明它的限定词和形容词在性上的一致。

递归转移网络和扩充转移网络都把句子分解成一些词组来进行理解，这样的处理方式与人脑中进行的对于自然语言句子的分析方式有相近之处。

链语法 LINK GRAMMAR

链语法是一种立足于单词链接特性的语法。

链语法是美国计算语言学家 D. Sleator 和 D. Temperley 于 1991 年在《用链语法剖析英语》(Parsing English with a Link Grammar)[1] 一文中提出的。

一部链语法由一组词组成，语法中的每一个词都有一些特定的链接要求，这些链接要求被逐一地登录在链语法词典的相应词条里，根据这些链接要求对单词的链特性进行链接运算，便可以得出句子的结构。可以说，链语法是一种立足于单词链接特性的语法。

单词的链接要求通过链来描述。链有两种：一种是链头，一种是链座。可以把链同电路相比拟，链头相当于电路中的插头，链座相当于电路中的插座。在链语法中，如果两个词要合法地链接，它们必须带有同一类的链，并且，一个词带链头，一个词带链座，链头应该恰如其分地插在链座中。

例如，在汉语句子“代表团昨天参观了博物馆。”中的单词“代表团”“昨天”“参观”“博物馆”可以通过连接子 (connector) 分别描述如下：

“代表团”：它的连接子为 ((),(s))，其中，左边的 () 是链座，现在为空，右边的 (s) 是链头，是 s (主语) 类的链，表示这个词要向右找一个链座为 s 的词相链接。

“昨天”：它的连接子为 ((),(t))，其中，左边的 () 是链座，现在为空，

1 D. Sleator & D. 1991. Temperley. Parsing English with a Link Grammar, Technical Report of Carnegie Mellon University, CMU-CS91-196.

右边的 (t) 是链头，是 t（时间词）类的链，表示这个词要向右找一个链座为 t 的词相链接。

“参观”：它的连接子为 ((t,s),(o))，其中，左边的 (t,s) 是链座，按从后向前顺序分别为 t 和 s，表示这个词要向左首先找一个链头为 t 的词相连接，接着再向左找一个链头为 s 的词相链接，右边的 (o) 是链头，是 o（宾语）类的链，表示这个词要向右找一个链座为 o 的词相链接。

“博物馆”：它的连接子为 ((o),())，其中，左边的 (o) 是链座，表示这个词要向左找一个链头为 o 的词相链接，右边的 () 是链座，现在为空。

如果一个连接子的链头能够插入类别和它相同的链座之中，那么，就说这个连接子的链接要求得到满足。如果一个句子中的各个词的连接子的链接要求都得到满足，那么，链接这些词的一组链就叫作这个句子的一个链系统（linkage）。句子“代表团昨天参观博物馆”的链系统如下图所示：

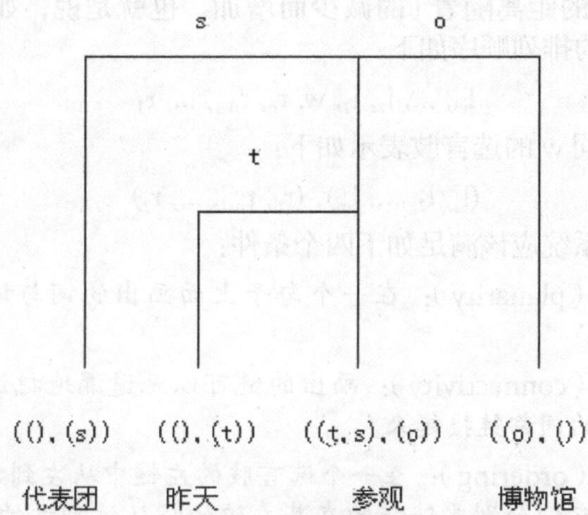

图　链系统实例

“代表团”的连接子要向右找一个链座为 s 的词相链接，“昨天”的连接子要向右找一个链座为 t 的词相链接而“参观”的连接子首先要向左找一个链头为 t 的词相链接，“昨天”的连接子特性正好满足这个条件；“参观”的连接子然后还要再向左找一个链头为 s 的词相链接，“代表团”的连接子正好满足这个条件，因此，可以把“参观”先同“昨天”链接起来，然后再同“代表团”链接起来。“参观”的连接子还要求向右找一个链座为 o 的词相链接，而“博物馆”的连接子正好满足这个条件，于是，最后把“参观”同“博物馆”链接起来，造出句子的连锁。从上面的图中可以看出，这个链系统包括 s、t 和 o 三条链，每一条链的链头都正好插入链座之中，完全满足链接的条件。

严格地说，链语法是由一组词以及这些词相应的连接子组成的。而词的连接子是由一列逻辑选言肢（即“逻辑或”）组成的。即有

$$w=(d_1 \vee d_2 \vee \ldots \vee d_k)$$

$$d=((l_1, l_2, \ldots, l_m), (r_n, r_{n-1}, \ldots, r_1))$$

其中，$d \in \{d_1, d_2, \ldots, d_k\}$，$(l_1, l_2, \ldots, l_m)$ 称为左链，$(r_n, r_{n-1}, \ldots, r_1)$ 称为右链。带选言肢 d 的词 w 可以同处于该词两边的其他词相链接，但是，从左边相链接的词必须与 $(l_1, l_2, \ldots, l_m)$ 中的链相匹配，不能有重复，也不能有遗漏，从右边相链接的词必须与 $(r_n, r_{n-1}, \ldots, r_1)$ 中的链相匹配，不能有重复，也不能有遗漏。对于被采用的选言肢 $d=((l_1, l_2, \ldots, l_m), (r_n, r_{n-1}, \ldots, r_1))$，与 l_i 相链接的词和 w 的距离随着 i 的增加而增加，与 r_j 相链接的词和 w 的距离随着 j 的减少而增加。也就是说，如果单词 w 左右成分 l_i 与 r_j 的排列顺序如下：

$$l_m, \ldots, l_2, l_1, w, r_n, r_{n-1}, \ldots, r_1$$

那么，单词 w 的选言肢表示如下：

$$(l_1, l_2, \ldots, l_m), (r_n, r_{n-1}, \ldots, r_1)$$

句子的链系统应该满足如下四个条件：

- 平面性（planarity）：在一个句子上面画出的词与词之间的链互不交叉。
- 连接性（connectivity）：画出的链可以无遗漏地把这个词序列中的所有的词都链接起来。
- 顺序性（ordering）：在一个选言肢的左链中从左到右排列的成分必须同它们分别要链接的在其左边的词从近到远的顺序相一致，在一个选言肢的右链中从左到右排列的成分也必须同它们分别要链接的在其右边的词从近到远的顺序相一致。
- 排他性（exclusion）：一对词之间最多只能有一条链相链接，也就是说，不允许在同一对词之间出现一条以上的链。

链语法是一种基于词的语法系统，比起上下文无关语法来，这样的语法系统更容易得到词间关系的统计数据。如果通过大规模真实文本的语料库来获取每种链所链接的单词偶对（word pair）的出现频度，那么

在句法系统遇到链接的歧义时，便可以凭借这样的统计数据作出判断，从而为句子的分析选出概率意义上的最佳结果。

良构子串表 WELL-FORMED SUBSTRING TABLE

在自动句法分析时，分析得到的每个子串都是在结构上良构的，但是这些良构的子串形成的整个结构不一定是完全的，这些良构的子串甚至不能结合为整个的结构，它们只是形成一个表，这样的表叫作良构子串表。简称 WFST。

如果在英语中有如下的短语结构语法，其重写规则和单词信息为：

规则：

S → NP VP

VP → IV

VP → IV PP

VP → TV NP

VP → TV NP PP

VP → TV NP VP（动词短语 VP 作补语）

NP → Det N

NP → Det N PP

PP → P NP

其中，IV 表示不及物动词，TV 表示及物动词。

单词：

the: <cat>=Det

her: <cat>=Det

her: <cat>=NP

they: <cat>=NP

nurses: <cat>=NP

nurse: <cat>=N

book: <cat>=N

travel: <cat>=N

report: <cat>=N

report: <cat>=IV（作报告）

hear: <cat>=TV

see: <cat>=IV

on: <cat>=Prep

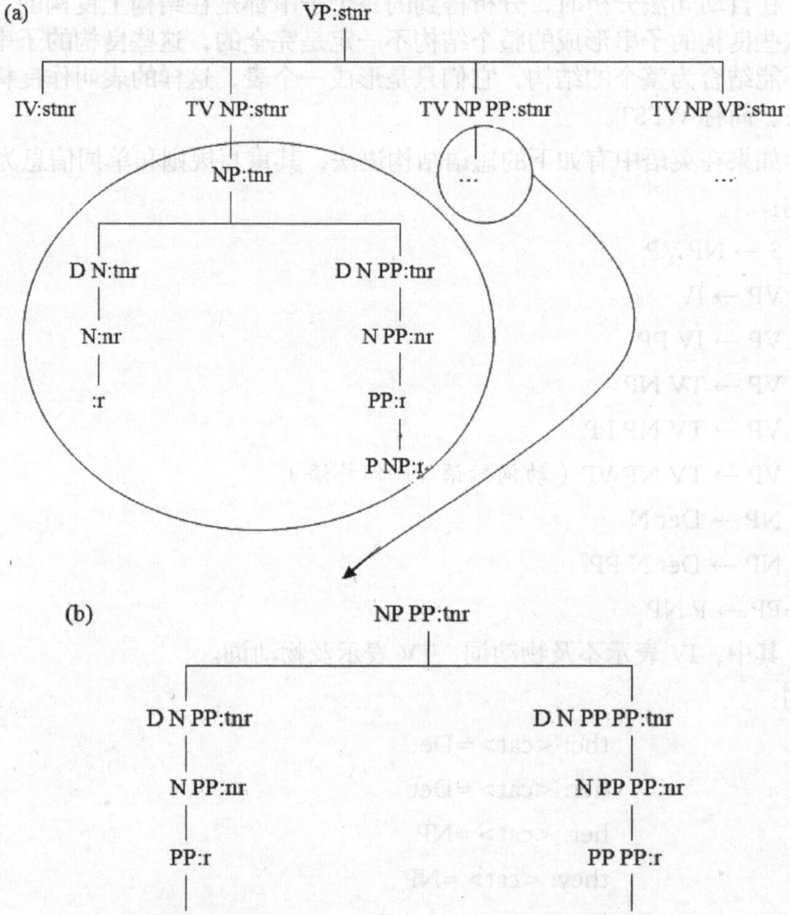

图 1　搜索树中的一个部分

这个短语结构语法可以生成如下的英语句子：

Nurses hear her

The nurses report

They see the book on the nurses

They hear her report on the nurses

如果对“They saw the nurses report.”这个句子作自顶向下剖析，在判定了 They 为主语之后，其余部分的搜索树如图 1 所示（为简单计，用 s 表示 saw，用 t 表示 the，用 n 表示 nurses，用 r 表示 report）。这一部分主要是分析 VP:stnr，根据短语结构语法中的规则 2、4、5、6，可以形成 4 个子树：IV:stnr、TV NP:stnr、TV NP PP:stnr、TV NP VP:stnr。

在搜索第二个子树 VP:stnr 时，主要的力量用于搜索在及物动词 saw 之后的名词词组 NP。从图 1(a) 中圆圈内的部分可以看出，其中的一部分搜索操作可表示为如图 2 的树：

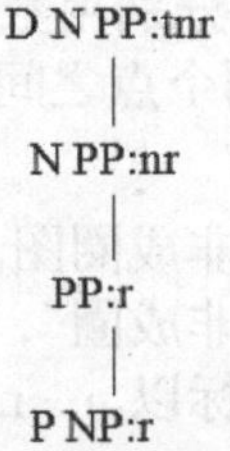

图 2　表示搜索操作的树

在搜索第三个子树 TV NP PP:stnr 时，会产生如图 1(b) 中的搜索子树，可以看出，树的左边部分与图 1(a) 圆圈中的树完全相同，而这个搜索子树的右边部分，与图 1(a) 圆圈中的树相比，只是在“:”的前面，多出了一个 PP 而已。这意味着，在找查第三个搜索子树时，将要重复在第二个搜索子树中所进行的同样的搜索操作，在找查第四个搜索子树 TV NP VP:stnr 时，在“:”号之前多出了一个 VP，其余部分与图 1(a) 圆圈中的树完全相同，也仍然要重复在第二个搜索子树中所进行的同样的搜索操作。完全一样的工作要重复地进行许多次，这是多么大的浪费！

上述例子说明，在剖析程序中，存在着许多重复的、不必要的工作，程序往往会把完全相同的工作，一而再、再而三地重复许多次。问题的症结在于：这样的剖析程序记不住它在前面已经做过什么样的操作。要是剖析程序能记住它前面已经做过的操作，那就可以避免重复。

在上面的例子中，如果我们的剖析程序在搜索树中按深度优先、从左到右的方式进行搜索，那么，它在第二个搜索子树进行搜索之初，将可对名词词组“the nurses”成功地进行剖析。不过，由于在这个名词词组的后面还有一个及物动词 report，随着搜索继续进行，最后导致剖析在第二个搜索子树中的失败。剖析失败了，程序也就把在剖析第二个搜索子树过程中所得出过的信息全部地抛弃了，包括它在对于名词词组“the nurses”曾经作出的成功剖析的那些正确的信息，也一股脑儿被瑜瑕不分地抛弃了。这样，当剖析在第三个搜索子树中进行时，遇到同样的名词词组“the nurses”，又得重起炉灶，重复在前面分析这个名词词组时所进行过的一切工作。

良构子串表可以表示完全结构，也可以表示不完全结构，还可以表示歧义结构。因此，良构子串表就能够把句法剖析过程中那些在局部上良构的中间结构保存下来，不至于因为它们不能形成完全结构而轻易地把它们抛弃，避免了剖析过程中的浪费。

良构子串表用数字 0 和 n 分别表示符号串的首和尾，而在这个符号串中所包含的词，则从左到右分别用数字 1 到 n−1 来表示，这样，良构子串表便能说明，在 i 和 j 两个点之间 ($0 \leqslant i < j \leqslant n$)，存在着一些什么样的范畴标记。

良构子串表是一个有向的非成圈图。所谓“有向”，是指它的每一个弧都有一定的方向；所谓“非成圈”，是指图中不能包含环路。在这个有向的非成圈图中，首节点标以 n，n 是符号串中的词数，弧上的标记是句法范畴和词。

下面的图就是这样的良构子串表，它们可以分别表示完全结构、不完全结构、歧义结构。

表示英语句子“They saw the nurses.”（他们看了那些护士）的完全结构的成分结构树是图 3：

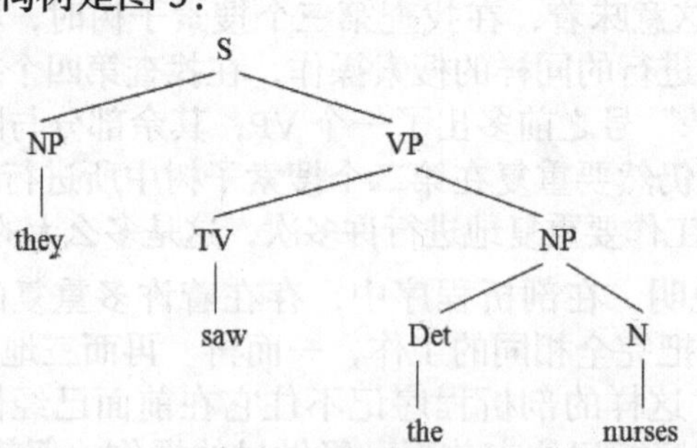

图 3　完全结构

这个完全结构的良构子串表是图 4：

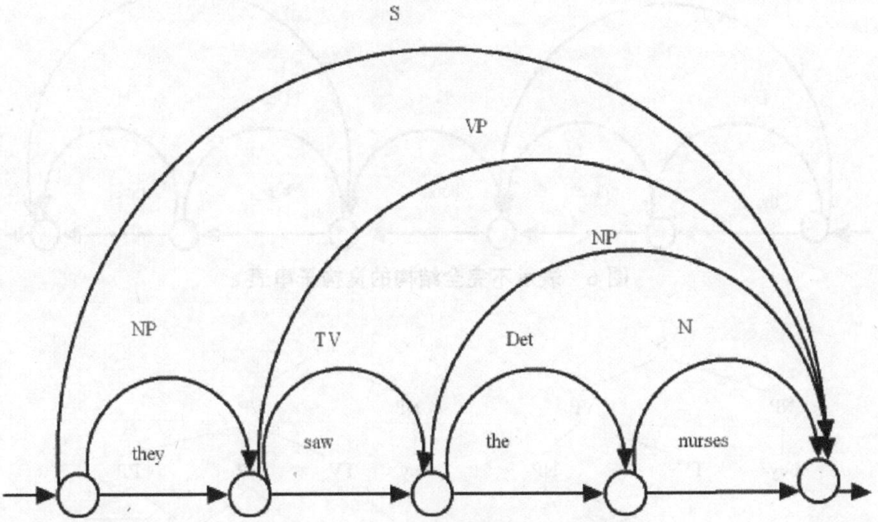

图 4　表示完全结构的良构子串表

当自动句法剖析无法判定 book 为动词而只能判定其为名词 N 时，表示英语句子“the nurses book her travel”的不完全结构无法形成完整的成分结构树，而只能得到一些树枝（如图 5 所示）：

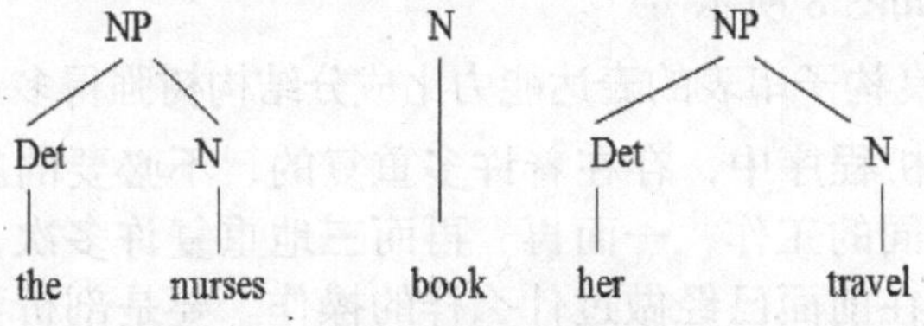

图 5　不完全结构

但是，这种的不完全结构可以用良构子串表来表示如图 6 所示：

英语句子“they hear the report on the travel.”具有歧义结构。这个句子的意思有两个，一个意思是“他们在旅行中听报告”，一个意思是“他们听关于旅行的报告”，因此，这个句子的成分结构树有如下两个（如图 7 所示）：

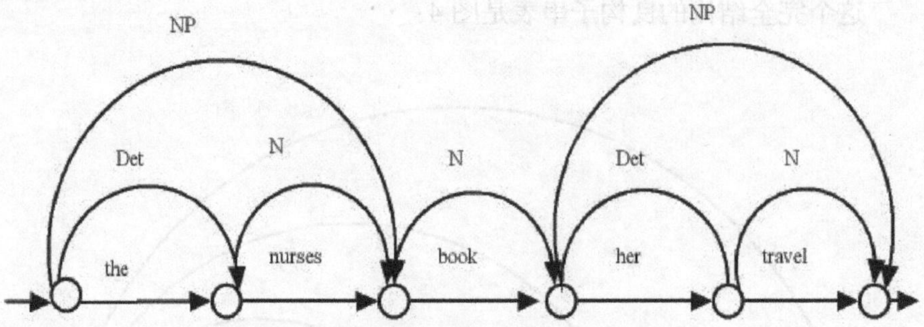

图 6　表示不完全结构的良构子串表

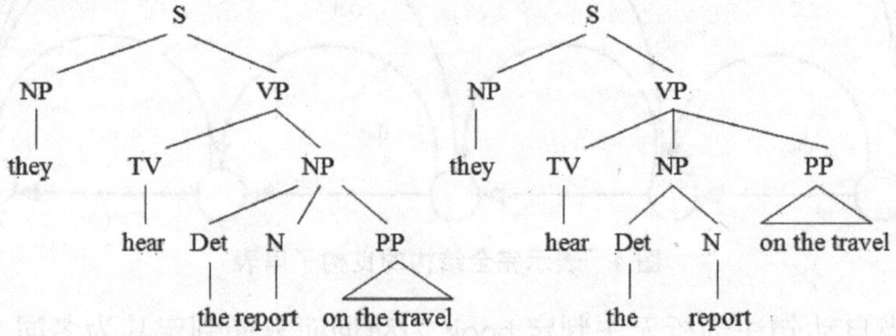

图 7　歧义结构

但是，使用良构子串表可以把两种意思的句法结构在同一个良构子串表中表示出来（如图 8 所示）：

由此可见良构子串表的表达能力比成分结构树强得多。

在自动剖析程序中，存在着许多重复的、不必要的工作。程序往往会把完全相同的工作，一而再、再而三地重复许多次，这样的剖析程序记不住它在前面已经做过什么样的操作。要是剖析程序能记住它前面已经做过的操作，那就可以避免重复。良构子串表即可以表示完全结构，也可以表示不完全结构，还能表示歧义结构，这样就可以把剖析程序在前面做过的操作保存下来，免去了多次重复地做虚功之苦。

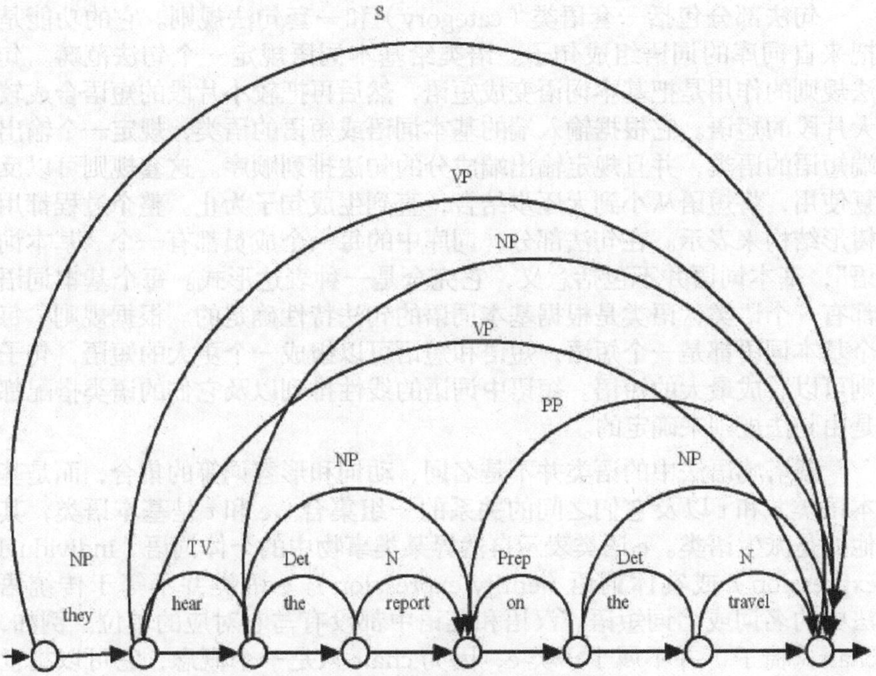

图 8　表示歧义结构的良构子串表

蒙塔鸠语法　MONTAGUE GRAMMAR

蒙塔鸠语法是采用内涵逻辑的方法来描述句子语义内容的一种语言理论。

1970 年前后，数理逻辑学家 R. Montague 等人把内涵逻辑应用于自然语言的研究，并把生成语法与内涵逻辑这两个领域的研究集中起来，提炼为蒙塔鸠语法，开创了用现代逻辑的形式化方法研究自然语言的新思路。把 Montague grammar 翻译为“蒙塔鸠语法”是许国璋先生在世时建议的，我们在这里采用许国璋先生的建议。

蒙塔鸠语法主要由句法、转译和语义三大部分组成。

句法部分包括一套语类（category）和一套句法规则。它的功能是把来自词库的词语组成句子。语类给基本词语规定一个句法范畴。句法规则的作用是把基本词语变成短语，然后再把较小片段的短语合成较大片段的短语。它根据输入端的基本词语或短语的语类，规定一个输出端短语的语类，并且规定输出端成分的句法排列顺序。这套规则可以反复使用，将短语从小到大逐步结合，直到生成句子为止。整个过程都用树形结构来表示。在句法部分，词库中的每一个成员都有一个“基本词语”，基本词语并不包括意义，它完全是一种表达形式。每个基本词语都有一个语类，语类是根据基本词语的句法特性确定的。根据规则，每个基本词语都是一个短语，短语和短语可以组成一个更大的短语，句子则可以看成最大的短语。短语中词语的线性排列以及它们的语类搭配都是由句法规则来确定的。

蒙塔鸠语法中的语类并不是名词、动词和形容词等的集合，而是基本语类 e 和 t 以及它们之间的关系的一组集合。e 和 t 是基本语类，其他的是派生语类。e 语类表示自然界某类事物中的个体词语（individual expression）或实体词语（entity expression）。e 语类并不等于传统语法中的名词或名词短语。汉语和英语中都没有与它对应的单位。例如，chair（椅子）并不属于语类 e，因为 chair 只是一个概念，它可以指世界上所有椅子的集合，只有表示这个集合中具体的某个椅子的词语才属于 e 语类。t 语类表示具有真值的语言单位，叫作真值词语（truth value expression）或陈述语句（declarative sentence）。其他的语类都是从基本语类 e 和 t 派生出来的。蒙塔鸠语法规定，如果 A 和 B 是语类标记，则 A/B，A//B 都是语类标记。这里，A 和 B 是变项，设 A=t, B=e，则 t/e 和 t//e 都是语类标记；设 A=t/e, B=e，则 t/e/e 和 t/e//e 都是语类标记。这样的定义是递归的，循环反复，便可确定无限的语类标记。由于蒙塔鸠语法中的句法和语义是同态的，句法中的语类和语义中的义类一一对应，义类通过语义规则可以在模型中确定所指，因此可以把语类与客观事物联系起来。对语类用这种递归的方法加以定义，就可以为确定语类与客观事物之间的联系打下基础。

转译部分包括一套转译规则，其功能在于把短语转译成内涵逻辑表达式。转译过程严格按照句子的生成过程进行。每条句法规则都有一条与它相对应的转译规则。

语义部分是以内涵逻辑为基础建立的，它是蒙塔鸠语法的精粹所在。

蒙塔鸠语法的内涵逻辑又包括句法和语义两个方面。

语义部分的句法方面由一套义类系统和句法规则组成。义类是由对应函数从该词项的语类中求得的。句法规则规定各种成分结合以后的义类。一个完整的内涵逻辑表达式的义类可以用这套规则通过运算求得。语义部分的句法方面主要解决内涵逻辑结构成分的结合问题。如果一个成分的所指集合不在另一个成分的所指集合之内，那么，它们就不能结合。

语义部分的语义方面主要解决语义所指问题，它有一套语义规则，运用这套语义规则就可以求出内涵逻辑表达式在特定模型中的语义所指。

蒙塔鸠语法有两个来源：一个是 Chomsky 的生成转换语法，一个是 Louis 的内涵逻辑学。Montague 把这两方面的研究成果结合起来，采用内涵逻辑学来描述句子的深层结构，在句子的每个层次上，都可得出一个相应的内涵逻辑表达式，并以此来表示该句子深层结构的逻辑含义。

蒙塔鸠语法对于自然语言现象的解释能力比 Chomsky 的生成转换语法更加强大，也更为深刻。蒙塔鸠语法的内涵逻辑表达式是比生成转换语法的深层结构更为深刻的深层结构，这种深层结构是一种逻辑的深层结构。

命名实体识别

RECOGNITION OF NAMING ENTITY

计算机自动地从文本中识别名称、地址、数词短语等表示命名实体（naming entity）的词语叫作命名实体识别。

一般来说，命名实体识别的任务就是识别出待处理文本中三大类命名实体和七小类命名实体。

三大类命名实体是实体类、时间类和数字类。七小类命名实体是人名、机构名、地名、时间、日期、货币和百分比。在这些命名实体中，时间、日期、货币和百分比的构成有比较明显的规律，识别起来相对容易，而人名、地名、机构名的用字灵活，识别的难度很大，因此命名实体识别主要是指人名、地名和机构名的识别。

名称识别和分类处理的结果采用标准通用标记语言（Standard Generalized Mark-up Language，简称 SGML）来标记，在名称开头使用 <NAME TYPE=xx>，结尾使用 </NAME>。

这样，句子“Capt. Andrew Ahab was appointed vice president of the Great White Whale Company of Salem-Massachusetts.”可以标注如下：

Capt. <NAME TYPE=PERSON> Andrew Ahab</NAME> was appointed vice president of the <NAME TYPE=ORGANIZATION> Great White Whale Company </NAME> of <NAME TYPE=LOCATlON> Salem </NAME>, <NAME TYPE=LOCATIN> Massachusetts </NAME>

这种标注的基本理念十分简单，可以写大量的有限状态模式来进行名称的识别和标注，其中每个名称都记录了该名称中的子集并将其分类。这些模式中的内容会根据自身的特性与特定的分类标记进行匹配。我们使用标准普通表达符号，特别使用后缀符’+’来与其中一项元素的一个或多个实例进行匹配，例如，表达式

Capitalized-word+‘Corp.’

可以表示以大写字母开头并包含一个或多个单词的公司名称。同样地，表达式

‘Mr.’capitalized-word+

可以与用 Mr. 开头的单词序列匹配，并被归类为人名。

要创建一个完整的名称标注器（name tagger），就要编制一个文本标注的程序，然后从文本中的每个单词开始与所有的表达式进行匹配；一旦匹配成功，单词序列就会被归类，然后再继续这样的步骤，直到标注结束。

命名实体识别的过程通常包括两部分：

- 识别命名实体的边界；
- 确定命名实体的类别，判断命名实体是属于人名、地名还是机构名。

英语中的命名实体具有比较明显的形式标志，即人名、地名和机构名等实体中的每个单词的第一个字母要大写，所以实体边界的识别相对容易，重点是确定实体的类别。

对于汉语来说，命名实体识别的主要难点在于：

- 命名实体形式多变：命名实体的内部结构很复杂，对中文命名实

体来说，情况尤其如此。

人名：人名一般包含姓氏（由一到两个汉字组成）和名（由若干个汉字组成）两部分，其中姓氏的用字是有限制的，而名的用字很灵活。人名还有很多其他形式，可以使用名来指代一个人，也可以使用字、号等其他命名来指代一个人，还可以使用姓加上前缀或后缀以及职务名来指代一个人。例如："杜甫""杜子美""子美""杜工部"都是同一个人：唐代诗人杜甫。

地名：地名通常由若干个汉字组成，可能包括作为后缀的关键字，也可能使用别名。例如，"广州、广州市、羊城"是指同一个地方，"羊城"是别名。除了全称的地名之外，还存在一些简称来指称地理位置。例如，"湖北、湖北省、鄂"均是指同一个地方，"鄂"是简称。

机构名：机构名可以包含命名性的成分、修饰性成分、表示地名的成分以及关键词成分等。例如：机构名"北京百富勤投资咨询公司"中，"北京"是表示地名的成分，"百富勤"是命名性的成分，"投资咨询"是修饰性成分，"公司"是关键词成分。机构名内部还可以嵌套子机构名，例如：机构名"北京大学附属小学"中嵌套了另一个机构名"北京大学"。机构名中还有很多简称形式，例如："中国奥委会"是"中国奥林匹克运动会"的简称、"北师大二附"是"北京师范大学第二附属小学"的简称。目前公司林立，机构庞多，机构名的自动识别具有挑战性。

- 命名实体的语言环境复杂：命名实体是语言中非常普遍的现象，因此可以出现在各种语言环境中。同样的汉字序列在不同语境下，可能具有不同的实体类型，或者在某些条件下是实体，在另外的条件下就不是实体。例如：

  人名："彩霞"在某些条件下指人名，而某些条件下就是一种自然现象；

  地名："河南"在某些条件下是一个省名，在某些条件下是指河的南边；

  机构名："新世界"在某些条件下指机构名，在某些条件下只是一个词组。

与英语相比，汉语命名实体识别任务要复杂得多，主要表现在：

- 汉语文本没有类似英语文本中空格之类的显式标示词边界的标示符，必须进行自动切词，而自动切词和命名实体识别之间会互相影响，彼此牵制。

- 英语的命名实体往往是首字母大写的，例如："Liu Chang Le is the founder of Phoenix TV." 中，人名 Liu Chang Le 的首字母是大写的。而中文文本中没有这样的标示，例如："凤凰卫视的创始人是刘常乐"中，人名"刘常乐"淹没在一长串的汉字当中。

命名实体是自然语言文本中承载信息的重要语言单位，命名实体的识别和分析研究在网络信息抽取、网络内容管理和知识工程等领域占有非常重要的地位。目前的命名实体识别的技术水平还远远不能满足大规模真实的互联网应用的需求，还需要更加深入的研究。从研究方法上来讲，命名实体识别的研究要突破自然语言处理领域的限制，面向真实的互联网应用，研究面向海量、冗余、异构、不规范、含有大量噪声的网页的命名实体识别技术。

PATR 语法　PATR GRAMMAR

PATR 语法是美国计算语言学家 Stuart M. Shieber 于 20 世纪 80 年代研制的一种基于合一运算的自然语言处理的形式模型。

一个 PATR 语法包括一套规则（rules）和一个词表（lexicon）。

PATR 语法的规则包括上下文无关的短语结构规则和一套特征约束，与短语结构规则的成分相联系的特征结构使用合一的方法进行运算。词表中的词项记录语言中的单词及其相关特征，这些词项用来替换短语结构规则中的终极符号。

上下文无关的短语结构规则的形式为：

LHS → RHS_1 RHS_2...

其中，箭头前面的 LHS（Left Hand Side）是规则的左部，它必须是一个单独的非终极符号，箭头后面的 RHS（Right Hand Side）是规则的右部，它是一个符号串，可以包括一个或一个以上的符号，记为"RHS_1 RHS_2..."，这些符号可以是终极符号，也可以是非终极符号。

PATR 语法把上下文无关的短语结构语法和特征结构的合一运算结

合起来，使用特征结构来控制上下文无关的短语结构语法的过强的生成能力。

特征结构的基本运算是“合一”：在两个特征结构中，合一运算规定：如果它们共有属性的属性值相容，才可以合一，如果它们共有属性的属性值不相容，就不能合一。

PATR 语法的词表也使用复杂特征来表示：

在自动句法剖析时，计算机从词表中提取有关词项的复杂特征，进行合一运算，最后得到句法剖析的结果。

特征结构是 PATR 语法的基本数据结构。一个特征结构可以包含一个或一个以上的特征（feature）。一个特征由属性名（attribute name）和属性值（attribute value）组成。特征结构可以用属性 - 值矩阵（attribute-value matrix）来表示。

例如，下面是一个属性 - 值矩阵：

```
[lex: telescope
 cat:  N]
```

其中，lex 和 cat 是属性名，lex 表示单词，cat 表示该单词的范畴，telescope 和 N 分别是 lex 和 cat 的属性值，说明单词 telescope 的范畴是名词。特征结构用方括号括起来，方括号的头表示特征结构的开始，方括号的尾表示特征结构的结束。在用属性 - 值矩阵表示的特征结构中，每个特征占单独的一行，属性名写在最前面，然后写冒号，最后写属性值。

特征结构中的属性值可以是简单值，也可以是复杂值。简单值如上例所示，下面是复杂值的例子：

```
[ lex:       telescope
  cat:       N
  gloss:     `telescope
  head:      [ agr:     [ 3sg:  + ]
               number:  SG
               pos:     N
               proper:  –
               verbal:  –]
  root_pos:  N ]
```

在这个特征结构中，head（中心词）这个特征又包含了另一个特征结构 agr（表示一致关系），而在这个特征结构 agr 中又包含了另一个嵌入的特征结构 [3sg: +]，表示要保持“第三人称单数”的一致关系，number 表示数，它的值是 SG（表示单数），pos 表示词性（part of speech），它的值是 N（表示名词），proper 表示专有名词，它的值是 –（表示否定），verbal 表示动词性，它的值也是 –（表示否定）。特征结构就这样一层一层地叠套起来。

特征结构中的组成部分，可以通过路径（path）来描述。所谓路径，就是特征结构中的一个或多个属性名形成的序列，路径使用尖括号“<>”括起来表示。

例如，在上面的特征结构中，

<head>

<head number>

<head agr 3sg>

都是这个特征结构的路径。

使用这样的特征结构，可以有效地描述语言成分的复杂特征。

在 PATR 语法中，为了限制短语结构语法过强的生成能力而对结构规则进行约束的表达式，叫作合一表达式。

合一表达式由左部和右部组成，左部和右部之间用等号“=”相连接。

合一表达式的左部是一个特征路径，路径的第一个成分是短语结构规则中的某一个符号；合一表达式的右部是一个简单的值，也可以是另一个路径，这个路径的第一个成分也是短语结构规则中的符号。

例如，下面是 PATR 的两条规则：

规则 1：

S → NP VP (SubCl)
<NP head agr> = <VP head agr>
<NP head case> = NOM
<S subj> = <NP>
<S head> = <VP head>

规则 2：

NP → {(Det) (AJ) N (PrepP)} / PR
<Det head number> = <N head number>
<NP head> = <N head>
<NP head> = <PR head>

在规则 1 中有 4 个合一表达式对短语结构规则“S → NP VP (SubCl)”

进行约束。第一个合一表达式要求 NP 和 VP 的路径 <head agr> 相等，也就是说，NP 和 VP 要保持一致关系（agr）；第二个合一表达式要求 NP 为主格（NOM）；第三个合一表达式要求 S 的主语（subj）为 NP；第四个合一表达式要求 S 的中心语（head）等于 VP 的中心语。

在规则 2 中有 3 个合一表达式对短语结构规则“NP → {(Det) (AJ) N (PrepP)} / PR”进行约束。第一个合一表达式要求 Det 和 N 的数（number）相等，第二个合一表达式要求 NP 和 N 的中心语相等，第三个合一表达式要求 NP 和 PR 的中心语相等。

合一表达式给 PATR 的规则加上了约束，有效地改善了短语结构语法处理自然语言的效果。

PATR 语法具有如下的优点：

- 简单性：PATR 自始至终只使用一种运算—合一运算。
- 灵活性：PATR 也可以在词汇功能语法、广义短语结构语法中使用，用来进行句法剖析。
- 陈述性：PATR 中合一运算是与顺序无关的，不管是先合一还是后合一，运算的结果都是一样的。
- 模块性：PATR 的规则和词表是模块化的，便于调试和使用。

配价语法 VALENCE GRAMMAR

词在句子中以一定的方式出现并与其他词相结合的特性，叫作配价。研究配价的语法叫作配价语法。

配价是词的一种根本属性，广义的配价是指词具有的一种和其他词结合的能力，这种能力是一种潜在的能力，它在句子中实现时要受到句法、语义和语用等因素的限制；狭义的配价是指动词等词类要求行动元来参与其所在的句子所表示的过程的能力。

法国语言学家 Tesnière 认为可以把动词比作一个带钩的原子，动词用这些钩子来吸引与其数量相同的行动元作为自己的依存成分。一个动词所具有的钩子的数量，就是动词所能支配的行动元的数目，这就构成了动词的配价。

行动元的数目决定了动词的配价的数目。如没有行动元，则为零价动词；如有一个行动元，则为一价动词；如有两个行动元，则为二价动词；如有三个行动元，则为三价动词。

例如：

零价动词（Verbes avalents）：

Il pleut　　0 个行动元

（法语：下雨）

一价动词（Verbes monovalents）：

Il dort　　1 个行动元

（法语：他睡觉）

二价动词（Verbes bivalents）：

Il mange une pomme　　2 个行动元

（法语：他吃苹果）

三价动词（Verbes trivalents）：

Il donne son livre à Charles　　3 个行动元

（法语：他把他的书给查理）

Tesnière 指出，不必总是要求动词依照配价带全所有的行动元，或者说让动词达到饱和状态。有些价可以不用或空缺。

配价是词的一种根本属性，图 1 是配价模式示意图：

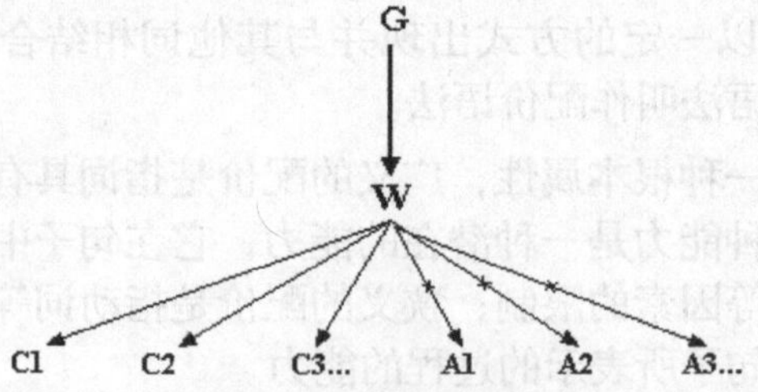

图 1　配价模式示意图

其中 W 表示一个词（word），C1–C3 是为了完善或明确 W 的意义所需要的补足语（complement，大致相当于行动元），A1–A3 是可对 W 进一步做出说明或限定的说明语（Adjunct，大致相当于状态元），G 为 W 潜在的支配词（governor）。一旦 W 出现在真实的文本之中，那么它就打开了一些需要填补的空位，在配价开辟具体空位的同时，也预言了所需要补足语的数量和类型。同时，W 在进入具体文本时也显现了它是否能满足别的依存词的需要。至于真正的结合能否发生，则要看句法、语义等方面的结合要求是否能得到满足，因此句法、语义特征限制也属于配价的内容。

图 2 是一种类似于树结构的配价表示框架：

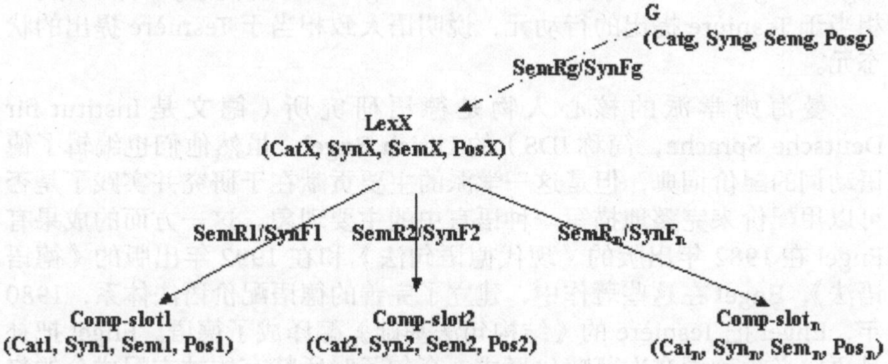

图 2 配价表示框架

图 2 中，LexX 表示当前单词，CatX 表示词 X 的范畴，SynX 表示词 X 的句法特征，SemX 表示词 X 的语义特征，PosX 表示词 X 的词类特征，Comp-slot 表示补足语的槽。在这个配价表示框架中，也可以将所有与语义相关的因素排除，这样就形成了一个纯形式的基于配价的依存语法分析模型。这样的纯句法模型在生成依存树后，需要一套语义机制从有歧义的结构中选择最适宜的结果。配价属于语义 – 句法范畴。语义不但在决定配价时有作用，而且在配价的实现过程中也有约束作用。语义和句法的结合，使得语言分析和理解的结果更加明确，因此，在配价表示框架中，还需要标出语义信息 Sem 和句法信息 Syn。

20 世纪 60 年代初期，德国学者把泰尼埃的依存语法引进了德语研究。依存语法在德国一般叫配价语法（德文：Valenzgrammatik）。德国的配价语法在当时主要集中在德意志民主共和国的莱比锡和德意志联邦共和国的曼海姆，分别称为莱比锡学派和曼海姆学派。

莱比锡学派的领军人物是 Gerhard Helbig，他和 W. Schenkel 于 1969 年编辑出版了《德语动词配价与分布词典》，从这部动词词典开始，他们于 1974 年编辑出版了《形容词配价词典》，于 1977 年出版了《名词配价词典》。除了大量的文章之外，莱比锡学派还出版了一些有关配价的论文集，莱比锡学派的贡献主要在配价理论方面。Helbig 认为，配价指的是动词与受其支配成分之间的抽象关系；句法配价是指动词在其周围开辟一定数量的空位，并要求用必有或可选共演成分（德文：Mitspieler）填补的能力。Helbig 还提出了“补足语”（德文：Ergänzungen）和“说明语”（德文：Angaben）的概念，补足语大致相当于 Tesnière 提出的行动元，说明语大致相当于 Tesnière 提出的状态元。

曼海姆学派的核心人物是德语研究所（德文是 Institut für Deutsche Sprache，简称 IDS）的 Ulrich Engel，虽然他们也编辑了德语动词的配价词典，但是这一学派的主要贡献在于研究并实践了是否可以用配价来完整地描写一种语言中的主要现象。这一方面的成果有 Engel 在 1982 年出版的《现代德语句法》和在 1992 年出版的《德语语法》，Engel 在这些著作中，建立了完善的德语配价语法体系，1980 年，Engel 把 Tesnière 的《结构句法基础》翻译成了德语。Engel 把补足语定义为动词在次范畴化形成一个句子时所特有的被支配成分的集合，对补足语和说明语进行了详尽的分类和论述。Engel 把配价理解为动词在次范畴化时的一种支配能力。他认为补足语和说明语的差别在于，补足语只是某个词类在次范畴化时所具有的，而一切的词类都可以具有说明语。Engel 还提出了“必有成分”和“可有成分”的概念。必有成分是语法上不可缺少的成分，而即使没有可有成分也不会产生不合语法句子。必有成分必然是补足语，而可有成分既可以是说明语，也可以是补足语。

德语研究所的学者 H. Schumacher 于 1986 年出版了《动词配价分类词典》。该所的 W. Teubert 把配价的概念扩展到名词，深入地研究了德语名词的配价，于 1979 年出版了专著《名词的配价》，这是关于名词配价研究的最早著作。

齐普夫定律 ZIPF'S LAW

描述在按频率递减顺序排列的频率词典中，单词的序号与单词的频率之间的数学关系的定律，叫作齐普夫定律。

在 20 世纪初，随着不同语言中有关词的资料的大量积累，学者们便想从理论上把这些资料加以概括。在频率词表中，词的出现频率与词的序号是两个最基本的数据，它们刻画出了一个词在词表中的性质，因而学者们着重地研究了频率词表中这两个基本数据之间的相互关系，提出了词的频率分布规律。

J. Estoup、E. Condon、G. K. Zipf、M. Joos、B. Mandelbrot 等人先后对这个问题作了探索。

1916 年，法国速记学家 J. Estoup，在从事速记文字体系的改善的研究工作中，观察到如下规律：

> 假设有一个包含 N 个词的文本（N 应该充分地大），按这些词在文本中出现的绝对频率 n 递减的顺序，把它们排列起来，并且按自然数顺序从 1（绝对频率最大的词）到 L（绝对频率最小的词）编上序号，造出这个文本的频率词表。词的频率用 n 表示，词的序号用 r 表示，r 可取区间 $1 \leq r \leq L$ 内的全部自然数值。频率词表的形式如图 1 所示：

词的序号	1	2 ………… r ………… L
词的频率	n_1	n_2 ………… n_r ………… n_L

图 1 频率词表

J.Estoup 发现，词的绝对频率与它相应的词的序号 r 的乘积大体上稳定于一个常数 K，即

$$n_r \cdot r = K$$

1928 年，美国贝尔电话公司物理学家 E. Condon 在研究提高电话线路通讯能力的工作中发现了如下的规律。

他根据词的频率统计资料，做出了如图 2 的函数图表：

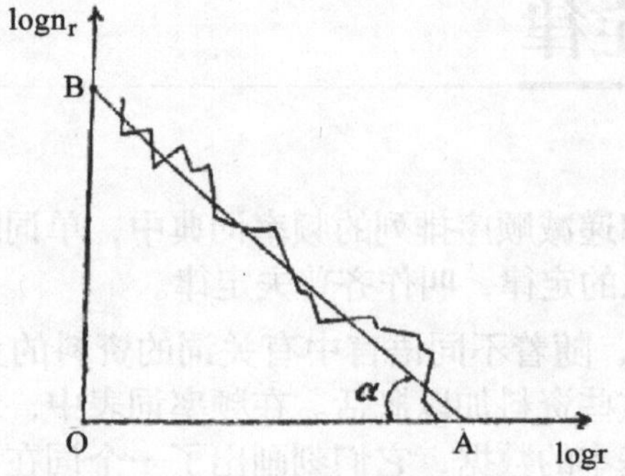

图 2　Condon 做出的函数图表

横坐标记词的序号的对数 $\log r$，纵坐标记词的绝对频率的对数 $\log n_r$，之所以采用对数，是为了使比例适当。例如，当 $r=1$ 时，$n_r=10^4$，而当 $r=L$ 时（L 很大），$n_r=1$，在坐标图上画起来很不方便，但如果用对数表示，两者差距就不太大，便于在坐标图上画出。

E. Condon 发现，$\log r$ 与 $\log n_r$ 的分布关系接近于一条直线 AB，因此得出公式：

$$f_r=cr^{-1}$$

E. Condon 说明，公式中的 f_r 表示序号为 r 的单词的频率 f; c 可以作为一个常数来处理，但 c 是否为一个常数，还需要更多的实验来检验它。

1935 年，美国语文学家 G. K. Zipf 首先来检验 E. Condon 的结果。他根据 M. Hanley 为 J. Joyce 的中篇小说 *Ulysses*（《尤利西斯》）一书所编的频率词表，文本容量为 260,432 个词，词表中收词 29,899 个，他在比 E. Condon 规模大得多的基础上，来检验 E. Condon 的结果。

G. K. Zipf 根据有关数据作出了如 E. Condon 所画的那种函数图表（图 3）：

G. K. Zipf 得到了与 E. Condon 相同的结果，即

$$f_r=cr^{-1}$$

当试验次数 $t\to\infty$ 时，频率 f_r 就变成了概率 P_r，故公式有

$$P_r=cr^{-1}$$

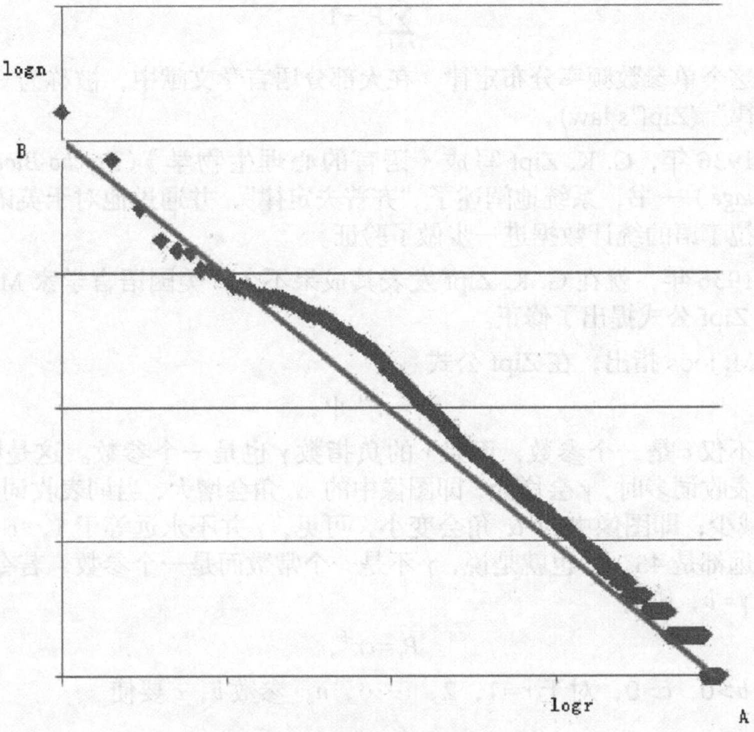

图 3　G. K. Zipf 作出的函数图

接着，G. K. Zipf 来测定 c 的值。开初，他指出，在上面公式中，当 $r=1$ 时，

$$\begin{aligned} P_r &= cr^{-1} \\ &= c\times 1^{-1} \\ &= c \end{aligned}$$

可见，c 就是序号为 1 的词的概率。G. K. Zipf 测出了 $c=0.1$，因而认为 c 是一个常数。

但是，后来大量的事实说明，大多数欧洲语言，序号为 1 的词的相对频率一般小于 0.1，几乎没有一种语言的序号为 1 的词的相对频率为 0.1，因此，G. K. Zipf 对他原先的说法作了修改，指出 c 不是一个常数，而是一个参数，它的值的区间为

$$0<c<0.1$$

对于 $r=1, 2...n$，这个参数 c 使得

$$\sum_{r=1}^{n} P_r = 1$$

这个单参数频率分布定律，在大部分语言学文献中，被称为“齐普夫定律”(Zipf’s law)。

1936年，G. K. Zipf写成《语言的心理生物学》(*Psycho-Biology of Language*)一书，系统地阐述了“齐普夫定律”，并通过他对于英语、汉语和拉丁语的统计数据进一步做了验证。

1936年，就在G. K. Zipf发表其成果不久，美国语言学家M. Joos就对Zipf公式提出了修正。

M. Joos指出，在Zipf公式

$$P_r = cr^{-1}\text{ 中，}$$

不仅c是一个参数，而且r的负指数γ也是一个参数。这是因为，当词表收词多时，γ会增大，即图像中的 α 角会增大，当词表收词少时，γ会减少，即图像中的 α 角会变小，可见，γ并不永远等于1，α 角并不永远都是45°，也就是说，γ不是一个常数而是一个参数，若令这个参数$\gamma=b$，则有

$$P_r = cr^{-b},$$

其中$b>0$，$c>0$，对于$r=1$，2，……，n，参数b，c要使

$$\sum_{r=1}^{n} P_r = 1$$

这就是M. Joos的双参数频率分布定律。

在M. Joos的公式中，当$b=1$时，公式变为

$$P_r = cr^{-1},$$

这就是Zipf的公式，因此，Zipf公式只不过是Joos公式当$b=1$时的一种特殊情况。

20世纪50年代初期，英籍法国数学家B. Mandelbrot利用概率论和信息论方法来研究词的序号分布规律。他把词看成是以空白为结尾的字母的随机序列，又把句子看成是用词来编码的词的序列，把文章看成是由句子的增消过程而形成的句子的序列。从这样的观点出发，B. Mandelbrot通过严格的数学推导，从理论上提出了词的三参数频率分布定律，其形式是：

$$P = c(r+a)^{-b}$$

其中，$0 \leqslant a < 1$，$b>0$，$c>0$，对于$r=1$，2，……，n，参数a，b，c要使

$$\sum_{r=1}^{n} P_r = 1$$

a，b，c 三个参数的含义如下：

- 参数 c 与出现概率最高的词的概率的大小有关；
- 参数 b 与高概率词的数量的多少有关，对于 $r<50$ 的高概率词，b 是 r 的非减函数，随着 r 的增大，参数 b 并不减小；
- 参数 a 与词的数量 n 有关，由于 a 的选择自由较大，因而公式的灵活性很大，更能在各种条件下适合测定的数据。

在 B. Mandelbrot 的公式中，当 $a=0$ 时，公式形式为

$$P_r = cr^{-b}$$

这就是 Joos 公式。当 $a=0$，$b=1$ 时，公式形式为

$$P_r = cr^{-1}$$

这就是 Zipf 公式。可见，Joos 公式和 Zipf 公式，只不过是 Mandelbrot 公式的特殊形式。

当然，关于词的频率的分布问题是比较复杂的，上述公式并不能完满地反映词频的分布规律。例如，从公式看来，一个 r 的值只能对应于一个 P_r 的值，因此，公式本身的性质决定了文本中不能存在频率相同的词，这与语言的客观事实是不符合的。试验证明，当 $15<r<1500$ 的时候，频率相同的词群容量不大，但当 $r>1500$，也就是当词的频率较小的时候，频率相同的词群的容量就大大增加了。可见，上述各公式都不能用来描述低频率词的序号分布情况，事实上，前面的函数图像应该为如下（图 4）：

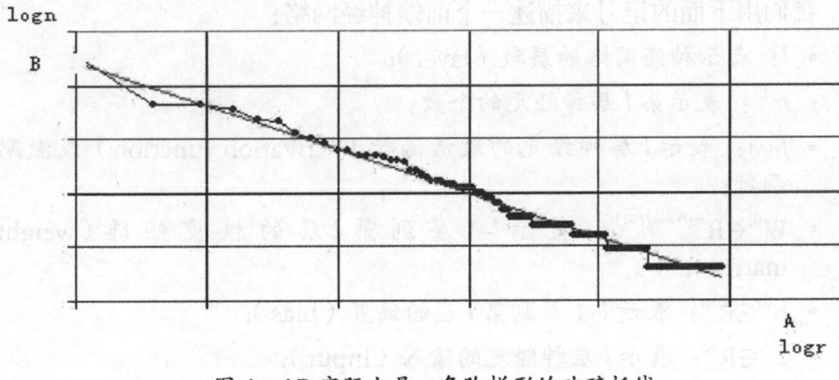

图 4　AB 实际上是一条阶梯形的破碎折线

实际上，AB 并不是一条直线而是一条阶梯形的破碎折线，就像一条长长的尾巴。从图 4 中可看出，序号高的低频率单词，不同的序号很可能具有相同的低频率，因而这些低频率单词，序号不同而频率相同的很多；而序号低的高频率单词，频率相同的词随着序号的降低越来越少。可以说，频率的雷同数是随着序号的降低而减少的，越是频率低的单词，序号相同的越多，越是频率高的单词，序号相同的越少，因而形成了长尾分布。这种事实，用上述各个公式都不能很好地描述。可见，词的频率分布规律还有必要进一步加以研究。

前馈神经网络

FEED-FORWARD NEURAL NETWORK

前馈神经网络中各个神经元按接受信息的先后分为不同的组，每组可以看作一个神经层，各个神经元分别属于不同的层，每层的神经元可以接收前一层神经元的信号，并产生信号前馈到下一层。前馈神经网络简称 FNN。

前馈神经网络的第 0 层叫输入层（input layer），最后一层叫输出层（output layer），其他中间层叫作隐藏层（Hidden layer）。整个网络中没有反馈，信号从输入层向输出层向前单向传播，形成一个有向非成圈图。其结构如图 1 所示：

我们用下面的记号来描述一个前馈神经网络：

- l：表示神经网络的层数（layer）；
- $m^{(l)}$：表示第 l 层神经元的个数；
- $f_l(\cdot)$：表示 l 层神经元的激活函数（activation function）或激励函数；
- $W^{(l)} \in R^{m(l) \times m(l-1)}$：表示 l–1 层到第 l 层的权重矩阵（weight matrix）；
- $b^{(l)} \in R^{ml}$：表示 l–1 层到第 l 层的偏置（bias）；
- $z^{(l)} \in R^{ml}$：表示 l 层神经元的输入（input）；
- $a^{(l)} \in R^{ml}$：表示 l 层神经元的输出（output）。

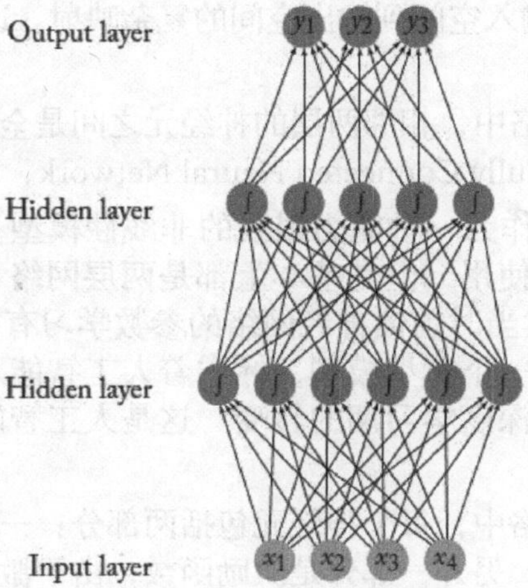

图 1 前馈神经网络

前馈神经网络通过下面公式进行信息传播：

$$z^{l}=W^{(l)}\cdot a^{(l-1)}+b^{(l)}$$

$$a^{(l)}=f_{l}(z^{(l)})$$

第一个公式的含义是：第 l 层神经元的输入等于从 l–1 层到第 l 层的权重矩阵乘以 l–1 层神经元的输出，再加上 l–1 层到第 l 层的偏置。

第二个公式的含义是：第 l 层神经元的输出等于对第 l 层神经元输入求激活函数。

这两个公式可以合并为：

$$z^{(l)}=W^{(l)}\cdot f_{l-1}(z^{(l-1)})+b^{(l)}$$

或者

$$a^{(l)}=f_{l}(W^{(l)}\cdot a^{(l-1)}+b^{(l)})$$

这样，前馈神经网络就可以通过逐层的信息传递，得到最后的输出 $a^{(l)}$。整个前馈神经网络可以看作一个复合函数 φ(x; W, b)，将向量 x 作为第 1 层的输入 $a^{(0)}$，将第 L 层的输出 $a^{(l)}$ 作为整个函数的输出。

整个过程如下：

$$x=a^{(0)}\rightarrow z^{(1)}\rightarrow a^{(1)}\rightarrow z^{(2)}\rightarrow\ldots\rightarrow a^{(l-1)}\rightarrow z^{(l)}\rightarrow a^{(l)}=\varphi(x;\,W,\,b)$$

其中 W, b 分别表示网络中所有层的连接权重和偏置。

因此，前馈神经网络可以看作一个复合函数，通过简单非线性函数的多次复合，实现输入空间到输出空间的复杂映射。这种网络结构简单，易于实现。

在前馈神经网络中，相邻两层的神经元之间是全连接关系，也称为全连接神经网络（Fully Connected Neural Network，FCNN）。

前馈神经网络作为一种能力很强的非线性模型，在20世纪80年代后期就已被广泛使用，但是基本上都是两层网络（即一个隐藏层和一个输出层）。虽然当时前馈神经网络的参数学习有很多难点，但它可以作为连接主义的一个典型模型，标志着人工智能从高度符号化的知识期向低符号化的深度学习期的转变。这是人工智能研究中的重要转折点。

在前馈神经网络中，每个神经元包括两部分：一部分负责线性加权求和，叫作线性层，另外一部分是激励函数，由于激励函数都被定义为非线性的，所以又叫作非线性层。单层的感知机中同样可以使用激励函数，但是由于是否使用激励函数并不影响单层感知机的分类能力，因此通常被忽略。然而在多层感知机中，激励函数对于神经网络的描述能力具有至关重要的作用：如果两个网络层之间没有非线性的激励函数，不论网络有多少层，总体上仍然等价于一个线性函数，从数学的角度看，与单层感知机的表达能力并没有什么不同。由此可见，激励函数大大地改善了前馈神经网络的性能。

在理论上可以证明，只要激励函数满足特定的宽松条件，那么，对于任何一个连续函数，都存在一个有限大小而且至少包含一个隐藏层的神经网络，能够以任意的精度逼近这个连续函数。前馈神经网络的这个性质，叫作“通用逼近定理”（universal approximation theorem）。

上下文有关语法

CONTEXT SENSITIVE GRAMMAR

在Chomsky的形式语法中，重写规则P的形式为$\varphi \to \psi$的语法，叫作上下文有关语法，其中，φ和ψ都是语符串，并且要求$|\psi| \geqslant |\varphi|$，也就是$\psi$的长度不小于$\varphi$的长度。

现有一种形式语言$L=\{a^nb^nc^n\}$，它是n个a，n个b和n个c相毗连而成的语符串(n≥1)。生成这种形式语言的语法G是：

$$G=(V_n, V_T, S, P)$$
$$V_N=\{S, B, C\}$$
$$V_T=\{a, b, c\}$$
$$S=S$$

P:

$S\rightarrow aSBC$	(i)
$S\rightarrow aBC$	(ii)
$CB\rightarrow BC$	(iii)
$aB\rightarrow ab$	(iv)
$bB\rightarrow bb$	(v)
$bC\rightarrow bc$	(vi)
$cC\rightarrow cc$	(vii)

从S开始，用规则(i)n－1次，得到

$$S \overset{*}{\underset{G}{\Rightarrow}} a^{n-1}S(BC)^{n-1}$$

然后用规则(ii)1次，得到

$$S \overset{*}{\underset{G}{\Rightarrow}} a^n(BC)^n$$

规则(iii)可以把$(BC)^n$变换为B^nC^n。例如，如果N=3，有

$$aaaBCBCBC \underset{G}{\Rightarrow} aaaBBCCBC \underset{G}{\Rightarrow} aaaBBCBCC \underset{G}{\Rightarrow} aaaBBBCCC$$

这样，有

$$S \overset{*}{\underset{G}{\Rightarrow}} a^nB^nC^n$$

接着，用规则(iv)1次，得到

$$S \overset{*}{\underset{G}{\Rightarrow}} a^n bB^{n-1}C^n$$

然后，用规则(v)n－1次，得到

$$S \overset{*}{\underset{G}{\Rightarrow}} a^nb^nC^n$$

最后，用规则(vi)1次及规则(vii)n-1次，得到

$$S \overset{*}{\underset{G}{\Rightarrow}} a^nb^nc^n$$

在这个语法中，它的各个重写规则的右边的符号数大于或等于左边的符号数，满足条件 $|\psi| \geqslant |\varphi|$，因此，这个语法是上下文有关语法。

例如，语符串“aaabbbccc”的生成过程如下：

语符串的变换	规则
S	
aSBC	(i)
aaSBCBC	(i)
aaaBCBCBC	(ii)
aaaBBCCBC	(iii)
aaaBBCBCC	(iii)
aaaBBBCCC	(iii)
aaabBBCCC	(iv)
aaabbBCCC	(v)
aaabbbCCC	(v)
aaabbbcCC	(vi)
aaabbbccC	(vii)
aaabbbccc	(vii)

这个上下文有关语法生成的语符串 aaabbbccc 的结构图表示如图所示：

可以看出，这个生成图示不是树形图。其中 BCBC 中间的 CB 重写成 BC, BCBC 前面一个 B 作为 aB 中的后一成分，BCBC 后面一个 C 成为 cC 中的后一成分，这些成分的处理，都要使用上下文有关规则。

Chomsky 指出，上下文有关语法与上下文无关语法之间存在着如下关系：

第一，每一个上下文无关语法都包含于上下文有关语法之中。

在上下文有关语法的重写规则 $\varphi \rightarrow \psi$ 中，φ 和 ψ 都是语符串，当重写规则左边的语符串退化为一个单独的非终极符号 A 时，即有 $A \rightarrow \psi$，由于 ψ 是语符串，因而可用 ω 代替，即得 $A \rightarrow \omega$。这就是上下文无关语法的重写规则。

第二，存在着不是上下文无关语言的上下文有关语言。

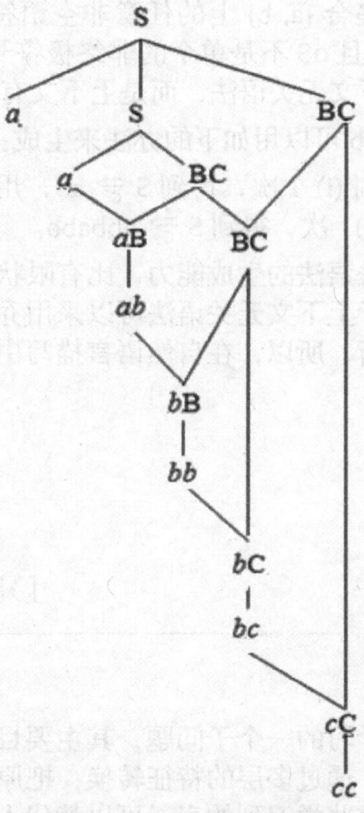

图　aaabbbccc 的生成图示

例如，不能用有限状态语法来生成的语言 $L_3=\{\alpha\alpha\}$，也不能用上下文无关语法来生成。但是，它却可以用上下文有关语法来生成。生成这种语言的语法如下：

$G=(V_N, V_T, S, P)$

$V_N=\{S\}$

$V_T=\{a, b)$

$S=S$

P:

$S\rightarrow aS$　　(i)

$S\rightarrow bS$　　(ii)

$\alpha S\rightarrow \alpha\alpha$　　(iii)

在规则 (iii) 中，α 是集合 {a, b} 上的任意非空语符串，由于 αS 的长度不大于 αα 的长度，并且 αS 不是单个的非终极符号而是语符串，所以，这个语法不可能是上下文无关语法，而是上下文有关语法。

例如，语言 abbabb 可以用如下的办法来生成：

从 S 开始，用规则 (i) 1 次，得到 $S \underset{G}{\Rightarrow} aS$，用规则 (ii) 两次，得到 $S \overset{*}{\underset{G}{\Rightarrow}} abbS$，用规则 (iii)1 次，得到 $S \overset{*}{\underset{G}{\Rightarrow}} abbabb$。

可见，上下文有关语法的生成能力，比有限状态语法和上下文无关语法都强。但是，由于上下文无关语法可以采用乔姆斯基范式这一有力的手段来实现层次分析，所以，在自然语言描写中，人们还是乐于采用上下文无关语法。

深度学习 DEEP LEARNING

深度学习是机器学习的一个子问题，其主要目的是从数据中自动学习到有效的特征表示，通过多层的特征转换，把原始数据变成为更高层次、更抽象的表示。这些学习到的表示可以替代人工设计的特征，从而避免了艰巨的人工“特征工程”。

为了学习一种好的特征表示，需要构建具有一定“深度”的机器学习模型，并通过学习算法让模型来自动学习出好的特征表示，从底层特征，到中层特征，再到高层特征，从而最终提升预测模型的准确率。所谓“深度”就是指在机器学习过程中对于原始数据进行非线性特征转换的次数。如果把一个表示学习系统看作是一个有向图结构，深度也可以看作是从输入节点到输出节点所经过的最长路径的长度。这样我们就需要一种学习方法可以从数据中学习一个“深度模型”，这就是所谓的“深度学习”中“深度”二字的含义。

在深度学习中，计算机要将原始的数据特征通过多步的特征转换得到一种特征表示，并进一步输入到预测函数，得到最终结果。

与“浅层学习”不同，深度学习需要解决的关键问题是“贡献度分配问题”（Credit Assignment Problem，简称 CAP），即一个系统中不同的组件（component）或其参数对最终系统输出结果的贡献或影响的问题。

以下围棋为例，每当下完一盘棋，最后的结果要么是赢，要么是输。我们会思考究竟是哪几步棋导致了最后的胜利，而究竟又是哪几步棋导致了最后的败局。如何判断每一步棋的贡献就是贡献度分配问题，这是一个非常困难的问题。从某种意义上讲，深度学习也可以看作是一种强化学习（Reinforcement Learning，简称 RL），每个内部组件并不能直接得到监督信息，监督信息需要通过整个模型的最终监督信息才可以获得，并且有一定的延时性。

目前，深度学习采用的模型主要是神经网络模型。其主要原因是神经网络模型可以使用误差反向传播算法，从而可以比较好地解决贡献度分配问题。只要是超过一层的神经网络都会存在贡献度分配问题，因此超过一层的神经网络就可以看作是深度学习模型。随着深度学习模型的快速发展，模型深度也从早期的 5 ~ 10 层到目前的数百层。随着模型深度的不断增加，其特征表示的能力也越来越强，从而使后续的预测变得更加容易。

在一些复杂任务中，传统的机器学习方法需要在一个任务的输入和输出之间人为地切割出很多子模块（或多个阶段），每个子模块分开进行机器学习。比如一个自然语言理解的任务，一般需要分为单词切分、形态分析、句法分析、语义分析、语义推理等子模块。这种学习方式有两个问题：一是每一个子模块都需要单独优化，并且其优化目标和任务总体目标并不能保证一致；二是错误传播，即前一步的错误会对后续的模型造成很大的影响。这样就增加了机器学习方法在实际应用上的难度。

目前，大部分采用神经网络模型的深度学习也可以看作是一种端到端的学习（end-to-end learning）。端到端的学习也称端到端的训练（end-to-end training），是指在学习过程中不进行分模块或分阶段进行训练，而是直接优化任务的总体目标。在端到端的学习中，一般不需要明确地给出不同模块或阶段的功能，中间过程不需要人为干预。端到端学习的训练数据为“输入 - 输出”偶对的形式，无须提供其他额外信息。因此，端到端的学习和深度学习一样，都是要解决“贡献度分配”问题。

深度学习的流程与传统的机器学习的流程可以大致比较如下图 1 所示：

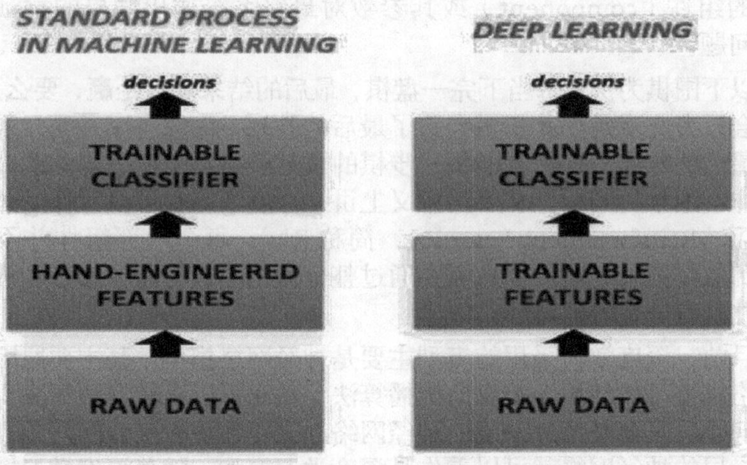

图　深度学习与传统的机器学习的流程比较

上图中的左列是传统机器学习的流程，右列是深度学习的流程。从图中可以看出，传统的机器学习从数据（raw data）出发，通过手工的特征工程获取特征（hand-engineering features），最后训练出一个分类器（trainable classifier）；深度学习也是从数据出发，但是由机器自身从数据中训练出特征（trainable feature），最后训练出一个分类器。由此可见，深度学习与传统的机器学习的流程的最为关键的不同之处在于：传统的机器学习需要通过艰巨的特征工程手工获取特征，而深度学习则可以由机器自动地获取特征，避免了艰巨的特征工程。

生词增幅递减律

DECREASING LAW OF NEW VOCABULARY GROWTH

在书面文本阅读过程中，随着文本长度的增加，文本中的生词的增幅呈现出递减的趋势，这样的规律叫作生词增幅递减律。

1988 年，冯志伟在德国夫琅和费研究院从事的术语研究中，提出了生词增幅递减律。他用 x 轴代表专业书面文本中的单词的个数 T，这个 T 也就是专业书面文本的长度，用 y 轴代表专业书面文本中不同单词的个数 W，其函数关系可以表示为：

$$W=\varphi(T)$$

经过实验，他得出了如图 1 的函数图示：

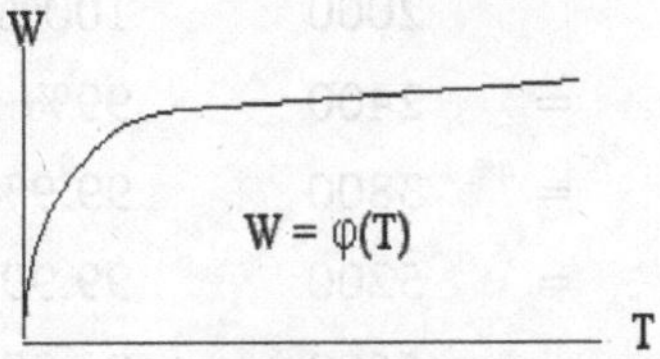

图 1　生词增幅递减律（1988）

从图 1 中可看出，当专业书面文本长度 T 为 0，不同单词的个数 W 也为 0，随着专业书面文本长度 T 的增加，不同单词的个数 W 迅速增加，但是，当不同单词的个数 W 增加到一定值时，它的增长率就不大了，曲线变得越来越平稳，尽管专业书面文本的长度 T 再增加，不同单词的个数 W 也没有显著变化了，它增加的速度越来越慢。这种情况，使得整个曲线具有上凸的抛物线形状。冯志伟把这个规律叫作生词增幅递减律。

后来他发现，生词增幅递减律也适用于通用文体的书面文本。当阅读一本外文书的时候，如果阅读者的外文水平比较低，凡遇到生词都要查词典，那么，刚开始读头几页的时候，由于生词增加得很快，阅读者就必得要频繁地查词典，而当阅读者掌握了一定量的词汇之后，由于生词的增幅逐渐降低，查词典的次数就慢慢减少。这种情况说明，生词增幅递减律确实是普遍存在的。

如果把“生词增幅递减律”中的生词换成汉字，那么，汉字的频率分布也呈现出类似的规律。

在 1987 年出版的《现代汉语频率词典》中，汉字的覆盖率如下：

字种数	覆盖率	增长率
1000	91.36%	
2000	98.97%	7.61%
3000	99.93	0.96%

可以看出，当字种数由 1000 汉字增加到 2000 汉字时，汉字覆盖

率增长率是 7.61%，而当字种数由 2000 汉字增加到 3000 汉字时，汉字覆盖率的增长率是 0.96%，也出现递减的趋势。

汉字的使用频率是很不平衡的，各家的频率统计结果互有出入。2003 年，周有光斟酌于各家之间的统计数据，提出了如下的规律：

字种数		增加字数		合计字数	覆盖率	欠缺递减率
1000		1000		2000	100%	
1000	+	1400	=	2400	99%	1%
2400	+	1400	=	3800	99.9%	0.1%
3800	+	1400	=	5200	99.99%	0.01%
5200	+	1400	=	6600	99.999%	0.001%

周有光把这个规律叫作“汉字效用递减率”（rate of progressive decrease in the efficiency of Chinese characters），尽管他的统计数据不够准确，但也粗略地反映了汉字在书面文本中的覆盖率和欠缺率。

汉字效用递减率指出的趋势是大致正确的。更为准确的统计数据证明，对于现代汉语来说，6500 个汉字在一般出版物中的覆盖率是 99.994%，比周有光估计的覆盖率 99.999% 稍微小一些。但是，这个规律对于汉字的定量工作还是具有一定启示作用的。

显而易见，汉字效用递减率是生词增幅递减律在汉字书面文本中的体现。汉字效用递减率从书面文本汉字的使用频率上证实了生词增幅递减律的正确性。

为了贯彻《中华人民共和国通用语言文字法》，提升国家通用语言文字的规范化、标准化水平，满足信息时代语言生活和社会发展的需要，国家语言文字工作委员会组织制定《通用规范汉字表》。他们主要使用国家语言文字工作委员会现代汉语平衡语料库（9100 字符）进行统计，得到了每增加 500 个字种的汉字覆盖率的变化图（如图 2 所示）。

根据图 2，汉字的增长率的变化情况如下：

字种数	覆盖率	增长率
1	4.2729%	
500	76.288%	72.015%
1000	89.528%	13.240%
1500	94.789%	5.261%
2000	97.273%	2.484%

2500	98.556%	1.283%
3000	99.226%	0.670%
3500	99.583%	0.357%
4000	99.779%	0.196%
4500	99.887%	0.108%
5000	99.944%	0.057%
5500	99.973%	0.029%
6000	99.987%	0.014%
6500	99.994%	0.007%
7000	99.997%	0.003%
7500	99.999%	0.002%

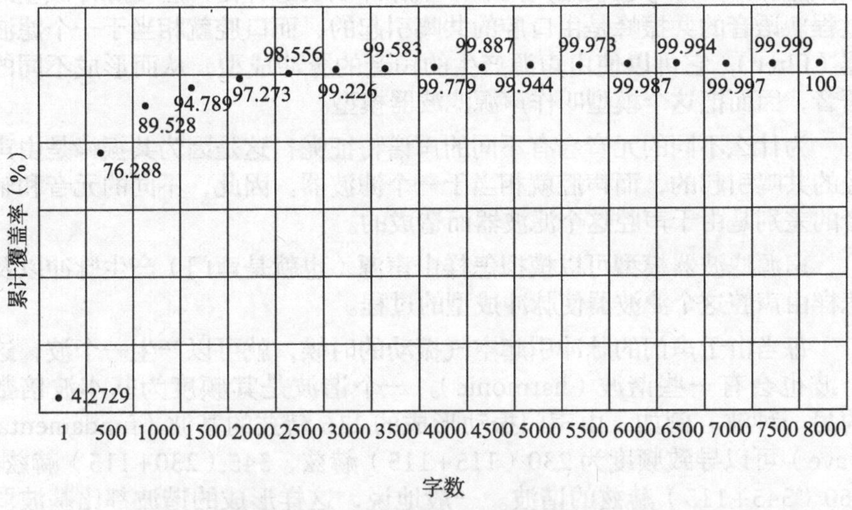

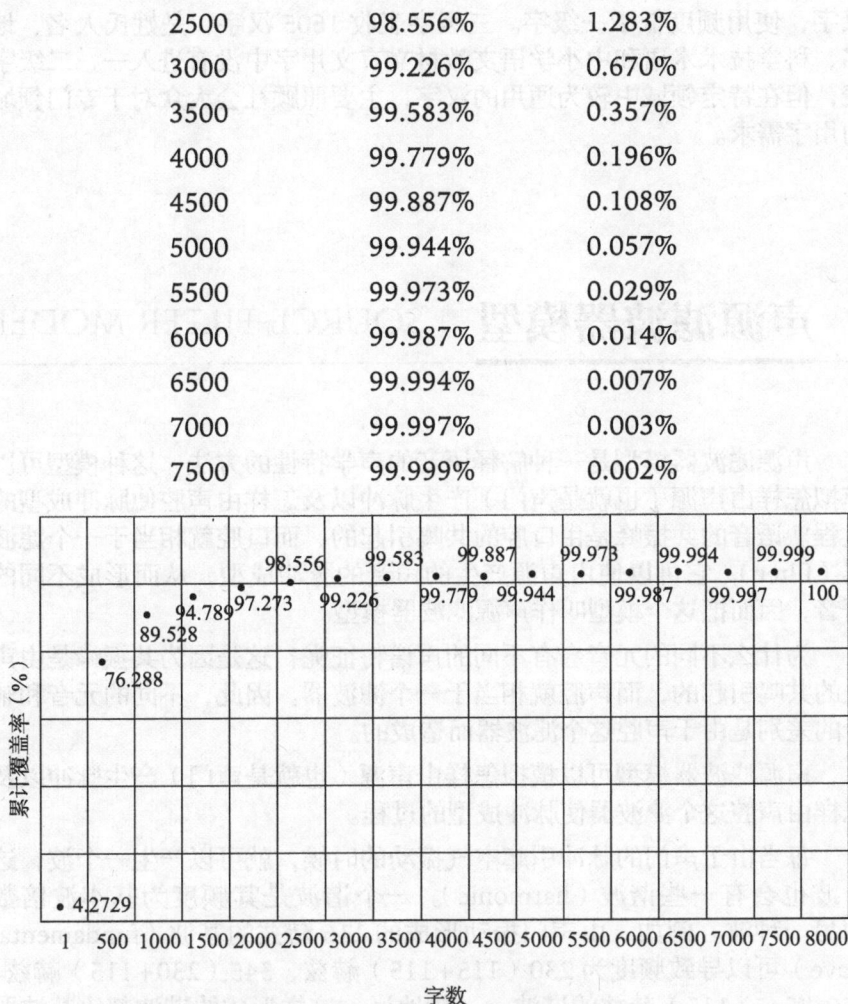

图 2　每增加 500 个字种的汉字覆盖率变化图（2013）

可以看出，汉字覆盖率的曲线走向与图 1 中的生词增幅递减图是一致的，也出现了递减的趋势。这也从汉字的角度证实了“生词增幅递减律”的正确性。

根据这样的统计结果以及其他的因素，《通用规范汉字表》收汉字 8105 个，分为三级。一级字表收 3500 汉字，是使用频度最高的常用字集，主要满足基础教育和文化普及层面的用字需要。二级字表收 3000

汉字，使用频度低于一级字。三级字表收 1605 汉字，是姓氏人名、地名、科学技术术语和中小学语文教材文言文用字中没有进入一、二级字表，但在特定领域中较为通用的汉字，主要照顾社会大众对于专门领域的用字需求。

声源滤波器模型 SOURCE-FILTER MODEL

声源滤波器模型是一种解释语音的声学特性的方法，这种模型可以模拟怎样由声源（也就是声门）产生脉冲以及怎样由声腔使脉冲成型的过程。语音的共振峰是由口腔的共鸣引起的，而口腔就相当于一个滤波器（filter），它可以使由声源产生的声音的脉冲成型，从而形成不同的语音，因而把这个模型叫作声源滤波器模型。

为什么不同的元音会有不同的声谱特征呢？这是因为共振峰是由声腔的共鸣引起的，而声腔就相当于一个滤波器。因此，不同的元音和辅音的差别是由于声腔这个滤波器而造成的。

声源滤波器模型可以模拟怎样由声源（也就是声门）产生脉冲以及怎样由声腔这个滤波器使脉冲成型的过程。

每当由于声门的脉冲引起空气振动的时候，就可以产生一个波，这个波也会有一些谐波（harmonic）。一个谐波是其频度为基本波倍数的另一种波。例如，由声门振动形成的 115 赫兹的基波（fundamental wave）可以导致频度为 230（115+115）赫兹、345（230+115）赫兹、460（345+115）赫兹的谐波。一般地说，这样形成的谐波都比基波弱一些，也就是说，它们的振幅比处于基频的波要低一些。

声腔充当了滤波器的角色，任何的声腔就像一个管子那样，可以把某些频度的波放大，也可以把其他频度的波减弱。这种放大的过程是由声腔形状的改变引起的。一种给定的形状会引起某种频度的声音产生共鸣，从而使其得到放大。因此，只要改变声腔的形状，就能使不同频度的声音得到放大。这就是声源滤波器模型的基本原理。

当发特定的元音时，要把舌头和其他的发音器官放到特定的位置，从而改变声腔的形状。其结果是不同的元音使得不同的谐波被放大。根据声源滤波器模型，具有同样基频的一个波，在通过不同的声腔位置时，就会让不同的谐波得到放大。

我们只要观察声腔形状和其相应的语谱之间的关系，就可以看到这种放大的结果。下图显示了英语的 [iy]、[ae]、[uw] 三个元音的声腔位置以及它们引起的典型的语谱。在语谱图中，共振峰处于声腔放大特定的谐振频度的位置（如下图所示）。

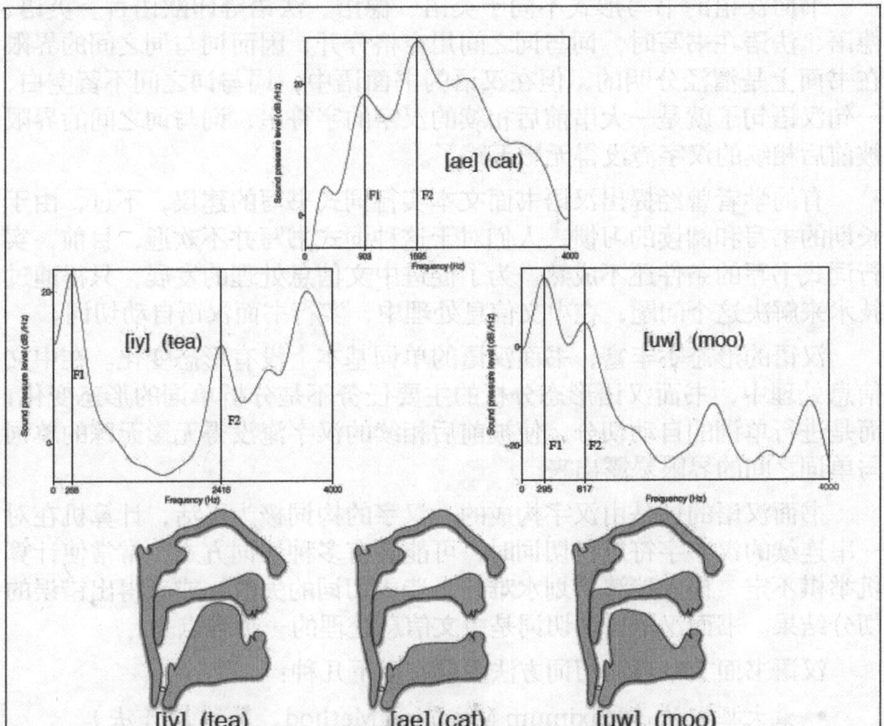

图　作为滤波器的声腔位置的可视化图示

从上图中可以看出英语中 [iy]、[ae]、[uw] 三个元音的舌位以及它们相应地形成的经过平滑后的语谱，在每一个声谱中，还显示了共振峰 F1 和 F2。

使用声源滤波器模型，我们就可以很好地解释语音的声学特性。

书面汉语自动切词

AUTOMATIC WORD SEGMENTATION OF WRITING CHINESE

使用计算机对于书面汉语文本进行自动切分，使用空格来分割单词与单词之间的界限，这样的工作叫作书面汉语自动切词。

书面汉语的书写形式不同于英语、德语、法语等印欧语言。英语、德语、法语在书写时，词与词之间用空格分开，因而词与词之间的界限在书面上是泾渭分明的，但在汉语的书面语中，词与词之间不留空白，一句汉语句子就是一大串前后相续的汉字的字符串，词与词之间的界限被前后相续的汉字淹没得无影无踪了。

有的学者曾经提出汉语书面文本实行词式书写的建议，不过，由于长期的书写和阅读的习惯，人们对于这种词式书写并不欢迎，目前，实行词式书写的条件还不成熟。为了促进中文信息处理的发展，只得通过技术来解决这个问题，在中文信息处理中，实行书面汉语自动切词。

汉语的形态不丰富，书面汉语的单词基本上没有形态变化。在中文信息处理中，书面汉语形态分析的主要任务不是分析单词的形态变化，而是进行单词的自动切分，使被前后相续的汉字淹没得无影无踪的单词与单词之间的界限暴露出来。

书面汉语的词是由汉字构成的。汉字的构词极为灵活，计算机在对一串连续的汉字字符进行切词时，可能会有多种切词方式，常常使计算机举棋不定，误入迷津，划水难分，造成切词的失败，或者得出错误的切分结果。书面汉语自动切词是中文信息处理的一个难点。

汉语书面文本自动切词方法主要有以下几种：

- 最大匹配法（Maximum Matching Method，简称 MM 法）。
- 逆向最大匹配法（Reverse Maximum Matching Method，简称 RMM 法）。
- 逐词遍历匹配法。
- 双向扫描法。
- 最佳匹配法（Optimum Matching Method，简称 OM 法）。
- 设立切分标志法。
- 有穷多级列举法。

- 联想 - 回溯法（Association-Backtracking Method，简称 AB 法）。
- 基于词频统计的切词法。
- 基于期望的切词法。

此外，还有基于专家系统的切词法和基于神经网络的切词法。近年来，利用人工智能和神经网络的方法来进行汉语书面语的自动切分，也取得了较好的成绩。

上述切词方法中，MM 法、RMM 法和逐词遍历法是最基本的机械性的切词方法，其他的几种方法，都不是纯粹意义上的机械性的切词方法。在实际的汉语书面语自动切词系统中，一般都是几种方法配合使用，以此达到最理想的切词效果。

术语形成经济律

ECONOMICAL LAW FOR TERM FORMATION

在一个术语系统中，系统的经济指数 E（Economic index of terminological system）与术语的平均长度 L（average Length）的乘积，恰恰等于单词的术语构成频率 F（Frequency of term formation），用公式表示为：

$$F=EL$$

这个规律叫作术语形成的经济律，这个公式叫作 FEL 公式。术语形成的经济律是中国学者冯志伟于 1986 年提出的。

从 FEL 公式，可得到如下的推论：

① 在一个术语系统中，当术语的平均长度 L 一定时，单词的术语构成频率 F 与术语系统的经济指数 E 成正比。术语系统的经济指数越高，单词的术语构成频率也越高。这时，FEL 公式变为：

$$F=k_1E$$

其中，k_1 是一个常数。由此说明，为了提高术语系统的经济指数，应该增加单词的术语构成频率，使得每个单词能构成更多的术语。

② 在一个术语系统中，当系统的经济指数 E 一定时，单词的术语构成频率 F 与术语的平均长度 L 成正比。术语的平均长度越长，单词的术语构成频率越高。这时，FEL 公式变为：

$$F=k_2L$$

其中，k_2 是一个常数。这说明，为了提高单词的术语构成频率，必须增加术语的平均长度，因为系统的经济指数是一定的，每个单词只能被包含到有限数目的术语之中，所以，只有增加术语的平均长度，才能提高单词的术语构成频率。

③ 在一个术语系统中，当单词的术语构成频率 F 一定时，系统的经济指数 E 与术语的平均长度 L 成反比。系统的经济指数的增加会引起术语平均长度的缩小，反之亦然。这时，FEL 公式变为：

$$EL=k_3$$

其中，k_3 是一个常数。所以，在不改变单词的术语构成频率的条件下，如果我们想提高术语系统的经济指数 E，使得每个单词能够构成更多的术语，那么，只好从原有的术语中，抽出一些单词来构成新的术语，这样，术语的平均长度就缩短了。因为在这种情况下，在术语系统中运行单词总数是不变的，必须从原有的术语中，一般是从较长的术语中，抽出一部分单词来造成新的术语，而这将引起术语数目的增加。其结果，术语系统的某些术语中所包含的单词数可能会减少，而新术语的长度不可能太长，因而系统中术语的平均长度就缩短了。

术语形成经济律反映了术语系统的经济指数、单词的术语构成频率以及术语的平均长度之间的相互依存和相互制约的关系，是支配着术语的形成和变化的一个经济规律。

从 FEL 公式，可以得到：E=F/L。由此可以推断，提高术语系统的经济指数的方法有两个：

- 在不改变单词的术语构成频率的条件下，缩短术语的平均长度；
- 在不改变术语的平均长度的条件下，提高单词的术语构成频率。

一般地说，在一个术语系统中，术语的平均长度的改变最好不要太大，因为术语的平均长度改变过大，往往会使术语系统改变到人们难以辨认的程度。由于这个原因，最好不要使用缩短术语平均长度的方法来提高术语系统的经济指数。提高术语系统的经济指数的最好方法，要在尽量不过大改变术语的平均长度的前提下，增加单词的术语构成频率，这样，在术语形成的过程中，将会产生大量的词组型术语，使得词组型术语的数量大大地超过单词型术语的数量，而成为术语系统中的大多数。

大量的事实说明，在世界各种语言的科学技术术语中，词组型术语的数量都超过了单词型术语的数量，这足以证明术语形成经济律是一个适用于所有术语系统的普遍规律。

魏向清等随后提出的面向跨语情境的“术语翻译的系统经济率”、面向汉英术语系统的“经济率差”等，都是对“术语形成经济律”这一理论的进一步演进和深化。

数据平滑 DATA SMOOTHING

在自然语言的统计分析中，给某些零概率和低概率的N元语法重新赋值，并且给它们指派非零值的工作，叫作数据平滑。

N元语法模型的一个主要问题在于，这种模型必须从某些语料库训练而得到，而每一个特定的语料库都是有限的，因此能够完美无缺地接受自然语言的N元语法的语料库都肯定会忽略了一些东西，这就会出现“零概率”的问题。这意味着，在二元语法中，从任何训练语料库得到的二元语法矩阵都存在数据稀疏（data sparse）的问题，它们注定会存在着大量的“零概率二元语法”，当然实际上它们也确实会有不少非零的概率。

例如，在“伯克利饭店规划”语料库（容量大约为10,000个句子，包括1616个不同的词型）的二元语法的下面的计数中，就有很多零概率的计数，出现数据稀疏现象（如下图）：

这时，就有必要进行数据平滑，使用数据平滑技术给那些“零概率的二元语法”指派非零概率，削减一些来自高计数的概率，用它们来填补那些零计数的概率，从而使得概率分布不至于太过于参差不齐。

数据平滑的方法主要有：拉普拉斯平滑法、古德-图灵打折法、卡茨回退法和杰里奈克-梅尔赛尔平滑法。

	I	want	to	eat	Chinese	food	lunch
I	.0023	.32	0	.0038	0	0	0
want	.0025	0	.65	0	.0049	.0066	.0049
to	.00092	0	.0031	.26	.00092	0	.0037
eat	0	0	.0021	0	.020	.0021	.055
Chinese	.0094	0	0	0	0	.56	.0047
food	.013	0	.011	0	0	0	0
lunch	.0087	0	0	0	0	.0022	0

图 数据稀疏

特征表示 FEATURE REPRESENTATION

在神经网络中，为了提高机器学习系统的准确率，需要将输入信息表示为有效的特征，称为特征表示。如果有一种算法可以自动地学习出有效的特征表示，并提高最终机器学习模型的性能，那么这种学习就叫作“表示学习”（representation learning）。

表示学习的关键是解决“语义鸿沟”（semantic gap）问题。语义鸿沟问题是指输入数据的底层特征和高层语义信息之间存在着不一致和差异的鸿沟。例如，给定一些关于“车”的图片，由于图片中每辆车的颜色和形状等属性都不尽相同，不同图片在像素级别上的表示（即底层特征）差异也会非常大，存在语义鸿沟。但是我们人理解这些图片是建立在比较抽象的高层语义概念上的；如果一个预测模型直接建立在底层特征之上，会导致对预测模型的能力要求过高。但是，如果有一个“好的表示”在某种程度上可以反映出数据的高层语义特征，那么我们就可以相对容易地构建后续的机器学习模型。

表示学习有两个核心问题：一是“什么是一个好的表示?”；二是“如何学习到好的表示?”

一般而言，一个好的表示应当具有以下几个优点：

- 一个好的表示应该具有很强的表示能力，使得同样大小的向量可以表示更多信息；

- 一个好的表示应该使后续的学习任务变得简单，因而它需要包含更高层的语义信息；
- 一个好的表示应该具有一般性，是独立于任务或领域的。虽然目前的大部分表示学习方法还是基于某个具体的任务来学习，但我们希望使用这种方法学到的表示可以比较容易地迁移到其他任务上。

在传统机器学习中经常使用两种方式来表示特征：局部表示（local representation）和分布式表示（distributed representation）。

以颜色表示为例，形容颜色的单词有很多，除了基本的“红”“蓝”“绿”“白”“黑”“紫”等单词之外，还有很多以地区或物品命名的单词，比如“中国红”“天蓝色”“咖啡色”“琥珀色”等等。

据不完全统计，现有的颜色命名已经有 1300 多种。

一种表示颜色的方式是以不同名字来命名不同的颜色，这种表示方式叫作局部表示，也称为离散表示或符号表示。

局部表示通常可以表示为独热向量（one-hot vector）的形式。假设所有颜色的名字构成一个词表 V，词表大小为 |V|。我们可以用一个 |V| 维的独热向量来表示每一种颜色。第 i 种颜色的独热向量中，第 i 维的值为 1，其他维的值都为 0。

局部表示有两个不足之处：

- 独热向量的维数很高，且不能扩展。如果增加一种新的颜色，就需要增加一维来表示；
- 不同颜色之间的相似度都为 0。例如，根据独热向量，无法知道“红色”和“中国红”的相似度要比“红色”和“黑色”的相似度要高。

另一种表示方式叫作分布式表示。例如，用 RGB 值（Red-Green-Blue value）来表示颜色，就是分布式表示。不同颜色对应到 R（红）、G（绿）、B（蓝）三维空间中一个点，在分布式表示时，要把一种颜色的语义分散到语义空间中不同点的基向量上。分布式表示也就是分散式表示。

与局部表示相比，分布式表示的表示能力要比局部表示强很多，分布式表示的向量维度一般都比较低。

以颜色的表示为例，只需要用一个 RGB（红绿蓝）三维的稠密向量就可以表示所有颜色。并且分布式表示也很容易表示新的颜色名。此外，采用分布式表示，不同颜色之间的相似度也很容易计算。

下面列出了 4 种颜色的局部表示和分布式表示（如图 1 所示）。

颜色	局部表示	分布式表示
琥珀色	[1, 0, 0, 0]	[1.00, 0.75, 0.00]
天蓝色	[0, 1, 0, 0]	[0.00, 0.5, 1.00]
中国红	[0, 0, 1, 0]	[0.67, 0.22, 0.12]
咖啡色	[0, 0, 0, 1]	[0.44, 0.31 0.22]

图 1　局部表示与分布式表示

我们可以使用神经网络来将高维的局部表示空间 $R^{|V|}$ 映射到一个非常低维的分布式表示空间 R^d, $d \ll |V|$。在这个低维空间中，每个特征不再是坐标轴上的点，而是分散在整个低维空间中。在机器学习中，这个过程叫作“嵌入”（embedding）。嵌入通常指将一个度量空间中的一些对象映射到另一个低维的度量空间中，并尽可能保持不同对象之间的拓扑关系。

图 2 展示了一个三维独热向量空间和一个二维嵌入空间的对比。在独热向量空间中，每个特征都位于坐标轴上，每个坐标轴上有一个特征，特征之间的相似度为 0，不能计算相似度。而在低维的嵌入空间中，每个特征都不在坐标轴上，特征之间可以计算相似度。

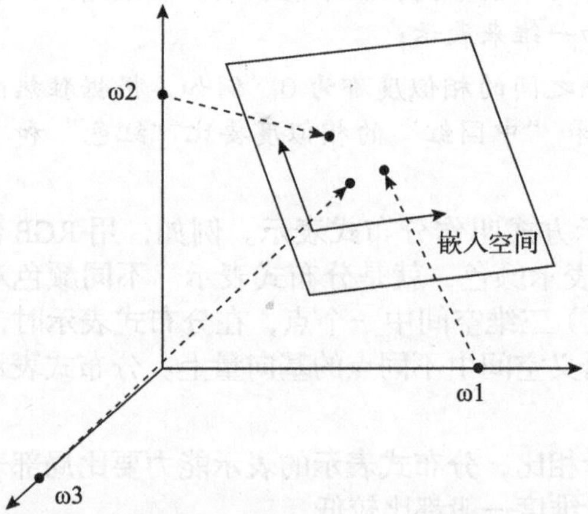

图 2　三维的独热向量空间和二维的嵌入空间

谓词论元结构

PREDICATE-ARGUMENT STRUCTURE

人类语言具有各种各样的特征来传达意义。其中最为重要的特征是表达谓词论元结构的能力。所有的语言在它们的语义结构的核心部分都有一种谓词论元排列的形式，叫作“谓词论元结构”。

这种谓词论元结构表示了隐藏在构成句子的单词和短语成分的底层之下的各个概念之间存在着的特定关系。这个底层的结构在很大的程度上能够从输入的各个部分的意义出发，构造出一个单独的组合性的意义表示。人类语言的最重要的功能之一就是帮助组织这样的谓词论元结构。

谓词论元结构的核心是谓词。动词、介词和一部分名词都可以做谓词。

动词作谓词：

我们来看下面的例子：

(1) I want Chinese food.

(2) I want to spend less than five dollars.

(3) I want it to be close by here.

这三个例子的句法论元框架分别是：

NP want NP

NP want inf-VP

NP want NP inf-VP

这三个句法框架分别说明了谓词 want 所要求的论元的数量、位置和句法范畴。

例如，第一个句法框架说明了如下事实：

- 谓词 want 有两个论元：I 和 Chinese food；
- 这两个论元都必须是 NP；
- 第一个论元 I 处于谓词 want 之前，起主语的作用；
- 第二个论元 Chinese food 处于谓词 want 之后，起直接宾语的作用。

谓词论元结构中的这些信息对于捕捉关于句法的各种重要事实是非

常有价值的。

除了句法信息之外，谓词论元结构还可以给出语义方面的信息，如果分析这些可以观察到的显而易见的语义信息，还可以进一步获得关于“语义角色”（semantic role）和“语义限制”（semantic restriction）的信息：

- 语义角色又叫作题元角色（thematic role）或者格角色（case role）。例如，在句子 1、2、3 中，谓词之前的论元始终起着 want 行为的实体的作用（wanter），而谓词之后的论元则起着 want 的内容的作用（wanted）。注意到这些规则并且相应地标注它们，就能够把谓词的表层论元与在底层语义中的一套离散的角色联系起来。更加一般地说，谓词的次范畴化框架容许我们把表层结构中的论元与在这个输入的底层语义表示中这些论元所扮演的语义角色连接起来（linking）。把角色与特定的谓词与谓词的类别联系起来的这种研究，通常叫作“题元角色分析”（thematic role analysis）或者“格角色分析”（case role analysis）。
- 关于这些角色的语义限制。例如，在上面的句子中，并不是每一个在谓词前面的名词都能做“想的人”（wanter），只有某一类的概念或者范畴才能够直截了当地充当“想的人”的作用。具体地说，谓词 want 限制作为第一个论元出现的成分是那些能够在实际上进行want这样的行为的那些人。在传统上，这样的概念叫作“选择限制”（selectional restriction）。通过使用这种选择限制，谓词就可以具体地说明对于它的论元的语义限制是什么。

介词作谓词：

例如，在“A Chinese restaurant under fifteen dollars”这个短语中，介词“under”可以看成是具有两个论元的谓词：第一个论元是 Chinese restaurant，第二个论元是 fifteen dollars，第一个论元与第二个论元处于一种“under”的关系之中。其谓词 - 论元结构可以表示如下：

Under (Chinese Restaurant, $15)

名词作谓词：

例如，在句子“Make a reservation for this evening for a table for two persons at 8:00.”中，尽管英语句子中的主要动词是“make”，但是它的谓词却应该是名词“reservation”，其谓词 - 论元结构可以表示如下：

Reservation (Hearer, Today, 8PM, 2)

在语言研究中，任何有用的意义表示方法必须能够支持语义的谓词论元结构的特征，必须支持语言所表示的语义信息。

句子中单词与单词之间的语义关系，有许多不同的表示方法，这些表示方法虽然各有不同，但是都可以归结为“题元角色关系”（thematic role relation）。

主要的题元角色如下：

AGENT（施事者）：有意志的事件引起者。例如，“The waiter spilled the soup”中的 waiter。

EXPERIENCER（经验者）：事件的经验者。例如，“John has a headache”中的 John。.

FORCE（施力者）：无意志的事件引起者。例如，“The quake broke the glass”中的 quake。

THEME（主题）：事件最直接影响到的参与者。例如，“He broke the ice”中的 ice。

RESULT（结果）：事件造成的结局。例如，“The Korean government has built the World-Cup Stadium.”中的 World-Cup Stadium。

CONTENT（内容）：在涉及命题的事件中命题的内容。例如，John asked: “What is your name?”中的“What is your name?”。

INSTRUMENT（工具）：事件中所使用的工具。例如，“John writes with a pencil.”中的 with a pencil。

BENEFICIARY（受益者）：事件的受益者。例如，“John reserved a room for his boss.”中的 for his boss。

SOURCE（来源）：在涉及转移的事件中对象的来源。例如，“John flew in from Beijing.”中的 from Beijing。

GOAL（目标）：在涉及转移的事件中对象所转移的方向。例如，“John drove to Seoul.”中的 to Seoul。

题元角色就是这样的一些范畴符号，它们可以作为描述谓词 - 论元结构的一种浅层的语义标记。

美国语言学家 J. C. Fillmore 指出，在英语主动句中的主语可能充当的题元角色是有一定的优先顺序的。他提出了如下的关于主语的题元角色层级：

AGENT => INSTRUMENT => THEME

这个题元角色层级的含义如下：

- 如果动词的题元角色中包含 AGENT, INSTRUMENT 和 THEME，那么，主语就充当 AGENT 的角色。

  例如，John opened the door.

  AGENT THEME

  John opened the door with the key.

  AGENT THEME INSTRUMENT

- 如果动词的题元角色中只包含 INSTRUMENT 和 THEME，那么，主语就充当 INSTRUMENT 的角色。

  例如，The key opened the door.

  INSTRUMENT THEME

- 在被动句中，主语充当 THEME 的角色。

  例如，The door was opened by John.

  THEME AGENT

题元角色还可以作为概念结构或常识中的语义角色以及它们在具体语言的表层语法中的句法功能（比如主语和宾语）之间的中间层。在基于规则的机器翻译中，题元角色可以作为一种有用的中间语言。

文本数据挖掘

TEXT DATA MINING

从大规模真实文本数据中发现或推出新的信息，找出文本数据集合的模型，发现文本数据中所隐含的趋势，从文本数据的噪声中分离出有用的信号，这样的研究叫作文本数据挖掘。

要进行文本数据挖掘，就意味着需要在一大堆数据的清单中寻找新的信息，自动地或半自动地发掘在大量的数据中隐藏着的趋势和模式，这就像从没有价值的岩石中提取有价值的矿物、从金沙中提取黄金一样。在很多情况下，文本数据挖掘的目的是制定对于某个特定问题的决策。

文本数据挖掘与信息抽取不同。信息抽取的目的是帮助用户从文本中找到能够满足他们信息需求的文档。信息抽取的步骤类似于在一大堆针里找需要的针，在找这些需要的针的时候，想要的针和很多其他不想要的针是混在一起。信息抽取的任务就是从一大堆混杂的信息里把需要的信息抽取出来。而文本数据挖掘的目标不是简单地抽取信息，而是从大量的数据中发现或者获取新的信息，从一大堆数据中寻找模式，预测发展的趋势，或者从噪音中分辨出有用信号。信息抽取系统虽然能够抽取包含了用户所需信息的文件，但这一事实并不意味着用户已经有了新的发现，这是因为，信息抽取系统抽取到的信息对于文本的作者来说是已知的；而文本数据挖掘所挖掘出来的信息，往往是用户事先没有料到的新信息。

当然，在数据挖掘中，如果处理的是非文本数据，那么不一定能够找出黄金，只要能从数据中找出模式，也就算很有成绩了，这种数据挖掘叫作“标准的数据挖掘”。至于传统的计算语言学，其目的主要是在文本数据中找出隐藏在其中的模式，也不一定能够挖掘出黄金。

近年来，由于互联网的迅速发展，人们开始研究“网络数据挖掘”。网络数据挖掘有两个目标。第一个目标是帮助用户在网页上找到有用的信息并在网页文件集描述的范围内，挖掘出有用的知识。第二个目标是分析基于网页系统下的人机交互，进行系统优化。在网络数据挖掘中，实际上是把网页中的信息看成是一个庞大的知识库，网络数据挖掘的目的是从网络中挖掘出新的、前所未有的信息。

1997 年，美国学者 Don Swanson 使用文本数据挖掘的方法，证明了医学文献的语料库中暗含的因果链可以帮助找到有关罕见疾病起因的假说，而其中一些假说有可能得到医学实验数据的进一步支持。

例如，当调查偏头痛（migraine headaches）的起因时，Don Swanson 从生物医学文献的文章标题中提取了各种各样的线索，其中的一些线索如下：

因果链 1：

- Stress is associated with migraines

  （偏头痛与精神紧张有关）

- Stress can lead to loss of magnesium

  （精神紧张可能会导致镁流失）

因果链 2：

- Calcium channel blockers prevent some migraines

（钙通道阻滞剂可以防止某些偏头疼）

- Magnesium is a natural calcium channel blocker

（镁是一种天然的钙通道阻滞剂）

因果链 3：

- Spreading cortical depression is implicated in some migraines

（传播皮层抑郁与某些偏头痛有联系）

- High levels of magnesium inhibit spreading cortical depression

（高含量的镁可阻止传播皮层抑郁）

因果链 4：

- Migraine patients have high platelet aggregability

（偏头痛患者有很高的血小板聚集）

- Magnesium can suppress platelet aggregability

（镁能抑制血小板聚集）

根据这些线索，Swanson 假定：缺镁可能是某些偏头痛的原因之一。但是，在 Don Swanson 发现这些链接之前，这个假定在文献中并不直接存在，它是隐含在文献中的。这个假说还需要进行非文本手段的检验，不过，重要的是，这项研究说明，一个新的、可能是正确的医学假说可以来源于文本片段。一旦这个假设得到研究者的医疗专业知识的印证，就可以发现新的医学知识。Don Swanson 的研究说明了文本数据挖掘在新知识发现中的重要作用。

沃古瓦三角形 VAUQUOIS TRIANGLE

用于表示机器翻译的过程和类别的三角形叫作沃古瓦三角形。沃古瓦三角形又叫作机器翻译金字塔（pyramid of machine translation）。

沃古瓦三角形是法国计算语言学家 B. Vauquois 于 1968 年提出的。如下图所示：

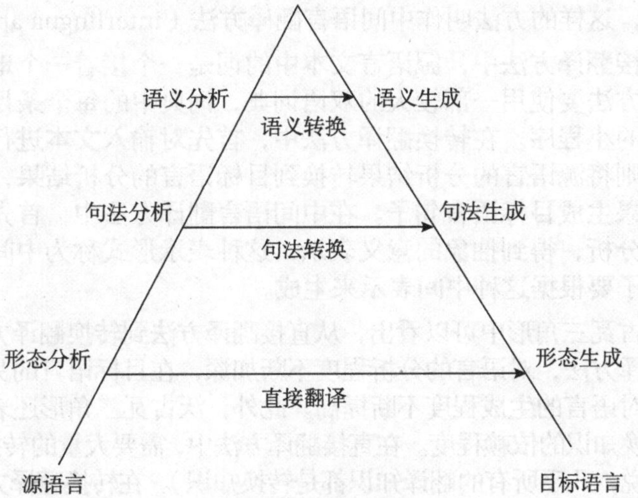

图 沃古瓦三角形

在沃古瓦三角形中，机器翻译从源语言开始，首先进行源语言形态分析，接着进行源语言句法分析，然后进行源语言语义分析，分析完成后就进行目标语言生成，首先进行目标语言语义生成，接着进行目标语言句法生成，然后进行目标语言形态生成，产生出目标语言。沃古瓦三角形的顶端是中间语言（interlingua），这是独立于源语言和目标语言规范的语义表达形式。

在沃古瓦三角形中，如果从源语言出发，经过形态分析就直接进行目标语言的形态生成，产生出目标语言，这样的方法叫作直接翻译方法（direct approach）。

如果从源语言出发，经过源语言形态分析和源语言句法分析，然后在句法层面进行源语言和目标语言的句法转换，再进行目标语言的句法生成和形态生成，最后产生出目标语言，这样的方法叫作句法转换翻译方法（syntactic transfer approach）。

如果从源语言出发，经过源语言形态分析和源语言句法分析，还进行源语言语义分析，然后在语义层面进行源语言和目标语言的语义转换，再进行目标语言的语义生成、句法生成和形态生成，最后产生出目标语言，这样的方法叫作语义转换翻译方法（semantic transfer approach）。

如果从源语言出发，经过源语言的形态分析、句法分析和语义分析，一直分析到沃古瓦三角形的顶端，得到源语言的中间语言表示，然后从中间语言表示出发，经过语义生成、句法生成和形态生成，最后产生出目标语言，这样的方法叫作中间语言翻译方法（interlingua approach）。

在直接翻译方法中，源语言文本中的词是一个接着一个地进行处理的，这种方法要使用一部较大的双语词典，词典中的每个条目相当于翻译每个词的小程序。在转换翻译方法中，首先对输入文本进行分析，然后利用规则将源语言的分析结果转换到目标语言的分析结果，再利用这个分析结果生成目标语言句子。在中间语言翻译方法中，首先对源语言文本进行分析，得到抽象的意义表示，这种表示形式称为中间语言，目标语言句子要根据这种中间表示来生成。

由沃古瓦三角形中可以看出，从直接翻译方法到转换翻译方法再到中间语言翻译方法，对语言的分析程度不断加深，在目标语言的另一端，对应的层次对语言的生成程度不断提高。此外，沃古瓦三角形还表明了不同方法对转换知识的依赖程度。在直接翻译方法中，需要大量的转换知识（对每个词来说，几乎所有的翻译知识都是转换知识）。在转换翻译方法中，转换规则仅用于句法分析树或者是语义角色。在中间语言翻译方法中，不需要特定的转换知识。随着三角形的斜边的上升，所需要的转换知识程度递减，到了三角形顶端，就不需要进行转换了。

协同语言学 SYNERGETIC LINGUISTICS

协同语言学是德国计量语言学家 Reinhard Köhler 提出的一种把计量语言学中的各种定律有机地结合起来协同地解释语言中各种计量特征的语言学理论。

1986 年，Köhler 出版了《语言协同学：词汇的结构以及动力学》(*Zur Linguistischen Synergetik. Struktur und Dynamik der Lexik*)，标志着协同语言学的诞生。

Köhler 认为，理论是由一些普遍定律组成的系统，没有定律，解释就无法进行。协同语言学的主要任务在于提供一套构建语言学理论的架构，这套架构可以用来建立普适的假设，测试假设，将这些假设组合起来形成定律和类似于定律的陈述网络，并用其来解释所观察到的语言现象。使用这种方法，也可以重构近几十年来正在丧失的语言观：语言既是一种心理 - 社会现象，同时也是一种生物 - 认知现象。

图 协同语言学模型

协同语言学的基本公理是：语言是一个自组织和自调节的系统，是一种特殊的动态系统。

第一个协同语言学的模型是由 Köhler 于 1986 年建立的，这是一个有关词汇的语言子系统，如下图所示。在图中，长方形表示的是系统变量（如状态或控制变量）；圆代表的是系统需求；正方形表示的是运算符，在大多数情况下，运算符是一些带有正负号的比例算子。

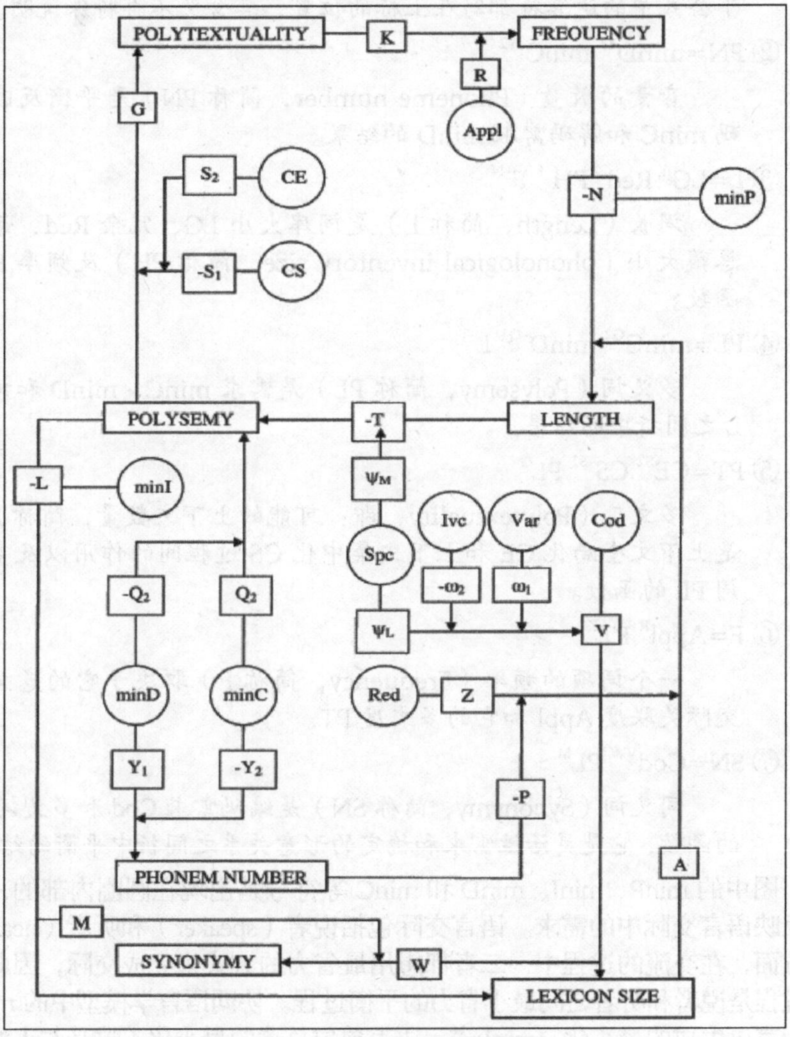

图 协同语言学模型

经过数学推导，从上图中可以得到如下的公式：

① $LS=COD^{V}\ PS^{-L}$

词库大小（Lexicon size，简称 LS）是编码需求 COD 和多义词 PS 的函数。V 是运算符，写在上标的位置，量 V 是需求 Spc、Var 和 Inv 的函数，这些需求反映的是形意关系稳定性和灵活性之间的平衡和折中。–L 是运算符，写在上标的位置。以下公式中的运算符都写在上标的位置，其含义不再特殊说明。

② $PN=minD^{Y1}\ minC^{-Y2}$

音素的数量（Phoneme number，简称 PN）是平衡反映编码 minC 和解码需求 minD 的结果。

③ $L=LG^{A}\ Red^{Z}\ PH^{-P}\ F^{-N}$

词长（Length，简称 L）是词库大小 LG、冗余 Red、语音总藏大小（phonological inventory size，简称 PH）及频率 F 的函数。

④ $PL=minC^{Q2}\ minD^{-Q1}\ L^{-T}$

多义词（Polysemy，简称 PL）是需求 minC、minD 和词长 L 之间折中的结果。

⑤ $PT=CE^{S2}\ CS^{-S1}\ PL^{G}$

多文度（Polytextuality，即：可能的上下文数量，简称 PT）是上下文全局化 CE 和上下文集中化 CS 过程间的作用以及多义词 PL 的函数。

⑥ $F=Appl^{R}\ PT^{K}$

一个词项的频率（Frequency，简称 F）取决于它的意义的交际关联度 Appl 和它的多文度 PT。

⑦ $SN=Cod^{VW}\ PL^{M}$

同义词（Synonymy，简称 SN）是编码需求 Cod 和多义词 PL 的函数，它是灵活性需求和稳定的形意关系之间折中平衡的结果。

图中的 minP、minI、minD 和 minC 等符号是出现在圆圈内部的，它们反映语言交际中的需求。语言交际包括说者（speaker）和听者（hearer）两方面，在交流的过程中，二者都想用最省力的方式来完成交际，因此交际过程是说者和听者之间最小省力的平衡过程。协同语言学模型中的 minP 表示言语生成的最小化，minI 表示语言单位总藏的最小化（这是与人的记忆密切相关的），minD 表示解码的最小化，minC 表示编码的最小化。

信息自动抽取

INFORMATION AUTOMATIC EXTRACTION

使用计算机自动地从非结构化文本中抽取信息，叫作信息自动抽取。信息自动抽取可以分为名称的自动抽取和事件的自动抽取。

名称是自然语言中常见的语言单位，大多数的文本都充满着名称，因此，名称的自动抽取就成为自然语言分析的重要的步骤。例如，在事件抽取和机器翻译中，首先都需要进行名称的自动抽取。在基于术语的文档检索中，如果连续的两个单词不是名称，在一般情况下就要对它们进行分别的处理；而如果连续的两个单词是名称，那么就可以把它们结合在一起进行处理。在文档标引时，如果把名称分为人名、机构名和地名，索引就可能具有更大的实用价值。因此名称的自动抽取对于自然语言处理具有重要的作用。

名称的自动抽取也就是要对文本中的名称进行自动识别（recognition）和标注（tagging）。

名称自动抽取的结果采用标准通用标记语言来标记，在名称开头使用 *<NAME TYPE=xx>*，结尾使用 *</NAME>*。

这种标注的基本理念十分简单，可以书写大量的有限状态模式来进行名称的识别和标注，其中每个名称都记录了该名称中的子集并将其分类。这些模式中的内容会根据自身的特性与特定的分类标记进行匹配。使用标准普通表达符号，特别使用后缀符“+”来与其中一项元素的一个或多个实例进行匹配，例如，表达式

Capitalized-word+‘Corp.’

可以表示以大写字母开头并包含一个或多个单词的公司名称。

同样地，表达式

‘Mr.’capitalized-word+

可以与用 Mr. 开头的单词序列匹配，并被归类为人名。

要创建一个完整的名称标注器，就要编制一个文本标注的程序，然后从文本中的每个单词开始与所有的表达式进行匹配。一旦匹配成功，单词序列就会被归类，然后再继续这样的步骤，直到标注结束。

如果模式匹配是以特定指向或规则开始的，例如，要遵循最长匹配的规则，或者要给不同规则制定优先顺序，那么在匹配时就必须根据这

样的规则或优先顺序，选择一项最佳的匹配。

一个操作性能好的名称标注器需要一系列的单词列表，例如，一些知名公司名称的列表（例如，IBM、Ford）以及常见首字母列表（例如，Fred、Susan）。

另外，名称标注器还应该具备一个能识别不同别名的装置。例如，在同一篇文章中出现了“Fred Smith”和“Mr. Smith”，这两个名称很可能指的是同一个人。“Robert Smith Park”可能是一个人名，也可能是一个地名（公园的名称），但如果在接下来的句子中出现“Mr. Park”这样的人名，那么，就可以肯定“Robert Smith Park”也是一个人名。

逐步地添加这样的模式和功能，通过机器学习的方法，就可以自动训练出一个高效能的名称标注器。

名称标注器的训练是一个非常艰苦的过程，需要设计高水平的系统训练程序来进行训练。如果训练得当，在对英语新闻的特定话题或者不同的话题进行训练和测试时，名称标注器的标注精确度可达到96%左右。

例如，训练人名标注器时，每个标记 tag_i 具备5个可能性：人名的开始，人名的中间，人名的结尾，单个人名的开始和结尾，或非人名。当给一个单词进行标注时，每个单词 w_i 都可能属于这5个可能性中的一个，为此需要计算 w_i 标注为 tag_i 的概率 $p(tag_i|w_i)$。如果 w_i= “John”，那么，它的 tag_i 就是人名的开始，或者是单个人名的开始和结尾；如果 w_i= “eat”，那么，以上的两种可能性都为零，它是一个非人名。对于句子中的每一个单词，都计算该单词的 $p(tag_i|w_i)$。这样，就可以得到一个训练的结果。

把所得到的训练结果运用于新的句子，使用韦特比搜索算法来计算这个句子中可能性最大的人名标记序列，这样就可以从新的句子中抽取出人名。

在名称标注中，名称的概率仅取决于当前词，没有考虑上下文，这样的概率是不准确的。例如，在单词“Mr.”后面可以预测出是一个人的名字，而在单词“says”的前面也可以预测出是一个人的名字。这意味着，一个标记的概率还与前面的单词、当前词、后面的单词有关，也就是说，名称标注器的训练有必要考虑上下文，计算概率 $P(tag_i|w_{i-1},w_i,w_{i+1})$，这样，就需要使用二元语法了来进行名称标注了。

名称标注器的训练还可以使用决策树、最大熵模型、隐马尔可夫模型等技术。

从文本中自动地抽取出特定的事实信息（factual information）的信息抽取叫作事件的信息抽取（automatic extraction of events）。

例如，从新闻报道中抽取出恐怖事件的详细情况：时间、地点、作案者、受害者、袭击目标和使用的武器等；从经济新闻中抽取出公司发布新产品的情况：公司名、产品名、发布时间和产品性能等；从病人的医疗记录中抽取出病人的情况：症状、诊断记录、检验结果和处方等等。

被抽取出来的事件信息通常要以结构化的形式来描述，这些信息可以直接存入数据库中，供用户查询以及进一步分析使用。

事件自动抽取系统要从文本中自动地抽取某种类型的实例或事件。例如，对于下面的英语句子：

Harrier Smith, vice president of Ford Motor Corp., has been appointed president of DaimlerChrysler Toyota.

经过事件抽取之后，可以得到如图 1 的两个数据库记录：

Person: Harrier Smith
Position: vice president
Company: Ford Motor Corp.
Start/leave job: leave job

Person: Harrier Smith
Position: vice president
Company: DaimlerChrysler Toyota
Start/leave job: start job

图 1　事件的信息抽取

图 1 的第一个记录是 Harrier Smith 在 Ford Motor Corp. 公司离职的记录，图 1 的第二个记录是 Harrier Smith 在 DaimlerChrysler Toyota 公司就职的记录。

自动事件抽取从上面的文本中自动地创建了两个填充好的“模板”（templates），而模板中的填充项叫作“槽”（slot）。

可以使用正则表达式来描述上面的事件：

capitalized-word+$_1$ ‘appointed’ capitalized-word+$_2$, ‘as’ ‘president’$_3$

与这个正则表达式相应的模板如图 2 所示：

Person: 2
Position: 3
Company: 1
Start/leave job: start job

图 2　与正则表达式相应的模板

模板中的编号项目可以使用与其相匹配的相关编号的文字来填充。

信息自动检索

INFORMATION AUTOMATIC RETRIEVAL

使用计算机自动地进行信息检索，叫作信息自动检索。在信息自动检索时，计算机对于用户提出的提问或者命题，自动地给出与之有关文献的集合，作为检索的结果。

信息自动检索主要是指文本的信息检索。

信息自动检索可以从不同的角度来分类。

按计算机存贮的信息内容的表现形式，可以分为：

- 数值检索：计算机存贮的信息是数值，检索时，要搜索数值资料档，并针对提问输出答案。
- 事实检索：计算机存贮的信息是各种事实，检索时，可以对被检索的事实作某种逻辑推理，进行比较和分析，然后再输出答案。
- 文献检索：计算机存贮的信息是文章标题、著录项目和由关键词组成的文献单元，或者是文献的全文，检索时，按提问检索词查找文献资料档，输出文献题录、文章摘要或文献的有关片段。

按计算机存贮信息内容的时间，可分为：

- 现刊检索：检索时可以提供当前现刊上的信息。
- 追溯检索：检索时可以追溯若干年前的信息。

按计算机检索的方式，可以分为：

- 脱机检索：检索时不直接进行计算机操作，利用计算机作批处理。
- 联机检索：检索时利用计算机直接联机进行操作，或者利用计算机的近程、远程终端或互联网，通过人机交互的方式进行检索。

信息自动检索开始于 20 世纪 50 年代初期。20 世纪 80 年代以来，由于个人微型计算机的普遍使用，使得联机检索的用户从各种中间人转移到最终用户，即自已有微型机算机或手机的经营者、专业人员和家庭，使得联机信息检索进一步提高其友善性和易用性，各种对用户友好的联机信息检索系统相继出现，自动信息检索系统开始进入普通人的家庭。

由于互联网和网络搜索引擎（search engine）的发展，自动信息检索已经成为任何一个上网工作的普通民众获取信息的基本手段，自动信息检索也更加受到普通老百姓的欢迎，联网搜索信息已经成为老百姓日常生活的一部分内容。

广义的信息自动检索还包括自动标引（automatic indexing）、自动文摘（automatic abstracting）和文献自动分类（automatic classification）等内容。

近年来，国外全文数据库的数目不断增加。例如，美国的 DIALOG 信息检索系统在 1983 年的 228 个数据库中，全文检索数据库仅有 7 个，占总量的 3%，至今为止，DIALOG 系统的数据库总量为 345 个，其中全文检索数据库为 86 个，占总量的 25%。

随着大量文献的出版和互联网的普及，文档的数量与日俱增。以互联网上的网页文档为例，据统计，1995 年全世界大约有 5 千万个页面文档，1997 年增加到 3 亿 2 千万个页面文档，1999 年增加到 8 亿个页面文档，2000 年增加到 10 亿个页面文档。而且，大多数文档数据都是无序的、非结构化的，文档数据中不仅包含文字信息，而且还包含图像信息、图形信息、音频信息、视频信息。文档数量的急剧增加和多样化是对于信息检索技术的严重挑战。

信息检索的计算机模型主要有向量空间模型、布尔模型、概率模型、粗糙集模型、扩展的布尔模型、贝叶斯网络模型、推理网络模型、信念网络模型和潜在语义索引模型（Latent Semantic Indexing，简称 LSI）等。

信息检索系统不可能把所有相关的文档都检索出来，也不能保证检索出来的所有结果都与用户的查询意图有关。因此，需要对信息检索系统进行评测。

为了鼓励后续的研究，美国的一些机构举办了扩展信息检索测试和比较的项目，其中最有名的是文本检索会议（Text Retrieval Conference，简称 TREC）。

TREC 源自 1991—1998 年的 TIPSTER 项目。该项目包括文本检测，信息提取和文本摘要三个技术领域。文本检测强调系统对用户所需文件类型的定位和检索能力，不管是静态文本还是动态数据流。1992 年，美国国家标准与技术委员会（National Institute of Standards and Technology，简称 NIST）和美国国防高级技术研究局举办了首次 TREC 大会。TREC 的最初目的就是为 TIPSTER 项目的文本检测开发评测技术，其重点是为了处理大型英语文本语料。近年来，TREC 被推广到汉语、日语以及欧洲其他语言。至于其他的语言，如塔米尔语和马来语则可能会继续为跨语言信息检索提供更大的发展空间。现在，有许多欧洲组织和研究所也采用了上述标准。例如，跨语言评估论坛（Cross-Language Evaluation Forum，简称 CLEF）。

近来，跨语言和多语言信息检索技术也有了国际化发展的倾向。自 2000 年开始的 DARPA 的 TIDES（Translingual Information Detection, Extraction and Summarization）项目在信息检索和描述过程中运用了语言学和非语言学的方法，这些方法对多语言信息的获取起了很大的推动作用。

循环神经网络

RECURRENT NEURAL NETWORK

增加了从隐藏层节点到隐藏层节点之间的反馈连接的前馈神经网络，叫作循环神经网络，简称 RNN。

在循环神经网络中，在时刻 t 时，网络的输入为 x_t，隐藏层状态（即隐藏层神经元活性值）h_t 不仅和当前时刻的输入 x_t 相关，也和上一个时刻的隐藏层状态 h_{t-1} 相关。如下面公式所示：

$$z_t = Uh_{t-1} + Wx_t + b$$

$$h_t = f(z_t)$$

其中 z_t 是隐藏层的净输入，$f(\cdot)$ 是非线性激活函数，U 是状态 - 状态权重矩阵，W 是权重，b 是偏置。上述公式也可以写为：

$$h_t=f(Uh_{t-1}+Wx_t+b)$$

如果把每个时刻的状态都看作是前馈神经网络的一层，那么，循环神经网络就可以看作是在时间维度上权值共享的前馈神经网络，它是具有时序特性的。

图 1 是一个按时间维度展开的循环神经网络。

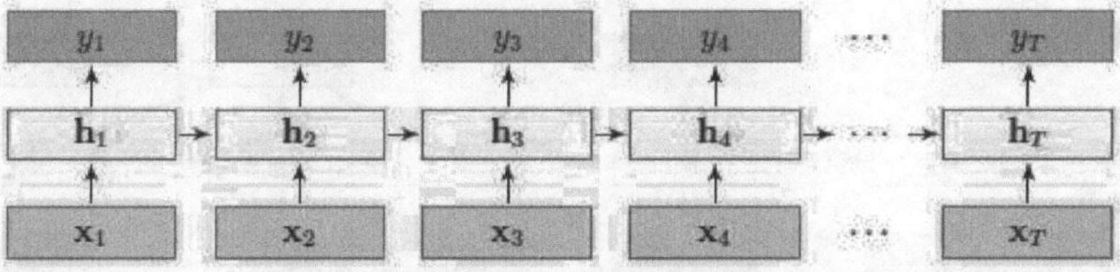

图 1　按时间维度展开的循环神经网络

从图 1 可以看出，在这个循环神经网络中，增加了从一个隐藏层到另一个隐藏层的反馈连接：

$$h_1 \rightarrow h_2 \rightarrow h_3 \rightarrow h_4 \rightarrow \dots \rightarrow h_T$$

在自然语言处理中，循环神经网络可以应用于很多不同类型的机器学习任务。根据这些任务的特点可以分为以下几种模式：序列到类别模式、同步的序列到序列模式、异步的序列到序列模式。下面分别来看下这几种应用模式。

☙ 1. 序列到类别模式

序列到类别模式的循环神经网络主要用于对序列数据进行分类。分类时，输入为序列，输出为类别。例如，在文本分类（text classification）中，输入数据为单词的序列，输出为该文本的类别。假设一个样本 $x_{1:T}=(x_1, \dots, x_T)$ 为一个长度为 T 的序列，输出为一个类别 $y \in \{1, \dots, C\}$。可以将样本 x 按不同时刻输入到循环神经网络中，并得到不同时刻的隐藏状态 $h_1, \dots, h_T$。可以将 h_T 看作整个序列的最终表示（或特征），并输入给分类器 $g(\cdot)$ 进行分类。$\hat{y}$ 的值按照如下的公式来计算：

$$\hat{y}=g(h_T)$$

其中 $g(\cdot)$ 可以是简单的线性分类器或复杂的分类器。这是正常模式（如图 2a 所示）。

除了把最后时刻的状态作为序列表示之外，还可以对整个序列的所有状态 $h_1, ..., h_T$ 进行平均，得到平均的隐藏状态 h，并用这个平均的隐藏状态 h 作为整个序列的表示。$\hat{y}$ 的值按照如下的公式来计算：

$$\hat{y} = g\left(\frac{1}{T}\sum_{t-1}^{T} h_t\right)$$

这是按时间进行的平均采样模式（如图 2b）。

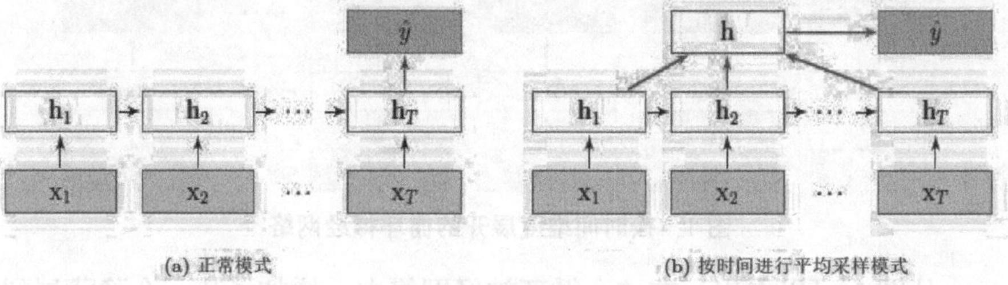

图 2　序列到类别模式

在自然语言处理中，可以使用序列到类别模式进行文本分类。例如，如果想把文本归类到体育（sport）、政治（policy）、聊天（gossip）、经济（economy）4 个类别中，可以根据数百个由人归类的实例，使用序列到类别模式，让计算机根据单词使用的模式来进行机器学习，从而实现文本的自动分类。

☙ 2. 同步的序列到序列模式

同步的序列到序列模式的循环神经网络主要用于序列标注（sequence labeling）任务，即每一时刻都有输入和输出，输入序列和输出序列的长度相同。例如，在词性标注（Part of Speech Tagging，简称 POS Tagging）中，每一个单词都需要标注其对应的词性标记，这就是同步的序列到序列模式。

在同步的序列到序列模式中，输入为一个长度为 T 的序列 $x_{1:T} = (x_1, ..., x_T)$，输出为序列 $y_{1:T} = (y_1, ..., y_T)$。样本 x 按不同时刻输入到循环神经网络中，并得到不同时刻的隐状态 $h_1, ..., h_T$。每个时刻的隐状态 h_t 代表了当前时刻和历史的信息，并输入给分类器 $g(\cdot)$ 得到当前时刻的标记 $\hat{y}_r$：

$$\hat{y} = g(h_t), \qquad \forall t \in [1, T]$$

如图 3 所示：

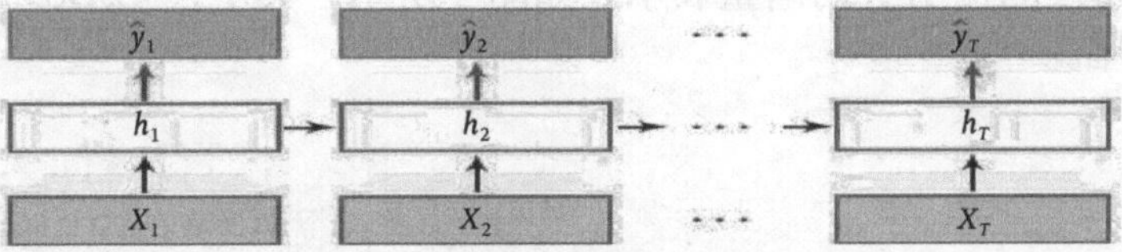

图 3　同步的序列到序列模式

在自然语言处理中，可以使用同步的序列到序列模式进行词性自动标注。美国宾州大学的宾州树库制定了英语词性标注集（tag set）。我们可以使用同步的序列到序列模式，根据英语词性标注集，对于英语句子“The grand jury commented on a number of other topics.”进行词性标注，标注结果是：

The/*DT* grand/*JJ* jury/*NN* commented/*VBD* on/*IN* a/*DT* number/*NN* of/*IN* other/*JJ* topics/*NNS* ./.

这是一个展开的 ASCII 文件，单词序列和标记序列是同步的，标记通常标在每一个单词之后，中间用斜线隔开，当然，标记也可以用其他方式来表示。

☙ 3. 异步的序列到序列模式

异步的序列到序列模式的循环神经网络也称为编码器 - 解码器（Encoder-Decoder）模型，这时输入序列和输出序列不需要有严格的对应关系，也不需要保持相同的长度。例如，在神经机器翻译中，输入为源语言的单词序列，输出为目标语言的单词序列，源语言的单词序列和目标语言的单词序列之间没有严格的对应关系，长度也不尽相同。

在异步的序列到序列模式中，输入为一个长度为 T 的序列 $x_{1:T}=(x_1, ..., x_T)$，输出为长度为 M 的序列 $y_{1:M}=(y_1, ..., y_M)$。经常通过先编码后解码的方式来实现。先将样本 x 按不同时刻输入到一个循环神经网络（编码器）中，并得到其编码 h_T。然后再使用另一个循环神经网络（解码器），得到输出序列 $\hat{y}_{1:M}$。为了建立输出序列之间的依赖关系，在解码器中通常使用非线性的自回归模型。公式如下：

$$h_t=f_1(h_{t-1}, x_t), \qquad \forall t\in[1, T]$$

$$h_{T+t}=f_2(h_{T+t-1}, \hat{y}_{t-1}), \qquad \forall t\in[1, M]$$

$$\hat{y}_t=g(h_{T+t}), \qquad \forall t\in[1, M]$$

其中 $f_1(\cdot), f_2(\cdot)$ 分别为用作编码器和解码器的循环神经网络，$g(\cdot)$ 为分类器，$\hat{y}_t$ 为预测输出 $\hat{y}_t$ 的向量表示。如图 4 所示，其中，<EOS> 表示句子的末尾。

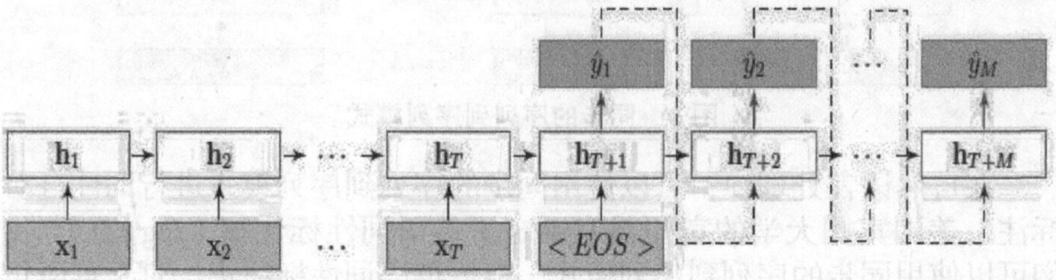

图 4　异步的序列到序列模式

在自然语言处理中，神经机器翻译可以采用异步的序列到序列模式。图 5 是英语到法语的神经机器翻译例子。英语句子“I am a student.”从编码器输入，<s> 表示英语句子的末尾。经过“注意力权重”（attention weight）、“上下文向量”（context vector）、“注意力向量”（attention vector）处理之后，在解码器端得到法语译文“Je suis étudiant.”，</s> 表示法语句子的末尾。法语译文的单词序列和英语原文的单词序列之间没有严格的对应关系，句子的长度也不尽相同。在这个例子中，英语句子有 4 个单词，而法语句子只有 3 个单词，所以这是一种异步序列到序列的模式。

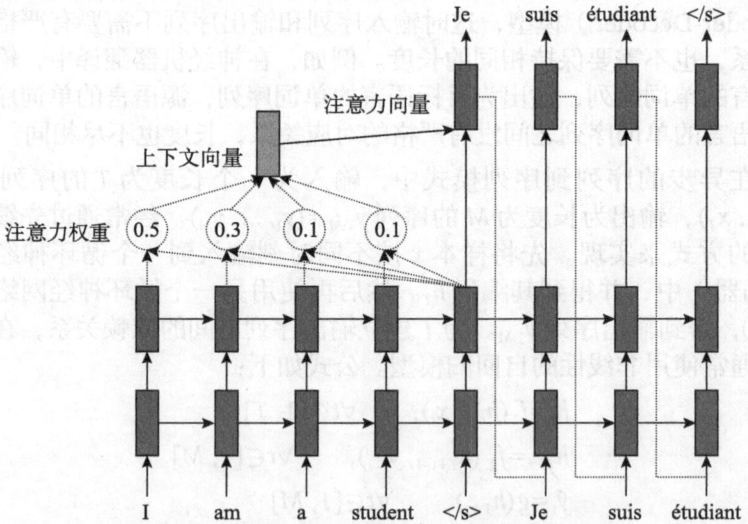

图 5　英法机器翻译异步序列到序列的模式

有限状态语法 FINITE STATE GRAMMAR

在 Chomsky 的形式语法中，重写规则为 A→aQ 或 A→a 的语法叫作有限状态法，其中，A→a 是重写规则 A→aQ 中，当 Q=φ 时的一种特殊情况。

如果把 A 和 Q 看成不同的状态，那么，由重写规则可知，当状态 A 转入状态 Q 时，可生成一个终极符号 a。这样，便可把有限状态语法想象为一种生成装置，这种装置每次能够生成一个终极符号，而每一个终极符号都与一个特定的状态相联系。

我们用小写字母 q 来表示状态，如果这种生成装置原先处于状态 q_i，那么，生成一个终极符号后，就转到状态 q_j；在状态 q_j 再生成一个终极符号后，就转到状态 q_k，等等。这种情况，可用"状态图"（state diagram）来表示。

例如，如果这种生成装置原先处于某一状态 q_0，生成一个终极符号 a 后，转入状态 q_1，那么，其状态图为图 1 所示：

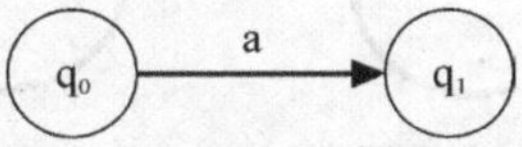

图 1　生成语言 a 的状态图

这个状态图生成的语言是 a。

如果这种生成装置原先处于状态 q_0，生成终极符号 a 后，转入状态 q_1，在状态 q_1 再生成终极符号 b 后，转入状态 q_2，那么，其状态图为图 2 所示：

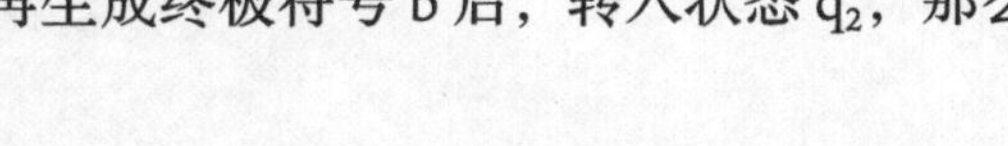

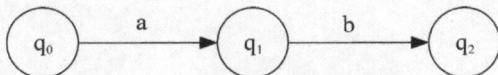

图 2　生成语言 ab 的状态图

这个状态图生成的语言是 ab。

如果这种生成装置处于状态 q_0，生成终极符号 a 后，又回到 q_0，那么，其状态图为图 3 所示：

图 3　生成语言 $\{a^n\}$ 的状态图

这种状态图形成一个“封闭环”（closed loop），它生成的语言是 a, aa, aaa, aaaa，等等，可简写为 $\{a^n\}$，其中，$n \geqslant 0$。

如果这种生成装置处于状态 q_0，生成终极符号 a 后转入状态 q_1，在状态 q_1，或者生成终极符号 b 后再回到 q_1，或者生成终极符号 c 后转入状态 q_2，在状态 q_2，或者生成终极符号 b 再回到状态 q_2，或者生成终极符号 a 后转入状态 q_3，那么，其状态图为图 4 所示：

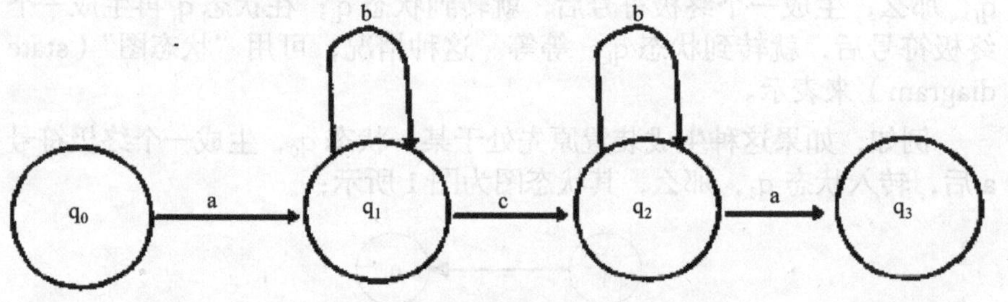

图 4　生成语言 $\{ab^ncb^ma\}$ 的状态图

这个状态图生成的语言是 aca, abca, abcba, abbcba, abcbba...，可简写为 $\{ab^ncb^ma\}$，其中，$n \geqslant 0, m \geqslant 0$。这种生成装置在生成了若干个终极符号之后，还可转回到前面的状态，构成一个大的封闭环。例如图 5 中的状态图：

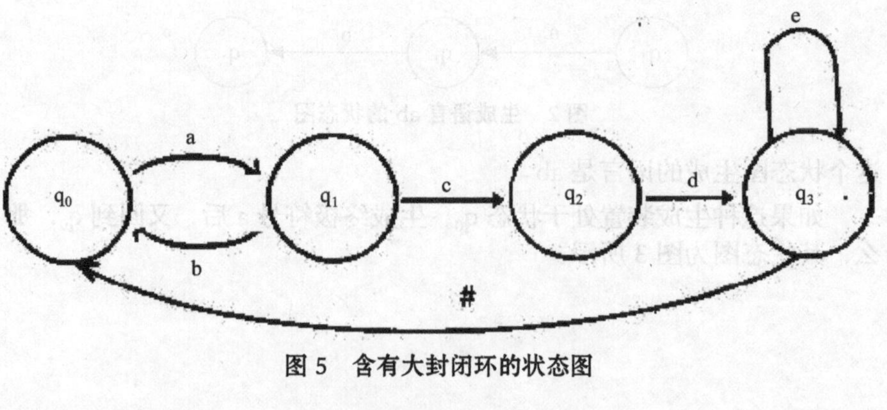

图 5　含有大封闭环的状态图

这个状态图可以生成如 acde, abacdee 等终极语符串，状态图中的“#”表示空符号。由于使用了空符号“#”，进入状态 q_3 之后，还可以返回到初始状态 q_0，继续生成新的语符串，例如，在生成了语符串 abacd 之后，还可以返回初始状态 q_0，继续生成语符串 acdeee，这样最终就可以生成语符串 abacdacdeee，这时，q_0 既是初始状态，又是最后状态。这个状态图生成的语言，可简写为 $\{a(ba)^n cde^m\}$，其中，$n \geqslant 0$，$m \geqslant 0$。

可见，给出一个状态图，就可以按着图中的路，始终顺着箭头所指的方向来生成语言。当达到图中的某一状态时，可以沿着从这一状态引出的任何一条路前进，不管这条路在前面的生成过程中是否已经走过；在从一个状态到另一个状态时，可以容许若干种走法；状态图中还可以容许出现任意有限长度的、任意有限数目的封闭环。这样的生成机制，在数学上叫作“有限状态马尔可夫过程”(finite state Markov process)。

状态图是有限状态语法的形象表示法，因此，根据状态图就可以轻而易举地写出其相应的有限状态语法。

例如，与图 5 中的状态图相应的有限状态语法如下：

$$G=(V_N, V_T, S, P)$$

$$V_N=\{q_0, q_1, q_2, q_3\}$$

$$V_T=\{a, b, c, d, e, \#\}$$

$$S=q_0$$

P:

$$q_0 \rightarrow aq_1$$

$$q_1 \rightarrow bq_0$$

$$q_1 \rightarrow cq_2$$

$$q_2 \rightarrow dq_3$$

$$q_3 \rightarrow eq_3$$

$$q_3 \rightarrow \#q_0$$

在这个语法中，q_0, q_1, q_2, q_3 表示状态，它们都是非终极符号，不难看出，P 中的各个重写规则都符合于有限状态语法重写规则的形式。

然而，由于有限状态语法的重写规则限制较严，它存在着不少的缺陷。

第一，有一些由非常简单的语符串构成的形式语言，不能由有限状态语法生成。Chomsky 举出了如下三种形式语言：

- ab, aabb, aaabbb…，它的全部句子都是由若干个 a 后面跟着同样数目的 b 组成的，这种形式语言可表示为 $L_1=\{a^n b^n\}$，其中，$n \geqslant 1$。

- aa, bb, abba, baab, aaaa, bbbb, aabhaa, abbbba…，这种形式语言是没有中心元素的镜像结构语言。如果用 α 表示集合 {a, b} 上的任意非空语符串，用 α^* 表示 α 的镜像，那么，这种语言可表示为 $L_2=\{\alpha\alpha^*\}$。
- aa, bb, abab, aaaa, bbbb, aabaab, abbabb…，它的全部句子是由若干个 a 或若干个 b 构成的语符串，后面跟着而且只跟着完全相同的语符串而组成的，如果用 α 表示集合 {a, b} 上的任意非空语符串，那么，这种语言可表示为 $L_3=\{\alpha\alpha\}$。

L_1, L_2, L_3 都不能由有限状态语法生成，可见，有限状态语法的生成能力是不强的。

第二，在英语中存在着如下形式的句子：

(1) If S_1, then S_2.

(2) Either S_3, or S_4.

(3) The man who said S_5, is arriving today.

在这些句子中，if—then, either—or, man—is 存在着相依关系，这种句子，与 Chomsky 指出的、具有镜像特性的形式语言 L_2 很相似，也是不能用有限状态语法生成的。

语言符号的递归性

RECURSIVENESS OF LANGUAGE SIGN

语言符号按同样的方式不断扩展的性质叫作语言符号的递归性。

语言符号所构成的句子是无穷无尽的，因此不可能枚举出一种语言中的所有句子。在很多场合，对于语言中某一长度的有限的句子，往往可以采用一定的办法来将其长度加以扩展。例如，下面的句子在英语中都是成立的，它们之间是逐次扩展而成的。

(1) The man chants.

(2) The man who the woman sees chants.

(3) The man who the woman who the girl sees sees chants.

句子 (2) 是在句子 (1) 的 man 上加了 WHO- 从句 who the woman sees 扩展而形成的，句子 (3) 在句子 (2) 的 woman 上加上 WHO- 从句 who the girl sees 扩展而形成的。

可以在句子 (1) 基础上，逐次加上任意个由关系词 who 引入的定语从句进行扩展，每加一个这样的从句，就构成了一个新的更长的套叠句子。究竟能够加多少个由关系词 who 引入的从句，只与说话人的记忆力和耐心有关，而与语言本身的结构无关。人们平时之所以很少说这样的套叠句子，是因为人类心理的短时记忆的跨度是有限度的。根据心理学的研究，人们能够关注到的事物，短时间内同时记住的东西，以及思维对大脑中同时操纵的元素，都不会超过 7 个左右（假定为 7 ± 2），所以，当一个句子中的成分项目超过 7 个左右时，人们就会感到记忆负担过重而不愿意说出这样的句子。

如果不考虑上述的心理学因素，仅只从语言结构本身来看，在英语中人们可以加上无限个由关系词 who 引入的从句而使句子始终保持成立性。

正因为语言符号具有递归性，类别相同的语法结构会多次地在语言中出现，这样就可以把语法结构加以抽象化，用有限的语法结构和规则来描述无限的、千变万化的句子。

语言的句子是无穷无尽的，而语法规则却是有限的，人们之所以能够借助于有限的语法规则，造出无穷无尽的句子来，其原因就在于语言符号具有递归性。

在自然语言处理的研究中，语言符号的递归性起着很大的作用。机器翻译的实质，就是把源语言中无限数目的句子，通过有限的规则，自动地转换为目标语言中无限数目的句子。如果机器翻译的规则系统不充分利用语言符号的递归性，那么要实现这样的转换是非常困难的。

N. Chomsky 在《乔姆斯基理论介绍中文版》一书的序言中指出，早在 19 世纪初，德国杰出的语言学家和人文学者 W. V. Humboldt 就观察到“语言是有限手段的无限运用”，但是，由于当时尚未找到能揭示这种理解所含的本质内容的技术工具和方法，W. V. Humboldt 的论断还是不成熟的。

那么，究竟应该如何来理解“语言是有限手段的无限运用”呢？N.

Chomsky 指出："一个人的语言知识是以某种方式体现在人脑这个有限的机体之中的，因此语言知识就是一个由某种规则和原则构成的有限系统。但是一个会说话的人却能讲出并理解他从来未听到过的句子及和我们所听到的不十分相似的句子。而且，这种能力是无限的。如果不受时间和注意力的限制，那么由一个人所获得的知识系统规定了特定形式、结构和意义的句子的数目也将会是无限的。不难看到这种能力在正常的人类生活中得到自由的运用。我们在日常生活中所使用和理解的句子范围是极大的，无论就其实际情况而言还是为了理论上描写的需要，我们有理由认为人们使用和理解的句子的范围都是无限的。"

那么，怎样来刻画语言这个无限集的成分组成情况呢？

可以把语言中所有的元素列成一个表，进行简单枚举。例如，

$$L=\{\varphi, a, b, aa, ab, \ldots\}$$

这样的刻画办法，把后面一大部分东西省略掉了，后面未列出的部分，只好根据给出的少量的元素去想象，这样的刻画办法显然是不好的。它不能体现"有限手段的无限运用"这一原则。

根据语言符号的递归性，可以采用递归的方法来刻画语言，为此提出如下的公理系统的定义：

> 一个公理系统是一个有序三元组 (A, S, P)，其中，A 是符号的有限集，叫作字母表；S 是 A 上的符号串的集合，叫作公理；P 是在由 A 中的符号组成的符号串上的 n 位关系的集合，n≥2（即 P 中的 n 元组至少必须是有序对），P 的元叫作生成式或推理规则。根据这样的公理系统，可以从公理 S 出发，多次使用推理规则 P，在符号集 A 上递归地生成语言中的句子，实现"有限手段的无限运用"。

如果把公理系统中的 A 想象成短语结构语法中的非终极符号 V_N 和终极符号 V_T 的集合，把 S 想象成短语结构语法中的初始符号 S，把 P 想象成短语结构语法中的重写规则 P，那么，短语结构语法与公理系统是十分相似的。因此，短语结构语法是采用体现了递归原理的公理化方法来描述自然语言的语法。

N. Chomsky 的形式语法实际上等价于数学上的一种公理系统——"半图厄系统"（semi-Thue system），这种形式语法不过是数学中的公理系统理论在自然语言分析中的应用而已，语言的生成过程完全可以通过公理系统这一形式化的手段得到严格的描述。

语义互联网 SEMANTIC WEB

瑞士科学家 Tim Berners-Lee 提出的互联网体系结构，叫作语义互联网，简称语义网。

所谓互联网就是 World Wide Web，由于三个英文单词的第一个字母都是 W，所以简称为 WWW。WWW 是基于因特网（Internet）的计算机网络，用户使用 WWW，可以通过因特网访问存贮在世界范围内的因特网上的海量信息。WWW 是根据“客户端 - 服务器”（Client-Server）的模式来进行工作的。客户通过叫作“客户端”（Client）的程序与远程存储着数据的“服务器”（Server）连接，互联网的浏览通过叫作“浏览器”（browser）的客户端程序来进行（例如，Navigator、Internet Explorer 等）。互联网浏览器把用户的提问传送给远程的服务器搜索有关的信息，然后返回搜索到的文件，这些文件使用超文本标记语言 HTML（Hyper Text Markup Language）书写，最后在客户端用户的计算机屏幕上显示出来。

互联网的操作依赖于超文本（Hyper Text）文件的结构。超文本可以让网页的作者把他们的文件与互联网的其他文件进行“超链接”（Hyperlink），从而看到互联网上的有关的文件。

Tim Berners-Lee 在瑞士的欧洲核研究中心（法语名称是 Centre European pour la Recherche Nucleaire，简称 CERN）工作，1989 年，他写了第一个 WWW 的服务器和客户端程序，并且把它叫作 WWW。同年三月，Tim Berners-Lee 给欧洲核研究中心的高层领导提交了一个建议。在这个建议中，他分析了当时使用的层级式信息组织方法（hierarchical organization of information）的缺点，同时又指出了基于超文本系统（Hypertext System）的优点，初步提出了建立“分布式超文本系统”（Distribution Hypertext System）的基本方法。可惜他的这个高瞻远瞩的建议当时并没有得到 CERN 高层必要的支持。

一年之后，也就是 1900 年，Tim Berners-Lee 又再次向欧洲核研究中心提出他的建议，这一次他的建议得到了欧洲核研究中心的支持。于是，Tim Berners-Lee 和他在欧洲核研究中心的同事们立即采用分布式超文本系统的思想来研究互联网，为互联网将来的发展做了奠基性的工作。他们为此研制了互联网的服务器和浏览器，并研制了客户端和服务器之间的通信模型、超文本传输协议（HyperText Transfer Protocol，简称 HTTP）、超文本标记语言、通用资源定位器（Universal Resources Locator，简称 URL，也就是网址）。

1993年2月，美国伊利诺伊大学国家超级计算机应用中心（National Center of Supercomputer Application）的 Marc Andereeson 和他的研究小组设计了使用马赛克（Mosaic）技术的用户图形界面，并把它用来作为 Unix 的 Web 浏览器，短短的几个月之内，Macintosh 和 Windows 的操作系统都先后使用了 Mosaic 的用户图形界面技术。用户只要点击计算机屏幕上的图形，就可以对计算机进行各种操作。1994 年，Jim Clarc 与 Marc Andereeson 合作，成立了 Mosaic Communication 公司，后来改名为 Netscape Communication 公司，在几个月之内，他们就研制出了 Netscape 的浏览器，并在互联网用户中普及。1995 年 8 月，微软公司公布了他们的互联网浏览器 Internet Explorer（简称 IE），并向 Netscape 挑战。从此，用户就可以通过浏览器在互联网上随心所欲地漫游了。

Tim Berners-Lee 创立的 WWW 以及 Mosaic 浏览器的出现，是互联网发展历史上两个最重要的事件，它们使得互联网能够迅速地在用户中得到推广和普及。

因特网是互联网的通信网络。没有因特网，互联网是不可能发挥其功能的。因特网的前身是计算机网络 ARPANET，这个计算机网络是在美国国防部高等研究计划处的支持下研制的。早在 1969 年 ARPANET 就建成了。1972 年，ARPANET 在计算机与通信第一次国际会议上表演，ARPA 的科学家们出色地利用 ARPANET 把处于 40 多个不同的地方的计算机连接在一起。后来，这个 ARPANET 进一步发展成为当今的因特网。

在 1973 年，Vinton Cerf 和 Bob Kahn 就开始研究网络协议（Internet Protocol），1974 年，他们发表了《传输控制协议》（Transmission Control Protocol）的文章，正式把他们提出的协议叫作 TCP/IP 协议（Transmission Control Protocol / Internet Protocol），TCP/IP 协议可以使的计算机网络彼此连接起来，彼此进行通信。但是，直到 1982 年，TCP/IP 协议才正式得到采用，因特网使用 TCP/IP 协议把不同网络联系起来了。

为了有效地获取分布在全世界网络上的信息，需要研制“搜索引擎”。1993 年，美国斯坦福大学的 6 个学生研制了搜索系统 Excite；1994 年，美国德克萨斯大学研制了 EINet Calaxy；同年，著名的搜索引擎

YAHOO 问世；1998 年，Stanford 大学的 Sergey Brim 和 Larry Page 推出了搜索引擎 Google；2005 年，微软推出了搜索引擎 MSN。

为了促进互联网在全世界范围内的推广和使用，美国麻省理工学院（MIT）和瑞士的欧洲核研究中心在 1994 年成立了万维网协会（The World Wide Web Consortium，简称 W3C），W3C 是万维网的国际性组织，W3C 的成立使得 Web 在国际范围内迅速地得到普及，几乎每个现代人的生活和工作，都与互联网息息相关。自 1994 年第一次 W3C 会议召开以来，每年都召开一次 W3C 的国际会议。

2001 年，Tim Berners-Lee 又进一步提出如下的互联网体系结构（如图 1 所示）。这样的 Web 叫作"语义互联网"：

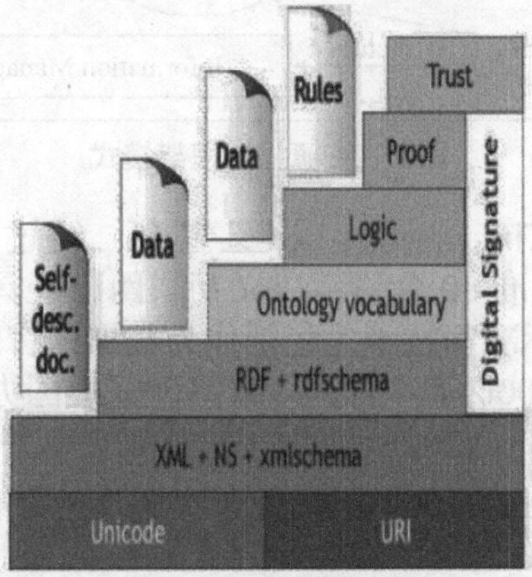

图 1　语义互联网

在这个语义互联网的体系结构中，Unicode 是国际统一的编码字符集，URI 是英语 Uniform Resource Identifier 的缩写，就是"统一资源定位符"，也被称为"网页地址"（简称网址），是互联网上标准的资源的地址，XML 是英语 Extensible Markup Language 的缩写，就是"可扩展标记语言"。

RDF 是英语 Resource Description Framework 的缩写，就是"资源描述框架"，NS 是英语 Name Space 的缩写，就是"名空间"，xmlschema 就是 XML 模式。rdfschema（RDF 模式）就是"资源描述框架模式"，其进一步的描述如图 2 所示：

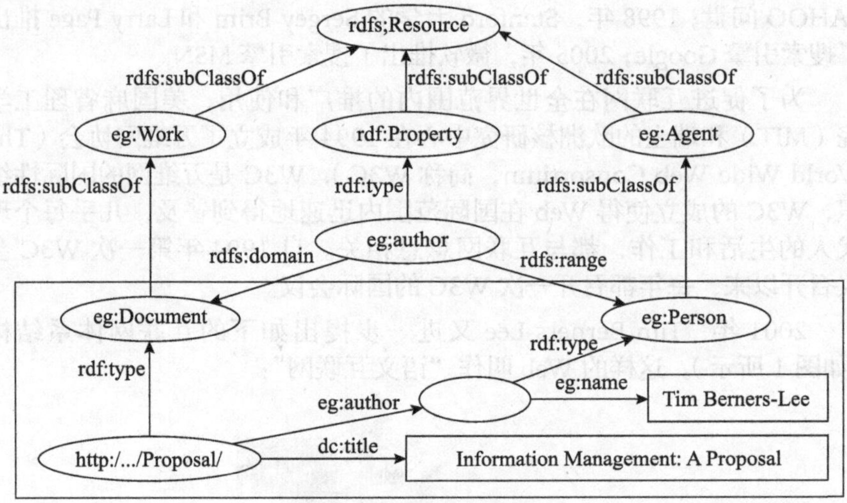

图 2　资源描述框架模式

2006 年 5 月，Tim Berners-Lee 又宣布，经过十年的努力，W3C 已发布 W3C 推荐标准 80 余份，语义互联网已经具备了为达到成功的目标所需要的所有标准和技术，包括作为数据语言的 RDF、本体语言、查询和规则语言。2006 年 4 月，万维网联盟中国办事处成立并召开了 WWW 技术研讨会。

Tim Berners-Lee 在 2006 年又公布了语义互联网的新的体系结构，如图 3 所示：

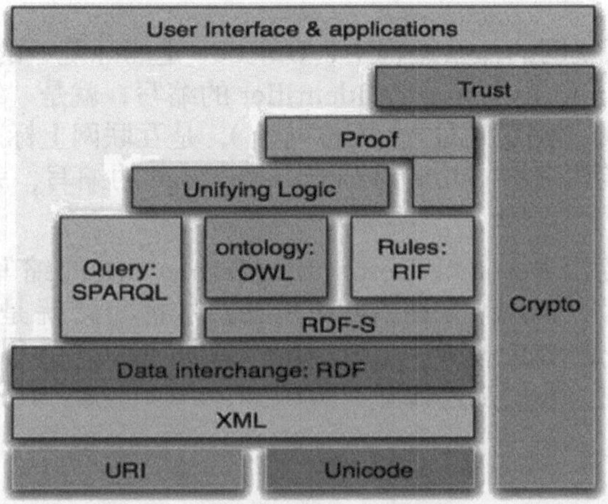

图 3　语义互联网的新的体系结构

在这个新的体系结构中，“逻辑”层变成了“统一逻辑”层（Unifying Logic），不再局限于使用特定的“描述逻辑标记语言”，并且Ontology Vocabulary变成了Ontology OWL，其中，OWL（Ontology Web Language）可以翻译成“本体网络语言”，是W3C开发的一种描述本体的网络语言，用于对本体进行语义描述。W3C的设计人员针对各类特征的需求制定了三种相应的OWL的子语言，即OWL Lite、OWL DL和OWL Full，而且各子语言的表达能力递增。

“本体网络语言”直接地处于Unifying Logic（统一逻辑）和RDF-S（资源描述框架模式）之间，上承“统一逻辑”，下启“资源描述框架模式”，其承上启下的作用更加明显。由此可见，在2006年新公布的语义互联网体系结构中，“知识本体”的重要性更加突出了。

语义网络理论 SEMANTIC NETWORK THEORY

用有向图来表示词与词之间的语义动态组合关系网络理论，叫作语义网络理论。

由于语义的内容就是概念的内容，因此，在语义网络理论中，就直接用概念来表示词义。其原理是以句子中词的概念为网络节点，通过节点之间的有向弧来表示概念与概念之间的语义关系，构成一个彼此相连的网络，用以理解自然语言句子的语义。

语义网络理论是1968年由美国心理学家R. Quillian研究人类联想记忆时提出的。1972年，美国人工智能专家R. F. Simmons和J. Slocum首先将语义网络理论用于自然语言理解系统中。1977年，美国人工智能学者G. Hendrix提出了分块语义网络的思想，把语义的逻辑表示与“格语法”（case grammar）结合起来，把复杂问题分解为较为若干个简单的子问题，每个子问题以一个语义网络表示，可进行自然语言理解中的各种复杂的推理，把自然语言理解的研究向前大大推进了一步。

语义网络可用有向图来表示。

一个语义网络就是由一些以有向图表示的三元组

（节点A，弧，节点B）

连接而成的。

在语义网络中，节点表示概念，弧是有方向的、有标记的。在三元组中，弧由节点A指向节点B，节点A为主，节点B为辅，弧的方向体现了主次，弧上的标记R表示节点A的属性或节点A与节点B之间的关系。

语义网络中的一个三元组可如图1所示：

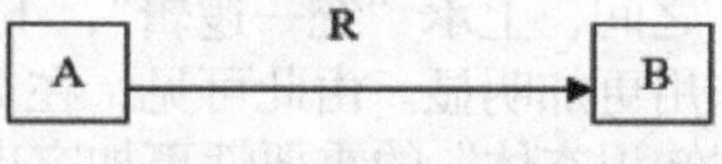

图1　包含一个三元组的语义网络

这样，由若干个三元组构成的语义网络就可表示为图2：

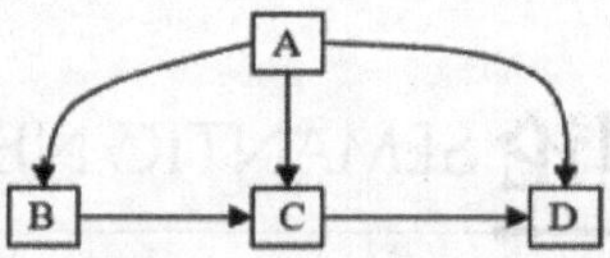

图2　包含多个三元组的语义网络

从逻辑表示的方法来看，语义网络中的一个三元组相当于一个二元谓词，因此，三元组

（节点A，弧，节点B）

可写成二元谓词

P（个体A，个体B）

其中，个体A对应于节点A，个体B对应于节点B，而弧及其上面表示节点A与节点B之间的关系的标记由谓词P来体现。

这样一来，一个由若干个三元组构成的语义网络就相当于一组二元谓词。

可以把语义网络看成一种知识的单位。人脑的记忆是通过存贮大量的语义网络来实现的。

在人工智能中，语义网络内各个概念之间的关系，主要由ISA、PART-OF、IS等谓词来表示。

谓词ISA表示“种-属关系”，“种概念”隶属于“属概念”，因此，ISA是一种隶属关系，它体现为某种层次分类，种概念层的节点可继承属概念层节点的属性。谓词 ISA 表示的“种 - 属”关系也可以看成是一种“具体 - 抽象”关系，具体概念隶属于某个抽象概念。

例如，“鱼是一种动物”这一命题可表示为图 3：

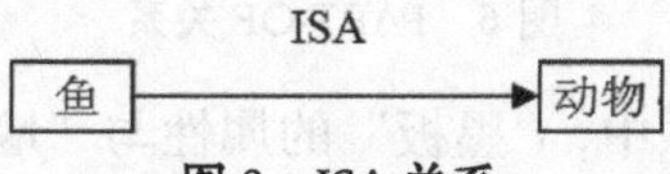

图 3　ISA 关系

动物具有“会动、吃食物、要呼吸”等属性，鱼也具有“会动、吃食物、要呼吸”等属性。此外，鱼还具有“用鳃呼吸、水中生活、有鳍”等特殊的属性，而有的动物就不具有这些属性。“鱼”是种概念层的节点，“动物”是属概念层的节点。这说明，种概念层的节点可以继承属概念层的节点的属性，反之不然，这就是 ISA 关系中的“属性继承规则”。

又如，“学生是人”这一命题可以表示为图 4：

图 4　ISA 关系

人具有“能制造工具、能使用工具、能进行劳动、高等动物”等属性，因此，学生也具有“能制造工具、能使用工具、能进行劳动、高等动物”等属性，此外，学生还具有“在学校读书”的特性，而其他的人不一定具有这样的特性。这一命题显然也遵循着 ISA 关系中的“属性继承规则”。

谓词 PART-OF 表示“整体 - 构件”关系，构件包含于整体之中，因此，PART-OF 也是一种包含关系。在 PART-OF 关系中，下层节点不能继承上层节点的属性，ISA 关系中的“属性继承规则”，在 PART-OF 关系中是不能成立的。

例如，“车轮是汽车的一部分”这个命题，可以表示为图 5：

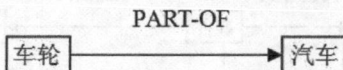

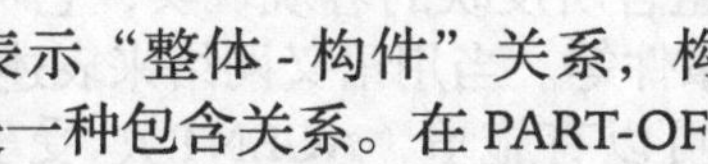

图 5　PART-OF 关系

其中，“车轮”是“汽车”的一个部分，但不一定具有“汽车”的某些属性。

又如，“墙上有黑板”这个命题，可以表示为图 6：

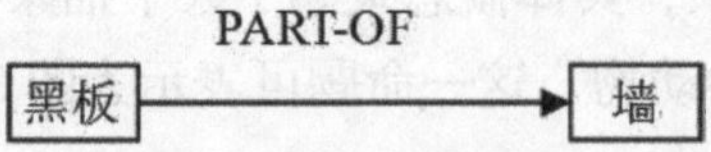

图 6 PART-OF 关系

在这种整体 - 构件关系中，“黑板”的属性与“墙”的属性几乎毫无共同之处。

谓词 IS 用于表示一个节点是另一个节点的属性。

例如，“奥斯陆是挪威首都”这个命题，可以表示为图 7：

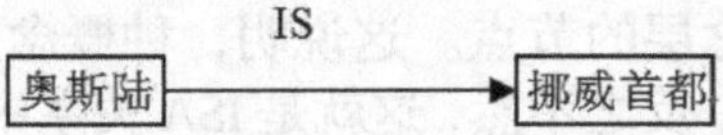

图 7 Is 关系

又如，“小刘聪明过人”这个命题，可以表示为图 8：

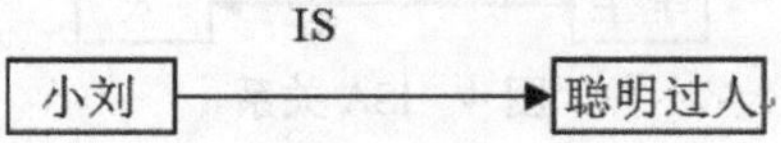

图 8 Is 关系

节点与节点之间的关系是多种多样的。ISA、PART-OF 和 IS 只是三种最常见的关系。对于自然语言处理来说，这三种关系是远远不够的。

语义网络是由一组二元谓词构成的，它可表示一个事件（event）。事件是由若干个概念组合所反映的客观现实，它可以分为叙述性事件、描述性事件和表述性事件等。当用语义网络来表述事件时，语义网络中节点之间的关系，还可以有施事（AGENT）、受事（PATIENT）、位置（LOCATION）、时间（TIME）等。

例如，“张忠帮助王林”这一事件可以表示为图 9：

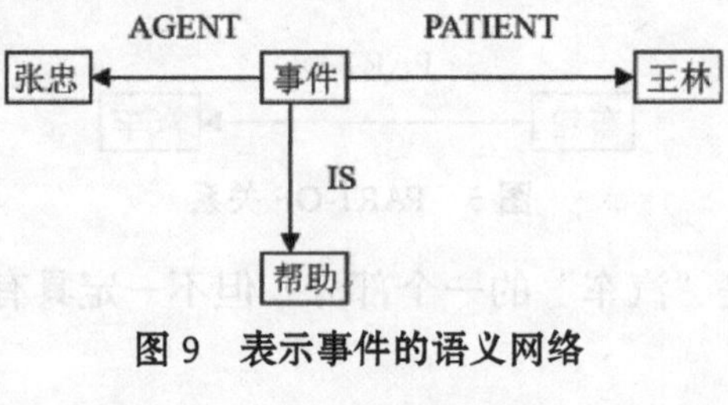

图 9 表示事件的语义网络

如果知道张忠是老师，王林是学生，那么语义网络可更加细致地表示为图 10：

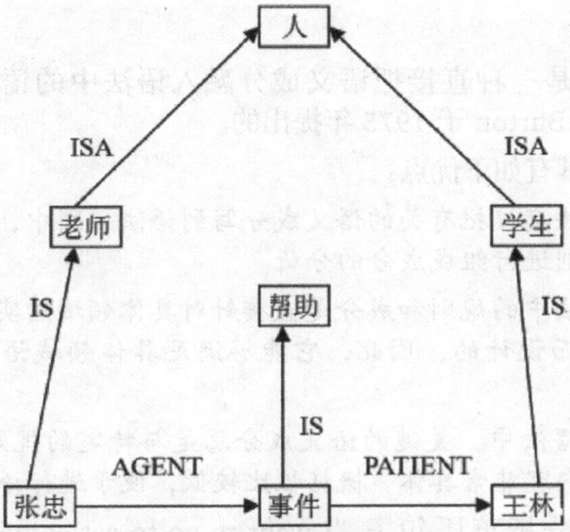

图 10　表示事件的语义网络

语义网络系统的推理机制一般基于网络的匹配。根据提出的问题可构成局部网络，其中的变量代表待求客体。查询解答的过程就是查询局部网络到网络知识库的匹配操作，若匹配成功，则输出变量所得的替换值为“是”，若匹配不成功则输出“否”。

例如，如果在语义网络知识库中存贮了事件“张忠帮助王林”，查询的目的是“张忠帮助谁?”，根据上面的语义网络进行匹配，结果匹配得到成功，得到变量的替换值为“王林”，即“谁 = 王林”。

把语义网络的理论和方法运用于汉语的自动处理，有必要根据汉语的特点，对于二元谓词中的谓词作深入的研究，充分地揭示汉语中的语义关系。

采用语义网络来理解自然语言时，首先分析输入句子的句法关系，同时分析句子的深层格结构，记录语义关系，最后求出输入句子的语义网络，借以理解自然语言的语义。

语义语法 SEMANTIC GRAMMAR

语义语法是一种直接把语义成分融入语法中的语法。它是 J. S. Brown 和 R. R. Burton 于 1975 年提出的。

语义语法具有如下优点：

- 语义语法直接把有关的语义成分写到语法规则中，便于按照组成性的原则进行组成成分的分析。
- 语义语法中的规则和成分是直接针对具体领域的实体和实体之间的关系而设计的，因此，它能够满足具体领域语义分析的特定要求。
- 在语义语法中，关键的语义成分总是与特定的规则一起出现的，规则的内容非常具体，概括性比较低，便于进行语义分析。

例如，在分析英语句子“I want to go to eat some Japanese food today.”时，可以提出如下的语义语法的规则：

InfoRequest → User wants to go to eat FoodType TimeExpr

这个语义语法的规则与上下文无关语法的规则在形式上是一致的，在规则的左手边是单个的非终极符号 InfoRequest，在规则的右手边，终极符号（User、FoodType、TimeExpr）和非终极符号（wants、to、go、to、eat）可以自由地混杂在一起出现，这样，就可以设计“User, FoodType, TimeExpr”等表示具体语义的非终极符号来表示在“今天（TimeExpr）我（User）想去吃日本食品（FoodType）”这个特定的环境下所需要的语义成分。

还可以提出如下的语义语法规则来表示食品的类型：

FoodType → Nationality FoodType

这个规则的左手边是单个的非终极符号 FoodType，这个规则的右手边有 Nationality 这个非终极符号表示“民族”特性，具体地说明了所谓食品的类型（FoodType）是特别指食品应该具有“民族”（Nationaly）风味。

语义语法有效地克服了句法驱动的语义分析的过度抽象概括的缺陷，可以直接得出语义分析的结果，在具体领域的语义分析中是行之有效的。

语义语法还可以帮助解决自然语言处理中很困难的代词指代问题（anaphor）。例如，如果要分析如下的两个英语句子：

When does flight KE852 arrive in Seoul?

When does it arrive in Beijing?

我们不知道第二个句子中的 it 究竟代表什么，如果采用句法驱动的语义分析，那么只能分析出 it 是一个代词。但是，如果我们为飞行的领域设计一个语义语法，那么根据第一个句子，可以提出这样的语义语法规则：

InfoRequest → when does Flight arrive in City.

在这个规则的右手边包含有两个表示语义的非终极符号 Flight（表示“航班”）和 City（表示“城市”）。根据这个规则，就可以直接地判定第二个句子中的 it 是 Flight，表示 KE852 这个航班，从而轻而易举地解决了代词指代问题。

由于语义语法是针对特定的领域而设计的，它的概括性太弱，对于领域的依赖性太强，因此也有它的不足。

语义语法的缺点是：

- 复用性（reuse）很差。由于语义语法是针对特定的领域而设计的，换到其他领域就寸步难行，几乎没有复用性。
- 就是在一个单一的领域内，由于规则太具体，规则的总量比较大，随着领域复杂性的增加，规则数量的增长很快。

例如，我们上面的规则

FoodType → Nationality FoodType

对于 Japanese food 是适用的，可是对于 Canadian food 就不一定适用了，因为 Canadian 强调的是“地域”（Location），而不是“民族风味”（Nationality），Canadian food 表示的意思是“加拿大地区出产的食品”，而不是“加拿大风味的食品”，这时，势必要把规则 FoodType → Nationality FoodType 中的 Nationality 改为 Location，再增加一条规则：

FoodType → Location FoodType

这样一来，规则的数量将会大幅度增加。所以在使用语义语法时，应该注意到它的这些局限性。

噪声信道模型 NOISY CHANNEL MODEL

语言中真实的表层形式在经过信道的过程中，被噪声改变了本来的面目，成为变异形式，把变异形式还原成真实的表层形式的信道模型，叫作噪声信道模型。

语音识别中发音模型的问题和文本的拼写更正问题是同构的，它们都可以模拟为从一个符号串到另一个符号串的映射问题。在语音识别中，对于给定的表示在上下文中某个单词的发音的一个符号串，需要计算并输出表示其词汇发音或者词典发音的一个符号串，从而可以在词典中查找到这个单词。同样地，对于给定的在拼写错误的单词中的不正确的字母序列，需要计算并输出在拼写正确的词中的一个正确的字母序列。这些问题都可以使用噪声信道模型来模拟。

从直觉上说，噪声信道模型可以这样来理解：表层形式（错误的发音或错拼单词）被看成是词汇形式（“词汇”的发音或正确拼写的单词）在通过了噪声信道之后得到的一个变异形式。由于在信道中有“噪声”，难以辨认出词汇形式的“真实”单词的面目，为此需要建立一个噪声信道模型，使得能够计算出这个真实的单词是如何被“噪声”改变面目而发生变异的，从而恢复它本来的面目。

语音识别研究的噪声有很多来源：发音变异、子音实现时的变异、来自信道的声学方面的变异（扩音器、电话网络等）。这些“噪声”就是发音变异，也就是那些给词汇发音或“规范”发音戴上假面具的发音变异。

对于拼写错误检查，所谓“噪声”就是那些给正确的拼写戴上假面具的拼写错误。这些问题可以使用噪声信道模型来模拟，把从信号源（source）通过噪声信道（noisy channel）时被噪声变异了单词（noisy word），使用解码的办法（decoder），猜测出原来的单词形式（guess at original word）。如图 1 所示：

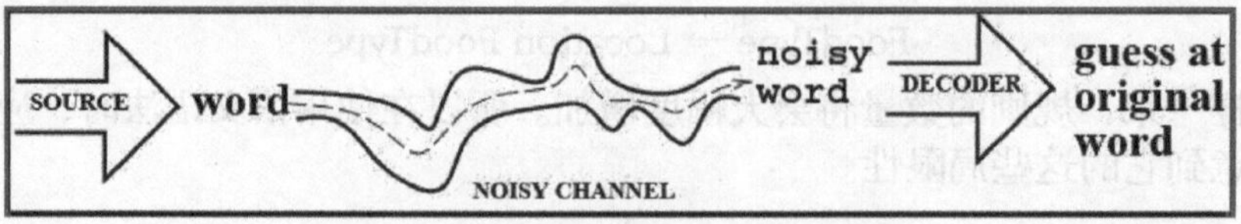

图 1　拼写错误检查的噪声信道模型

“噪声信道”这个比喻来自 20 世纪 70 年代美国 IBM 实验室应用于语音识别的模型，美国语音识别专家 F. Jelinek 在 1976 年的文章中，把这样的模型命名为“噪声信道模型”（noisy channel model）。

基于统计的机器翻译把机器翻译问题看成是一个噪声信道问题，把图 1 根据机器翻译的特点加以改造，就得到下面的图 2：

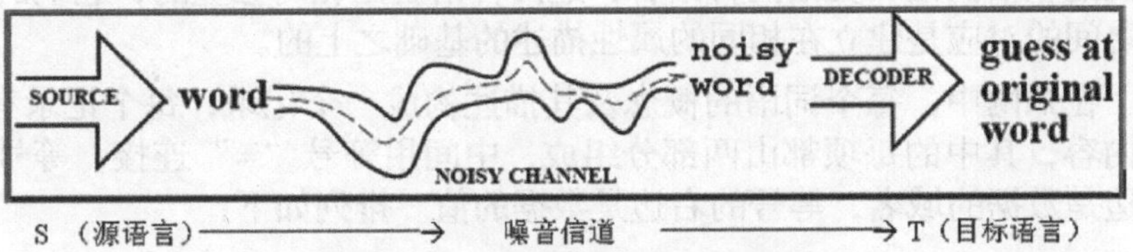

图 2　机器翻译的噪声信道模型

可以这样来看机器翻译：一种语言 S 由于经过了一个噪声信道而发生了扭曲变形，在信道的另一端呈现为另一种语言 T，翻译问题实际上就是如何根据观察到的语言 T，恢复最为可能的语言 S。语言 S 是信道意义上的输入（源语言），在翻译意义上就是目标语言，语言 T 是信道意义上的输出（目标语言），在翻译意义上就是源语言。

从噪声信道模型观点看来，一种语言中的任何一个句子都有可能是另外一种语言中的某几个句子的译文，只是这些句子的可能性各不相同，机器翻译就是要找出其中可能性最大的句子，也就是对所有可能的目标语言 S 计算出概率最大的一个作为源语言 T 的译文。

由于 S 的数量巨大，可以采用栈式搜索（stack search）的方法。栈式搜索的主要数据结构是表结构，表结构中存放着当前最有希望的对应于 T 的 S，算法不断循环，每次循环扩充一些最有希望的结果，直到表中包含一个得分明显高于其他结果的 S 时结束。栈式搜索不能保证得到最优的结果，它会导致错误的翻译，因而只是一种次优化算法。

统计机器翻译系统的任务就是在所有可能的目标语言 T（这里指翻译意义上的目标语言，也就是噪声信道模型意义上的源语言）的句子中寻找概率最大的那个句子作为源语言 S（这里指翻译意义上的源语言，也就是噪声信道模型意义上的目标语言）的翻译结果。

知网 HowNet

知网是中国学者董振东和董强研制的一个词典知识描述系统，描述的词汇包括汉语和英语两种语言，这两种语言是相对独立的，它们的词语之间的对应是建立在相同的属性描述的基础之上的。

在知网中，每个词语的概念及其描述构成一个记录，每个记录有 8 项内容，其中的每项都由两部分组成，中间用等号“=”连接，等号的左边是数据的域名，等号的右边是数据的值。排列如下：

W_C= 汉语词语

G_C= 汉语词语的词性

E_C= 汉语词语的例子

W_E= 英语词语

G_E= 英语词语的词性

E_E= 英语词语的例子

Def= 概念类别和属性

其中，“概念类别和属性”是知识词典中最重要的信息，“类别”放在首位，“属性”放在“类别”之后，“类别”与“属性”之间用逗号隔开，“属性”可以有多个，不同的属性之间也用逗号隔开。

下面是一些示例：

W_C= 医生

G_C=NOUN

E_C=

W_E=doctor

G_E=NOUN

E_E=

Def=human| 人类，medical| 医，*cure| 医治，#disease| 疾病，addressable| 称呼

前七项内容不言自明，最后一项“Def”则需要加以说明。Def 中，等号右边的首位“human| 人类”表示“医生”的类别是“人类”（human），其属性为：“是行医的领域”（medical），“是施行医治行为的”（*cure，

符号“*”表示“施事－事件”关系），“医治的是疾病”（#disease，符号“#”表示“主体－相关体”关系），“可以作为一种称呼”(addressable)。

W_C= 医院

G_C=NOUN

E_C=

W_E=hospital

G_E=NOUN

E_E=

Def=institute-place| 场所，+cure| 医治，#disease| 疾病，medical| 医

Def 中，等号右边的首位“institute-place| 场所”，表示“医院”的类别是“场所”（institute-place），其属性为：“是医治的场所”（+cure，符号“+”表示“处所－事件”关系），“医治的是疾病”（#disease），“是行医的领域”（medical）。

W_C= 看病

G_C=VERB

E_C=

W_E=see a patient

G_E=VERB

E_E=

Def=cure| 医治，content=disease| 疾病，medical| 医

Def 中，等号右边的首位是“cure| 医治”，表示“看病”的类别是“医治”（cure），其属性值为：看病的内容是“疾病”（content=disease），“是行医的领域”（medical）。这里，“看病”这个概念是表示“医生给病人看病”。

“看病”还有一个概念是“病人找医生要求治疗”，可以表示如下：

W_C= 看病

G_C=VERB

E_C=

W_E=see a doctor

G_E=VERB

E_E=

Def=request| 要求，result-event=cure| 医治，#medical| 医

Def 中，等号右边的首位是“要求”（request| 要求），这个概念本身已经含有一个必要的角色，即结果性动作是“医治”（result event=cure），与医药领域有关（#medical, # 表示相关体）。

W_C= 健壮

G_C=ADJ

E_C=

W_E=tough

G_E=ADJ

E_E=

Def=situation-value| 状况值，physique| 体格，strong| 强，desired| 良

Def 中，等号右边的首位是“状况值”（situation-value），这是一个属性值，这个概念表示体格强壮（physique, strong），这种属性是人们所期望的（desired）。

这些概念在知网中彼此联系起来，形成一个网络图：

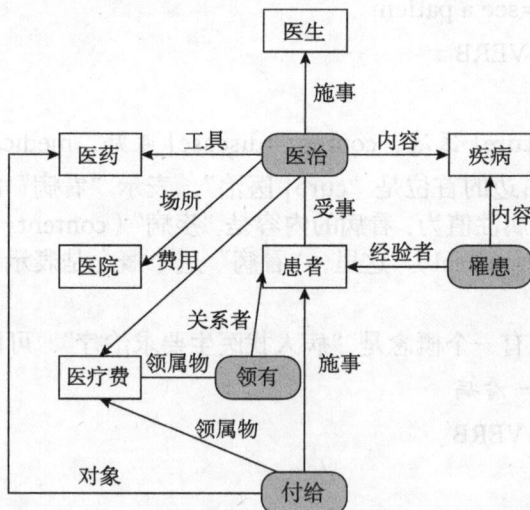

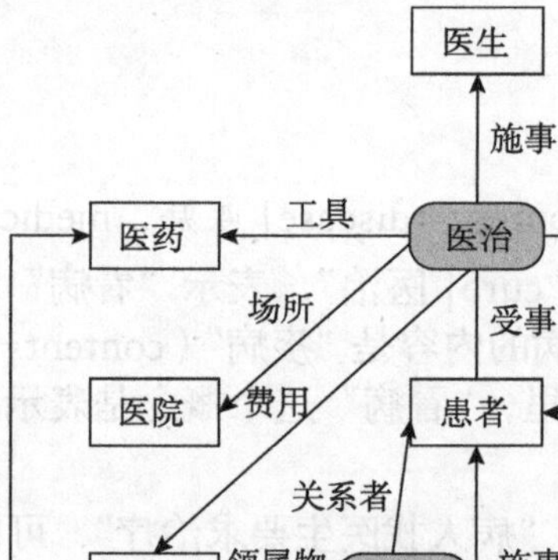

图 概念形成的网络

从这个网络中可以看出，动词“医治”的施事是“医生”，它的受事是“患者”，它的内容是“疾病”，它的费用是“医疗费”，它的场所是“医院”，它的工具是“医药”。动词“付给”的施事是“患者”，它的领属物是“医疗费”，它的对象是“医院”。

从这些例子不难看出，知网使用对于词语概念的描述比词典中对于词语的文字定义更为清晰。这样的描述实际上就是对词典中词语文字定义的形式化。由于做到了形式化，也就便于把概念的各种属性及其属性值进行重新组合，去描述其他词语的概念。

知网的设计者认为，世界上的一切事物（物质、精神、事情）都在一定的时间和空间内不停地运动和变化，它们通常是从一种状态变化到另一种状态，并通常由其属性值的改变来体现。因此，知网把概念的范畴分为N范畴、V范畴和A范畴三类。N范畴包含实体、属性和单位，其中，实体又包含万物、时间、空间和部分，万物又进一步分为物质、精神和事情三类，它们通常是运动和变化的主体。属性是一个非常重要的类。属性是无所不在的，一个人可以有性别、年龄、国籍、健康状况、文化程度、智力、性格等属性，一件东西可以有大小、重量、颜色、质量、用途等属性。世界上不存在没有属性的事物，也不存在游离于事物之外的属性。V范畴包含各种事件，事件又可以分为静态事件和行为动作。A范畴包含各种属性值。A范畴中的属性值与N范畴中的属性有着严格的对应关系。有什么类的属性，就有什么样的属性值。世界上不存在没有属性的属性值，也不存在没有属性值的属性。

例如，A范畴的“聪明”是一个属性值，它指向N范畴中的“智力”这个属性。

知网不是简单地把语法上的名词、动词、形容词对应于N范畴、V范畴和A范畴。大体上说，N范畴中的实体、属性、时间、空间、事情、部分和单位对应于英语中的名词，V范畴中的事件对应于英语中的动词和部分形容词，A范畴中的属性值对应于英语中的形容词和副词。这种对应的情况，汉语与英语不尽相同。所以，知网描述的是词语的语义，它是一部知识词典。

智能会话代理 CONVERSATION AGENT

在自然语言处理中人与计算机之间的对话与会话系统，叫作会话智能代理。这个术语中的“会话”也包括“对话”（dialogue），因为大多数的会话都是以对话这样的方式出现的。

会话智能代理是一种能够使用自然语言与用户进行交流的程序，通过它可以预订机票、回答问题或回复电子邮件。其中的许多问题还与商业会议摘要（business meeting summarization）系统以及其他口语理解系统相关。

图 1 显示了会话智能代理系统的基本架构。它包括 6 个组件：语音识别组件（Speech Recognition）、自然语言理解组件（Natural Language Understanding）、自然语言生成组件（Natural Language Generation）、文本 - 语音合成组件（Text-to-Speech Synthesis）、对话管理组件（Dialogue Manager）和任务管理组件（Task Manager）。

语音识别组件和自然语言理解组件从用户的会话输入中抽取含义，自然语言生成组件和文本 - 语音合成组件将会话智能代理系统处理得到的结果映射到语音，输出对话的结果，对话管理组件和任务管理组件一起控制会话智能代理系统的整个工作过程图。

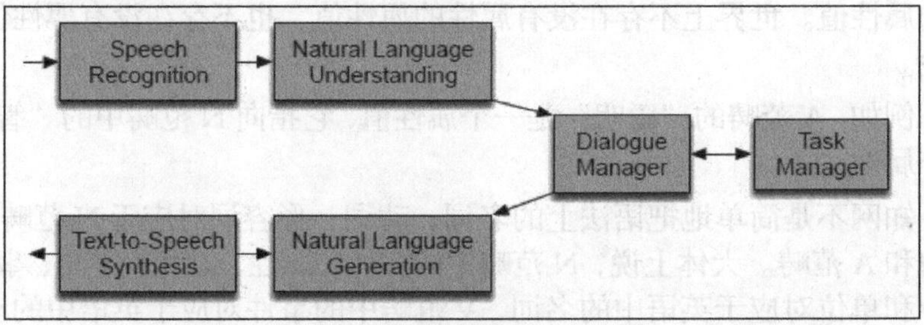

图 会话智能代理系统

具体地说，语音识别组件接受语音信号，这样的语音信号一般是由用户通过电话、PDA（个人数据助理）或笔记本电脑的麦克风接收，然后把这些语音信号转换为单词串，输入会话智能代理系统。自然语言理解组件根据输入的单词串，产生一个适合于对话任务的语义表示。自然语言生成组件根据得到的语义表示，生成相应的词句，并赋予这些词句必要的韵律。然后，文本 - 语音合成组件接受这些词句以及它们的韵律合成波形图，以语音的方式输出会话的结果。

对话管理组件和任务管理组件控制着会话智能代理系统的整个架构和结构。对话管理组件从语音识别组件和自然语言理解组件接受输入，维护某种状态，与任务管理组件交互，并将输出传递给自然语言生成组件和文本 - 语音合成组件。

会话智能代理要研究口语会话。口语对话的大部分特征与其他类型的话语（比如书面独白）都是相似的。口语对话中常常表现出话语分析中的指代、话语结构和话语连贯等特点。

为了解决这些问题，可以建立基于“信念 - 期望 - 意图模型”（Belief, Desire and Intention Model，简称 BDI 模型）的对话管理系统。这类系统常常与基于逻辑的计划模型集成在一起，并将会话当作计划行为的序列。言语行为理论为自然语言处理中的会话智能代理提供了语用学（pragmatics）的理论基础，基于言语行为理论的 BDI 模型是一个行之有效的语用自动处理的形式模型，这个模型把以言表意、以言行事、以言取效等言语行为综合在一起，有力地推动了会话智能代理系统研究的发展。

中文信息处理

CHINESE INFORMATION PROCESSING

中文信息处理是在语言学、计算机科学、人工智能、认知心理学和数学等相关学科的基础上形成的一门新兴的交叉学科，是研究电子计算机对中文书面语和口语信息进行各种加工的理论和技术。

汉字信息处理系统是中文信息处理系统中非常关键的一部分，但是汉字信息处理系统的成功研制，一般只解决了汉字的编码、输入、存储、编辑和输出问题，至于加工或处理什么，如何加工，那是中文信息处理的内容。中文信息处理系统以汉字信息处理系统作为必备部件，同时还带有为不同目的的服务的各种应用软件。中文信息处理和中国少数民族语言文字的信息处理都是自然语言处理的一部分。

已开展的中文信息处理研究主要有如下几项：

• 汉字信息处理。在汉字信息处理研究中，曾设计了500多种汉字编码方案，研制了上百种汉字信息处理系统和设备。中国研制的计算机激光汉字照排系统已在国内外广泛应用。1985年5月国家标准局公布了《信息交换用汉字15×16点阵字模集及数据集》和《信息交换用汉字24×24点阵字模集及数据集》两项标准，后来又分批公布了32×32点阵……以至256×256点阵的标准。这些标准为各种设备的设计和推广提供了有利条件。汉字手写体和印刷体的自动识别研究已经商品化。为了使各种系统之间的信息交换有共同性，也为了使各种输入输出设备的设计有统一的根据，1981年国家标准局公布了《信息交换用汉字编码字符集·基本集》（简称《汉字标准交换码》GB2312—1980），1974年冯志伟估测出汉字熵为9.65比特，为采用多8位的双字节编码提供了理论根据。多8位的双字节编码共分两级，一级3 755个字，二级3 008个字，共6 763个字。为了满足少数用字量超过基本集的用户和中国台湾、香港等地的需要，后来又制定了多个辅助集和国家标准扩充码（GBK）。2000年3月信息产业部和原国家质量技术监督局联合发布了《信息交换用汉字编码字符集·基本集的扩充》标准（GB18030–2000），收录了27 484个汉字。2014年6月16日发布的Unicode 7.0与国际标准ISO/IEC10646.2012同步，总计收字符112 956个，其中汉字字符74 616个。

• 机器翻译。计算机和语言的最早结合始于机器翻译。1956年，机器翻译被列入中国科学工作的发展规划。1957年，机器翻译研究工作正式开始，这是中文信息处理的第一项工程。首先研究的是俄汉机器翻译，并于1959年成功地进行了试验。1958年底至1960年初，又研制了一套英汉机器翻译规则系统。1966~1975年工作处于停顿状态。近年来中国学者已研制出英汉、俄汉、法汉、日汉和德汉等机器翻译系统以及汉译英、法、德、俄、日的多语言机器翻译系统。基于深度学习的神经机器翻译系统，其译文的忠实度已经可以与人的翻译媲美，如果译后编辑（post editor，简称PE）进一步改进译文的准确度，在通用文本的翻译方面，机器翻译就可以达到实用水平。

• 中文信息检索。为了提供标引和检索蓝本，1979年中国科学技术信息研究所编辑出版了10卷本的《汉语主题词表》，不少单位建立了各种汉字文献数据库。信息检索技术已经得到广泛的使用，为人们的日常生活提供了方便。

- 言语统计。1978 年语言研究所和计算技术研究所在合作研究 ECMT–78 英汉机器翻译系统的过程中曾编制一个排序统计程序，加工过一些外文资料和汉语拼音资料。这是计算机汉语统计的初步尝试。此后，出现了一批机编频率辞书：《现代汉语频率词典》（北京语言学院出版社，1986），《现代汉语常用词词频词典（音序部分）》（宇航出版社，1990）。
- 汉语理解系统。随着人工智能的进展，中国社会科学院语言研究所、中国科学院心理研究所、自动化研究所和一些大学开展了汉语理解系统的研究，汉语语音理解系统也取得很大的进展。
- 计算机辅助语言教学。随着计算机的普及和网络的发展，多媒体语言教学和现代化远程网络语言教学充分发挥了计算机辅助语言教学的作用。很多大学建立了多媒体演播室和远程教育中心，大大提高了学习效率。
- 语音识别和言语合成。语音打字的任务早在 1958 年提出，1964 年实现了“元音识别机”，1970 年前后又实现了 10 个口呼汉语数字的语音识别机。但利用电子计算机进行识别研究，则始于 1972 年。中国科学院声学研究所利用语音图样匹配方法在一定范围内实现了单呼语言的识别，正确率达 99.5% 以上。近年来，大词汇量、连续语音、非特定人的语音综合研究技术取得重要进展，已经实现了商品化。
- 方言研究。国外有人曾将汉语方言资料输入计算机，让计算机提供各个方言声母、韵母、声调的出现频率，以及鼻化、腭化现象分布的百分比。我国已开始利用计算机进行方言研究和绘制方言地图。
- 索引、词表和词典的编制。1980 年武汉大学等单位开始语言自动处理工作，主要是编制逐字索引，同时提供汉字统计数据。相继印出《骆驼祥子》《倪焕之》《雷雨》《日出》和《北京人》的逐字索引，以及《论衡》的语词索引和统计资料。利用计算机编制词表、词典也已提上日程。机编词典除能加快辞书的编辑出版过程外，还可以随时扩充、修改，保持词典的先进性。20 世纪 80 年代以后，机编词典逐步成了词典编纂的主流。

现阶段，中文信息处理的特征主要表现为：统计方法与规则方法相结合、基础理论研究与实用系统并重、面向互联网的大规模真实文本的智能信息处理、基于神经网络的中文信息处理。

1983 年，我国成立了中文信息研究会，1986 年，中文信息研究会改称中文信息学会，挂靠在中国科学院软件研究所。

中文信息处理研究方兴未艾。随着研究手段的改善和研究工作的深入，还将有更多更新的研究成果涌现出来。

中心语驱动短语结构语法

HEAD-DRIVEN PHRASE STRUCTURE GRAMMAR

20 世纪 80 年代，语言学家 C. Pollard 和 I. A. Sag 在广义短语结构语法的基础上提出了一种自然语言处理的形式模型，叫作中心语驱动的短语结构语法，简称 HPSG。

中心语驱动的短语结构语法基本上继承了广义短语结构语法的原则，并根据自然语言处理的实践进行了重要的改进。这种新的语法理论的突出特点，就是特别强调中心语（head）在语法分析中的作用，使整个语法系统由中心语来驱动，这种语法显示出强烈的词汇主义（lexicalism）倾向。

在中心语驱动的短语结构语法中，次范畴化规则用特征结构表来表示，写为 [SUBCAT]。动词的次范畴化特征，就是该动词在形成一个句子时所欠缺的所有范畴的集合，如果是不及物动词，它要形成句子还欠缺一个主语，因此，它的次范畴化特征就是主语；如果是及物动词，它要形成一个句子时还欠缺主语和宾语，因此，它的次范畴化特征就是主语和宾语。单词的次范畴化特征用特征结构表 (list) 来直观地表示。语言单位的远距离联系也可以通过普遍语法的原则来表示。所有合格的语言单位都要用合一的方法来进行运算。

Pollard 和 Sag 提出的中心语驱动的短语结构语法，系统地总结了有关语法现象，突出了中心语在语法分析中的地位，并把 SUBCAT 作成一个成分表（list）来取值，逐个地详细描述作为中心语的动词的性质。

中心语驱动的短语结构语法具有鲜明的词汇主义倾向，这种形式模型特别重视中心语的作用。根据中心语的次范畴化特征，就有可能十分方便地把中心语的语法信息与句子中其他成分的语法信息联系起来，使得整个句子中的信息以中心语为核心而串通起来。用复杂特征来表示句子的各种信息，为自然语言的计算机处理提供了方便。

在这种语法中，所有的语言单位都是通过特征结构来表示的。特征结构要描述语音、句法和语义的信息，把它们分别表示为 [PHON]、[SYNSEM]。再把这些特征值结合起来，就可以确定语言单位的声音和意义之间的语法上的关系。语法也是以特征结构的方式来表示的，这些特征结构也就是语言单位的合格性的限制条件。

中心语驱动的短语结构语法与广义结构语法的主要区别在于，中心语驱动的短语结构语法，特别重视词汇的作用，词汇借助于合一的形式化方法，构成一个层级结构，在这个词汇层次结构中的信息可以相互流通和继承。在全部的句法信息中，词汇信息占了很大的比重，而真正的句法信息只占了不多的比例。

在中心语驱动的短语结构语法的早期模型中，一个句子的结构可用表示式（Sign）来描述，最简单的表示式包括 [PHON] 和 [SYNSEM] 两大部分：

$$\begin{bmatrix} \text{PHON} \langle\,\rangle \\ \text{SYNSEM} \end{bmatrix}$$

其中，[PHON] 是句子的语音部分。例如，句子“Kim saw the girl.”的语音部分可表示为：

PHON <Kim, saw, the, girl>

[SYNSEM] 是句子的句法（SYNtax）语义（SEMantics）部分，其基本结构又可以用类似的表示式描述如图 1：

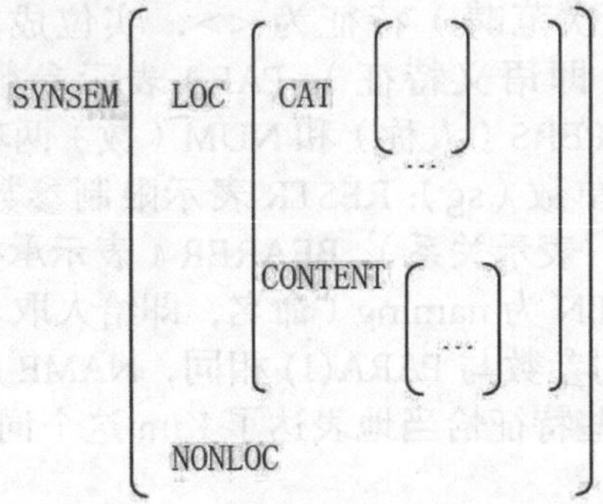

图 1　SYNSEM 的基本结构

在句法语义部分中，LOC 表示实位成分（local），用于记录在句子中实际位置的信息，NONLOC 表示空位成分（no local），用于记录有远距离关系的空位信息。LOC 进一步分为 CAT 和 CONTENT，CAT 表示范畴（category），说明句子成分的形态和句法特征，CONTENT 表示含义（content），说明句子成分的语义特征。

例如，英语的 Kim（吉姆）这个专有名词的表示式可描述如图 2：

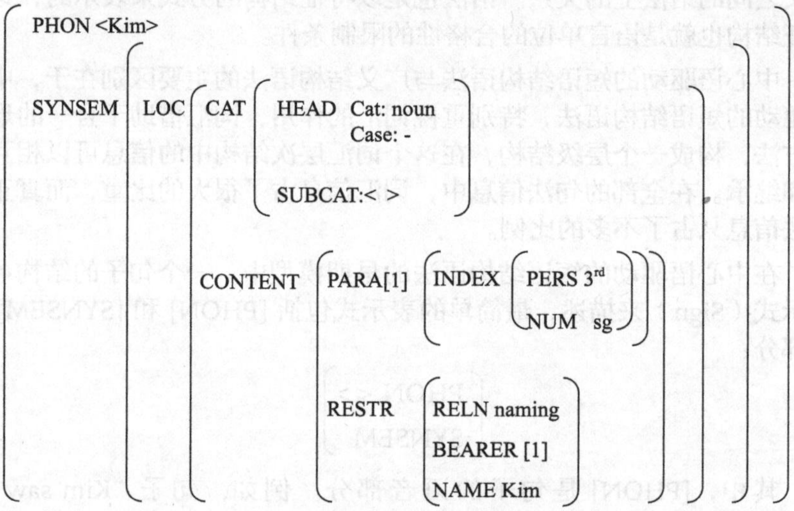

图 2　专有名词 Kim 的描述

上述表示式中，PHON 部分的语音是 Kim，SYNSEM 部分的句法语义只有实位成分，没有空位成分，实位成分的 CAT 记录了 HEAD（中心语）的范畴特征（Cat）为 noun（名词），格特征（Case）为“-”（没有格），SUBCAT（次范畴）特征为 <>，实位成分的 CONTENT 记录了 Kim 的含义（即语义特征），PARA 表示参数（parameter），其 INDEX（标引）有 PERS（人称）和 NUM（数）两项，PERS 为第三人称（3rd），NUM 为单数（sg）; RESTR 表示限制参数（restriction），共有 RELN（relation，表示关系），BEARER（表示承担者），NAME（表示名字）三项，RELN 为 naming（命名，即给人取名字），BEARER 后注明 [1]，表示它的参数与 PARA(1) 相同，NAME 后的 Kim 就是给承担者取的名字。这些特征恰当地表达了 Kim 这个词的语音和句法语义特性。

中心语驱动短语结构语法中的词汇信息流通的原则有：

- 奉献原则（Contribution Principle）
- 饱和原则（Saturation Principle）
- 暂存量词继承原则（QSTORE-inheritance Principle）
- 修饰语原则（SPEC Principle）
- 空位特征原则”（NONLOCAL Principle）

中心语驱动的短语结构语法的规则和原则有：

- 中心语 - 补足语规则（Head-Complement Rule）
- 中心语 - 指定语规则（Head-Specifier Rule）
- 中心语 - 修饰语规则（Head-Modifier Rule）
- 中心语特征原则（Head Feature Principle）
- 值传递原则（Value Principle）
- 语义承袭原则（Semantic Inheritance Principle）
- 语义组合原则（Semantic Combination Principle）
- 论元实现原则（Argument Realization Principle）
- 回指一致性原则（Anaphoric Agreement Principle）
- 约束原则（Binding Principle）

中心语驱动的短语结构语法的自底向上分析算法的大致过程是：

① 把输入句子中单词的词汇表示式与词典中的词汇表示式进行合一；

② 直到没有单词可以再进行合一时，把已经合一的表示式同短语的子节点的表示式或者同该语法中短语的表示式进行合一，直到句子饱和；

③ 如果所有的表示式都合一结束，并且所有表示式中的 PHON 的值都全部得到说明，则构造出句子的整个结构；

④ 否则，分析失败。

中心语驱动的短语结构语法反映了基于理性主义方法的自然语言处理的一些重要的思想，符合世界学术发展潮流的大趋势。

自动词性标注 AUTOMATIC POS TAGGING

给文本中的每一个单词指派一个词类或者词汇类别标记的过程，叫作自动词性标注。自动词性标注在机器翻译、语音识别和信息检索中都起着重要的作用。

早在 20 世纪 60 年代，国外学者就开始研究英语文本的自动词类标注问题，提出了一些词性排歧的方法，建立了一些自动词性标注系统。

对于特定的应用目的来说，使用什么样的标记集取决于应用中需要信息的多少。

标注算法的输入是单词的符号串和词类标记集。算法的输出要让每一个单词都标上一个单独的而且是最佳的标记。例如，这里是 ATIS 语料库中的一些样本句子：

Book/VB that/DT flight/NN ./.

Does/VBZ that/DT flight/NN serve/VB dinner/NN ?/?

这里，VB 表示动词，VBZ 表示单数第三人称动词。

要自动地给每一个单词都指派一个标记并不是很容易的事。例如，book 这个单词就是有歧义的，也就是说，book 有一个以上的词类。book 可以是动词（例如，book that flight [订那种飞机票] 或 book the suspect [控告嫌疑人]），也可以是名词（例如，hand me that book [把那本书交给我] 或 a book of matches [一本关于比赛的书]）。类似地，that 可以是限定词（例如，Does that flight serve dinner [这个航班供应晚餐吗]），也可以是标补语（例如，I thought that your flight was earlier [我认为，你的飞机早一些]）。词类标注的难点就是消解这样的歧义，在一定的上下文中选择恰如其分的词性标记。

在英语、汉语等自然语言中，都存在着大量的词性歧义现象，这给自动词性标注带来了很大的困难。如何排除词性歧义，是自动词性标注研究的关键问题。

词性标注算法可以归纳为四类：一类是基于规则的标注算法（rule-based POS tagger），一类是基于统计的标注算法（statistic-based POS tagger），一类是基于转换的标注算法（transformation-based POS tagger），一类是基于神经网络的标注算法（neural-network-based POS tagger）。

基于规则的标注算法一般都包括一个手工制作的歧义消解规则的数据库，这些规则要说明歧义消解的条件。例如，当一个歧义单词的前面是限定词时，就可以判断它是名词，而不是动词。

基于统计的标注算法在解决词性标注歧义问题时，一般都使用一个训练语料库，来计算在给定的上下文中，某一给定单词具有某一给定标记的概率。很多基于统计的标注系统是建立在隐马尔可夫模型的基础上的，可以叫作 HMM 标注系统，也叫作最大似然度标注系统，或马尔可夫模型标注系统。

基于转换的标注算法是 Brill 在 1995 年提出的，也叫作布里尔标注算法（Brill tagger）。布里尔标注算法具有上述两种标注算法的特点：与基于规则的标注算法相似，这种算法要根据规则来决定一个有歧义的单词应该具有什么样的标记；与基于统计的标注算法相似，这种算法有一个部分是用于机器学习的，规则可以由前面已经标注好的训练语料库中自动地推导出来。

基于神经网络的标注算法采用同步的序列到序列模式的循环神经网络来进行，每一时刻都有输入和输出，输入序列和输出序列的长度相同。输入为一个长度为 T 的单词序列 $x_{1:T}=(x_1, \ldots, x_T)$，输出为标记序列 $y_{1:T}=(y_1, \ldots, y_T)$。

自动句法分析（计算句法学）

AUTOMATIC SYNTACTIC ANALYSIS (COMPUTATIONAL SYNTAX)

自动句法分析是用计算机研究和处理句法的工作，又叫作计算句法学。

自动句法分析使用计算机分析和处理自然语言句法结构，揭示句子中单词与单词之间的句法关系以及词组与词组之间的句法关系。

自动句法分析中的形式模型主要有基于短语结构语法的形式模型、基于合一运算的形式模型、基于依存和配价的形式模型、基于格语法的形式模型等。

把句子分割为成分层次的思想最早出现于实验心理学的奠基人

Wilhelm Wundt 的《大众心理学》（Völkerpsychologie, 1900）一书中。

美国结构主义提出了关于直接成分的一些定义，把他们的研究说成是“发现程序”（discovery procedure）。这些研究都试图印证“直接成分的首要标准就是一个组合作为简单的单位起作用的程度”这样的直觉。其中最有名的定义是 Z. Harris 关于使用可替换性（substitutability）试验来检验语言单位的分布相似性（distributional similarity）的思想。

这种层次成分思想的最早的形式化描述是 Chomsky 在 1956 年定义的短语结构语法，后来又叫作上下文无关语法。此后，大多数的自动句法分析都是建立在上下文无关语法基础之上的。例如，中心语驱动的短语结构语法，词汇功能语法，构式语法（Construction Grammar）等。

在这个时期研制了很多上下文无关语法的高效剖析算法，进一步推动了建立在上下文无关语法的基础之上的自动句法分析研究。

建立在上下文无关语法基础上的自动句法分析并不是无所不能的，它在处理长距离依存关系时显得无能为力。为了处理长距离依存关系的问题，学者们对于上下文无关语法做了各种扩充。但是，这些处理长距离依存关系的语法都涉及语义，而很少涉及句法，这说明表层句法并不能表示长距离的链接关系。

除此之外还有其他的与此不同的语法，上下文无关语法形式化方法的一个扩充是 Joshi 于 1985 年提出的树邻接语法。树邻接运算可以处理长距离依存关系。树邻接语法的一种扩充叫作词汇化的树邻接语法。

另外一种语法理论不是建立在组成性的基础之上的，而是以单词之间的关系为基础的。这些语法理论中最著名的有 L. Tesnière 于 1959 年提出的依存语法、Hudson 于 1984 年提出的词语法和 Karlsson 于 1995 年提出的约束语法（Constraint Grammar）。

以 CYK 算法为核心的动态规划剖析最早是由 John Cocke 于 1960 年实现的。后来，这个算法作了进一步扩充和形式化。

有关良构子串表（well-formed substring table，简称 WFST）的概念是由美籍日裔学者久野（Kuno）于 1965 年独立地提出的，他把良构子串表作为一种数据结构来存储在剖析过程中前面的计算结果。把动态规划应用于自顶向下的剖析是 Earley 于 1968 年在他的博士论文中提出的，叫作伊尔利算法。

概率上下文无关语法的很多形式特性是在 1969 年首先由 Booth 和 Salomaa 揭示出来的。Baker 于 1979 年提出了向内 - 向外算法来无指导地训练概率上下文无关语法的概率，他使用了一个具有 CKY 风格的剖析算法来计算向内概率。Jelinek 和 Lafferty 于 1991 年扩充了 CKY 算法，用这种算法来计算前缀的概率。Stolcke 于 1995 年改进了这两种算法，使得伊尔利算法也能够用于概率上下文无关语法的自动剖析。

在 20 世纪 90 年代初期，很多研究人员开始探索给概率上下文无关语法增加词汇依存关系的约束，以便使概率上下文无关语法的概率对于周围的句法结构具有更大的敏感性。

学者们根据早期的词汇概率研究来解决一些特定的剖析问题，例如，使用基于转换的学习方法、最大熵方法、基于记忆的学习方法、对数线性模型、决策树方法以及递进自举（boosting）的方法来解决英语句子中的介词短语附着问题。

除了概率上下文无关语法之外，扩充词汇概率剖析方法的形式化算法还有：概率树邻接语法、概率 LR 剖析和概率链语法等。

当前的研究中还有一个重要的领域就是依存剖析（dependency parsing），依存剖析算法有双词汇算法、使用联机学习的最大跨度树方法、给句法剖析器行为建立分类器的方法等。

在依存剖析中，通常还要区分投射性依存（projective dependency）和非投射性依存（non-projective dependency）。非投射性依存是依存线出现交叉的依存。这种非投射性依存在英语和汉语中不常见，但是在很多自由词序的语言（如巴斯克语、荷兰语）中是很常见的。

从源头上说，在语言学理论中使用特征起源于音系学。Jakobson 于 1939 年首先把特征（叫作区别特征）作为他的理论中的一种知识本体类型（ontological type）来使用，在他之前曾经有 Trubetskoi 在 1939 年使用过特征这个术语。此后不久就开始在语义学中使用特征。句法中的特征是 20 世纪 50 年代建立起来的。

W. A. Woods 和 Ron Kaplan 研制了扩充转移网络（augmented transition network，简称 ATN）语法。扩充转移网络是经过改进的递归转移网络（recursive transition network，简称 RTN），其中的结点用特征寄存器来加以扩充。

基于合一的语法理论有 Bresnan 于 1982 年提出的词汇功能语法、冯志伟于 1981 年提出的多叉多标记树模型（Multiple-branched and Multiple-labeled Tree Model，简称 MMT）、Pollard 和 Sag 于 1987 年提出的中心语驱动的短语结构语法、Fillmore 于 1999 年提出的构式语法、Uszkoreit 于 1986 年提出的合一范畴语法（Unification Categorial

Grammar，简称 UCG）。关于合一语法的许多新近的工作主要集中在研究如何使用概率方法来提升排歧效果的问题。

自动形态分析（计算形态学）

AUTOMATIC MORPHOLOGICAL ANALYSIS (COMPUTATIONAL MORPHOLOGY)

自动形态分析是用计算机研究和处理单词的形态变化的工作，主要研究词例还原、词目还原、词性标注和词性排歧等问题，又叫作计算形态学。

自动形态分析采用有限自动机（finite automata）来处理单词的形态变化。20 世纪 50 年代产生的有限自动机的理论来源于 Turing 的算法计算模型，这种模型很多人都认为是现代计算机科学的基础。图灵机是具有一个有限控制器和一个输入/输出带子的抽象机器。在一次移动时，图灵机能够读带子上的一个符号，在带子上写不同的符号，改变状态，并且向左或向右移动。图灵机不同于有限状态自动机之处在于它有改变带子上的符号的能力。

在 Turing 工作的鼓舞之下，McCulloch 和 Pitts 研制了类似于自动机的神经元模型，现在这个模型通常叫作 McCulloch-Pitts 神经元模型，这个模型是关于神经元的一个简化模型，它把神经元看成是可以用命题逻辑来描述的某种类型的“计算单元”（computing element）。

Ken Thompson 是首先研制正则表达式编译器的学者之一，他把正则表达式编译器用于文本搜索。他的文本搜索编辑器 ed 包含一个“g/regular expression/p”的命令，或者叫作通用正则表达式打印命令，后来变成了 UNIX grep。

尽管有限状态转录机和有限状态自动机在数学上十分相似，但是，这两个模型却是在不同传统的基础上发展起来的。Huffman 在 Shannon 关于继电器电路的代数模型的基础上，提出了使用状态转移表来模拟序列电路的行为。在 Turing 和 Shannon 以及鲜为人知的 Huffman 工作的基础上，Moore 为了描述使用输入符号字母表和输出符号字母表并且具备有限个数目的状态的机器，引入了有限自动机这个术语。Mealy 进一步推广并综合了 Moore 和 Hoffman 的研究成果。

Moore 在原来的文章里所描述的自动机与 Mealy 后来推广的自动机有着重要的区别。在 Mealy 自动机中，输入 / 输入符号是通过状态之间的转移来联系的。而在 Moore 自动机中，输入 / 输出符号是通过状态来联系的。这两种类型的转录机是等价的：任何的 Moore 自动机都可以转换成等价的 Meely 自动机，反之亦然。。

自动形态分析的早期算法或者采用自底向上的方法，或者采用自顶向下的方法。很多早期的形态剖析程序使用自底向上的词缀剥离法（affix-stripping）来进行剖析。例如，在 Packard 的古希腊语形态分析器中，就反复地剥离输入单词中的前缀和后缀，使剩余的词根突显出来，然后，再在词表中查找剩余的词根，并返回与被剥离的词缀相容的词根。Weber 和 Mann 研制的 AMPLE（a morphological parser for linguistic exploration，用于语言研究的形态剖析器）是另一个早期的自底向上的形态分析器。Hankamer 的 keCI 是一个自顶向下的土耳其语的形态剖析器，使用生成检测法（generate-and-test）或者综合式分析法（analysis-by-synthesis）。该剖析器是在土耳其语的语素的有限状态表达式的指导下进行工作的。程序首先匹配单词左边部分的语素，对这些语素使用各种可能的音系学规则针对输入检测每一个结果。如果一个输出成功了，程序就根据有限状态语素顺序规则继续分析下一个语素，继续对输入进行匹配。

用有限状态转录机来模拟拼写规则的思想来源于 Johnson 早期关于音系规则具有有限状态性质的思想。可惜 Johnson 的这种远见卓识没有引起学术界的注意，后来 Roland Kaplan 和 Martin Kay 独立地发现了这样的规律，首先是在未发表的谈话中谈到这个规律，后来终于发表出来了。芬兰的 Koskenniemi 继续研究 Kaplan 和 Kay 的发现，并且做了大量的研究工作，描写了芬兰语的有限状态形态规则。Karttunen 根据 Koskenniemi 的模型，建立了一个叫作 KIMOO 的程序。Antworth 细致地描述了双层形态学及其在英语中的应用。

除了 Koskenniemi 对芬兰语的研究和 Antworth 对英语的研究之外，形态学的双层模型和其他有限状态模型也在很多其他语言的研究中开展起来。例如，Oflazer 对土耳其语的研究，Beesley 对阿拉伯语的研究。Barton 等探讨了双层模型的某些计算复杂性问题。

CELEX 词典是一个非常有用的形态分析数据库，包括英语、德语和荷兰语的大型词表中词汇的完全的形态剖析。

20世纪90年代建立了句子切分的一些实用系统。在日语和汉语这些单词之间没有空格的语言中还特别地研究了单词的切分（word segmentation）问题。在普遍使用最大匹配算法作为基线的同时，还提出了一些简单而合理的更加精确的算法，最近提出的一些算法使用了随机算法和机器学习算法。

中文书面文本的自动切词是计算机自动形态分析的一个独特的问题，这方面的研究丰富了自动形态分析的内容。

自动语义分析（计算语义学）

AUTOMATIC SEMANTIC ANALYSIS (COMPUTATIONAL SEMANTICS)

自动语义分析是用计算机研究和处理语义的工作，又叫作计算语义学。

自然语言的计算机处理，除了进行词法分析和句法分析之外，还要进行自动语义分析。

关于自动语义分析和自动句法分析的关系，在现有的自然语言处理系统中有不同的处理办法，有的系统采用"先句法后语义"的办法，有的系统采用"句法语义一体化"的办法。

所谓"先句法后语义"，就是在自然语言的分析系统中，首先进行独立的句法分析，得到表示输入句子的句法表示式，然后再经过独立的语义分析，获得输入句子的语义表示式。在句法分析中，虽然也要利用附加在词和词组上的某些必要的语义信息，但主要的依据是词法和句法信息。这类系统的程序设计不依赖于某个特定的领域，具有较好的可移植性和可扩展性。

所谓"句法语义一体化"，是指在自然语言分析系统中，不单独设置一个句法分析模块，而是句法分析和语义分析并行，或者根据某些语义模式，直接从输入句子中求出其语义表示式。这类系统往往可以有效地处理某些有语法错误或者信息不全的句子，根据语义线索直接获得对句子的语义解释，但是，由于句法信息不充分，语义分析往往难以奏效。

人工智能的核心课题是知识表达的研究，而知识实际上也就是有意义的、反映世界状况的符号集合。知识表达离不开语义分析，表达自然语言语句意义的问题是与知识表达的问题融为一体的，计算语义学的研究必然会对人工智能中知识表达的理论产生重要的影响。

词义排歧是自动语义处理研究的一个重要领域。词义排歧的源头可以追溯到电子计算机的某些早期应用。在机器翻译背景下，Warren Weaver 于 1955 年提出在包含目标词语的一个小窗口下对词语进行排歧。主要方法包括使用语义字典进行排歧，使用监督方法训练一个贝叶斯模型进行排歧，以及使用聚类算法进行排歧。

Kelly 和 Stone 于 1975 年最先实现了一种鲁棒性的、实用的词义排歧系统，他们领导一个团队为 1790 个英语歧义词语手工制定了排歧规则。Lesk 于 1986 年首次使用机读词典来进行词义排歧。Wilks 于 1996 年对使用机读词典的词义排歧方法进行了扩展式探索。Black 于 1988 年使用有监督的机器学习算法进行词义排歧，他首先把决策树学习法应用到这样的任务中。这些方法所需的大量标注语料导致了自举法的研究。

Diab 和 Resnik 于 2002 年提出了一种基于对齐的双语平行语料的词义排歧的半监督学习算法。使用频度最高的启发式词义排歧是一种极其有效的方法，但是需要大量的监督训练语料。McCarthy 等在 2004 年提出了一种无监督的词义排歧方法，可以自动估计使用频度最高的词义。最早把聚类算法用于自动语义分析研究的是 Sparck Jones。Zernik 于 1991 年成功地把一个标准的信息检索聚类算法用到词义排歧的问题上，并且依据检索结果对该方法进行了评价。

词语相似度的研究是自动语义分析的重要内容。分布式词语相似度模型起源于 20 世纪 50 年代语言学和心理学的研究。词义和上下文中词语的分布相关的想法在 20 世纪 50 年代的语言学理论中得到广泛传播。Joos 早在 1950 年就指出，语言学的语素的“语义”是通过它同其他语素出现在上下文中的一系列条件概率来确定的。Osgood 于 1957 年在心理学中提出，词语的意思可以看作是欧几里得空间（Euclidean space）中的一点，两个词语意思之间的相似度可以看作是两个点之间的距离。Sparck Jones 于 1986 年首先将这些思想应用到计算的框架中，并且作为信息检索的核心原则。

存在多种对语义相似度进行加权和计算的方法。例如，KL 散度距离、α-skew 散度距离、共现检索（co-occurrence retrieval）模型和加权互信息（weighted mutual information）等。

另一种语义相似度的计算方法是潜伏语义索引或者潜伏语义分

析（Latent Semantic Analysis，简称 LSA），这种方法使用奇异值分解（singular value decomposition，简称 SVD）对向量空间进行降维以期望发现高阶的规律。

语义角色标注在自动语义分析中有很长的历史。Simmons 于 1973 年利用扩充转移网络分析器（ATN parser）对句子进行句法分析，然后来求解单词或词组的语义角色。每个动词有一系列的规则用来指定如何把分析结果映射成语义角色。这些规则主要是根据语法制定的，但是也要利用单词本身的固有语义特征来判定语义角色。

为了避免使用大规模的人工标注的训练集，最近的工作集中在语义角色标注的无监督学习算法的研究上。

题旨角色是最早的语言学概念之一，由印度语法学家 Panini 在公元前 7 世纪到 4 世纪之间提出。题旨角色的现代模型来自于 Fillmore 的格语法。Fillmore 的研究对自然语言处理工作具有深远和直接的影响，许多早期的自然语言理解的工作都是使用 Fillmore 的格角色来进行的。

Katz 和 Fodor 于 1963 年首次把选择限制作为一种描述语义的方法。McCawley 于 1968 年指出，选择限制不能局限于有限的语义特征，需要从大规模的无约束的世界知识中获取。

使用语义基元来定义词的意义可以追溯到 Leibniz。在语言学中，对语义成分分析的关注来自于 Hjelmslev。Wilks 于 1975 年在机器翻译及自然语言理解领域提出了类似的变量来完成语义基元的计算。Jackendoff 于 1983 年提出概念语义（conceptual semantics），Dorr 于 1993 年把概念语义的理念应用到机器翻译研究中。

使用计算技术从自然语言的文本中自动地求解语义，是自然语言处理的一个重要领域。

自动语用处理（计算语用学）

AUTOMATIC PRAGMATIC PROCESSING (COMPUTATIONAL PRAGMATICS)

自动语用处理是用计算机研究和处理语用现象的工作，又叫作计算语用学。

自动语用处理使用计算技术来研究语言与使用环境之间关系。使用环境包括像人和物这样的本体，涉及如何将语言用于指示以及回指人和物的研究；使用环境还包括话语的上下文，因此自动语用处理还涉及话语结构的形成以及会话时听话人如何理解谈话对象的研究，包括话语中的指代消解、连贯性和基于逻辑的言语行为研究等。

Webber 于 1978 年的研究工作为话语模型中如何表示实体以及它们容许后续所指的方式打下了基础。

Grosz 于 1977 年对话语开始时谈话参与者所保持的注意力焦点进行了研究。Grosz 研究了话语中的“子结构”（substructure）和话语焦点（discourse focus）。她定义了焦点的两个层次：一个层次是与整个话语有关的实体，被称为全局焦点（global focus）；另一个层次是局部关注（大多数为一个特定的话段的中心）的实体，被称为实时焦点（immediate focus）。Joshi 和 Kuhn 于 1979 年提出了“中心理论”（central theory），研究了实时焦点和集成当前话段到话语模型所需的推理之间的关系。Sidner 于 1979 年描述了一种实时跟踪话语焦点的方法以及这些焦点在代词和指示名词短语的判定中的使用。她给出了当前话语焦点和可能焦点之间的区别，而它们分别是中心理论的后向中心和前向中心的前身。

1987 年，W. Mann 和 S. Thompson 在《修辞结构理论：一种文本组织的理论》（Rhetorical Structure Theory: A Theory of Text Organization）一文中，提出“修辞结构理论”（Rhetorical Structure Theory，简称为 RST），这是一种基于文本局部之间关系的、关于文本组织的描述理论。

对于信息状态的研究在语言学中有很长的历史。1972 年，Hobbs 开始研究“自动参照消解”（automatic reference resolution）。他于 1978 年提出了树查询算法，对于能够鲁棒地应用于自然语言文本中的基于句法的指代对象识别方法进行了深入的研究。Lappin 和 Leass 于 1994 年采用加权方式结合不同句法特征和其他特征来研究指代问题。Kennedy 和 Boguraev 于 1996 年描述了一个不依赖于完全的句法分析器的指代消减系统，这个系统所依赖的是一种只识别名词短语并标注它们的语法角色的机制。

在 20 世纪 90 年代初期就提出了基于有监督学习的指代消解方法。最近用来处理指代消解和完全名词短语共指的有监督和无监督学习方法受到了广泛的关注。对于确定的名词短语的指代消减，有一般的方法，也有特定的方法，特定的方法用于判断一个特定的名词短语是否是一个代词指代。

许多研究者对于话语中话段与话段之间的连贯关系进行了研究，提出了多种不同的方法来抽取话语的连贯关系。Daniel Marcu 于 2006 年提出了基于提示短语的模型。Polanyi 提出的语言学话语模型是一种更强调话语句法的理论框架，基于“从句对从句”的方式建立了话语的剖析树，直接对应于基于“成分对成分”建立的句子的剖析树。Webber 于 1999 年把树邻接语法体系应用于话语剖析，并用这个模型对宾州话语树库（discourse tree bank）进行了标注。Wolf 和 Gibson 于 2005 年发现，在连贯结构中会出现交叉的括号，这就使得连贯结构不可能用树形图来表示，因此他们建议，在连贯性分析中使用“图表示”（graph representation）来替代“树表示”（tree representation）。

在基于逻辑的言语行为研究中，Perrault 和 Allen 在 1980 年建立了“信念 - 愿望 - 意图”（Belief-Desire-Intention，简称 BDI）的框架，并把这个框架运用于智能会话代理（conversation agent）系统的研究中。

在智能会话代理系统中，利用用户的信念（Belief）、期望（Desire）和意图（Intention）等信息进行语用推理（pragmatic inference）从而解释出会话中隐含意义的形式模型，简称 BDI 模型。

为了建模，要对于 BDI 模型中的基本概念进行形式化，提出形式化的定义。在 BDI 模型中，把“S 相信命题 P”表示为二元谓词 B(S, P)，其中的 B 表示“信念”，并基于谓词 WANT 对“期望”进行了形式化的定义，又把话语与该话语行为的发起人所持有的潜在的目的联系在一起定义了“意图结构”（intention structure）。

这些重要的研究，有力地推动了计算语用学的发展。

字符译音 TRANSCRIPTION

把给定语言中的发音用转换语言的符号标记出来的过程，叫作字符译音。

字符译音必须根据转换语言中的正字法规则进行，因而字符译音并不是严格地可逆的。

例如，汉语的单词“台风”，其英语字符译音是 typhoon，俄语字符译音是 тайфун，汉语拼音的字符译音是 taifeng。这些字符译音有的是不可逆的。

字符译音可用来转换所有的文字系统，特别是在非字母文字中，字符译音是一种适合的转换方法。

用汉字标记外语的发音也属于字符译音的范畴。例如，用汉字“沙发”来标记英语 sofa 的发音，就是把英语的 sofa 使用字符译音的方法转换为汉语的“沙发”；用汉字“伊妹儿”来标记英语 email 的发音，就是把英语的 email 使用字符译音的方法转换为汉语的“伊妹儿”。

目前，中国主要是使用汉字通过字符译音的方法来处理外国人名、地名和部分科技术语的。例如，把英语的人名 Newton 字符译音为“牛顿”，把英语的地名 New York 字符译音为“纽约”，把英语的药名 Aspirin 字符译音为“阿司匹林”。

由于在使用字符译音这种方法时，对于同样的外语读音，所选择的汉字常常因人而异，使得字符译音的结果很不统一，必须进行译名的协调工作。为了字符译音的规范化，中国编制了多种语言的汉字字符译音表。例如，1983 年中国地名委员会编的《外国地名译名手册》，就附有英语、法语、德语、西班牙语、俄语和阿拉伯语等语言的字母和字母组合与汉字对应的字符译音表。

2001 年 1 月 1 日开始施行的《中华人民共和国国家通用语言文字法》第 18 条明确规定：“国家通用语言文字以《汉语拼音方案》作为拼写和注音的工具。《汉语拼音方案》是中国人名、地名和中文文献罗马字母拼写法的统一规范，并用于汉字不便或不能使用的领域。初等教育应当进行汉语拼音教学。”

用汉语拼音来给汉字文本拼音和注音的过程应当属于“字符译音”的范畴。例如，把用汉字书写的地名“北京市”字符译音为汉语拼音 Beijing Shi，把用汉字书写的人名“诸葛孔明”字符译音为汉语拼音 Zhuge Kongming。

在计算机辅助文献工作中，可以使用计算机对汉字书写的地名或人名进行自动字符译音。自动字符译音的方法主要有两种：一种是按音节全自动字符译音，一种是基于规则的按单词半自动字符译音。

按音节全自动字符译音的方法能够把汉字书写的地名或人名自动地字符译音为彼此之间由空白分开的单音节的拼音。使用这样的方法，“北京市”这个地名可以全自动地字符译音为 /bei/、/jing/ 和 /shi/3 个单独的音节。这种方法很容易用计算机程序实现，但是字符译音出来的一个单独的拼音音节往往会对应于若干个不同的汉字，出现歧义。

基于规则的按单词半自动字符译音可以根据字符译音规则把汉字书写的地名或人名半自动地字符译音为按词连写的拼音。使用这样的方法，地名“北京市”首先被切分为 /bei/、/jing/ 和 /shi/3 个音节，然后把 /bei/, /jing/ 结合成双音节的 /beijing/，使它与行政区划名 /shi/ 分开，最后再把每个部分的首字母大写，字符译音为 /Beijing Shi/，其中 /Beijing/ 为双音节词，/Shi/ 为单音节词。

如果在按词的字符译音过程中出现歧义，后编辑人员可以根据字符译音词典，使用人机交互找出合适的地名或人名的字符译音。所以，这样的方法是半自动的。这种半自动方法的字符译音质量很高，由于按词连写，拼音音节的歧义较少甚至可以减少到零。

在语音实验或方言调查中，把口语录音资料或方言录音资料转换为书面的音标或文字的过程实际上也是另外一种类型的字符译音。不过，某些语言学家把这种类型的“字符译音”叫作“转写”。在进行这种类型的字符译音时，字符译音的使用者必须对口语录音或方言录音有所了解，并能准确地读出其发音。

字母转写 TRANSLITERATION

在拼音文字系统之间把一种字母表中的字符转换为另一种字母表中的字符的过程叫作字母转写。

罗马字母（Roman alphabet）又称拉丁字母（Latin alphabet），这种字母起源于古老的腓尼基字母（Phoenician alphabet）。腓尼基（Phoenicia）是地中海东岸的文明古国，意为“紫色之国”，以盛产颜料得名，约公元前 13 世纪，腓尼基人创造了腓尼基字母，这是人类历史上的第一批字母文字。腓尼基字母后来传入欧洲，发展成为希腊字母（Greek alphabet），在公元前 7 世纪至公元前 6 世纪时，希腊字母通过埃特鲁斯坎文字（Etruscan script）媒介发展成为罗马人使用的罗马字母。

随着罗马的对外征服战争和宗教的传播，罗马字母作为罗马文明的成果之一推广到西欧。罗马字母最初只有 21 个字母，其中包括 16 个辅音字母：B，C，D，F，Z，H，K，L，M，N，P，Q，R，S，T，X，4 个元音字母：A，E，I，O，还加上一个音值不定的 U（既表示元音，也表示辅音），后来再增加了 G、J、Y、V、W 等 5 个字母，发展成 26 个字母。

公元 4 世纪到 7 世纪，出现了小安赛尔字体（Uncial script），这是小写字母的过渡体。公元 8 世纪法国卡罗琳王朝时期，为了适应流畅快速的书写需要，产生了卡罗琳小写字体（Caroline script），它比过去的文字写得快，又便于阅读，在当时的欧洲广为流传使用。流传下来的罗马大写字体和卡罗琳小写字体经过意大利等国家的修改设计，完美地融合在一起，形成了当今的罗马字母的大写和小写体系。

在中世纪之前，希腊人和罗马人已经知道什么是一个单词，尽管文本中在相邻的单词之间没有空白，他们仍然可以识别出单词。公元 7 世纪，爱尔兰的僧侣开始使用空白来分隔罗马字母文本中的单词，并且把这种方法介绍到法国。到了公元 8 世纪和 9 世纪，这种使用空白分隔单词的方法在整个欧洲流行开来。

从罗马时代开始，欧洲的文字就掀起了罗马化（Romanization）的浪潮，罗马化的浪潮席卷了全世界。

然而，在当今的世界上，除了大多数国家采用罗马字母之外，还有一些国家没有采用罗马字母，而采用独具特色的非罗马字母或者非字母的文字。这些没有使用罗马字母的文字大致可以分为两类：一类是字母文字，如西里尔字母、阿拉伯字母、亚美利亚字母、格鲁吉亚字母、天城体字母、假名字母、谚文字母、泰文字母、藏文字母和蒙文字母等，都是拼音文字；另一类是汉字，不是拼音文字。

现在，全世界已经有 120 个国家采用罗马字母为正式的文字。使用罗马字母的拉丁语还是现代医药科学和生物学的重要工具语言，医学界以正规的拉丁语处方进行国际交流。世界上有影响的科学、艺术和文学著作大部分是用罗马字母出版的，世界上图书馆的藏书大部分也是用罗马字母印刷的。

在国际的信息和文献工作中，需要进行信息和文献的交流，由于罗马字母的信息和文献在全世界的信息和文献中占主导地位，有必要把非罗马字母的信息和文献转换为罗马字母的信息和文献，这样才有助于图书目录的编写、图书文献的检索和分类、档案材料的管理以及计算机的自动处理。

早在 20 世纪 60 年代，联合国地名专家组就主张，为便于国际交往，应使地球上每个地名的专名部分只有一种拼写形式，避免在国际交往中地名因语言文字的复杂而造成混乱。

1967 年第 2 届联合国地名标准化会议做出决议，要求世界各国、各地区在国际交往中都使用罗马字母拼写地名，做到每个地名的专名部分只有一种罗马字母的拼写形式。这就是“单一罗马化”（single Romanization）原则。

地名的单一罗马化，对于使用罗马字母的国家来说，本国的地名标准化就是国际标准化，而对使用非罗马字母文字的国家（如中国、日本、俄罗斯、泰国、韩国和希腊等）来说，就必须制定一个本国地名罗马化方案，经联合国地名标准化会议通过后，作为地名罗马字母拼写的国际标准。

字母转写用于拼音文字系统之间的转换，是罗马化的重要内容。最普遍的字母转写是把基里尔字母、阿拉伯字母、希腊字母、希伯来字母、亚美尼亚字母、格鲁吉亚字母、泰文字母和蒙文字母等非拉丁系统的字符使用字母转写的方法转换成拉丁字母的字符。日语的假名字母用其他的字母表字符来标记，也是一种字母转写。

从原则上说，字母转写应该是字符之间一一对应的转换，也就是说，被转换字母表中的每一个字符，只能相应地转换为另一个字母表中的字符，这样，才能保证两个字母表之间能够进行完全的、无歧义的、可逆的转换。因此，字母转写是针对拼音文字系统之间的转换而言的。

例如，俄语中的“环境”这个术语，基里尔字字母的书写形式是 окружающая среда，根据 ISO 国际标准，可以使用字母转写的方法转换成拉丁字母的书写形式 okruzhayushchaya sreda。

当转换字母表中的字符数目少于被转换字母表中的字符数目时，就必须使用双字母或其他的发音符号。这时，必须尽可能地避免随意的选择或者使用纯约定性的符号，应该尽量保持字母转写在语音学上的逻辑性。

逆字母转写（re-transliteration）是字母转写的逆过程，在进行逆字母转写时，字母转写系统的规则被逆向地使用，以便把已经进行了字母转写的单词恢复到它原来的形式。

最大熵模型 MAXIMUM ENTROPY MODEL

采用多元逻辑回归（multinomial logistic regression）的最大熵方法来进行自然语言处理的模型，叫作最大熵模型，简称 MaxEnt 模型。

最大熵模型在工作时，从输入的文本中抽取语言的某些特征作为特征函数，把这些特征函数线性地结合起来，对每个特征函数乘以一个模型参数（也就是权值），然后把它们相加，选择概率最大的结果作为输出。

例如，在法语到英语的机器翻译中，假设 *e*、*f* 分别是机器翻译的目标语言（英语，用 *e* 表示）的句子和源语言（法语，用 *f* 表示）的句子，$h_1(e,f)$, ..., $h_m(e,f)$ 分别是 *e*、*f* 上的 m 个特征函数，λ_1, ..., λ_m 是与这些特征函数分别对应的 m 个模型参数，那么，机器翻译概率可以用以下公式模拟：

$$P(e|f) \approx P_{\lambda_1 \ldots \lambda_M}(e|f)$$

$$= \exp\left[\sum_{m=1}^{M} \lambda_m h_m(e,f)\right] \sum_{e'} \exp\left[\sum_{m=1}^{M} \lambda_m h_m(e',f)\right]$$

对于给定的法语句子 f，其最佳的英语译文 e 可以用以下公式表示：

$$\hat{e} = \underset{e}{\operatorname{argmax}}\{P(e|f)\}$$

$$= \underset{e}{\operatorname{argmax}}\{\sum_{m=1}^{M} \lambda_m h_m(e,f)\}$$

在这个法英机器翻译模型中，只要不断地调整特征函数 h_m 和模型参数 λ_m 的值，也就是不断地计算

$$\lambda_1 \cdot h_1\ (e_1^l, f_1^j)$$

$$\lambda_2 \cdot h_2\ (e_1^l, f_1^j)$$

$$\ldots\ldots$$

$$\lambda_m \cdot h_m\ (e_1^l, f_1^j)$$

之值，进行参数训练和全局搜索，获得最合适的参数值，从而得到

$$\underset{e}{\operatorname{argmax}}\left\{\sum_{m=1}^{M} \lambda_m\, h_m\,(e,f)\right\}$$

在进行参数训练的时候，可以使用最大后验概率标准作为训练

标准，最大后验概率标准也就是最大互信息标准（Maximum Mutual Information，简称 MMI），它使得系统的熵最大。

使用最大熵模型得到的这种英语译文，还需要进行后处理，使之更加流畅和准确，经过后处理，便可以得到比较理想的机器翻译的译文。

最大熵模型可以归纳为统计机器翻译中通常所说的"对数 - 线性模型"（log-linear model）。如果使用如下两个特征函数：

$$h_1\ (e_1^l, f_1^j) = \log P_{\hat{\gamma}}\ (e_1^l)$$

和

$$h_2\ (e_1^l, f_1^j) = \log P_{\theta}\ (f_1^j \mid e_1^l),$$

并且令

$$\lambda_1 = \lambda_2 = 1,$$

那么，公式

$$\hat{e}_1^l = \operatorname{argmax}\ \{P_{\hat{\gamma}}(e_1^l)\ P_{\theta}\ (f_1^j \mid e_1^l)\}$$

就推演成公式

$$\underset{e}{\operatorname{argmax}} \left\{ \sum_{m=1}^{M} \lambda_m h_m\ (e, f) \right\}$$

这是最大熵模型的一个特例。

因此，最大熵模型是统计机器翻译的一种更带有普遍性的形式模型。

在统计机器翻译中，最大熵模型是德国计算机专家 J. Och 等人提出的，其思想来源于 Papineni 等在 1997 年提出的一种基于特征的自然语言理解方法。最大熵模型直接使用统计翻译模型，因此它是一种直接翻译模型，更具有一般性。

最大熵模型体现了"最大熵原则"（Maximum Principle）的方法论。最大熵原则认为，任何事物都存在着约束和自由的统一；熵是事物不确定性程度的度量，事物的状态越是自由，它的熵就越大；任何物质系统，除了受到或多或少的外部约束之外，其内部总有一定的自由度，这种自由度导致物质系统内的各个元素处于不同的状态；熵最大就是物质状态的自由和丰富程度达到最大的值；任何事物总是在一定的约束条件下，争取达到最大的自由度。所以，最大熵原则是自然界的一个基本规律。在随机事件中，事物总是在满足约束条件的情况下，使状态的自由度和丰富度达到最大值。在对随机事件的所有相容的预测中，熵最大的预测出现的概率占绝对优势。这就是最大熵模型在方法论上的根据。

左角剖析法 LEFT-CORNER PARSING METHOD

左角剖析法是一种使用“左角”把自顶向下剖析法和自底向上剖析法结合起来的自动剖析法。所谓“左角”就是指表示句子句法结构的树形图的任何子树中左下角的那个符号。

例如，在图 1 表示句子“the boy hits the dog with a rod.”的树形图中，the 是 Det 的左角，Det 是 NP 的左角，NP 是 S 的左角，hits 是 V 的左角，V 是 VP 的左角，with 是 Prep 的左角，Prep 是 PP 的左角。

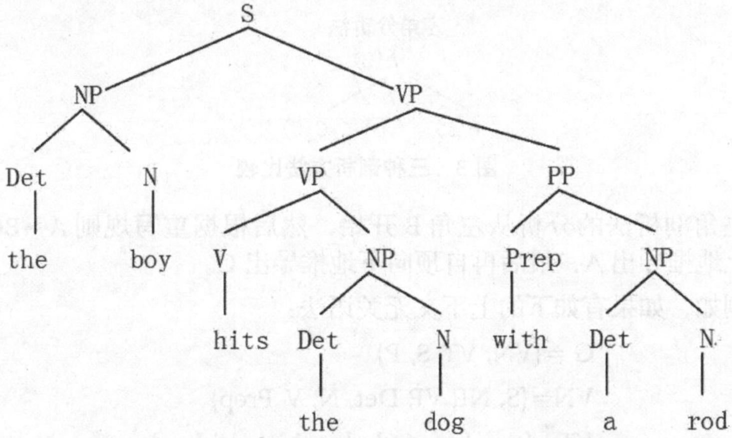

图 1 “the boy hits the dog with a rod.”的树形图

从重写规则的角度来看，“左角”是重写规则中箭头右边部分的第一个符号。如果重写规则的形式是 A→BC，则 B 就是左角。

重写规则 A→BC 可以表示为如下的树形图（图 2）：

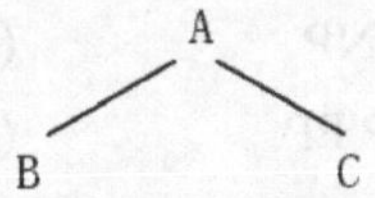

图 2 重写规则的树形表示

如果采用自顶向下剖析法，其分析过程应该是 A→B→C，是先上后下；
如果采用自底向上剖析法，其分析过程应该是 B→C→A，是先下后上；
如果采用左角剖析法，其分析过程就应该是 B→A→C，是有下有上。

把数码记在相应的节点上，这三种剖析法的分析顺序如图 3 所示：

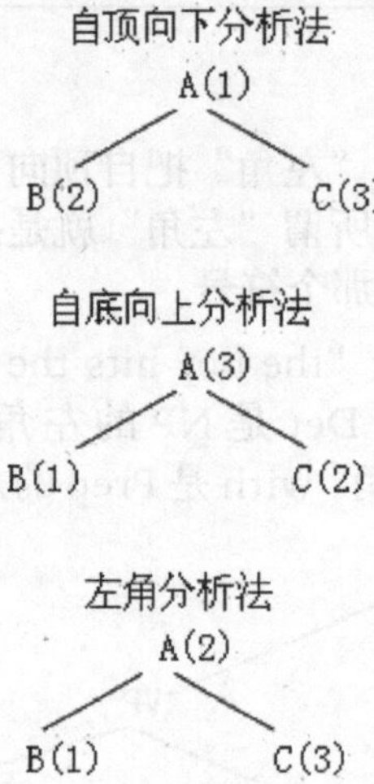

图 3　三种剖析方法比较

左角剖析法的分析从左角 B 开始，然后根据重写规则 A→BC，自下而上地推导出 A，最后再自顶向下地推导出 C。

例如，如果有如下的上下文无关语法：

G ={VN, VT, S, P}

VN={S, NP, VP, Det, N, V, Prep}

VT={the, boy, rod, dog, hits, with, a}

S=S

P:

S → NP VP　　(a)

NP → Det N　　(b)

VP → V NP　　(c)

VP → VP PP　　(d)

PP → Prep NP　　(e)

Det→ {the}　　(f)

Det→ {a}　　(g)

N → {boy}　　(h)

N → {dog} (i)

N → {rod} (j)

V → {hits} (k)

Prep → {with} (l)

根据这个语法的规则，用左角剖析法来分析句子“the boy hits the dog with a rod.”。步骤如下：

（1）首先从句首的 the 开始，根据语法的规则 (f)，从规则 (f) 的左角 the，作出 Det（图 4）。

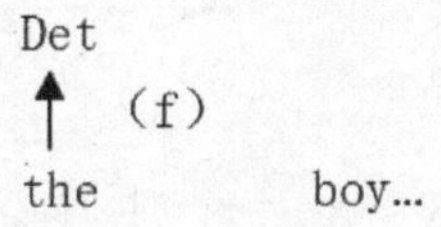

图 4　左角剖析法 1

（2）因为规则 (b) 的左角为 Det，所以，从 Det 出发，选择语法 (b)，并由此预测 Det 后面的 N（图 5）。

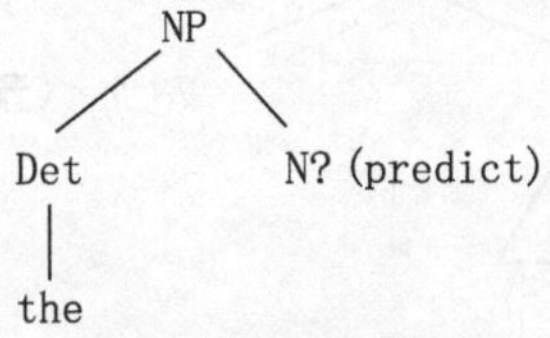

图 5　左角剖析法 2

（3）根据规则 (h)，从 boy 作出 N（图 6）。

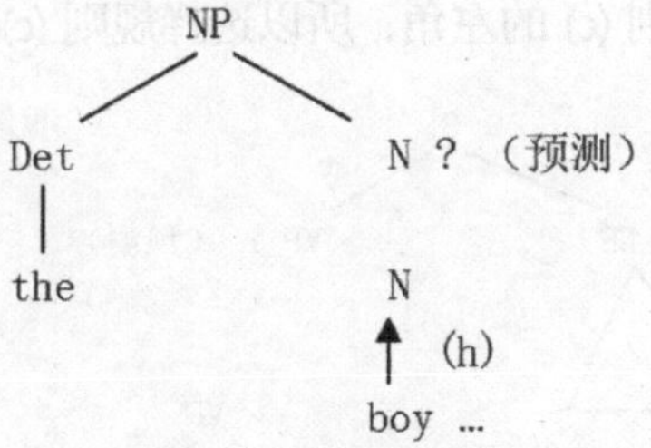

图 6　左角剖析法 3

（4）由于 boy 的父节点（father node）恰好是 N，可见我们对于 N 的预测是正确的，于是作出子树 NP（图 7）。

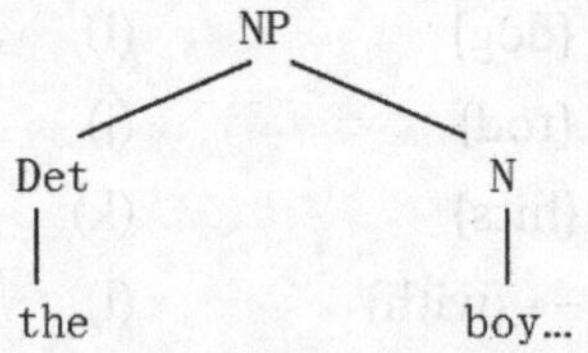

图 7　左角剖析法 4

（5）NP 是规则 (a) 的左角，由 NP 选择规则 (a)，并预测 VP（图 8）。

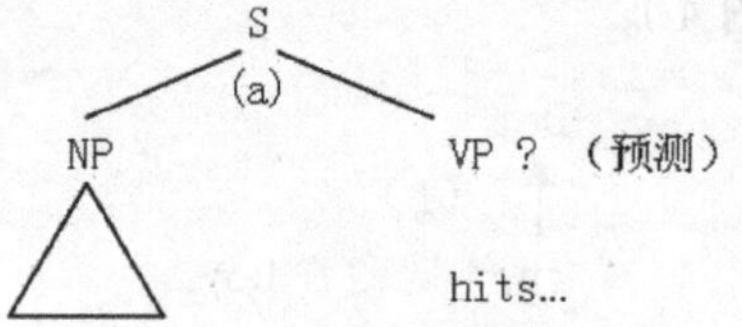

图 8　左角剖析法 5

（6）根据规则 (k)，由 hits 作出 V（图 9）。

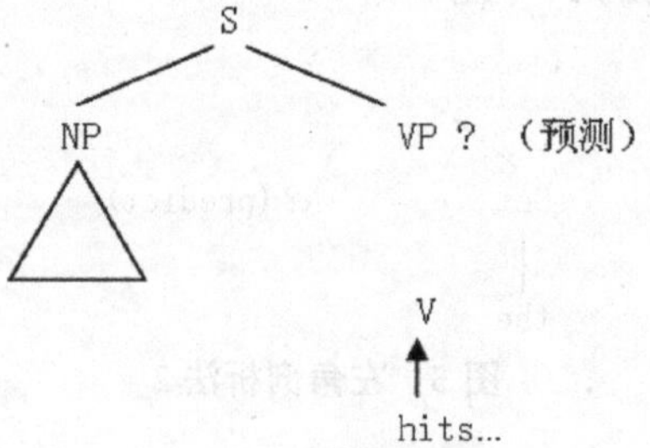

图 9　左角剖析法 6

（7）由于 V 是规则 (c) 的左角，所以选择规则 (c)，并预测 NP（图 10）。

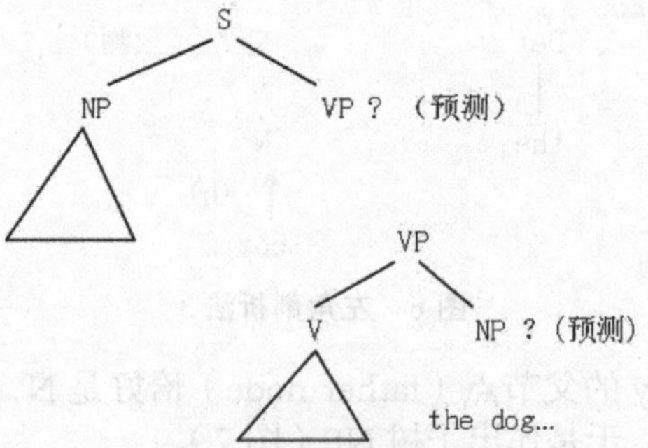

图 10　左角剖析法 7

（8）从 the dog 作成 NP，对于 NP 的预测得到证实，由于 NP 得到证实，因此可继续证实对于 VP 的预测（图 11）。

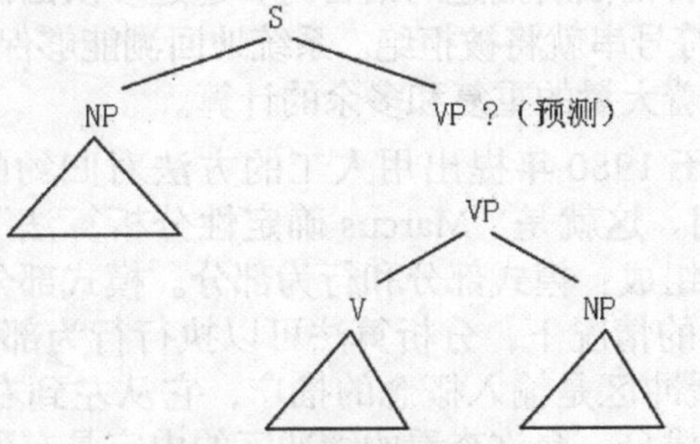

图 11 左角剖析法 8

（9）由于 VP 还可以是规则 (d) 的左角，而且，the dog 之后还有 with 等单词，说明还不能过早地归约，需要进行回溯，以 VP 为规则 (d) 的左角，选择规则 (d) 来预测 PP（图 12）。

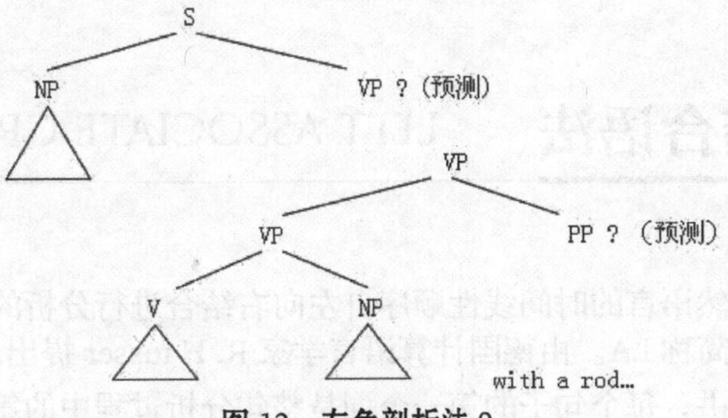

图 12 左角剖析法 9

（10）对于 VP 的预测得到证实，于是，完成句子 S（图 13）。

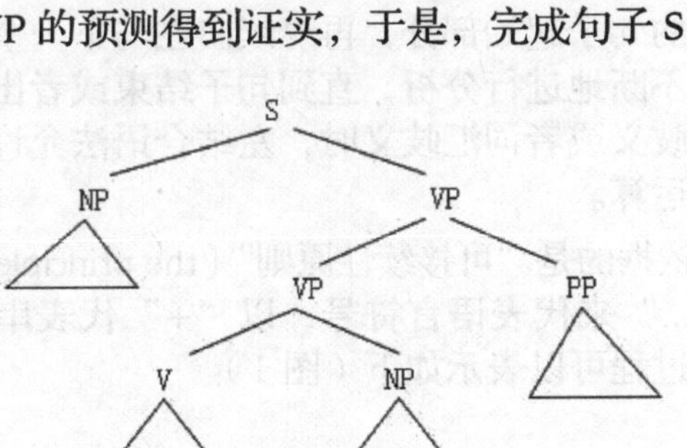

图 13 左角剖析法 10

上述剖析法中都使用了回溯。当输入的符号串属于这种语法所描述的语言时，加入回溯机制能够保证输入符号串被接受。但是，当输入的符号串不属于这种语法所描述的语言时，通过多次回溯而没有新的选择可以回溯，输入符号串就将被拒绝。系统地回溯能够保证算法的正确性，但回溯同时也夹着大量的重复和多余的计算。

M. Marcus 于 1980 年提出用人工的方法对归约的条件加以控制，从而避免了回溯。这就是“Marcus 确定性分析算法”。Marcus 的确定性算法由两部分组成：模式部分和行为部分。模式部分说明栈及缓冲区的内容在什么样的情况下，分析算法可以执行行为部分所表明的操作。Marcus 引入的缓冲区是输入概念的推广，它从左到右按顺序存放一些已经建成的句子成分，允许查看的缓冲区的内容是有限的，这就避免了规则的复杂化。在行为部分允许的操作，有的类似于归约、移进，有的将栈顶元素移到缓冲区，有的将缓冲区的成分移出，挂到栈顶所放成分的节点之下，等等。

左结合语法 LEFT ASSOCIATE GRAMMAR

按照自然语言的时间线性顺序自左向右结合进行分析的语法叫作左结合语法，简称 LA。由德国计算语言学家 R. Hausser 提出。

具体来讲，每个句子的第一个词是整句分析过程中的第一个“句子起始部分”（sentence start），之后输入下“一个词”（next word），二者经过计算构成新的句子起始部分，再继续向左与下一个输入的单词进行组合计算。这样不断地进行分析，直到句子结束或者出现语法错误才终止。当出现句法歧义或者词汇歧义时，左结合语法允许按照不同的推导路径并行地继续运算。

左结合语法依据的是“可接续性原则”（the principle of continuation）。如果以“a, b, c ...”来代表语言符号，以“+”代表串连符，那么，左结合语法的计算过程可以表示如下（图 1）：

a

(a) + b

(a + b) + c

(a + b + c) + d

...

图 1　计算过程

左结合语法在进行推导时，总是按照自左向右和自底向上的顺序，沿着树结构的左侧，一步一步地把单词逐一地结合起来的。树结构中的推导顺序如图 2 所示：

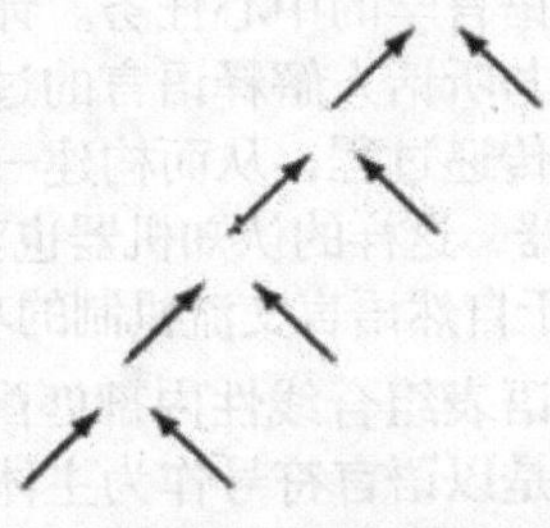

图 2　推导顺序

例如，英语句子“Every girl drank water.”的推导顺序如图 3 所示：

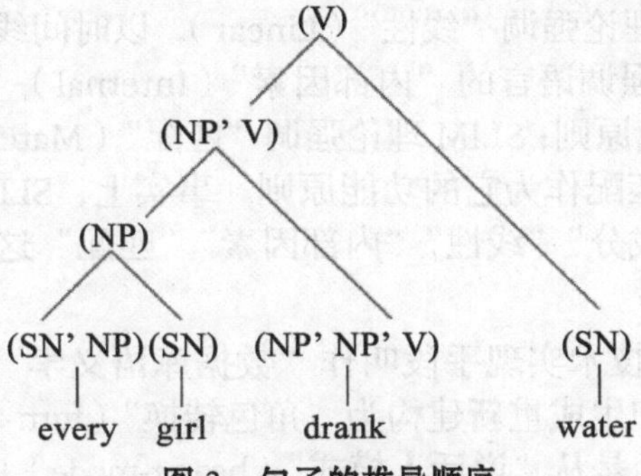

图 3　句子的推导顺序

从这个树结构中可以看出，推导从左侧开始，首先把 every 与 girl 结合起来，形成 (NP)，然后把 (NP) 与 drank 结合起来，形成 (NP'V)，最后把 (NP'V) 与 (SN) 结合起来，形成 (V)。

整个推导过程遵循时间线性（time linearity）的原则。所谓“时间线性”，就是“以时间为序，与时间同向”（linear like time and in the direction of time），也就是说，在推导时，要按照时间前后的顺序进行，要沿着时间的方向推进。

左结合语法的创始人 R. Hausser 是德国爱尔兰根 - 纽伦堡大学计算语言学教授。他创立“左结合语法”之后，又进一步提出了“数据库语义学”（database semantics，简称 DBS）和完整的“语表组合线性内部匹配”理论（surface compositional linear internal matching，简称 SLIM），在计算语言学界形成了他自己独特的风格。

R. Hausser 认为，面向未来的计算语言学的中心任务就是研究一种人类可以用自己的语言与计算机进行自由交流的认知机器。因此，自然语言的人机交流应当是计算语言学的中心任务。计算语言学研究应当通过对说话人的语言生成过程与听话人解释语言的过程进行建模，在适宜的计算机上复制信息的自然传递过程，从而构建一种可与人用自然语言自由地交流的自治的认知机器，这样的认知机器也就是机器人（robot）。为了实现这一目标，必须对于自然语言交流机制的功能模型有深刻的理解。

R. Hausser 提出的“语表组合线性内部匹配”（SLIM）理论以人作为人机交流的主体，而不是以语言符号作为主体，突出了人在人机交流中的主导作用，SLIM 理论要求通过完全显化的机械步骤，使用逻辑和电子的方式来解释自然语言理解和自然语言生成的过程。

SLIM 理论强调“表层成分”（Surface），以语表组合性作为它的方法论原则；SLIM 理论强调“线性”（Linear），以时间线性作为它的实证原则；SLIM 理论强调语言的“内部因素”（Internal），以语言的内部因素作为它的本体论原则；SLIM 理论强调“匹配”（Matching），以语言和语境信息之间的匹配作为它的功能原则。事实上，SLIM 这个名字本身就来自于“表层成分”“线性”“内部因素”“匹配”这四项原则的英文名称的首字母缩写。

SLIM 理论的技术实现手段叫作“数据库语义学”（DBS）。DBS 是把自然语言理解和生成重新建构为“角色转换”（turn-taking）的规则体系。角色转换指的是从“说话人模式”（hearer-mode）向“听话人模式”（speaker-mode）的转换，或者从“听话人模式”向“说话人模式”的转换。

在自然语言的实际交流过程中，第 1 个过程是听话人模式中的自然主体从另一个主体或者语境获得信息，第 2 个过程是自然主体在自己的认知过程中分析信息，第 3 个过程是自然主体思考如何做出反应，第 4 个过程是自然主体用语言或者行动做出反馈，如图 4 所示：

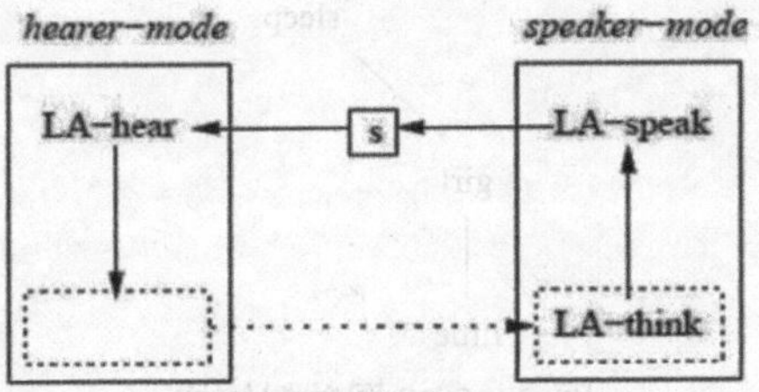

图 4　交流过程

在上面这个图中，听话人模式的 LA-hear 模拟第 2 个过程，说话人模式的 LA-think 模拟第 3 个过程，LA-speak 模拟第 4 个过程。

DBS 的分析结果用 DBS 图（DBS graph）来表示。DBS 图是一种树结构，但是，DBS 图的树结构与短语结构语法和依存语法的树结构有所不同。

例如，英语的句子“The little girl slept.”用短语结构语法分析后的树结构如图 5 所示：

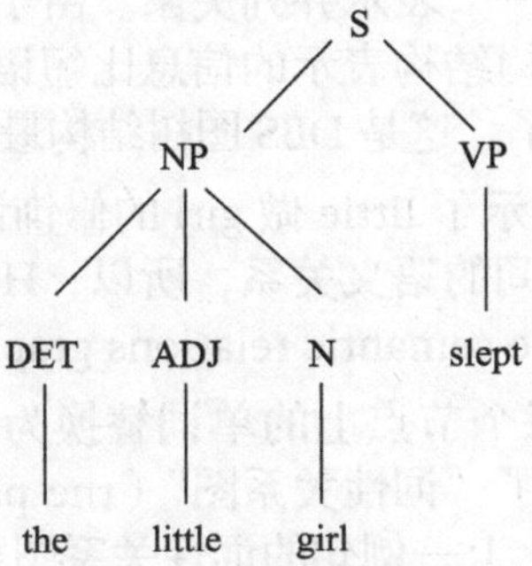

图 5　短语结构树

用依存语法分析后的树结构如图 6 所示：

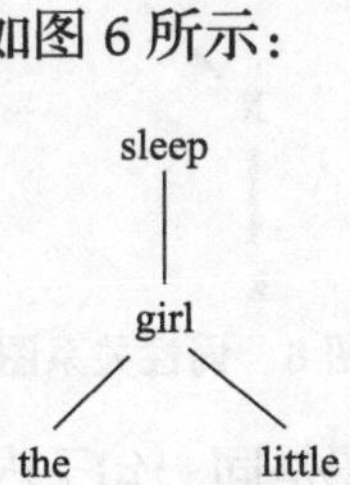

图 6　依存结构树

用 DBS 图分析后的树结构如图 7：

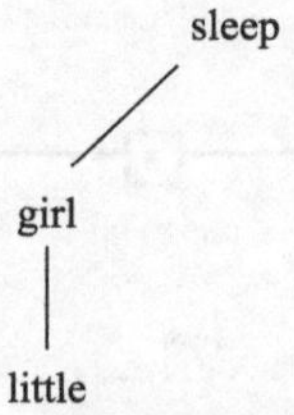

图 7　DBS 图的树结构

在 DBS 图的树结构中，着重对语言内容进行分析，因此，没有表示定冠词 the 的节点，节点上的单词都用原型词表示。

DBS 图最突出的特色在于，DBS 图树结构的节点之间的连线各自有其明确的含义，连线不仅表示节点之间的依存关系，还可以根据连线走向的不同来表示不同的功能：垂直竖线“|”表示修饰 - 被修饰关系，例如，上图中 little 与 girl 用垂直竖线相连，表示 little 修饰 girl；左斜线“/”代表主语 - 动词关系，例如，上图中 girl 与 sleep 用左斜线相连，表示 girl 是 sleep 的主语。此外，DBS 图树结构还使用右斜线“\”表示宾语 - 动词关系，使用水平线“—”表示并列关系。由于连线走向的不同可以表示不同的功能，这样的树结构表示的信息比短语结构语法的树结构和依存语法的树结构丰富多了。这是 DBS 图树结构最引人瞩目的特点。

上面的 DBS 图中表示了 little 做 girl 的修饰语，girl 做 sleep 的主语，表达的是句子中单词之间的语义关系，所以，Hausser 把这样的 DBS 图叫作“语义关系图”(the semantic relations graph，简称 SRG)。

如果把 DBS 图中每个节点上的单词替换为代表其词性的字母，那么，语义关系图就变成了“词性关系图”(the part of speech signature，或者简写为 signature)。上一例句的词性关系图如图 8 所示：

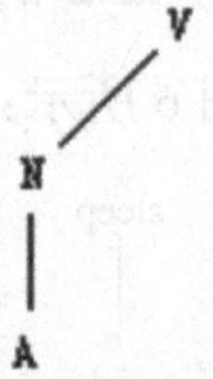

图 8　词性关系图

语义关系图和词性关系图是同一句子内容的不同表示，它们表示的内容相同，表示的形式不同。

附 录

英—汉术语对照

ambiguity index of Chinese pinyin 汉语拼音歧义指数

artificial neural network 人工神经网络

augmented transition network 扩充转移网络

automatic morphological analysis 自动形态分析

automatic POS tagging 自动词性标注

automatic pragmatic analysis 自动语用分析

automatic semantic analysis 自动语义分析

automatic speech recognition 自动语音识别

automatic speech synthesis 自动语音合成

automatic syntactic analysis 自动句法分析

automatic word segmentation of writing Chinese 书面汉语自动切词

automatic word sense disambiguation 自动词义排歧

category grammar 范畴语法

chart parsing approach 线图剖析法

Chinese language processing 中文信息处理

Chomsky hierarchy 乔姆斯基层级

complex feature 复杂特征

computational morphology 计算形态学

computational pragmatics 计算语用学

computational semantics 计算语义学

computational syntax 计算句法学

computational terminology 计算术语学

conception dependency theory 概念依存理论

constituent structure tree 成分结构树

context free grammar 上下文无关语法

context sensitive grammar 上下文有关语法

conversation agent 智能会话代理

convolutional neural network 卷积神经网络

CYK algorithm CYK 算法
data smoothing 数据平滑
decreasing law of new vocabulary growth 生词增幅递减律
deep learning 深度学习
definite clause grammar 定子句语法
dependency grammar 依存语法
economic law of term formation 术语形成经济律
entropy of language symbol 语言符号的熵
feature representation 特征表示
finite state grammar 有限状态语法
finite state transition network 有限状态转移网络
forward-feed neural network 前馈神经网络
frameNet 框架网络
functional unification grammar 功能合一语法
garden path sentence 花园幽径句
generalized phrase structure grammar 广义短语结构语法
head-driven phrase structure grammar 中心语驱动短语结构语法
HowNet 知网
information automatic extraction 信息自动抽取
information automatic retrieval 信息自动检索
knowledge graph 知识图谱
language formal model 语言形式模型
left association grammar 左结合语法
left corner analysis 左角分析法
lemmatization 词目还原
lexical ambiguity 词汇歧义
lexical function grammar 词汇功能语法
link grammar 链语法
machine translation 机器翻译
mathematic linguistics 数理语言学
maximum entropy model 最大熵模型
meaning ↔ text model 意义 ↔ 文本模型
minimum edit distance 最小编辑距离
Montague grammar 蒙塔鸠语法
Multiple-branched Multiple-labeled Tree model 多叉多标记树模型
natural language processing 自然语言处理
N-gram model N 元语法模型
noisy channel model 噪声信道模型
ontology 知识本体
PATR grammar PATR 语法
perceptron 感知机
phrase structural grammar 短语结构语法
POS ambiguity 词类歧义
predicate argument structure 谓词论元结构
preference semantics 优选语义学
pre-trained language model 预训练语言模型
probabilistic context free grammar 概率上下文无关语法

probabilistic valence pattern 概率配价模型
quantitative linguistics 计量语言学
recognition of naming entity 命名实体识别
recurrent neural network 循环神经网络
recursive transition network 递归转移网络
recursiveness of language sign 语言符号的递归性
relations between words 词间关系
semantic grammar 语义语法
semantic network theory 语义网络理论
semantic web 语义互联网
source filter model 声源滤波器模型
spelling error detection and correlation 错拼检查更正
structure ambiguity 结构歧义
synergetic linguistics 协同语言学
tag set of POS 词性标注集
text data mining 文本数据挖掘
tokenization 词例还原
transcription 字符译音
transliteration 字母转写
tree adjoining grammar 树邻接语法
unification 合一运算
valence grammar 配价语法
Vauquois triangle 沃古瓦三角形
vocabulary growth model 词汇增长模型
well formed substring table 良构子串表
word grammar 词语法
word vector 词向量
WordNet 词网
Zipf's law 齐普夫定律

汉—英术语对照

成分结构树 constituent structure tree
词汇功能语法 lexical function grammar
词汇歧义 lexical ambiguity
词汇增长模型 vocabulary growth model
词间关系 relations between words
词类标注集 tag set of POS
词类歧义 POS ambiguity
词例还原 tokenization
词目还原 lemmatization
词网 WordNet
词向量 word vector
词语法 word grammar

错拼检查更正 spelling error detection and correlation
CKY 算法 CKY algorithm
递归转移网络 recursive transition network
定子句语法 definite clause grammar
短语结构语法 phrase structural grammar
多叉多标记树模型 Multiple-branched Multiple-labeled Tree model
范畴语法 category grammar
复杂特征 complex feature
概率配价模型 probabilistic valence pattern
概率上下文无关语法 probabilistic context free grammar
概念依存理论 conception dependency theory
感知机 perceptron
功能合一语法 functional unification grammar
广义短语结构语法 generalized phrase structure grammar
汉语拼音歧义指数 ambiguity index of Chinese pinyin
合一运算 unification
花园幽径句 garden path sentence
机器翻译 machine translation
计量语言学 quantitative linguistics
计算句法学 computational syntax
计算术语学 computational terminology
计算形态学 computational morphology
计算语用学 computational pragmatics
结构歧义 structure ambiguity
卷积神经网络 convolutional neural network
框架网络 frameNet
扩充转移网络 augmented transition network
链语法 link grammar
良构子串表 well formed substring table
蒙塔鸠语法 Montague grammar
命名实体识别 recognition of naming entity
N 元语法模型 N-gram model
PATR 语法 PATR grammar
配价语法 valence grammar
齐普夫定律 Zipf's law
前馈神经网络 forward-feed neural network
乔姆斯基层级 Chomsky hierarchy
人工神经网络 artificial neural network
上下文无关语法 context free grammar
上下文有关语法 context sensitive grammar
深度学习 deep learning
生词增幅递减律 decreasing law of new vocabulary growth
声源滤波器模型 source filter model
书面汉语自动切词 automatic word segmentation of writing Chinese
术语形成经济律 economic law of term formation
树邻接语法 tree adjoining grammar
数据平滑 data smoothing
数理语言学 mathematic linguistics
特征表示 feature representation

谓词论元结构 predicate-argument structure
文本数据挖掘 text data mining
沃古瓦三角形 Vauquois triangle
线图剖析法 chart parsing approach
协同语言学 synergetic linguistics
信息自动抽取 information automatic extraction
信息自动检索 information automatic retrieval
循环神经网络 recurrent neural network
依存语法 dependency grammar
意义 ↔ 文本模型 meaning ↔ text model
优选语义学 preference semantics
有限状态语法 finite state grammar
有限状态转移网络 finite state transition network
语言符号的递归性 recursiveness of language sign
语言符号的熵 entropy of language symbol
语言形式模型 language formal model
语义互联网 semantic web
语义网络理论 semantic network theory
语义语法 semantic grammar
预训练语言模型 pre-trained language model
噪声信道模型 noisy channel model
知识本体 ontology
知识图谱 knowledge graph
知网 HowNet
智能会话代理 conversation agent
中文信息处理 Chinese language processing
中心语驱动短语结构语法 head-driven phrase structure grammar
自动词性标注 automatic POS tagging
自动词义排歧 automatic word sense disambiguation
自动句法分析 automatic syntactic analysis
自动形态分析 automatic morphological analysis
自动语义分析 automatic semantic analysis
自动语音合成 automatic speech synthesis
自动语音识别 automatic speech recognition
自动语用分析 automatic pragmatic analysis
自然语言处理 natural language processing
字符译音 transcription
字母转写 transliteration
最大熵模型 maximum entropy model
最小编辑距离 minimum edit distance
左角分析法 left corner analysis
左结合语法 left association grammar